Food Service Management

외식사업경영론

제3판

Food Service Management

외식사업경영론

김의근 · 배금연 · 안희정 · 추승우 · 이철우 · 배소혜

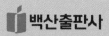
백산출판사

머 리 말

이제 우리는 외식산업이란 용어에 익숙해졌다. 그만큼 외식산업이 차지하는 비중이 높아졌을 뿐만 아니라 유망산업 중 하나로 부상하게 되었다. 이러한 기대와 함께 외식산업의 글로벌화로 인하여 해외유명외식체인기업의 적극적인 국내진출과 더불어 국내외식기업의 해외진출도 더욱 활발해지고 있다. 또한 국내외식기업들이 해외유명외식기업의 노하우를 벤치마킹하여 획득한 운영기법 등을 활용하여 자체적인 브랜드로 경쟁력을 키워가고 있다.

외식산업이 성숙기에 접어들면서 과거의 경영습관에서 벗어나지 못한 수많은 외식업소와 외식기업들이 도산하고 있다. 이러한 도산으로부터 벗어나기 위해서는 실질적이고 전문화된 경험을 바탕으로 보다 체계적인 경영기법으로 무장하지 않으면 치열한 경쟁 속에서 살아남기 힘든 것이 사실임을 입증한 셈이다.

그래서 본 저자들은 외식산업의 지속적인 발전과 외식사업 경영자들에게 도움이 되고자 본 책을 발간하게 되었다. 본 책의 발간에 있어 개정판임에도 불구하고 기본적인 통계자료의 부족과 통일성 없는 외식산업용어 사용 등에 의해 저술에 많은 어려움이 있었으며 이로 인하여 아직 본 책의 내용들이 많이 부족함을 고백하지 않을 수 없다.

본 책이 현재 외식산업연구자, 외식산업에 종사하는 실무자, 현재 외식사업자, 미래 외식사업자 등에게 많은 도움이 되길 기대하며 더불어 부족한 부분에 대해 선배님과 동료들의 많은 조언을 부탁드린다.

끝으로 본 책을 저술하는 데 많은 자료를 제공하고 도움을 주신 공동 저자분들에게 감사드리며, 백산출판사 진성원 상무를 비롯하여 편집부 직원 여러분의 노고에 감사드린다.

2024년 7월
저자 일동

차 례

제3장 외식사업 창업관리

제4장 외식사업 식자재관리

제5장 외식사업 경영분석

제6장 외식산업의 프랜차이즈

제7장 외식사업 인적자원관리

제8장 외식사업 마케팅

제9장 외식사업 주방관리

제10장 외식사업 위생관리

제1장
외식산업의 전반적 이해

제1절 │ 외식산업의 개념과 특성

1. 외식산업의 개념

외식산업(food service industry)이란 '식사와 관련된 음식, 음료, 주류 등을 제공할 수 있는 일정장소에서 직·간접적으로 생산 및 제조에 참여하여 특정인 또는 불특정다수에게 상업적 또는 비상업적으로 판매 및 서비스 경영활동을 하는 모든 업소들의 군(群)'이라고 정의할 수 있다. 외식산업진흥법에서는 외식산업을 '외식상품의 기획, 개발, 생산, 유통, 소비, 수출입, 가맹사업 및 이에 관련된 서비스를 행하는 산업'이라고 정의하고 있다. 지금까지도 식당업, 요식업, 음식업 등으로 불리어지고 있는 외식산업은 해외 브랜드 외식체인기업들이 본격적으로 국내에 진출하기 시작한 1980년대 후반부터 외식업소들의 업종 및 업태가 다양화되고 경영면에서도 대규모화, 전문화, 체계화된 양상을 보이게 되면서 본격적으로 외식산업이란 용어를 쓰기 시작하였다. 하지만 외식산업이 구체적 형상을 가진 음식과 음료, 즉 유형적 상품만을 판매하는 것이 아닌 일정한 형체를 갖추지 않은 직원의 고객환대서비스,

분위기 등 무형적 상품의 성격을 많이 내포함에 따라 일부 학자들은 외식 서비스산업이라고
도 정의를 한다. 또한 한식, 중식, 일식, 양식 등의 업종과 패스트푸드, 패밀리레스토랑, 캐주
얼 다이닝, 파인 다이닝 등의 업태를 갖춘 일반외식업소, 호텔 식음료업장, 출장연회, 단체급
식, 아이스크림, 커피숍, 제과점, 카페 등의 다양한 외식업소의 집합체가 외식산업이다. 최근
에는 이러한 외식산업의 규모가 점차 확대되어 감에 따라 중요한 산업분야의 하나로서 자리
를 잡아가고 있다.

체계적이고 시스템화된 외식산업의 발전은 미국에서부터 시작되었는데 1950~1960년대
경제발전에 따른 식생활의 변화와 함께 'Food service Industry' 즉 외식산업이라는 용어로
정착되었으며, 미국의 외식산업 업체들의 일본진출로 인하여 일본에서는 1970년대 '마스코
미' 지에서 외식산업이라는 용어를 처음으로 사용되기 시작하였다.

표 1-1 **외식산업의 과거와 현재 차이점**

구분	과거	현재
식재	원재료 사용	1차 가공군의 재료 사용
조리	불균일한 품질	균일한 품질(표준기술/기계)
경영방침	개성과 아이디어 중시	3S 중시(Speed, Service, Standard)
업소	분위기 중시	효율(생산성) 중시
교육	경험중심	매뉴얼중심
시장세분정도	비차별적 전략	집중적 전략

➲ 자료 : 신한종합연구소, 우리나라의 식문화와 외식산업의 전개방향, 1988. p.23.

1) 내식·외식의 개념 및 범위

식사를 어디서 하느냐의 기준뿐만 아니라 음식이 어디서 만들어졌는가에 의해서 내·외식
을 구별함으로써 현대의 외식 범위를 이해하는 데 도움이 될 수 있다고 하겠다. 학자들마다
외식의 범위를 정의하는데 다소의 차이가 있으나, 그 중 도이 토시오(土井利雄)는 다음의
〈표 1-2〉와 같이 내·외식을 분류하였다.[1]

---

1) 도이 토시오(土井利雄), 외식(동경 : 일본경제신문사, 1990), p. 9.

표 1-2 **내식과 외식의 범위**

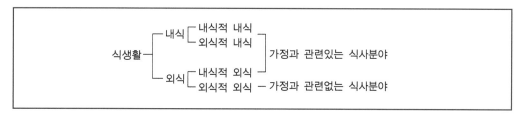

우선 내식은 외부에서 식자재를 구입, 가정 내에서 조리가공을 하여 먹는 음식을 말하는 내식적 내식과 외부에서 완전히 조리 가공된 식품 또는 반조리 식품을 가정 내에서 부분적으로 재조리하여 먹는 음식을 의미하는 외식적 내식으로 구분하여 내식을 정의하였다. 외식을 통상 집에서 만들어 먹던 가정적 일상 음식을 매식(買食)하는 것을 의미하는 내식적 외식과 본래적 의미의 외식으로 외식전문점에서 사 먹을 수 있는 고급요리를 말하는 외식적 외식으로 구분하여 정의하였다.

외식의 범위를 세분한 도이(土井)의 분류 방식은 식생활, 식사, 음식 및 소비자의 식사 형태에 착안하여 이들의 식사 행위가 이루어지는 장소가 가정 내인가 가정 외인가에 따라 내식 또는 외식을 구분한 가장 보편적이고 일반적으로 외식을 정의하였다. 그러나 도이(土井)의 분류 방식이 외식산업 체계화에 큰 공헌을 하였으나, 외식과 내식을 이해하는 데에는 미흡한 점도 있다.

따라서 내·외식의 구분이 외부 생산자에 의하여 조리된(부가가치가 창출된) 최종 소비상품이냐 아니냐의 기준에 의하여 외식과 내식을 분류할 때 비로소 외식과 내식의 차이점을 명확히 파악할 수 있으며, 오늘날 다양해진 외식문화의 유형을 보다 잘 설명해 줄 수가 있다. 이러한 분류 방식은 아래에서 설명하는 중식의 개념과 범위를 이해하는 기본적인 요소가 되고 있다.

2) 내식 · 중식 · 외식의 개념 및 범위

앞서 내식·외식의 개념 및 범위에 대하여 살펴보았다. 이와부지 미지오는 중식이라는 개념을 도입하여 이들의 개념에 필요한 요소인 식물의 조리주체, 식물을 조리하는 장소와 취식장소 등 3가지 요소를 통해 내식·중식·외식의 범위를 구분함으로써 보다 상세하게

외식을 정의하였다.[2]

① 내식이란 조리 주체가 세대 내의 사람으로 조리의 장소와 취식의 장소가 원칙적으로 가정 내에 있는 식사를 말한다.

② 중식이란 조리의 주체가 세대 외의 사람으로 조리의 장소는 원칙적으로 가정 외에 있으나, 취식의 장소가 가정 내인 식사를 말한다.

③ 외식이란 조리 주체가 세대 외의 사람으로 조리의 장소는 가정 외에 있으며 취식의 장소도 가정 외의 장소에서 이루어지는 식사를 말한다.

이것을 정리하면 〈표 1-3〉과 같다.

표 1-3 내식 · 중식 · 외식의 개념

조리 주체		음식물 제공이 비상업적 행위인 경우				음식물 제공이 상업적 행위인 경우			
		세대내의 사람		세대외의 사람		세대내의 사람		세대외의 사람	
조리 장소		가정내	가정외	가정내	가정외	가정내	가정외	가정내	가정외
취식장소	가정내	내식적 내식	내식적 내식	외식적 내식 (중식)	외식적 내식 (중식)	-	-	외식적 내식 (중식)	외식적 내식 (중식)
	가정외	내식적 외식	내식적 외식	외식적 외식	외식적 외식	-	-	외식적 외식	외식적 외식

➲ 자료 : 이와부지 미지오, 외식산업론, 1996. p.17

위의 표에서와 같이 조리의 장소는 내식 · 중식 · 외식의 범위를 구분하는 데 있어서 중요하지 않은 것 같다.

내식적 내식은 세대 내의 사람이 식자재, 반 가공식품 또는 완전 가공식품을 조리한 식사를 가정 내에서 취식하는 것을 의미하며, 외식적 내식(중식)은 외부의 생산자에 의하여 조리되어진 것을 가정 내에서 취식하는 것(배달음식, 출장연회 등)이다. 내식적 외식은 세대 내에서 조리한 것을 외부에서 식사하는 것(도시락)을 의미하며, 외식적 외식은 외부의 생산자에

---

2) 이와부지 미지오, 외식산업론, 1996, pp.13~14.

의하여 조리되어진 것을 가정 밖에서 취식하는 것을 의미한다. 내식적 내식이나 내식적 외식은 가정에서 원자재를 조리하는 것으로 비상업적이기 때문에 외식의 범주에 넣을 수 없고, 외식적 내식(중식)과 외식적 외식만이 외식산업의 범주에 속한다고 할 수 있다. 외식적 내식(중식)은 Eating Market의 영역으로, 외식적 외식은 Dining Market의 영역으로 볼 수 있다. 현재 외식적 내식 즉 중식에 대한 명확한 개념이 국내에서 정착되고 있지 않지만, 일본의 경우로 볼 때 중식이라는 용어는 80년대 후반에 들어 일반화되었으며, 96년을 기준으로 볼 때 전체 외식시장 규모 중에서 중식이 1/5을 차지하는 것으로 추정되고 있다.[3] 따라서 우리도 중식의 범위를 명확히 구분하여 종래의 협의의 외식에 중식을 포함시켜 광의의 외식산업 영역을 이해할 필요가 있다. 아래의 [그림 1-1]은 내식 · 중식 · 외식의 개념을 이해하는데 도움이 될 것이다.

그림 1-1 **내식 · 중식 · 외식의 개념**

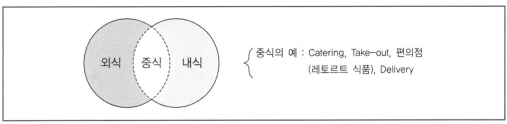

◐ 자료 : 미야 에이지(三家英治), 외식비즈니스, 1992, p.2

3) 현대사회에서의 외식산업의 범위

현대사회에 들어 경제, 사회 및 문화적 환경의 변화에 따른 다양하고 복합적인 식사형태가 등장하였다. 이에 따라 외식의 내식화와 내식의 외식화가 이루어져 점차 내식과 외식의 경계가 불분명해지고 있다. 특히, 코로나19의 등장 이후 비대면 생활의 일상화는 외식산업의 변화에 가속을 붙이는 계기가 되었다.

---

3) 나정기, 외식산업의 이해, 백산출판사, 1998, pp.24~27.

외식산업의 변화

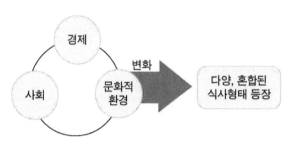

자료 : 김철원, 외식산업의 이해, 2023, p.9

2. 외식산업의 특성

외식산업은 인간의 기본적 욕구를 충족시켜 주는 대표적인 서비스산업으로 경제발전과 더불어 국민경제에 차지하는 비중이 지속적으로 증가하고 있다. 외식산업은 서비스산업의 특징인 무형성(intangibility), 이질성(heterogenity), 생산과 소비의 동시성(simultaneous production and consumption)과 소멸성(perishability)을 가지고 있으며,[4] 일본의 미야에이지(三家英治)는 외식산업의 특징으로 거대한 자본력이 필요하지 않고, 독점적 외식기업이 탄생하지 않으며, 외식기업의 신진대사가 심할 뿐만 아니라 고객의 기호가 강하게 영향을 미치는 산업을 외식산업이라고 논하고 있다. 현재는 외식산업 자체 내에서 대기업이 탄생하기도 하였으며 타 산업에서 성장한 대기업이 외식산업에 진출하기도 하였다.

외식산업의 생산, 판매, 소비 및 운영관리 측면의 특성을 살펴보면 다음과 같다.

1) 노동집약성

외식산업은 음식과 서비스를 고객에게 제공하고 그 대가를 받는 업으로서 음식생산부터 판매, 소비될 때까지의 모든 과정에 있어서 인적 의존성이 높다. 즉 생산부문 자동화의 한계와 서비스 부문의 직원 의존성이 높기 때문에 노동집약적 산업이다.

따라서 매출대비 1인당 생산성이 제조업에 비하면 많이 낮은 편이다.

---

[4] Valarie A. Zeithaml, Mary Jo Bitner, 1999, *Service Marketing*, McGraw-Hill Book Co., pp.21~27.

2) 생산자(외식업소)와 고객 사이의 직거래

제조업은 일정한 유통경로에 의하여 상품을 고객에게 판매하는 데 비하여 외식산업은 대부분 유통경로 없이 상품과 서비스의 판매와 소비가 동일 장소에서 이루어지기 때문에 고객이 업소를 직접 방문하여 직거래에 의해 소비해야 한다.

3) 다품종 소량의 주문생산판매

한두 가지의 음식만 전문적으로 취급하는 곳도 있지만, 대부분은 다양한 메뉴를 제공하며, 주문에 의하여 생산·판매하는 것을 원칙으로 하고 있다. 많은 주문이 동시에 들어왔을 때에는 생산능력에는 한계가 있어 고객에게 적시에 음식을 제공하지 못하여 불평을 야기시킬 수도 있다. 그러나 생산과 소비의 동시성으로 완성품의 재고가 없다는 것이 큰 이점이다.

최근에는 맛을 선호하는 소비자의 기호에 맞춰 다품종 소량주문 생산판매 대신에 소품종 대량주문 생산판매를 전문적으로 하는 전문음식점이 늘어나고 있다.

4) 시간적, 공간적 제약

시간적 제약은 사람의 식사하는 시간이 아침, 점심, 저녁 식사시간으로 한정되어 있으며, 이 한정된 시간 내에서 생산, 판매, 소비가 이루어지기 때문이다. 공간적 제약은 외식업소를 운영하는 데 있어서 한정된 좌석수 등에 의해 어려움을 겪고 있다.

이러한 문제점을 해결하기 위해 영업분산정책(한정된 시간 외의 이용고객에게 별도 혜택 제공) 등 다양한 방법을 모색하고 있다.

5) 수요예측의 불확실성

외식산업은 수요의 예측이 어려운 산업이다. 그 이유로는 계절별, 월별, 요일별이나 기후 등 또한 주변의 정치, 경제, 문화, 사회적인 상황 등에 의해서 수요 변동폭이 민감한 산업이기 때문에 정확한 수요예측이 어려우며, 이로 인한 심한 변동폭 때문에 적정재고량을 관리하기가 어려운 산업이기도 하다.

6) 제조업대비 낮은 식자재원가율

외식산업의 식자재원가는 제조산업의 자재원가보다는 낮은 편으로 식자재원가는 보통 35~40% 정도로 보고 있다. 그러나 외식산업 내에서 고객유치경쟁이 치열해짐에 따라 보다 더 나은 음식을 제공하기 위해 식자재원가가 상승하고 있는 추세이다.

7) 상품의 부패용이성

조리되지 않은 식자재는 어느 정도 보존이 가능하나, 판매를 위해 준비하여 놓은 식자재는 보존기간이 매우 짧다. 그러므로 외식업소에서는 음식의 부패로 인한 식중독사고와 잘못된 서장으로 인한 식사재의 손실(loss)을 줄이기 위해 저장관리에 보다 관심을 기울여 식중독사고예방과 식자재의 원가를 효율적으로 관리하여야 한다.

8) 입지 의존성

외식업소는 음식의 생산과 판매가 동시에 이루어지는 곳이기 때문에 타 산업에 비해 입지여건에 따라 영업실적이 크게 차이가 난다. 이러한 특징 때문에 흔히들 외식산업을 입지산업이라고 부르기도 한다.

첫째도 입지, 둘째도 입지, 셋째도 입지라는 것은 외식산업에 있어서 입지의 의존성이 매우 중요하다는 것을 의미하고 있다.

9) 영세성(낮은 진입장벽)

타 산업에 비해 외식산업은 초기투자자본이 적게 투입되기 때문에 누구나 쉽게 외식업을 시작할 수 있다. 이는 곧 진입장벽이 낮다는 것을 의미하며 이러한 이유로 대부분의 외식업소들이 직원 수 4인 이하의 영세한 업소들로 구성되어 있으며 전체 외식업소의 약 80%가 영세하며 법인화의 비율도 낮다. 그러나 1980년대 후반부터 대기업과 호텔기업 등의 외식산업 참여와 기존업소의 대형화 추세로 외식기업화하는 기업들이 증가하고 있는 실정이다.

10) 높은 이직률

외식업소의 영세성으로 근무하는 직원들의 임금이 대체적으로 낮고 복리후생과 근무환경 등이 뒤떨어져 있는 관계로 외식산업이 3D(Difficult, Dirty, Dangerous) 업종으로 인식되고 있으며, 이러한 이유들로 인하여 외식산업분야에서 근무하기를 회피하는 경향이 있다. 이러한 복합적인 요인들로 인해 타 산업에 비해 이직률이 비교적 높은 편이다.

그림 1-3 **외식산업의 특성구성도**

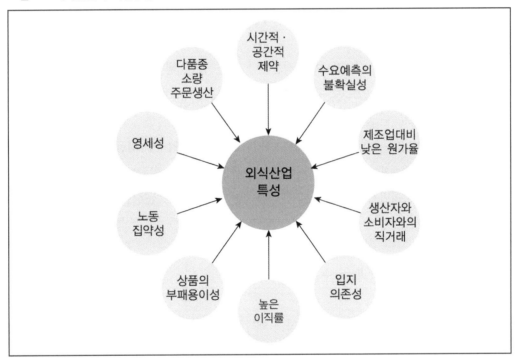

3. 외식사업의 콘셉트와 성공요인

소득수준의 향상으로 외식산업의 급속한 발전을 가져왔으며 이로 인해 고객의 기호에 맞는 음식과 건강식을 추구하는 경향을 보이고 있다. 이는 외식산업이 고객의 기호와 건강에 크게 영향을 받는 사업이기 때문에 다른 산업과는 달리 지속적으로 독점적인 업소로 유지되기 어려운 산업적 특성이 있고, 외식시장 규모의 증대로 경쟁업소들이 난립하고 있는 실정이다. 외식업소들 간의 경쟁이 갈수록 심화된 현상을 나타내고 있으며 이러한 경쟁심화는 어느 곳에서나 찾아볼 수 있는 보편적 현상이 되었다.

외식업소의 급격한 양적 증가는 모든 외식업소로 하여금 경쟁력 강화와 성공하기 위한 새로운 대책마련이라는 과제를 던져주고 있으므로 본 절에서는 외식업소의 경쟁력에 가장 중요하게 영향을 미치는 요인들을 살펴보고자 한다.

1) 콘셉트(Concept)

(1) 콘셉트의 개념

국어사전에서의 콘셉트 개념은 '어떤 작품이나 제품, 공연, 행사 따위에서 드러내려고 하는 주된 생각'으로 설명하고 있으며, 용어해설사전에 의하면 '사고방식이나 구상을 뜻하며 기성개념에 없는 새로운 관점'으로 설명하고 있다.

본 저자는 외식기업 측면에서의 콘셉트 개념이란 '타 외식업소의 상품과 서비스와는 차별화된 이미지를 고객에게 인식시키기 위하여 의도적으로 만들어내는 느낌과 생각', 즉 콘셉트의 가장 근접한 우리말로 함축적으로 표현한다면 특성이라고 표현할 수 있을 것이다.

(2) 콘셉트설정 시의 고려요인

① 메뉴(Menu)품목과 메뉴 수

㉠ 메뉴품목

업종과 업태를 고려하여 결정하며 메뉴품목의 결정에 의해 주방설계와 주방기기의 배치, 조리인력, 식자재구입 등의 후속작업이 이루어진다. 또한 메뉴의 종류는 외식업소의 이미지에 영향을 미치며 이는 외식업소의 콘셉트에 가장 중요한 요소가 된다.

㉡ 메뉴 수

ⓐ 메뉴 수가 많으면 고객의 선택폭이 넓어지나 조리와 식자재구입 및 관리의 복잡성의 문제가 발생할 수 있다.

ⓑ 메뉴 수가 적으면 고객의 선택폭이 좁아지나 전문성 강화, 조리의 간편함, 식자재구입의 용이성의 이점을 얻을 수 있다.

② 이용목적

    ㉠ Eating Market

        일상적인 식사의 경우로서 고객이 실리를 찾기 때문에 가격에 민감하다.

    ㉡ Dining Market

        사회적 매개체로서의 역할을 하는 경우로서 사업상, 각종 모임, 집안행사, 가족의 외식 등을 들 수 있으며 이러한 경우는 분위기와 고객서비스를 중요시한다.

③ 목표시장(Target Market)

목표시장은 공통적 특성을 가진 고객층을 말하며, 이는 다양한 시장세분화변수를 이용하여 세분화시킨다. 대표적인 시장세분화변수로는 인구통계적 변수(성별, 나이, 소득 등), 심리적 변수(사회계층, 생활양식 등), 행동적 변수(상표충성도, 편익 추구 등) 등을 들 수 있다. 이러한 세분화된 변수를 이용하여 목표시장을 정하여 집중적인 마케팅전략을 구사한다.

④ 상권(Trading Area)

상권이란 입지가 모여서 하나의 상거래가 이루어지는 공간적 범위 즉 외식업소들이 위치한 장소를 의미한다.

⑤ 입지(Location)

입지는 업소가 건물이나 상가가 위치해 있는 장소를 말하며, 외식사업을 일명 입지산업으로 부를 정도로 입지는 매우 중요한 결정요인이다. 즉, 입지가 성공의 60~70%를 차지한다고 한다.

입지를 이용목적에 따라 분류하면 다음과 같다.

    ㉠ 적응형입지(패스트푸드) : 거리의 유동인구에 의해 영업이 좌우되는 입지
    ㉡ 목적형입지(전문음식점) : 특정한 목적을 가진 고객이 이용하는 입지
    ㉢ 생활형입지(간이음식점) : 아파트, 주택 등의 주민이 이용하는 입지

또한, 입지의 특성요인인 가시성, 홍보성, 접근성으로 분류하면 다음과 같다.

    ㉠ 1급지 : 세 가지 요인들이 모두 양호한 경우(패스트푸드, 커피전문점, 프랜차이즈외식업소 등)

    ⓛ 2급지 : 세 가지 요인 중 한 가지만 양호한 경우(품질로 승부 : 전문외식업소)

    ⓒ 3급지 : 모든 요인들이 불량한 경우(틈새시장의 공략, 투자비가 적게 드는 장점은 있으나 수익성이 떨어진다(개인화된 서비스로 승부).

⑥ 가격(Price)

세분화된 목표시장의 수요를 고려하여 가격을 책정한다. 즉, 수요란 현실적으로 외식업소의 상품과 서비스를 구매할 의사와 능력을 가진 집단을 말하며 이러한 집단들의 구매가능규모에 따라 가격수준을 책정할 수 있다. 따라서 외식업소의 판매가격은 목표시장이 받아들일 수 있는 범위 내에서 책정되어야 한다. 기본적으로는 식자재 원가비율을 기초로 하여 판매가를 책정하는 것이 보편적인 방법이나 경우에 따라서는 보완적으로 시장리더의 가격과 경쟁업소의 가격을 절충하여 책정하는 것이 바람직하다.

규모는 분위기와도 관련성이 깊으며 dining market을 지향하는 성격이 강한 외식업소는 대체로 규모가 큰 편이다. 그러나 배달전문점과 테이크아웃 전문점들의 규모는 상대적으로 작은 편이다.

⑦ 서비스형태(Type of Service)

서비스형태로는 테이블서비스(table service), 카운터서비스(counter service), 셀프서비스(self service)로 구분할 수 있다. 패스트푸드점의 경우는 셀프서비스의 형태를 제공하며, 패밀리레스토랑과 캐주얼 다이닝에서는 카운터서비스 또는 테이블서비스의 형태를 제공하는 것을 기본으로 하고 있으나 일부 외식업소에서는 샐러드바를 운영하면서 셀프서비스 형태를 같이 제공하고 있다. 파인다이닝에서는 고품격 테이블서비스만을 제공하고 있다.

⑧ 분위기(Atmosphere)

분위기란 외식업소가 고객에게 업소의 분위기와 느낌을 전달하기 위해 의식적으로 기획한 것이라고 말할 수 있다. 이러한 분위기는 아래의 요인에 의해 형성된다고 할 수 있다. 요인으로는

    ㉠ 외부장식(건물의 형태와 전면 모습, 간판, 출입구 등)은 업소에 대한 첫 인상과 함께 흡인력에 영향을 미치며,

ⓒ 내부장식(내부레이아웃, 집기, 색채, 조명, 음향, 바닥, 장식, 소품, 커튼 등)은 고객
의 정서적 반응을 일으키며 체재시간과 구매의욕에 영향을 미친다.

⑨ 영업시간(Operation Hour)

영업시간과 판매방법은 업종과 업태에 따라 달라질 수 있으며 또한 입지와 편의성의
영향을 많이 받고 있다. 외식업소의 영업시간은 일반적으로 고객들의 식사시간과 일치
하나 경우에 따라서는 저녁식사만을 영업하기도 한다. 최근에는 식생활의 편의성관점
에서 늦은 아침에 브런치메뉴를 제공하는 업소가 늘어나는 추세이며 더불어 24시간영
업과 시간대별로 다른 메뉴를 판매하는 업소도 늘어나고 있다.

⑩ 판매방법(Selling Method)

최근에는 업소 내에서의 직접 판매만을 전문으로 하는 업소, 업소 내에서의 직접 판매
와 테이크아웃을 병행하는 업소, 테이크아웃과 배달만을 전문으로 하는 업소, 테이크아
웃이나 배달 중 한 가지의 판매방법만을 취급하는 업소도 늘어나고 있다. 또한, 최근에
는 드라이브 스루(drive-through)를 병행하는 업체가 늘어나고 있으며, 대표적으로 스
타벅스 커피전문점이 있다.

⑪ 경영형태(Type of Management)

경영형태로는 독립경영업소(independent), 프랜차이즈(franchise)업소, 경영대리계약
(management contract)업소, 체인직영업소(chain-owned), 리스(lease) 등으로 분류
하고 있다. 모든 외식업소들은 이들 경영형태 중 하나의 범주에 속한다고 볼 수 있다.

⑫ 상호(Brand)

상호는 콘셉트 설정 시의 모든 요인들의 의미를 충분히 내포하도록 하고, 경쟁업소에서
제공하는 상품과 서비스의 차별화를 위해 외식업소의 이름, 활자체, 로고, 디자인 등을
고려하여 만들어진 업소 명이어야 한다. 또한 외식업소의 상호는 고객들이 쉽게 연상할
수 있도록 만들어져야 한다. 예를 들면 맥도날드(Mcdonald's), 버거킹(Burgerking),
피자헛(Pizza Hut), 미스터 피자(Mister Pizza), 롯데리아(Lotteria), 아웃백 스테이크
하우스(Outback Steak House), 스타벅스(Starbucks) 등을 들 수 있다. 최근에는 국내
에서도 외식업소 창업주의 이름을 사용하여 상호를 결정하기도 한다.

2) 성공요인

외식업소의 성공을 위해 반드시 고려해야 할 요인으로는 입지력, 상품력, 서비스력, 점포력, 관리력, 마케팅력, 자금력을 들 수 있다. 이러한 일곱가지 요인들이 복합적이고 유기적인 관계로 조화를 이룰 때 성공을 기대할 수 있을 것이다.

(1) 입지력(Location Power)

입지력이란 장소위치 상의 특성에서 유발되는 고객유인력 즉 고객흡인력으로 외식산업에서는 매우 중요한 성공요인이다. 입지는 업소가 위치하게 될 일정한 공간적 단위로 업소가 위치하게 될 지역을 의미한다. 외식산업에서의 입지는 사업성패의 60~70% 이상을 좌우하는 외부요인으로서 교통사정, 인구이동, 경쟁업소의 신규진출 등에 의해 입지력의 조건들은 계속 변화하고 있다.

외식업소의 상품과 서비스는 생산과 동시에 판매가 이루어지기 때문에 고객이 쉽게 접근할 수 있는 접근성은 경쟁업소보다 고객을 쉽게 유인할 수 있는 가장 근본적인 수단이 되기 때문에 외식산업을 일명 '입지산업'이라고도 한다. 따라서 입지력은 외식업소의 성패를 좌우하는 필수불가결한 조건이다. 외식산업이 성숙기에 위치해 있다는 것은 입지력이 좋은 곳은 벌써 다른 외식업소들이 차지하고 있어서 좋은 입지를 찾기가 쉬운 일이 아니며 입지가 좋은 곳은 높은 초기투자액(권리금, 보증금, 임대료)으로 인하여 사업의 타당성이 떨어지기 때문에 신중한 결정이 필요하다.

입지선정 시에 반드시 고려해야 할 사항으로 메뉴, 가격, 서비스, 업소분위기 등이 목표시장과의 적합성을 확인하여야 하며, 이러한 입지조건은 교통수단의 변화, 고객층의 욕구변화, 경쟁업소의 상태변화 등에 의해서 변화할 수 있다. 이러한 변화에 대처하고 적용하기 위해 경쟁력있는 업소유지와 업소주변변화를 수용할 수 있는 자세가 필요하다.

(2) 상품력(Product Power)

품질의 속성으로서는 맛, 색상, 냄새, 모양 등을 들 수 있으며, 가격 또한 상품력의 주요 요소로서 목표시장을 유인하기 위해 시간대, 요일별, 비수기 등에 적합한 적정가격과 내점동기 등에 의해 결정되어야 한다.

품질의 속성 중 맛은 업소의 개성을 표현할 수 있는 가장 좋은 방법으로 외식사업성공에 있어서 가장 우선되는 조건이다. 예를 들면 어느 외국체인 브랜드의 패밀리 레스토랑은 브랜드인지도와 함께 메뉴의 한국화와 중저가정책으로 성업 중이다. 이는 맛과 가격정책으로 성공한 경우이다. 국내체인브랜드의 패스트푸드 업체의 경우에는 기존의 햄버거 고객층들이 느끼하고 기름진 맛의 햄버거 대신 개운한 맛에 욕구를 파악하여 맵고 개운한 맛을 살린 김치 로스버거를 출시하여 성공한 경우도 있다. 이는 브랜드인지도가 높은 외국체인과의 차별화를 지향함으로서 외국 체인 패스트푸드업체와의 경쟁에서 살아남을 수 있었다. 더불어 최근에는 경기불황으로 인하여 맵고 개운하고 중독성있는 맛과 가격이 저렴한 메뉴를 선호하는 젊은 층들의 수요증대로 떡볶이전문점들이 경쟁력있는 상품력(맛과 가격)을 가지고 있기 때문에 성업하고 있다.

서비스의 속도도 상품력의 중요한 구성요소이다. 즉 주방기구 및 설비의 올바른 이해와 사용을 위해 효율적인 동선 구조와 조리시설, 식자재 구매에서 음식 판매과정까지의 체계화, 주방과 업장 간의 팀워크(team work) 증진으로 서비스제공시간의 축소에 의한 신속한 서비스 체계의 확립 등으로 업소의 경쟁력을 강화시킬 수 있는 방법이다.

품질의 균일화도 상품력의 중요한 구성요소이다. 식자재의 구매 및 조리과정의 표준화, 간소화, 전문화로 업소운영을 체계화시킴으로서 항상 똑같은 맛을 유지하는 것이 중요하다. 이를 위해 식자재의 종류, 양(quantity), 조리방법, 조리과정 등을 구체적으로 기록한 조리양목표(recipe)작성으로 품질의 균일화를 추구하여야 한다.

(3) 서비스력(Service Power)

경쟁업소가 동일한 상품을 제공하기 시작했다면 경쟁업소와 차별화할 수 있는 가장 강력한 방법은 무형의 상품인 서비스일 것이다. 현대에서는 서비스의 중요성을 깨닫고 업소마다 업소에 적합한 서비스 매뉴얼을 만들어 운용하고 있으며 또한 고객과 마주치는 결정적 순간(moment of truth)인 접점서비스(encounter service)의 중요성을 인지하게 되었으며 차별화된 서비스력이 경영정책의 핵심적인 요인이 되고 있다.

진정한 의미의 외식서비스산업이 되기 위해서는 고객의 요구에 부응하는 서비스제공과 서비스의 특징 중 무형성과 소멸성을 어떻게 효율적으로 유형화하여 고객의 요구를 충족시킬 것인가를 생각해야 한다. 즉 음식과 음료와 같은 유형의 상품과 부수적으로 제공되는 인적 서비스, 분위기 등 무형의 요소들을 업소에 맞게 콘셉트를 구성하고 업소의 서비스

이념, 방침 등을 업소 특성에 맞도록 서비스매뉴얼을 만들어 지속적인 직원교육을 실시함으로서 직원들의 서비스력 증진으로 고객의 요구에 부응하는 서비스를 제공할 수 있을 것이다. 따라서 서비스력은 상품가격을 결정짓는 중요한 요소 중의 하나이다.

(4) 점포력(Physical Evidence Power)

점포력이란 업소의 내·외부 장식, 분위기, 업장 및 주방의 설비수준, 청결도 등이 결합하여 이루어지는 판매력을 말하며, 입지력과 함께 업소의 외형적인 강점으로 더 많은 고객을 유치할 수 있게 하는 요소가 바로 점포력이다.

점포력의 비중을 이해하고 있는 외식업소에서는 메뉴뿐만 아니라 실내분위기에서 업태(패스트푸드와 패밀리 레스토랑 등)와 콘셉트(특성)를 고루 살린 독특한 분위기로 고객을 유도하고 있다. 고객들의 외식업소 선호경향이 새롭고 안락한 분위기를 찾아 쾌적하고 깨끗한 편의시설 및 설비가 주방과 업장에 고루 설치된 외식업소 쪽으로 이동하는 경향이 있기 때문에 지속적으로 점포력 향상에 치중해야 할 것이다.

(5) 관리력(Management Power)

외식산업에서의 관리력이란 음식이나 부대서비스의 생산 및 판매의 원활한 흐름을 위해 행해지는 총체적인 통제능력을 말하는 것으로 생산시스템과 그 시스템의 운영으로 요약할 수 있다. 더불어 관리력은 업소의 성공을 위해 입지, 상품, 서비스, 업소 등과 같은 성공요인들을 종합적으로 관리하고 운영하는 활동으로서 업소운영을 정확하게 계획, 실행하는 것을 목표로 한다.

소규모 외식업소는 구매, 생산, 판매 등 모든 업무가 경영자 개인의 능력과 창의성에 따라 달라질 수 있어 관리력의 중요성이 상대적으로 낮으나 규모가 커질수록 관리력은 업소의 성공여부를 결정짓는 중요한 요소이다. 즉 생산규모가 작고 직원의 수도 얼마 되지 않는 가족중심의 영세외식업소에서는 이러한 관리력의 필요성을 별로 인지하지 못하나, 체인화 등으로 경영규모가 커진 외식업소들에게는 시장경쟁에서 생존하기 위해 효율적이고 효과적인 관리력의 필요성이 성공의 중요한 필수요소이다. 즉 외식산업은 상품의 생산과 판매가 동시에 이루어지고 수요예측이 어렵기 때문에 준비된 식자재의 부패로 인한 원가상승요인들을 과학적으로 관리해야 하는 필요성이 대두되었고, 현재의 외식시장상황이 외식인구의 증가에 비해 외식업소수의 증가가 앞지르고 있어 이러한 경쟁적 상황에 대처하기 위해서 경영 전반에 대한 관리력의 중요성이 역시 요구되고 있다.

(6) 마케팅력(Marketing Power)

외식산업뿐만 아니라 여타 산업에서도 날로 경쟁이 치열해지고 있다. 많은 학자들이 점차로 상품의 질은 균일화되어갈 것이라고 예측하고 있다.

따라서 소비자가 원하는 바를 정확하게 파악하고 원하는 바의 상품을 개발하여 효율적으로 소비자에게 알리느냐가 기업 성공의 관건으로 여기고 있다. 이러한 과정의 노력과 실행이 바로 마케팅의 기능이다. 외식업소는 일반기업에 비해 소규모인 경우가 많다. 따라서 이에 맞는 적절한 마케팅 활동이 필요하다.

(7) 자금력(Financial Power)

기업 운영에는 적절한 자금원천과 자금력이 필요하다. 경영 초기부터 과도한 부채와 운영 자금부족은 건전한 경영에 장애가 된다.

자기자본이 70% 정도는 되어야 하고 6개월 정도의 운영자금이 준비되어 있어야 무리없는 경영이 가능하다.

(8) 브랜드 파워(Brand Power)

브랜드는 소비자에게 각 기업에서 만든 상품과 서비스를 구별시켜 줄 수 있는 독특한 이름과 상징물이다. 브랜드 파워는 기본적으로 상품 자체의 경쟁력에서 나온 것이지만 최근에는 역으로 브랜드 파워에 의해 상품의 경쟁력을 갖게 되었고 기업의 외식를 결정짓는 중요 요인이 되었다.

글로벌 브랜드 컨설팅 전문업체인 Inter Brand가 2023년에 발표한 '글로벌 100대 브랜드 (Best Global Brands)'에 따르면 삼성의 브랜드 가치는 약 14억 달러로 4년 연속 전 세계 5순위를 유지하였으며, 현대차는 약 204억으로 32순위에 올랐다. 전 세계 1위는 애플(Apple) 사이며, 약 5,026억 달러로 평가되었다.

외식기업으로는 맥도날드가 전 세계 11위로 509억 달러, 스타벅스가 48위로 154억 달러, KFC가 95위로 63억 달러로 랭크되었다.

🧑 **잠깐 쉬어가기!**

Inter Brand의 '글로벌 100대 브랜드(Best Global Brands)'는 어떤 기업들이 있을까? (2023년 기준)

01 Apple +4% 502,680 $m	02 Microsoft +14% 316,659 $m	03 Amazon +1% 276,929 $m	04 Google +3% 260,260 $m	05 Samsung +4% 91,407 $m
06 Toyota +8% 64,504 $m	07 Mercedes-Benz +9% 61,414 $m	08 Coca-Cola +1% 58,046 $m	09 Nike +7% 53,773 $m	10 BMW +10% 51,157 $m
11 McDonald's +5% 50,999 $m	12 Tesla +4% 49,937 $m	13 Disney -4% 48,258 $m	14 Louis Vuitton +8% 46,543 $m	15 Cisco +5% 43,345 $m
16 Instagram +8% 39,342 $m	17 Adobe +14% 34,991 $m	18 IBM +2% 34,921 $m	19 Oracle NEW 34,622 $m	20 SAP +5% 33,078 $m
21 Facebook -8% 31,625 $m	22 Chanel +6% 31,007 $m	23 Hermès +10% 30,190 $m	24 Intel -14% 28,298 $m	25 YouTube +7% 26,039 $m
26 J.P. Morgan +6% 25,876 $m	27 Honda +7% 24,412 $m	28 American Express +9% 24,093 $m	29 IKEA +5% 22,942 $m	30 Accenture +4% 21,320 $m
31 Allianz +12% 20,850 $m	32 Hyundai +18% 20,412 $m	33 UPS -4% 20,374 $m	34 Gucci -2% 19,969 $m	35 Pepsi +1% 19,767 $m
37 Sony +12% 19,065 $m	37 Visa +8% 18,611 $m	38 Salesforce +6% 18,317 $m	39 Netflix +9% 17,916 $m	40 PayPal +4% 17,794 $m
41 Mastercard	42 adidas	43 Zara	44 AXA	45 Audi

↻ 자료: https://interbrand.com/best-global-brands/

제2절 | 우리나라 외식산업의 현황과 전망

　외식산업은 국가의 국민소득과 가처분 소득이 높아지면서 식생활 행태는 다양해진다. 이에 따라 학자들에 의해서 외식산업의 정의와 범위를 합리적으로 분류하기 위한 연구가 이루어져 왔다. 미국과 일본의 경우에는 이미 외식산업의 분류가 체계적으로 이루어져 있으며, 우리도 외식산업을 시대적 환경변화에 맞게 외식산업 분류의 필요성이 요구되고 있다. 우리나라의 외식산업 분류에 있어서 문제점을 고찰해 보고, 업종과 업태별로 분류함으로써 좀 더 명확히 외식산업의 범위에 대한 이해를 추구하고자 한다.

1. 우리나라 외식산업의 발전과정과 분류

1) 발전과정

　문헌상에 나타나 있는 우리나라 음식업의 기원은 간이음식점을 겸한 사교의 장소로 고려시대의 주막이 시초이며, 그 후 사신이나 여행자들을 위한 역정과 사원이 있었던 것으로 기록되고 있다. 조선시대를 거치면서 명맥은 유지했지만 특별히 영리를 목적으로 운영된 것은 아니었다. 20세기에 들어서면서 규모가 큰 음식점이 생겼으나, 식량자원 부족과 가내 주도형의 식사로 전반적인 외식사업은 침체한 상태였다. 1945년 해방 이후 외식사업은 많은 변화와 발전을 해왔으나, 어려운 경제적 여건 때문에 식당이라는 개념은 한끼를 때우는 곳으로 여겨졌을 뿐이었으며, 1960년대에 들어서야 경제개발계획에 따른 식생활 향상으로 외식산업의 기초가 마련되었다.

　1977년 림스치킨이 튀김통닭을 국내 최초로 프랜차이즈 형식으로 도입하여 개점하였으나, 현대적인 의미의 프랜차이즈 시스템(franchise system)은 1979년 일본의 롯데리아(Lotteria)와 합작한 국내 롯데리아가 개점한 이후라 할 수 있다. 이처럼 세계 유명상표의 패스트푸드(fast food) 업체가 국내에 진출하면서 서구식 패스트푸드가 우리의 식생활 문화의 한 부분으로 자리잡는 계기가 되었다.

　1980년대 들어 '86 아시안게임, '88 서울올림픽을 전후하여 국민소득의 증가, 핵가족화,

소비의식의 변화, 근로시간의 단축, 여성의 사회참여 증가, 레저산업의 성장, 해외여행의 자유화 등으로 국내 외식업계는 괄목할 만한 성장을 이루어 외식산업으로서 자리를 잡아가기 시작하였다. 또한 외식산업은 시장개방시대를 맞아 '80년대 초 버거킹(Burger King)을 선두로 외국브랜드의 외식업체들이 대거 상륙하기 시작하였는데 맥도날드(McDonald's), 웬디스(Wendy's), 케이에프씨(Kentucky Fried Chicken), 데니스(Denny's), 윈첼(Winchell's) 등이 그것이다.

이러한 외국 외식브랜드에 맞서 '80년대 후반에는 놀부, 송가네 등과 같은 한식업소들도 고유의 음식인 보쌈, 족발, 국수 등의 메뉴를 시스템화해서 체인화하는 형태로 외국브랜드의 패스트푸드와 차별화해서 새롭고 품위있는 한식문화 패턴을 창출해 나가고자 고유 음식 상품화에 힘쓰기 시작하였다.

국내 외식산업은 '80년대의 적응기를 지나 '90년대로 접어들면서 본격적으로 외식산업이 성장·발전하였고, 그동안 시장을 주도해 왔던 햄버거, 피자, 치킨 등과 같은 패스트푸드에서 탈피하여, 고객의 외식행태의 변화에 따른 다양한 업종과 업태의 외식업소가 생겨났다. 또한 편의점의 등장과 함께 체인경영기법을 도입한 양식당 체인인 코코스(Coco's), 티지아이프라이데이(TGIF) 등 선진 외식산업의 경영체계를 갖춘 해외 브랜드의 패밀리 레스토랑들이 본격적으로 진출함에 따라 외식업계는 새로운 국면에 접어들게 되었다. 이처럼 국내 외식업산업이 '황금시장'으로 인식되면서 규모가 커지자 자본규모를 배경으로 중·대기업들이 대거 외식산업에 참여하기 시작하였으며, 특급호텔에서도 자체 식·음료업장의 경영 노하우를 바탕으로 적극적으로 외식사업에 참여하고 있다. 또한 직원식당, 학교와 같은 단체급식은 1988년 서울올림픽을 기점으로 서울 케이터링이 처음으로 이 시장에 진출한 이래로 중소업체들에 의해 운영되고 있던 단체급식사업이 유망사업으로 부상됨에 따라 대기업들도 단체급식사업에 합류하여 더욱 치열한 경쟁체제가 만들어지고 있다. 이렇듯 국내 외식산업을 선도해온 외국의 유명브랜드들은 한국외식시장의 잠재력이 크다고 인식하여 앞으로 업소망을 더욱 늘릴 것으로 예측되고 있으며, 브랜드 도입선도 미국, 일본 등에서 덴마크, 캐나다 등으로 다양해지고 있다.

그림 1-4 덴마크의 패스트푸드점인 스테프핫도그

🔁 자료 : 스테프핫도그 웹사이트(http://www.steffhotdog.com, 2024.08.01.)

그림 1-5 캐나다의 커피전문점인 팀홀튼

🔁 자료 : 팀홀튼 웹사이트(https://www.tim-hortons.co.kr, 2024.08.01.)

한편, 우리나라도 한국의 문화를 적극 반영한 고유음식 문화를 'K-푸드(K-Food)'5) 전략을 통해 해외로 역수출하며 세계화에 앞장서고 있다. 예를 들어, 최근 한국관광공사는 미국 내 한식에 대한 관심을 한국 관광으로 연결하기 위해 중장기적 '미식 외교(Gastrodiplomacy)' 전략을 추진하고 있다. 이를 통해 전 세계적으로 각광받고 있는 K-푸드와 K-컬처(K-Culture)를 홍보하기 위함이다. 한국관광공사는 국내 외식업체인 BBQ와 협업하여 뉴욕의 타임스퀘

---

5) Korean Food를 이르는 말임

어에서 'One Bite to Korea' 캠페인을 진행하였다. 그 외에도 국내 저가형 커피브랜드인 컴포즈커피, 빽다방, 메가커피 등이 국내에서의 유행에 힘입어 해외 시장의 문을 두드리는 시도가 이어지고 있다. 더불어, 대한민국 정부에서도 한식 산업의 생태계를 확장하고, K-Food의 세계화를 위하여 전 세계 한식 산업규모를 2021년 152조 원에서 오는 2027년에는 300조 규모로 키우기로 하였다.

우리나라 외식산업을 매출규모 측면에서 살펴보면, 2000년대 전후의 외식산업 추세는 1997년도의 IMF 여파로 외식시장의 발전이 한동안 고전하다가 2002년 월드컵을 기점으로 상승세를 탔다. 이후, 2004년 발생된 신용카드 대란으로 2005년에는 약간의 감소현상이 일어났다. 그러나 외식산업은 꾸준히 상승세를 지속하여 2016년에는 118조 원의 규모에 달하게 되었다. 2020년에는 코로나19의 등장으로 잠시 주춤하다가 2021년 이후부터 다시 상승하기 시작하여, 2022년에는 177조에 달하는 매출액이 발생하였다. 이러한 변화를 상품주기별 사이클로 고려해보았을 때, 우리나라 외식산업은 현재 성숙기에 진입했음을 알 수 있다. 더불어 이러한 성숙기 상태의 지속은 외식업체 간의 경쟁 심화로 이어질 수 있음을 유추할 수 있다.

표 1-4 우리나라 외식발전과정

연대	발전내용	주요 외식업소
1960년대 이전	• 음식업의 태동기 • 경제적 빈곤기 • 식생활 및 식습관의 가내 주도형	이문설렁탕(1907), 용금옥('30), 곰보 추어탕('30), 한일관('34), 조선옥('37), 안동장('40), 고려당('45), 남포면옥('48), 하동관('48)
1960년대	• 음식의 침체기 및 여명기(6·25전쟁 이후) • 식생활의 궁핍, 밀가루 위주의 분식 • 식생활의 개선문제 부각, 일부 음식 문화의 서구화(분식장려)	뉴욕제과('67), 제과·제빵·제분업 중심의 개인업소 및 노상잡상인 대량출현
1970년대	• 외식산업의 태동기 • 분식 및 대중음식점의 출현(한식, 중식 위주) • 경제개발계획의 성공과 식생활의 향상	림스치킨('75), 가나안제과('76), 난다랑('79), 롯데리아('79)

연대	발전내용	주요 외식업소
1980년대	• 외식산업 적응기(요식업 → 외식산업) • 프랜차이즈화(치킨, 국수, 커피, 베이커리, 맥주, 일부 한식) • 해외 브랜드의 도입(패스트푸드, 일부 패밀리 레스토랑)	아메리카나('80), 버거킹('80), 신라당('80), 미스터도넛('81), 윈첼 도넛('82), 장터국수('83), KFC('84), 투모루타이거('84), 피자헛('85), 베스킨 라빈스('85), 맥도날드('86), 코코스('86), 만리장성('86), 데니스('87), 피자인('87), 놀부보쌈('87), 크라운 베이커리('88), 시카코피자('88), 도토루('89), 도미노피자('89), 쟈뎅('89)
1990년대	• 외식산업의 성장기(외식산업으로 정착) • 중·대기업, 호텔의 외식산업 진출 본격화, 시스템화, 대형화, 프랜차이즈 활성화, 해외진출) • 해외 브랜드의 도입쇄도, 다양한 업종·업태의 출현, 단체급식시장의 부상, 경쟁의 심화	하디스('90), 라운드테이블피자('90), 하겐다즈('91), TGIF('91), 서브웨이('92), 판다로사('92), TCBY('93), 미스터피자('93), 파파이스('93), 시즐러('93), 스카이락('94), 체스터프라이드치킨('94), 쓰리프티('95), 케니로저스('94), 베니건스('95), 토니로마스('95), 마르쉐('96), 하드락카페('96), 스바로('96), 리틀시저스('96), 우노('97), 칠리스('97), 아웃백스테이크('97), 이탈리아니스('97), BBQ('95), ……
2000년대	• 외식산업의 성숙기로 경쟁치열 • 커피체인업체의 급속한 성장 • 다양한 치킨체인업체의 출현 • 웰빙 열풍, 씨푸드 뷔페 시장확대 • 불황으로 인한 저가메뉴 재등장 • 저가 프랜차이즈의 가속화 • 기후변화와 인플레이션으로 인한 식재료원가의 급등 • 한류영향으로 인한 한식의 세계화 가속 • 국내진출 다국적외식기업의 철수(웬디스, 하디스, 데니스, 시즐러, 베니건스, 토니로마스, 마르쉐 등)	SPC그룹, 카페베네(08), 본죽, 불고기브라더스, 국대, 죠스, 아딸, 교촌치킨, BBQ, bhc, 엔젤리너스(00), 투썸플레이스(02), 애슐리(03) 등

2) 분류

우리나라는 1980년대 후반에 들어 외식산업이 크게 발달하면서 외식산업에 대한 연구가 활발하게 진행되기 시작하였다. 외식산업에 대한 뚜렷한 개념정립이 되지 않은 상태에서 편의상 정부 주도로 외식업소에 대한 법적 규제, 통계작성 및 세원관리의 명목으로 외식산업이 분류되고 있다. 그러나 이러한 분류기준 및 방법도 통일되지 않고 학자들에 따라 혹은 그 접근방법에 따라 다르게 구분되고 있다. 그러므로 외식산업에 대한 체계적인 학문연구를 통해 일치된 분류체계가 확립될 필요가 있다. 지금까지 나타나고 있는 우리나라 외식산업의 분류기준은 업종과 업태에 의한 분류, 유형별 분류, 식품위생법상의 분류, 한국표준산업분류표상의 분류, 관광진흥법상의 분류 등에서 찾아볼 수 있다.

(1) 업종 및 업태분류

업종과 업태의 결정은 외식업에 있어서 매우 중요한 부분이다. 업종과 업태에 근거하여 기본적인 콘셉트가 설정되면 초기 투자비, 영업방식, 영업형태와 영업정책 등이 달라지기 때문이다.

① 업종(Type of Business)

외식산업에서의 업종이란 사업체에서 판매하고 있는 음식의 종류에 따른 분류를 말하며, 여러 국가의 고유음식이나 메뉴구성 등으로 구분이 될 수 있는 대분류인 한식, 중식, 일식, 양식으로 분류하는 것을 말한다.

② 업태(Type of Service)

업태란 고객의 다양한 취향에 맞추어 제공하는 영업방식으로 메뉴의 가격, 서비스 형태, 서비스제공시간, 분위기, 판매방법에 따른 다양한 영업형태를 말한다. 하나의 업종이 여러 영업형태의 업태로 구분될 수 있다. 즉 하나의 업종이 세분화되어 여러 업태로 구분되어지는 소분류상의 영업형태로 구성되어 있다. 예를 들면, 업태는 업종에서 세분화되어 패스트푸드, 패밀리, 캐주얼, 파인 다이닝 레스토랑으로 이루어진다.

표 1-5 **우리나라 외식업소의 업종 및 업태에 의한 분류**

업종	한식	일식	중식	양식
업태	Fast Food Restaurant	Family Restaurant	Casual Dining Restaurant	Fine Dining Restaurant
메뉴	한정적	다양	다양	다양
가격	저	중	중고	고
서비스	셀프	셀프/테이블	테이블	테이블
제공시간	3분 이내	15분 이내	15분 이상	25분 이상

➲ 자료 : 이정실, 외식기업경영론, 기문사, 2007. p.26(저자 재구성)

(2) 유형별 분류

업종과 업태에 의한 분류보다 좀 더 세분화하여 외식업소를 유형별로 구분하면

① 일반 음식점(Korean Restaurant) : 개인고객과 단체고객을 대상으로 한식관련메뉴를 판매하는 외식업소, 즉 한식을 주메뉴로 취급하는 대중적인 외식업소

② 패밀리 레스토랑(Family Restaurant) : 가족중심의 외식시장을 목표시장으로 하는 외식업소로서 중간가격대의 Table D' hote와 A' La Carte메뉴를 판매하는 업소

③ 패스트푸드점(Fast Food Restaurant) : 햄버거, 샌드위치, 치킨, 피자, 우동, 김밥 등의 메뉴를 판매하는 외식업소

④ 외국요리 전문점(Foreign Food Restaurant) : 외국음식을 주메뉴로 판매하는 외식업소로서 일본, 중국, 서양음식점, 피자파스타전문점, 퓨전요리전문점 등

⑤ 연회전문점(Banquet) : 연회행사를 위주로 하는 외식업소로서 뷔페식당, 호텔뷔페식당 및 연회장, 출장뷔페전문회사(Catering) 등

⑥ 호텔 레스토랑(Hotel Fine Dining) : 호텔내의 외식업소로서 호텔이용고객과 외부고객을 대상으로 음식과 음료를 판매하는 업장들을 말하며, 한, 중, 일, 양식 중 하나의 메뉴를 제공하는 고급 업장들이다.

⑦ 고급음식점(Fine Dining) : 고가의 정식(Table d' hote)메뉴를 제공하는 최고급외식업소로서 한정식 코스요리전문점, 프랑스식 외식업소 등의 업소

⑧ 포장판매전문점(Take-out) : 배달판매, 드라이브 스루(Drive-thru), 가정대용식(HMR),

자동판매기(Vending Machine) 등의 서로 다른 판매방법을 통해 음식과 음료를 제공하는 업소

⑨ 푸드 코트(Food Court) : 백화점이나 쇼핑몰 등에 있는 홀 형태의 대형식당으로 다양한 메뉴를 제공하며 계산과 함께 주문전표가 해당 주방으로 전달되어, 메뉴에 따라 각기 다른 주방에서 조리되어 고객에게 음식을 제공하는 외식유형으로서 단, 음식을 먹는 장소는 같은 장소를 사용하는 업소

⑩ 커피숍(Coffee Shop) : 커피와 함께 아이스크림 등 간단한 케익류와 스낵을 판매하는 업소

⑪ 델리카트슨(Delicatessen) : 여러 종류의 햄, 치즈 등 유제품 관련 상품을 식재료 상태로 판매하며 샌드위치, 케익, 빵 등과 같은 완제품 형태도 판매하는 업소

⑫ 컨세션(Concession) : 공항, 경기장, 공연장과 같은 독점성이 보장되는 특정장소에서 임차계약을 체결하여 이곳을 이용하는 고객들을 대상으로 전문식당, 햄버거, 스넥류와 음료 등을 판매하는 업소

⑬ 인더스트리얼 레스토랑(Industrial Restaurant) : 기업이나 공장 내의 구내식당형태로서 원칙적으로 비영리를 목적으로 하는 단체급식 업소이다.

(3) 식품위생법상의 분류

식품위생법상의 외식산업의 범주는 시행령 제7조에 영업의 종류에서 식품접객업이라는 용어로 외식업소를 세분하여 〈표 1-6〉과 같이 구분하고 있다. 여기서 규정하고 있는 식품접객업의 종류는 크게 음식점영업과 주점영업으로 대별하고 있으며, 음식점영업은 또한 주류판매의 유·무에 따라 세분하여 구별하였고, 주점영업은 유흥 종사원을 고용할 수 있는 허용 유·무에 따라서 세분하고 있다.

표 1-6 **식품위생법 시행령상 식품접객업의 분류**(제21조, 2024.07.24.)

구분	영업내용	행정절차
휴게음식점영업	주로 다류(茶類), 아이스크림류 등을 조리 · 판매하거나 패스트푸드점, 분식점 형태의 영업 등 음식류를 조리 · 판매하는 영업으로서 음주행위가 허용되지 아니하는 영업. 다만, 편의점, 슈퍼마켓, 휴게소, 그 밖에 음식류를 판매하는 장소(만화가게 및 「게임산업진흥에 관한 법률」 제2조제7호에 따른 인터넷컴퓨터게임시설제공업을 하는 영업소 등 음식류를 부수적으로 판매하는 장소를 포함한다)에서 컵라면, 일회용 다류 또는 그 밖의 음식류에 물을 부어 주는 경우는 제외	신고
일반음식점영업	음식류를 조리 · 판매하는 영업으로서 식사와 함께 부수적으로 음주행위가 허용되는 영업	신고
단란주점영업	주로 주류를 조리 · 판매하는 영업으로서 손님이 노래를 부르는 행위가 허용되는 영업	허가
유흥주점영업	주로 주류를 조리 · 판매하는 영업으로서 유흥종사자를 두거나 유흥시설을 설치할 수 있고 손님이 노래를 부르거나 춤을 추는 행위가 허용되는 영업	허가
위탁급식영업	집단급식소를 설치 · 운영하는 자와의 계약에 따라 그 집단급식소에서 음식류를 조리하여 제공하는 영업	신고
제과점영업	주로 빵, 떡, 과자 등을 제조 · 판매하는 영업으로서 음주 행위가 허용되지 아니하는 영업	신고

🔵 자료 : 법제처 국가법령정보센터(http://www.law.go.kr, 2024)

(4) 한국표준산업분류표상의 분류

한국표준산업분류표상의 음식점업이란 "접객시설을 갖춘 구내에서 또는 특정장소에서 직접 소비할 수 있도록 조리된 음식품 또는 직접 조리한 음식품을 제공 · 조달하는 산업 활동"으로 정의하고 있으며, 이에는 각종 음식점, 직접 소비용 음식물을 출장조리 또는 조달활동과 독립적인 식당차의 운영활동 등이 포함된다. 한국표준산업분류는 산업에 관련된 통계작성을 위한 표준분류로서 산업 활동의 동질성을 기준으로 하여 모든 산업 활동을 체계적으로 유형화한 것이다.

표 1-7 **제11차 한국표준산업분류(KSIC)**

대분류	중분류	소분류	세분류	세세분류
I 숙박 및 음식점업	56 음식점 및 주점업	561 음식점업	5611 한식 음식점업	56111 한식 일반 음식점업
				56112 한식 면요리 전문점
				56113 한식 육류요리 전문점
				56114 한식 해산물요리 전문점
				56119 기타 외국식 음식점업
			5612 외국식 음식점업	56121 중국 음식점업
				56122 일식 음식점업
				56123 서양식 음식점업
				56124 기타 외국식 음식점업
			5613 기관 구내식당업	56130 기관 구내식당업
			5614 출장 및 이동 음식점업	56141 출장 음식 서비스업
				56142 이동 음식점업
			5619 기타 간이 음식점업	56191 제과점업
				56192 피자, 햄버거, 샌드위치 및 유사 음식점업
				56193 치킨 전문점
				56194 김밥 및 기타 간이 음식점업
				56199 간이음식 포장 판매 전문점
		562 주점 및 비알코올 음료점업	5621 주점업	56211 일반유흥 주점업
				56212 무도유흥 주점업
				56213 생맥주 전문점
				56219 기타 주점업
			5622 비알코올 음료점업	56221 커피 전문점
				56229 기타 비알코올 음료점

🔁 자료 : 통계청 한국표준산업분류표 개정판(2024.7.1.)

(5) 관광진흥법상의 분류

우리나라 「관광진흥법」 제2장 제3조는 관광사업의 종류로서 여행업, 관광숙박업, 관광객 이용시설업, 국제회의업, 카지노업, 테마파크업, 관광 편의시설업 등을 관광사업으로 규정하고 있다. 현재 문화체육관광부령으로 규정하고 있는 관광 편의시설업의 종류로는 관광 유흥음식점업, 관광극장유흥업, 외국인전용 유흥음식점업, 관광순환버스업, 관광펜션업, 관광궤도업, 관광면세업, 관광지원서비스업, 관광식당업, 관광 사진업 및 여객자동차터미널시설업 등이 있다.

이 중 외식업과 관련이 있는 편의시설업은 관광 유흥음식점업, 외국인전용 유흥음식점업, 관광식당업이 있으며, 관광진흥법 시행규칙 제14조에서는 이들의 지정기준을 아래 〈표 1-8〉 과 같이 명시하고 있다.

표 1-8 관광진흥법 시행규칙상 관광 편의시설업의 지정기준(2024)

관광진흥법상 업종	지정기준
관광 유흥음식점업	가. 건물은 연면적이 특별시의 경우에는 330제곱미터 이상, 그 밖의 지역은 200제곱미터 이상으로 한국적 분위기를 풍기는 아담하고 우아한 건물일 것 나. 관광객의 수용에 적합한 다양한 규모의 방을 두고 실내는 고유의 한국적 분위기를 풍길 수 있도록 서화·문갑·병풍 및 나전칠기 등으로 장식할 것 다. 영업장 내부의 노랫소리 등이 외부에 들리지 아니하도록 할 것
외국인전용 유흥음식점업	가. 홀면적(무대면적을 포함한다)은 100제곱미터 이상으로 할 것 나. 홀에는 노래와 춤 공연을 할 수 있도록 20제곱미터 이상의 무대를 설치하고, 특수조명 시설을 갖출 것 다. 영업장 내부의 노랫소리 등이 외부에 들리지 아니하도록 할 것 라. 외국인을 대상으로 영업할 것
관광식당업	가. 인적요건 　1) 한국 전통음식을 제공하는 경우에는 「국가기술자격법」에 따른 해당 조리사 자격증 소지자를 둘 것 　2) 특정 외국의 전문음식을 제공하는 경우에는 다음의 요건 중 1개 이상의 요건을 갖춘 자를 둘 것 　　가) 해당 외국에서 전문조리사 자격을 취득한 자 　　나) 「국가기술자격법」에 따른 해당 조리사 자격증 소지자로서 해당 분야에서의 조리경력이 2년 이상인 자 　　다) 해당 외국에서 6개월 이상의 조리교육을 이수한 자

● 자료 : 법제처 국가법령정보센터(http://www.law.go.kr, 2024)

2. 국내 외식산업 현황

1) 국내 외식업 사업체 현황

(1) 전국 외식업 사업체 현황

최근 통계청에서 조사한 전국 외식업 사업체 현황을 살펴보면, 2018년 기준 709,014개였던 외식업 사업체가 꾸준히 증가하여 2021년에는 800,648개로 집계되었다. 2022년에는 소폭 감소하여 795,488개로 집계되었다. 외식업 총종사자 수와 매출액도 2022년까지 지속적인 증가 추세를 보이고 있다.

표 1-9 **전국 외식업 사업체 현황**

(단위: 개, 명, 백만 원)

조사 기준년도	2018	···	2021	2022
사업체 수(개)	650,467	.	800,648	795,488
종사자 수(명)	1,893,938	.	1,937,768	2,040,770
사업체당 평균 종사자 수(명)	2.91	.	2.42	2.57
매출액(백만 원)	138,183,129	.	150,763,234	177,122,646

➲ 자료 : 통계청 서비스업조사('16~'19), 및 경제총조사('20)

표 1-10 **2022년 기준 음식점 및 주점업의 업종별 현황**

(단위: 개, 명, 백만 원)

산업별구분	사업체 수(개) 비율(%) 사업체 수(개)	종사자 수(명)	매출액(백만 원)
한식 음식점업음식점 및 주점업	335,451795,488	2,040,770	41.90177,122,646
음식점업	569,760	1,555,574	148,339,180
한식 음식점업	329,419	833,453	77,780,091
외국식 음식점업	70,29374,802	251,336	8.7823,134,376
기관 구내식당업	11,438	66,826	11,458,231
출장 음식 서비스업	1,019	2,659	226,191
기타 간이 음식점업	153,082	401,300	35,740,291
주점 및 비알코올 음료점업	225,728	485,196	28,783,466
주점업	107,651	179,886	11,766,544
비알코올 음료점업	118,077	305,310	17,016,922

➲ 자료 : 통계청 서비스업조사('16~'19), 및 경제총조사('20)

그림 1-6 2022년 기준 국내 외식업 시도별 사업체 수

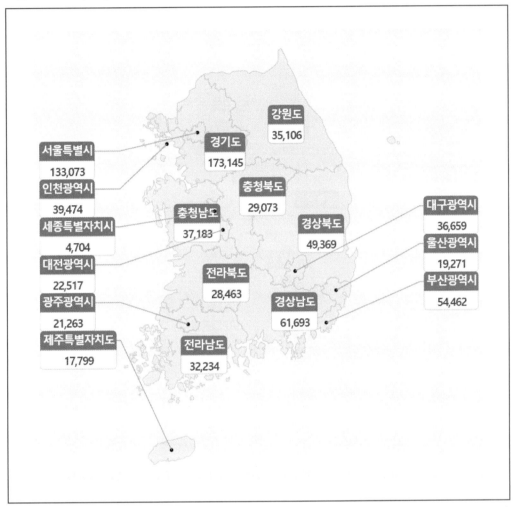

강원도
35,106

경기도
173,145

서울특별시
133,073

인천광역시
39,474

충청북도
29,073

충청남도
37,183

대구광역시
36,659

세종특별자치시
4,704

경상북도
49,369

대전광역시
22,517

울산광역시
19,271

전라북도
28,463

부산광역시
54,462

광주광역시
21,263

경상남도
61,693

제주특별자치도
17,799

전라남도
32,234

➡ 자료 : 통계청 서비스업조사('16~'19) 및 경제총조사('20)를 토대로 더외식(https://www.atfis.or.kr)에서 재구성

그림 1-7 2022년 기준 국내 외식업 시도별 종사자 수

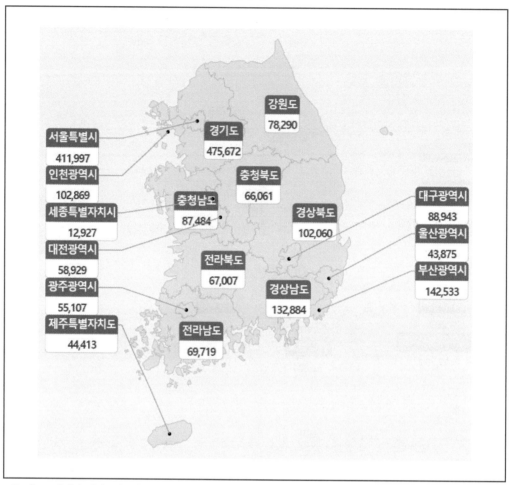

↪ 자료 : 통계청 서비스업조사(´16~´19) 및 경제총조사(´20)를 토대로 더외식(https://www.atfis.or.kr)에서 재구성

그림 1-8 **2022년 기준 국내 외식업 시도별 매출액**

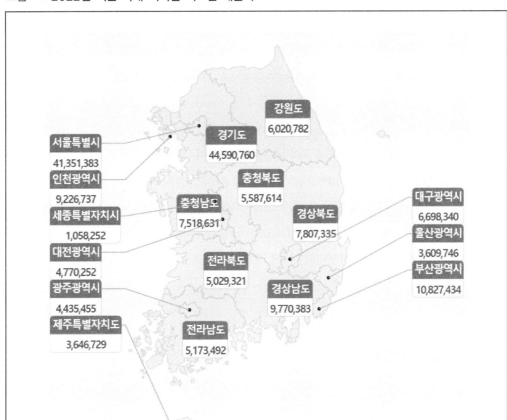

서울특별시 41,351,383
인천광역시 9,226,737
세종특별자치시 1,058,252
대전광역시 4,770,252
광주광역시 4,435,455
제주특별자치도 3,646,729
경기도 44,590,760
강원도 6,020,782
충청북도 5,587,614
충청남도 7,518,631
전라북도 5,029,321
전라남도 5,173,492
경상북도 7,807,335
경상남도 9,770,383
대구광역시 6,698,340
울산광역시 3,609,746
부산광역시 10,827,434

➲ 자료 : 통계청 서비스업조사('16~'19) 및 경제총조사('20)를 토대로 더외식(https://www.atfis.or.kr)에서 재구성

2) 국내 외식산업의 위기

(1) 국내 자생브랜드의 출현과 프랜차이즈 업체의 난립

우리나라에서도 패밀리레스토랑인 빕스(VIPS)와 애슐리(Ashley), 치킨전문점인 비비큐 (BBQ), 커피전문점인 투썸플레이즈(A Twosome Place), 죽 전문점인 본죽, 저렴한 가격에 맥주와 감자튀김 등을 판매하는 생맥주 전문점인 봉구비어 등과 같이 2000년대 이후 독자적인 인 국내 프랜차이즈 브랜드가 대거 출현하였다. 전국가맹점주협의회에 의하면, 2013전국 가맹점주협의회에 의하면, 2013년에 2,973개에 그쳤던 전국의 프랜차이즈 가맹본부의 수

는 2023년 들어 8,135개로 급증하였다. 동일한 기간에 프랜차이즈 브랜드의 수는 3,691개에서 1만 1844개로 증가하였으며, 가맹점의 수는 19만 730개에서 33만 5,298개로 증가하였다. 또한, 프랜차이즈 산업의 매출액은 2013년에 91조 7,000억 원에서 2022년에 들어 1.79배 증가한 164조 원으로 나타났다. 따라서 이 시기를 외식시장의 성장기라고 할 수 있겠다.

국내 프랜차이즈 산업의 꾸준한 성장이 마냥 반가울 수만은 없다. 좁은 상권에 동일한 프랜차이즈 가맹점이 네다섯 개씩 우후죽순으로 생기며, 메뉴마저 거의 차이가 없다 보니 같은 가맹점끼리 생존 경쟁에 내몰리는 현상이 발생하고 있다. 더군다나 젊은층을 중심으로 국내 프랜차이즈 브랜드들이 인기를 얻게 되자 업체의 이름은 물론 대표 메뉴와 인테리어를 유사하게 베낀 일명 프랜차이즈 짝퉁 브랜드들이 생겨나 정작 원조 프랜차이즈 브랜드들이 수난을 겪고 있는 안타까운 실정이다. 이에 정부에서는 프랜차이즈 상권보호를 위해 가맹점 거리제한, 가맹계약기간 등의 법률을 제정하여 프랜차이즈 업체들을 보호하는 데 힘쓰고 있다.

(2) 외식산업 경기침체와 폐업

최근 소상공인이 실제로 체감하고 있는 경기 상황은 갈수록 악화되고 있다. 통계청은 2024년 1월에 음식점업종 소상공인들의 경기체감지수(BSI)를 66.0으로 전망하였으나, 실제 집계된 체감지수는 38.4에 불과하였다. 경기체감지수는 사업장의 실적 및 계획에 대한 업주의 주관적인 의견을 수치화하여 경기 동향을 파악하는 지표이다. 100을 기준으로 하였을 때, 100 이상이면 경기 실적 호전을 의미하며, 100 미만이면 경기 실적 악화를 의미한다.

또한, 행정안전부에서 조사한 서울특별시 내에 소재한 외식업종의 폐업 건수는 2023년 4분기를 기준으로 889건에 달하는 것으로 집계되었다.

그림 1-9 **2024년 기준 소상공인 경기 체감 및 전망지수와 서울시 음식점 폐업 추이**

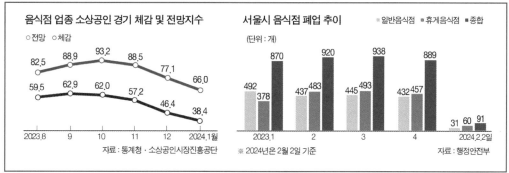

한국농수산식품유통공사는 2024년에 발행한 '2023년 외식산업경기동향지수 종합보고서'를 통해 외식업 운영자들이 [그림 1-10]과 같은 경영상의 애로를 겪고 있는 것을 파악하였다. 외식업을 경영하는 데 어려움을 겪고 있는 구체적 원인으로는 원부자재 비용 상승(33.5%), 물가 인상(20.2%), 인건비 상승(16.9%), 구인난(7.0%), 임대료 상승(7.0%), 금리 인상(6.4%), 외식업 간의 경쟁 심화(5.9%) 등이 있는 것으로 나타났다.

그림 1-10 **외식업 경영상의 애로사항**

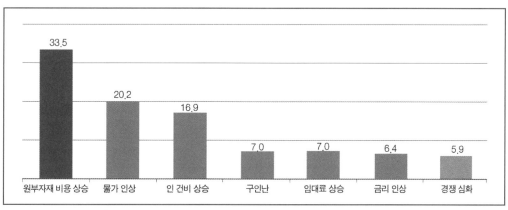

　　　➲ 자료 : 한국농수산식품유통공사, 2023년 외식산업경기동향지수 종합보고서(2024)

이러한 어려움을 극복하고자 외식업체들은 식자재비 절감 방안 강구, 대체 인력 투입, 푸드테크 활용, 서비스 개선을 통한 고객 만족도 제고 등 인력난 해소와 인건비 절감 등을 위해 다각도의 방안을 도출하는 등 글로벌 인플레이션 상황에 대응하기 위한 전략을 마련하고 있다. 또한, 정부에서는 외식업계의 인력난 해소를 위해 비방문취업(H-2), 재외동포(F-4), 유학(D-2), 비전문취업(E-9) 비자의 취업 제한을 완화하였다.

(3) 외식업의 생존율

"먹는 장사는 망하는 법이 없다"도 이제는 옛말이 되었다. 외식업은 별다른 노하우 없이도 약간의 자본만 있으면 창업할 수 있다는 사회적 인식이 있어 진입장벽이 다른 산업에 비해 다소 낮은 편이다. 그러나 최근 계속되는 경기침체, 씀씀이가 줄어든 외식 소비자, 인건비 및 재료비의 향상, 치열한 경쟁 속에 적지 않은 어려움을 겪고 있다. 특히, 대기업이 골목상권에 본격적으로 진출하게 되면서 자영업자들은 더욱 시름하고 있다.[6]

통계청은 성부기관이 보유하고 있는 행성자료를 활용하여 시간의 흐름에 따른 기업의 신생, 소멸, 생존율, (고)성장 등 기업의 생애주기뿐만 아니라 고용창출효과 등을 파악 및 분석하기 위해 매년(당해 연도 1월 1일~12월 31일 대상) '기업생멸행정통계 결과'를 발표하고 있다. '2022년 기업생멸행정통계 결과' 보고서에 따르면, 2022년 기준 활동기업[7]은 735만 3천 개로 전년 대비 24만 개(3.4%)가 증가한 것으로 나타났다. 그 중, 숙박·음식점업은 89만 2천 개(전체 3위)로 전체 산업 중 12.1%를 차지하였다. 같은 해 기준으로 신생기업[8]은 99만 7천 개이며, 그 중 숙박·음식점업은 14만 5천 개(전체 3위)로 나타났다. 반면, 숙박·음식점업의 소멸기업[9]은 11만 9천 개(전체 3위)이며, 소멸률[10] 역시 13.6%로 전체 산업 중 두 번째로 높은 것으로 나타나 외식업체들의 위기를 여실히 보여주었다.

---

6) 통계법 제18조에 의해 승인된 일반·가공통계(승인번호 제101078호)
7) 비영리를 제외한 영리기업 중 기준연도(t년)에 매출액이 있거나 상용근로자가 있는 기업
8) 기준연도(t년)와 전년도(t-1년)의 활동 영리기업DB 비교를 통해 새로운 경제활동을 시작하여 매출액 또는 는 상용근로자가 존재하는 기업
9) 전년도(t-1년)와 기준연도(t년)의 활동 영리기업DB 비교를 통해 경제활동을 중지한 기업
10) 당해연도(t-1년) 활동기업에 대한 소멸기업의 비율

- 소멸률$(t-1$년$) = \dfrac{(t-1\text{년})\text{소멸기업 수}}{(t-1\text{년})\text{활동기업 수}} \times 100$

표 1-11 **산업별 기업생멸 현황**

산업 대분류	활동기업				신생기업				소멸기업		
	2021	2022	전년비	구성비	2021	2022	증감	신생률	2021	증감	소멸률
전산업	7,113	7,353	3.4	100.0	1,034	997	-36	13.6	735	-33	10.3
부동산업 제외	5,460	5,669	3.8	77.1	778	774	-5	13.6	554	-19	10.2
농림어업	57	62	8.3	0.8	11	12	0	18.8	7	0	12.7
광업	1	1	-0.3	0	0	0	0	13.5	0	0	12.5
제조업	563	567	0.8	7.7	49	41	-8	7.2	36	-1	6.3
전기 · 가스 · 증기	90	108	20.3	1.5	22	20	-2	18.6	3	0	2.9
수도 · 하수 · 폐기	11	11	4.9	0.2	1	1	0	8.7	0	0	4.6
건설업	491	509	3.7	6.9	55	51	-5	10.0	34	3	6.9
도 · 소매업	1,530	1,578	3.1	21.5	231	230	-1	14.6	181	3	11.8
운수 · 창고업	596	619	3.9	8.4	54	67	13	10.8	42	-5	7.0
숙박 · 음식점업	873	892	2.2	12.1	148	145	-3	16.3	119	-14	13.6
정보통신업	124	137	10.5	1.9	25	26	1	19.0	13	2	10.7
금융 · 보험업	23	24	1.3	0.3	4	3	-1	14.8	3	0	11.9
부동산업	1,653	1,684	1.9	22.9	255	224	-32	13.3	181	-13	11.0
전문 · 과학 · 기술	224	243	8.3	3.3	39	39	0	16.1	21	2	9.2
사업시설관리	145	153	5.1	2.1	25	26	1	17.0	18	-3	12.3
교육서비스업	194	208	7.2	2.8	38	37	-2	17.8	23	-1	11.8
보건 · 사회복지	79	81	2.8	1.1	5	5	0	6.3	3	0	3.3
예술 · 스포츠 · 여가	129	133	3.6	1.8	22	23	1	17.6	18	-4	13.9
개인서비스업	331	343	3.5	4.7	48	47	0	13.9	35	-1	10.6

자료 : 통계청, 2022년 기업생멸행정통계 결과(2023)

① 경영 기간별 생존율

숙박 · 음식점업의 경영 기간별 생존율을 살펴보면 다음과 같다. 1년 생존율의 경우 66.9%, 2년은 51.1%, 3년은 39.3%, 4년은 30.3%, 5년은 24.4%, 6년은 19.8%, 마지막으로 7년은 16.1%로 나타나 경영 기간이 늘어날수록 생존율이 급격하게 하락하는 것을 확인할 수 있었다. 또한, 숙박 · 음식점업의 1년 생존율은 전체 산업과 비교하였을 때 다소 높은 수준으로 나타났다. 그러나 2년부터는 다른 산업들에 비해 낮은 수준의 생존율을 나타내었다.

표 1-12 **2021년 기준 산업별 신생기업 생존율** (단위: %)

산업 분류	생존율						
	1년	2년	3년	4년	5년	6년	7년
전체	64.1	54.2	46.3	38.8	34.3	30.4	26.0
농림어업	57.6	45.7	38.9	31.4	29.6	25.2	23.5
광업	52.6	36.6	28.6	25.3	16.9	14.1	15.5
제조업	70.9	62.7	56.4	50.4	44.2	39.6	35.1
전기 · 가스 · 증기	90.3	86.3	83.5	79.3	75.0	79.8	77.4
수도 · 하수 · 폐기	78.8	65.6	66.9	52.4	50.4	43.6	36.4
건설업	70.7	61.1	52.3	43.9	38.7	34.0	30.1
도 · 소매업	58.8	50.6	42.2	34.9	30.5	26.7	23.0
운수 · 창고업	74.8	61.7	58.0	46.8	41.5	41.3	37.2
숙박 · 음식점업	66.9	51.1	39.3	30.3	24.4	19.8	16.0
정보통신업	65.6	57.1	48.2	40.8	36.2	32.3	28.0
금융 · 보험업	51.9	41.1	35.7	27.2	21.7	18.8	13.9
부동산업	60.2	51.5	47.8	43.6	42.5	38.8	32.5
전문 · 과학 · 기술	67.4	58.8	50.9	43.5	39.3	35.9	31.1
사업시설관리	60.3	48.3	40.5	33.7	28.3	24.1	22.5
교육서비스업	65.3	54.3	46.0	37.8	33.1	27.1	23.4
보건 · 사회복지	85.2	77.5	70.7	63.3	56.6	52.2	45.5
예술 · 스포츠 · 여가	64.2	52.4	39.0	29.3	23.1	19.0	14.6
개인서비스업	66.8	56.1	48.3	40.8	35.6	31.8	28.2

↩ 자료 : 통계청, 2022년 기업생멸행정통계 결과(2023)

그림 1-11 **2022년 기업생멸행정통계 결과 요약**

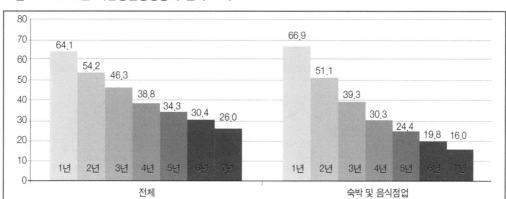

○ 자료 : 통계청, '2022년 기업생멸행정통계 결과'를 바탕으로 한국농수산식품유통공사가 재가공(2023)

② 음식점 업종별 평균 사업 존속연수(국세청 100대 생활업종 기준)

국세청에서 선정하는 100대 생활업종 중에서 전국 음식점의 업종별 평균 사업 존속연수를 살펴보면 〈표 1-13〉과 같다. 간략히 살펴보면, 커피음료점의 평균 사업 존속연수가 3년 4개월로 가장 짧았으며, 구내식당이 13년 7개월로 가장 긴 것으로 나타났다.

표 1-13 **귀속연도 2023년 말 기준 평균 사업 존속연수**   (단위: %)

업종명	평균 사업 존속연수
커피음료점	3년 4개월
기타 외국식 음식점	4년 2개월
패스트푸드점	4년 7개월
일반음식점	5년 5개월
제과점	5년 6개월
분식점	5년 9개월
호프주점	5년 9개월
중식음식점	6년 4개월
한식음식점	6년 8개월
기타음식점	7년 1개월
간이주점	7년 5개월
구내식당	13년 7개월

○ 자료 : 국세청, TASIS 국세통계포털(2024.07.31.)

그림 1-12 2022년 기업생멸행정통계 결과 요약

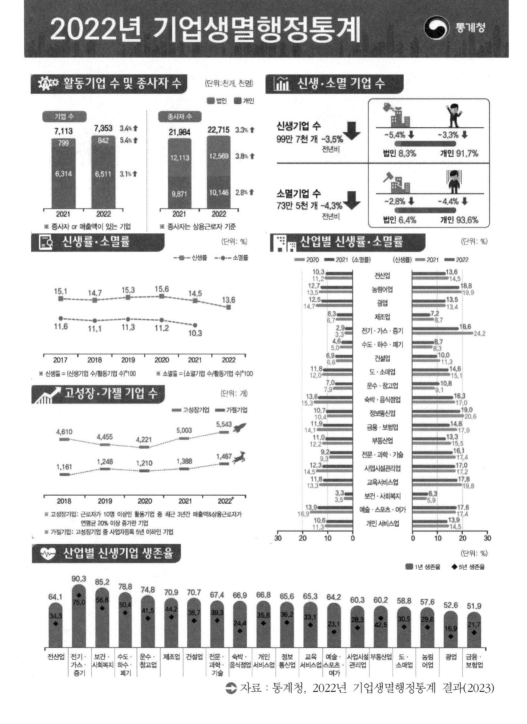

➲ 자료 : 통계청, 2022년 기업생멸행정통계 결과(2023)

3) 외식산업의 문제점

소득의 증가, 세계화에 의한 최신정보의 공유, 높은 교육수준 등으로 국내 외식소비자의 취향은 빠르게 변하고 있다. 외식소비자는 직간접 경험을 통해 자신의 선호를 결정하고 있다.

1990년대 국내에 많은 다국적외식기업이 직접투자 혹은 프랜차이즈 방식으로 진출하였으나 맥도날드, 버거킹, 피자헛, 도미노피자, 아웃백, TGIF 등의 소수를 제외하고 모두 철수하였다. 국내 진출 실패 원인은 첫째, 국내인 외식취향에 맞지 않았고, 둘째, 국내 파트너와 불협화음이 심하였다.

국내 외식시장은 비록 외형적인 면에서 2015년에 약 108조원 정도의 매출규모를 가지고 있다고는 하나 전체 업소의 약 80% 이상이 30평 이하의 중소형 규모의 외식업소로 운영되고 있을 뿐만 아니라 약 95% 이상이 법인이 아닌 자영업 형태를 취하고 있고, 이들 중 약 90% 이상이 자기소유가 아닌 임차로 외식업소를 운영하고 있어 아직까지 대부분의 외식업소들이 영세수준에 머무르고 있다. 외식업소 경영의 장애요인으로는 원가 상승, 임차료 상승 등과 함께 정부의 인식부족으로 인한 규제 및 관련법규의 미비 등을 들 수 있다. 따라서 국내외식산업의 전망과 함께 장기적인 관점에서 우리나라 외식산업이 안고 있는 문제점들과 개선방향을 살펴보고 향후 대책방안을 논하고자 한다.

(1) 외식산업에 대한 정부의 인식

급속한 외식산업의 발전에 비해 정부의 영업법규와 식품위생법상의 영업허가기준도 애매하고 관련 공무원들의 전근대적인 사고로 규제 일변도에만 치중하고 지원책 마련에는 인색한 편이다. 또한 해외 브랜드와의 경쟁력제고를 위해 국내 브랜드를 보호할 수 있는 관련 제도와 법규의 보완이 시급하고 과세기준 역시 현실성이 부족한 상황이다. 최근에는 동반성장위원회에서 외식산업의 중요성을 인지하여 외식산업의 중소기업 적합업종지정에 따라 보다 효율적이고 효과적인 정부지원과 함께 법적, 제도적 보완 장치들이 시급한 실정이다.

(2) 경영자와 직원의 직업의식

경영자와 직원들은 경영지식 부족으로 인해 경험적인 운영에만 의존하는 경향이 많으며, 직업의식의 결여로 외식산업에 대한 자부심이 부족하고 3D업종으로 인식하고 있다. 이러한 직업의식 결여로 인하여 이직률이 높아 자질을 갖춘 전문외식인을 양성하기가 어렵다.

(3) 영세성

80% 이상의 외식업소가 규모면에서는 30평 이하이고, 직원 수가 4명 이하인 가족경영형태로 업소를 운영하고 있기 때문에 외식산업의 발전을 위하여 경영에 필요한 장기적인 직원교육, 서비스, 메뉴개발, 원가의식, 위생 등에 투자할 여력이 없어 해외 브랜드와의 경쟁에서도 뒤처지고 있다.

(4) 과도한 경쟁

2015년 기준 외식업소의 수는 외식업협회 회원기준 약 65만 개로 국민 77명 당 업소 1개 정도로서, 외국과 비교해보면 미국 322명 당 1개, 일본 170명 당 1개, 중국 224명당 1개 업소 정도이다. 이는 국내외식사업이 다른 나라에 비해 과도한 경쟁상태, 즉 극도의 포화상태에 있다는 것을 객관적으로 보여주고 있다.

(5) 주변산업의 미성숙

외식산업은 독자적으로 발전할 수 없다. 보완관계에 있는 주요 주변산업인 주방기기, 식자재 생산 및 유통관리, 인테리어, 부동산 산업의 미성숙으로 인하여 품질관리의 어려움, 원자재가격의 심한 변동, 인테리어 자재원가의 변동, 입지에 대한 정보부족 등으로 막대한 손해를 초래하고 있다.

(6) 다국적 외식기업의 국내 대거진출

1988년 서울올림픽을 전후로 일부 대기업들이 자본력을 바탕으로 해외 유명 브랜드들과 대거 계약을 체결하여 국내는 해외 유명 브랜드의 전시장이 되었고, 현재에도 국내에 진출한 다국적 외식기업들이 수천 개 이상의 외식업소를 운영하고 있을 뿐만 아니라 성장속도가 빠르고 대형외식업소이기 때문에 영향력이 크다고 할 수 있다. 이들 다국적 외식기업들이 받는 로열티는 연매출액에 3~5% 정도의 과다한 지불에 따라 외화가 해외로 유출되고 있다.

4) 개선방안

앞에서 언급한 이러한 문제점들을 단기간 내에 모두 해결하기는 불가능하나, 해외 브랜드와 국내 자생브랜드 간의 각축장이 되고 있는 현실에서 국내외식기업과 자생브랜드의 지속적인 성장과 보다 성숙된 외식산업의 발전을 위하여 우선적으로 해결 가능한 개선방안을 다음과 같이 제시하고자 한다.

(1) 정부의 인식전환

외식산업이 비생산적이고 소비를 조장하는 사치성 산업이 아니라 국민의 건강과 직결되고 여가생활의 한 부분으로 간주되는 세계적 추세의 외식문화를 창출하는 외식산업의 중요성에 대한 인식전환이 필요하다. 외식산업의 급속한 발전에도 불구하고 관련 법률은 세금징수목적일 뿐 외식산업발전과 병행한 정책이나 법적인 정비에 미흡한 점이 많다.

따라서 정부의 법적 재정비와 지원 정책들이 외식산업의 발전과 국내 외식업체의 질적 육성을 도모할 수 있게 하여야 할 것이다. 특히, 물가안정과 외식산업에 종사하는 소상공인을 위한 실질적인 지원 정책은 다음과 같이 제시할 수 있다. 첫째, 물가안정을 위해 농축수산물 할인지원 등 물가 관리 대응에 대한 예산을 확대하고, 착한가격업소를 확대한다. 또한, 배달료 지원사업 신규 추진과 같은 재정적 지원과 채소 및 축산물 가격 수급 안정을 위한 농축수산물 도입 수준 확대 등의 수급 안정을 위한 지원책이 마련되어야 한다. 둘째, 소상공인 지원 정책으로는 1/4분기 중 영세 소상공인을 대상으로 전기료 감면, 이자부담 경감, 저리대환 프로그램 개편, 노란우산공제금 세부담 완화, 민간협회와의 협업을 통한 교육 및 컨설팅 강화, 상점 내 키오스크 및 스마트오더 확대 보급 등이 있다.

(2) 경영자와 직원의 직업의식

① 경영자 입장

외식산업의 성숙기에서는 경쟁이 심화되고 고객의 욕구가 다양화되는 양상을 띠게 되므로 이에 부응할 수 있는 경영자들의 노력이 절실히 요구되는 주기이다. 그래서 경영자들은 인적 서비스산업인 외식산업의 장기적인 관점에서 직원들에게 지속적인 서비스교육과 훈련을 실시하여야 하며, 이러한 교육과 훈련을 통하여 대고객 서비스의 질을 개선하여 경쟁력 향상을 추구해야 할 책임이 있다.

또한 경영자는 외식전문기관의 재교육을 통하여 새로운 경영지식을 습득하고 외식기업 운영에 필요한 경영기법을 도입하여 경쟁업소와의 차별화된 경영전략으로 치열한 경쟁 환경 속에서 살아남을 수 있을 것이다.

② 직원 입장

외식산업에 종사하는 직원으로서의 자부심 결여원인이 장시간 근무, 낮은 임금수준과 낮은 복리후생수준 등으로 인해 3D업종 중 하나라는 인식이 팽배해있기 때문에 전반적인 직업만족과 직업의식이 결여되어 있다. 앞으로 직원들이 외식산업에 종사하는 것에 대한 자부심을 가지도록 근무시간의 조정, 능력주의에 의한 임금 차별화, 복리후생제도의 적극적 도입 등을 고려하여야 한다.

그러므로 경영자는 직원의 입장에서 이해와 관심을 가지고 자기 업소에 적합한 직원관리를 위해 많이 고심하여 이직률을 최소화시켜야 한다. 또한 최근에는 많은 학교와 교육기관들이 외식산업 직원의 인식제고와 이들의 역할이 외식산업발전의 중요한 요소로 작용할 것이다.

(3) 주변산업의 육성

국내외식산업의 가장 큰 문제점은 주변산업이 영세하고 기술수준이 낮아 외식산업의 품질관리와 대량생산에 어려움이 많다. 그래서 대형 외식업소와 다국적 외식기업들은 외국의 주방기기를 비싼 가격에 수입하여 사용하고 있다. 이러한 수입의존 상황 하에서는 국내주변산업의 발전을 저해하는 요인으로 작용하고 있다고 할 수 있다. 이를 타개하기 위해서는 대기업이 참여하여 국내 주방기기산업을 발전시켜 나가면 이로 인하여 식자재 생산 및 유통, 인테리어, 부동산산업 등도 함께 발전하는 것이 바람직하다고 하겠다.

(4) 전문기관의 집중육성

외식산업관련 전문기관의 양성과 발전을 위해 미국의 식당협회(NRA)의 경우를 살펴 보면, 외식관련교재 및 교육용 비디오 발간, 경영기법개발, 각종 통계지표개발 등을 외식업소에 정기적으로 제공함으로서 자발적으로 외식업소가 회원가입을 하고 있는 실정이다. 이는 우리에게 시사하는 바가 크다고 할 수 있다.

이러한 경우를 벤치마킹(Benchmarking)하여 한국외식업중앙회에서도 외식업소들의 권익을 보호하고 국내외식 산업발전의 중추적인 역할을 담당하는 쪽으로 연구가 이루어지는 것이 절실히 요구되고 있다. 또한 외식관련 대학교육기관, 잡지, 연구소, 각종 협회와 학회 등 민간주도형식의 전문기관들을 하나로 묶어 외식업계의 발전을 위해 산학관계의 유대강화가 필요하다.

(5) 새로운 경영기법의 적극 도입

다국적 외식기업의 선진화된 신경영기법인 마케팅연구를 통한 신상품개발기법, 매뉴얼화, 3S(Standardization, Simplification, Specialization), 공유주방, 판매와 영업분석이 가능한 빅데이터 분석, 소상공인을 위한 경영 교육, 공공 배달앱 활성화 등을 통해 지속적인 외식산업의 발전을 도모하여야 한다.

3. K-Food의 세계화

현재도 국내 외식고객들의 식생활패턴이 지속적으로 서구화되어 감에 따라 한국 전통음식이 국내 외식고객의 관심에서 멀어지고 있어, 한식의 경쟁력을 높일 수 있는 방안을 여러 각도에서 분석할 필요성이 요구되고 있다.

특히 외국인들 사이에서는 한류 드라마(K-Drama)의 인기와 K-팝(K-Pop)의 아이돌들에 의한 높은 국가인지도 및 호기심 유발로 인하여 한식에 대한 관심이 고조되고 있는 상황이므로 이는 한식의 세계화를 위한 적기임을 시사하고 있다고 할 수 있다. 한식의 세계화를 위해 한국식생활문화학회에서 발표한 내용을 토대로 살펴보면 다음과 같다.

1) 한국음식의 브랜드화

한국고유의 전통음식 중에서 외국인이 선호하는 메뉴를 중점적으로 개발하여 브랜드화할 필요성이 절실히 요구되고 있는 실정이다. 예를 들면, 세계적으로 잘 알려진 한국 전통음식으로는 불고기, 비빔밥, 삼계탕, 잡채, 김치 등을 들 수 있다. 이러한 전통음식들은 브랜드화할 가치가 있는 메뉴들이며 추가적으로 브랜드화할 수 있는 메뉴에 대한 연구와 개발이 절실히 요구되고 있는 실정이다.

2) 한국음식 전통 맛의 보급

외국인들을 대상으로 한국음식의 맛에 대한 조사결과를 보면, 외국인들은 한국음식을 맵고 자극적인 것으로 평가하는 것으로 나타났다. 이는 한국음식에 대한 모든 메뉴의 맛이 아닌 일부 메뉴의 맛으로 한국음식을 평가하고 있다. 외국인들의 한국음식의 맛에 대한 평가가 고정적 관념 하에서 나온 것이라는 것을 일깨워줄 필요가 있다.

3) 퓨전화된 맛의 개발

전통적인 한국음식의 맛을 외국인의 입맛에 맞도록 퓨전(fusion)화시킬 필요성이 요구되는 시점이다. 한국음식의 세계화를 위해서는 반드시 외국인이 선호할 수 있는 퓨전화된 맛의 개발에 대한 연구에 집중하여야 할 것이다. 특히 외국인이 싫어하는 재료(마늘과 매운 고춧가루, 젓갈 등)에 대한 대체 재료개발과 배합 비율의 변화를 시도하는 것도 하나의 방법이 될 것이다.

4) 조리법의 단순화와 표준화

전통적인 한국음식은 패스트푸드의 개념이 아니라 슬로우(slow)푸드의 개념 하에서 조리된다고 할 수 있다. 이러한 이유로 조리법이 복잡하고 많은 시간과 노력이 요구되어 외국인이 조리하는 데 어려움이 많아, 한국음식의 세계화에 걸림돌 역할을 하고 있다고 볼 수 있다. 이를 극복하기 위해서는 조리법의 단순화와 표준화가 반드시 빠른 시일 내에 이루어져야 한다.

5) 식사제공방법에 대한 개선

외국인의 식사주문은 1인분 기준으로 음식을 주문하고 먹는 것이 일반적인 것으로 생각하고 있지만, 우리나라 스타일은 1인분으로 주문하는 것도 있지만 주로 공동으로 주문하여 나누어 먹는 음식이 많다. 그러므로 식문화의 차이점을 극복할 수 있는 식사제공방법을 찾아야 한다.

6) 국가적 차원의 지원

외국인이 편리하고 쉽게 한국음식을 조리해서 먹을 수 있도록 간단하고 표준화된 레시피(recipe)개발이 시급하며, 또한 표준화된 한국음식의 상품화를 위해 국가적 차원의 품질관리로 외국인들의 한국음식에 대한 인지도향상을 위해 적극적인 홍보지원의 필요성이 절실히 요구되고 있다.

7) 관광산업과 연계한 프로그램 개발

관광산업과 연계된 외식산업의 패키지 개발이 필요하다. 이러한 패키지에는 외국인이 선호하는 한국전통음식과 문화의 체험을 위해 지역별 음식 문화 행사와 유명 전통외식업소의 순회행사 프로그램을 개발하여 한국음식의 우수성을 외국인들에게 알려줄 필요성이 절실히 요구되는 시점에 왔다.

즉 관광매체로서의 외식업소가 아닌 관광객체로서 한국전통음식과 향토음식을 결합하여 관광자원화할 필요가 있다.

4. 국내 외식산업의 주요 트렌드와 향후 전망

오늘날 외식산업은 사회, 문화, 경제 등의 요인에 의해서 성장·발전하여 왔으며 이러한 추세는 앞으로도 지속될 것이다. 외식산업은 무한경쟁의 상황에 놓여 있으며 이에 따라 업종과 업태의 개념도 기존의 틀에서 벗어나 외식고객의 욕구를 충족시키기 위해 보다 세분화되어 다양한 형태로 나타나고 있다. 이에 최근 농림축산식품부와 한국농수산식품유통공사에서 조사한 '2023 국내외 외식 트렌드' 보고서를 바탕으로 외식산업의 주요 트렌드와 향후 전망을 살펴보고자 한다.

1) 국내 외식산업의 주요 트렌드

외식산업에 있어 트렌드란 소비자가 외식을 하는 목적, 관심도 및 선호도를 파악하여 차별화되고 경쟁력 있는 경영전략을 수립하고, 신선한 아이템을 발굴 및 발전시킬 수 있게 하는 핵심 데이터이다. 외식산업의 구조와 소비자의 외식에 대한 니즈는 지속적으로 변화한다. 따라서 외식업 종사자들은 음식 메뉴, 서비스, 마케팅, 인력, 공간, 신사업 등 경영 전반에 대한 전략을 수립하기 위해 시시각각 변화하는 트렌드를 신속하게 파악하고, 경영에 반영할 필요가 있다.

농림축산신품부와 한국농수산식품유통공사는 '2023년 국내외 외식 트렌드' 보고서에서 2024년 트렌드를 외식소비 행태, 소비감성 및 마케팅, 메뉴, 경영으로 4개의 카테고리로 구분하여 다음과 같이 키워드를 도출하였다. 첫째, 외식 행태 분야에서는 'N극화 취향시대'가 대표적인 키워드로 도출되었다. 연관 키워드로는 고물가 생존시대, 편외족, 가성비 프리미엄, Mini & Big, 선택적 수용의 5개가 포함되었다. 둘째, 소비감성 및 마케팅 분야에서는 '스토리 탐닉'이 대표적인 키워드로 도출되었다. 연관 키워드로는 경험 스펙트럼의 확장, 팝업 다이닝, Since의 3개가 포함되었다. 셋째, 메뉴 분야에서는 'Healthy & Easy(건강함과 간편함)'이 대표적인 키워드로 도출되었다. 연관 키워드로는 경계없는 간편식, 라인업 늘리는 대체식, 건강식의 확대로 3개가 포함되었다. 넷째, 경영 분야에서는 '다각화 & 다변화'가 대표적인 키워드로 도출되었다. 연관 키워드로는 푸드테크 지속확장, 배달시장 생존경쟁, 인력 블랙홀, 급식의 외식화, Re-전략의 5개가 포함되었다. 향후 외식산업에서의 트렌드 키워드는 [그림 1-13]으로 간략히 나타내었다.

그림 1-13 **향후 외식산업의 분야별 트렌드 키워드**

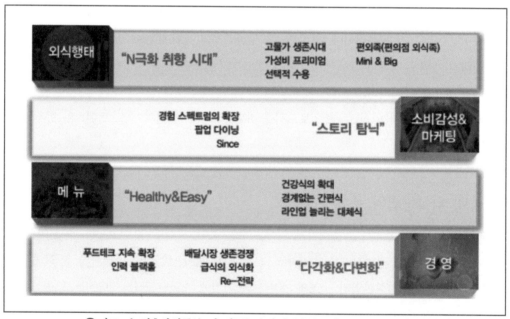

● 자료 : 농림축산식품부 및 한국농수산식품유통공사, 2023 국내외 외식 트렌드(2024)

향후 외식산업의 분야별 트렌드 키워드를 간략히 정리하면 〈표 1-14〉와 같다.

표 1-14 **향후 외식산업의 분야별 트렌드 키워드**

분야	키워드	설명
외식소비 행태	고물가 생존시대	글로벌 인플레이션, 고물가 시대의 현상
	편외족(편의점 외식족)	고물가로 편의점을 찾는 사람들이 증가하는 가운데 저가의 편의점 도시락이 부활 및 다양화되는가 하면 외식업소에서 즐길 수 있는 다양한 간편식(RMR)까지 품목이 빠르게 확장되면서 '편의점에서 외식을 하는 사람들(편외족)'이 증가
	N극화 취향시대	소비자들의 니즈 및 취향이 더욱 다양화, 세분화 및 개인화 되는 현상
	선택적 수용	일본은 좋아하지 않지만 일본여행/음식은 즐기고, 중국은 좋아하지 않지만 탕후루/마라탕은 즐기는 등 이념/사회적인 분위기와 나의 문화/트렌드 향유는 별개로 생각하는 선택적 수용행태
	가성비 프리미엄	짠테크와 플렉스 소비의 공존 등 소비의 양극화가 지속되는 가운데 무조건 고가의 프리미엄이 아니라 '적게(양/용량) 먹더라도 제대로(프리미엄) 즐기자'는 '가성비/가심비를 고려한 프리미엄' 소비행태
	Mini & Big	0.5인분 샐러드, 대용량 라면, 스타벅스 1리터 커피(트렌타) 등 불황기에 미니 사이즈와 빅 사이즈의 양극화 공존
소비감성 & 마케팅	경험 스펙트럼의 확장	외식에 있어 경험에 대한 니즈 및 가치의 중요성이 지속되는 가운데 경험의 컨텐츠, 방법, 범위 등도 더욱 다양화되고 있는 현상. 리-오프라인(Re-Offline)으로 인한 공간력의 중요성 지속 확대
	로코노미 (Loca+Economy)	로컬(Local)과 이코노미(Economy)의 합성어로 지역 식자재 활용 등을 통한 차별화 및 지역 상생활동에 참여
	Since	전통, 역사성, 히스토리에 의미를 두고 그 가치를 인정하며, 정보를 습득하고, 경험하며 즐기는 현상
	팝업 다이닝	최근 식품 및 외식업체들이 팝업레스토랑을 통해 시장성/경쟁력을 검증하고, 한정적이라는 희소성을 부여하는 전략
	힙(Hip)해진 전통시장	MZ들의 놀이터가 된 전통시장, 힙한 식품 및 외식업체들과의 콜라보레이션이나 팝업레스토랑 등을 진행하면서 전통시장을 힙한 공간으로 인지

메뉴	경계없는 간편식	전통시장 밀키트, 급식용/B2B 대용량 밀키트, 명절음식 간편식 등 간편식의 타깃 시장 및 종류의 지속 확장
	라인업 늘리는 대체식	2030의 선호도가 높아지는 가운데 대체식의 종류(메뉴)도, 출시하는 업체도 지속 확장되는 등 대체식의 라인업이 다양화됨
	전통간식(디저트)	약과, 주악, 떡 등 전통 간식(디저트)이 지속적으로 주목받고 있으며, 현대화된 조리법/메뉴 등과 콜라보레이션을 통해 새로운 형태의 전통 간식이 만들어지는 현상
	건강식의 확대	코로나19 이후 건강, 건강식에 대한 니즈가 지속 확대되면서 음식의 식재료-조리법-음식의 종류-먹는 방법, 식품의 첨가물-가공방법-종류, 더 나아가 스마트 기기 등을 이용한 건강관리까지 건강하게 살기 위한 식생활의 방법도 더욱 다양화되는 현상
경영	푸드테크 지속 확장	푸드테크 기술의 고도화 및 외식업 운영의 효율화 니즈가 확대됨에 따라 키오스크, 서빙로봇 중심에서 각종 솔루션 등 외식업계의 푸드테크 활용 범위 지속 확대
	배달시장 생존경쟁	엔데믹 후 오프라인 외식의 활성화, 고물가에 따른 배달비 부담 등으로 인해 배달이 감소하자 배달업체들이 알뜰배달, 배달비 무료 프로모션, 구독 할인 등 다양한 전략 강구
	인력 블랙홀	외식업의 인력난이 지속적으로 심화되고 있는 상황
	Re-전략	리(Re)로케이션, 리(Re)브랜딩 등 변화하는 시기에 맞춰 외식업체들이 다시(Re) 새로운 전략을 구사하는 현상
	다각화 & 다양화	팬데믹→ 엔데믹→ 글로벌 인플레이션 등 3~4년 사이 급변하는 대외 환경과 마주하면서 외식업체들의 운영 및 경영 전략 역시 다양한 분야와 방법 등으로 다각화 & 다변화되고 있는 현상
	급식의 외식화	외식물가 상승으로 인해 구내/직원식당 이용이 증가하면서 급식업체들이 RMR(레스토랑 간편식, Restaurant Meal Replacement) 제품 이용뿐 아니라 외식업체들과의 콜라보레이션을 통해 급식장 내에서 힙&오픈런 브랜드를 즐길 수 있도록 하는 등 급식장의 외식업소화 현상

⬤ 자료 : 농림축산식품부 및 한국농수산식품유통공사, 2023 국내외 외식 트렌드(2024)

2) 트렌트 키워드를 반영한 향후 외식산업 전망

(1) 커스터마이징

외식에 있어 '일반적, 보편적, 평균적'이라는 말 대신 '개인화, N극화, 다극화, 초세분화'라는 말이 자리를 잡고 있다. 특히, '취향저격'이라는 말처럼 개개인의 선호도를 적극적으로 반영한 장소, 음식, 방법 등의 외식 행태가 점차 다변화되고 있다. 기존에는 코로나19 엔데믹과 더불어 나타났던 플렉스와 2022년 글로벌 경기불황으로 인해 잠시 반짝했던 짠테크 등의 공통적인 소비심리가 나타난 반면, N극화 취향은 모두의 취향이 다 다르다는 의미의 '10인 10색, 10인 100색'과 같이 초세분화되고 다양해졌다.

그림 1-14 **폴리김밥**

◑ 자료 : 폴리김밥 성수점(2024.07.30.)

이에 외식업체들은 개인의 가치관과 취향을 우선시하는 커스터마이징(Customizing) 전략을 실시하고 있다. 커스터마이징은 업체에서 제공하는 표준화된 레시피나 매뉴얼이 아닌 개개인의 취향을 적극적으로 반영하여 맞춤형 레시피, 메뉴 또는 서비스를 제공하는 것을 말한다. 커스터마이징의 대표적인 예로 미국의 샌드위치 전문점인 서브웨이 레스토랑을 들 수 있다. 서브웨이 레스토랑에서는 샌드위치 빵의 종류를 직접 고를 수 있고, 그 속에 들어가는 피망, 양파 등의 야채와 소스를 원하는 대로 조합할 수 있다. 최근 국내에서도 커스터마이징이 이루어지고 있다. 그 예로 한국의 서브웨이 레스토랑으로 알려진 서울 성수동의 폴리김밥을 들 수 있다. 폴리김밥은 김밥에 들어가는 밥을 백미밥, 흑미밥, 현미귀리밥 중에서 마음대로 선택할 수 있으며, 야채도 기호에 맞게 선택할 수 있다. 이와 같이 소비자 개개인의 취향을 적극적으로 반영하는 커스터마이징 서비스가 앞으로도 계속 확산될 것으로 전망된다.

(2) 간편식의 경계 없는 확대

외식과 내식의 속성을 일부 내포하고 있는 중간 의미의 식사 형태인 중식의 일환인 간편식이 외식산업에서 새롭게 자리 잡았으며, 앞으로도 확대될 전망이다. 국내 간편식 시장은 2023년 기준 6조 5,300억 원으로 추정되며, 이는 2017년 대비 2배 가까이 증가한 수치이다(농촌경제연구원). 2025년에는 간편식 시장이 5,260억 원으로 확장될 것으로 전망된다. 간편식이 급부상하는 이유로는 1인가구 증가, 경제인구의 증가로 라이프스타일의 변화, 가처분소득의 감소, 가치관 변화 등을 들 수 있다. 또한, 간편식은 운영의 효율화, 인력난 해소, 맛의 균일화, 음식물 쓰레기 절감 등의 장점이 있다.

간편식 중에서도 경제성과 편리성을 가진 반가공 또는 반조리된 가정식 대용품(HMR)인 밀키트(Meal-kit)의 선호도가 높아지고 있다. 밀키트는 채소, 생선, 식육 등 가공되지 않은 상태의 자연산물이 포함된 간편조리세트를 의미한다. 대표적인 국내 밀키트 브랜드로는 이마트에서 출시한 피코크(Peacock), 홈플러스의 시그니처, GS25 편의점의 심플리쿡 등의 자체브랜드가 있으며, CJ제일제당에서 선보인 쿡킷이 있다. 또한, 최근에는 간편식 중에서도 유명 레스토랑의 메뉴를 간편하게 즐길 수 있는 레스토랑 간편식(Restaurant Meal Replacement: RMR)이 떠오르고 있으며, 일명 '맛집 밀키트'로 불리고 있다. 예를 들어, '채선당 샤브샤브', '홈플러스 시그니처 홈밀 놀부 부대찌개', '투다리 김치오뎅전골' 등이 있다. 이처럼 국내 밀키트 시장이 급성장함에 따라 식품의약품안전처는 2020년 10월에 밀키트를 새로운 식품 유형으로 신설하였으며, 2022년 1월부터 시행하였다. 식품산업통계정보시스템에 의하면, 2022년 국내 밀키트 시장규모는 3766억 원으로 전년 대비 25.4% 증가하였으며, 2018년 345억 원을 기준으로 연평균 81.8%의 가파른 성장률을 보이는 중이다(유로모니터 기준). 국내 밀키트 시장은 2021년 2,587억 원에서 2022년 3,400억 원으로 31.4%가 급증하였다.

그림 1-15 **채선당 샤브샤브 & 놀부 부대찌개 밀키트**

자료 : 홈플러스 웹사이트(https://www.homeplus.co.kr, 2024.07.31.)

또한, 최근 아웃소싱(outsourcing)으로 방향을 전환하고 있는 단체급식업체에서도 간편식을 활발히 이용하고 있다. 예를 들어, CJ프레시웨이는 2022년 4월에 30인분 분량의 대용량 단체급식용 밀키트 제품을 선보였으며, 단체급식용 밀키트를 제공받는 업체는 2023년 5월 기준 1,700곳에 달하는 것으로 나타났다.

(3) 익숙함에 더해진 특별함

익숙함에 특별함이 더해진 대표적인 사례로 한식의 퓨전화를 손꼽을 수 있다. 최근 들어, 한식에 다른 나라의 음식이나 조리방법이 혼합된 퓨전 한식이 각광받고 있다. 한 예로, 한때 외식업계에 유행하였던 '로제 열풍'을 들 수 있다. 로제 소스는 양식 요리 중 하나인 로제 파스타 등에 주로 사용되던 재료인데, 이 소스가 한식에 접목되면서 로제 떡볶이, 로제 갈비찜, 로제 찜닭 등이 인기 메뉴로 떠오르기도 하였다. 또한, 국내 편의점인 GS25는 압구정 소재의 퓨전 한식당인 '호족반'과 협업하여 '트러플 감자 베이컨 주먹밥', '봉골레 칼국수' 등 퓨전 메뉴를 선보이기도 하였다. 뿐만 아니라 퓨전 한식은 파인다이닝 업계에서도 중요한 테마로 자리하였다. 예를 들어, 서울 강남구 소재의 한식, 일식 및 중식의 퓨전 다이닝인 '코자차' 레스토랑은 '미쉐린가이드 2022' 원스타(별 1개)로 선정되기도 하였다. 이처럼 한식이 전통 고유의 특징을 유지하면서 새로운 목표시장을 공략하여 외식업체의 규모는 더욱 확대될 것으로 기대된다.

그림 1-16 **엽떡 로제 떡볶이**

↪ 자료 : 엽떡 웹사이트(https://www.yupdduk.com, 2024.07.31.)

(4) 건강식에 대한 관심 고조와 선호

국민소득의 증가와 생활수준의 향상으로 건강에 대한 소비자의 관심이 고조되고 있다. 특히, 외식 소비자들의 유기농, 다이어트, 채식과 같은 건강식에 대한 관심이 증폭되면서 외식산업 내에서도 수요에 대응하고자 채식 브랜드 개발 및 런칭을 위한 움직임이 일어나고 있다. 특히, 식물성 대체식인 대체육은 건강식에 대한 관심과 함께 소리 없이 꾸준한 성장세를 이루고 있는 대표적인 분야이다. 국내 채식인구는 2008년 15만 명에서 2021년 250만 명으로 증가한 것으로 추산되었다(한국채식연합). 이처럼 국내 채식인구가 증가함에 따라 대체육 시장도 지속적으로 확대되고 있다. 주요 식품 제조사들은 앞다투어 '비건' 브랜드를 선보이고 있다. 그 중에는 CJ제일제당이 출시한 식물성 식품 전문 브랜드인 '플랜테이블', 농심의 '베지가든', 풀무원의 '지구식단', 오뚜기의 '헬로베지', 동원F&B의 '마이플랜트', 신세계푸드의 '베러미트'가 대표적이다.

또한, 국내 식물성 대체육 시장도 지속적으로 성장하고 있다. 대체육 시장의 규모는 2016년 1,410만 달러(한화 약 188억 원)에서 연평균 5.6%의 성장세를 보이며, 2020년 1,740만 달러(한화 약 232억 원)에 달하는 것으로 나타났다. 이처럼 대체육에 대한 시장의 요구는 높아지고 있으나, 대체육에 대한 높은 원가 부담으로 인해 식품사업을 병행 중인 대기업 계열의 기업형 외식업체를 중심으로 주로 이루어지고 있는 실정이다. 그러나 지속적으로 증가하고 있는 채식인구가 신규 고객으로 유입될 수 있도록 하기 위해서는 식재 호환성 및 전체적인 메뉴 구성 등을 점검하여 건강식 및 대체육 요구에 부합할 수 있는 전략이 필요하다.

그림 1-17 CJ제일제당의 플랜테이블에서 출시한 왕교자 만두와 함박 스테이크

↪ 자료 : CJ제일제당 웹사이트(https://brand.naver.com/cheiljedang, 2024.07.31.)

잠깐 쉬어가기!

우리나라 국민들의 채식주의 외식 행태는 어떠할까?

■ 채식주의 인지 정도

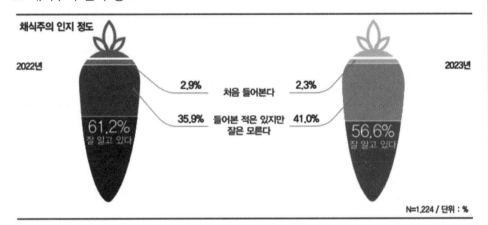

■ 채식주의자 유형

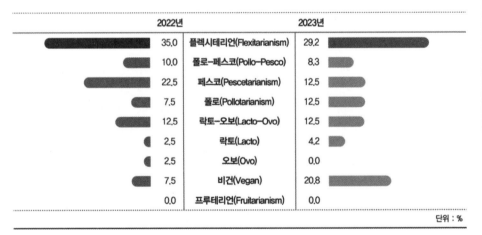

	2022년		2023년
	35.0	플렉시테리언(Flexitarianism)	29.2
	10.0	폴로-페스코(Pollo-Pesco)	8.3
	22.5	페스코(Pescetarianism)	12.5
	7.5	폴로(Pollotarianism)	12.5
	12.5	락토-오보(Lacto-Ovo)	12.5
	2.5	락토(Lacto)	4.2
	2.5	오보(Ovo)	0.0
	7.5	비건(Vegan)	20.8
	0.0	프루테리언(Fruitarianism)	0.0

단위 : %

➡ 자료 : CJ제일제당 웹사이트(https://brand.naver.com/cheiljedang, 2024.07.31.)

■ 채식주의 선택 이유

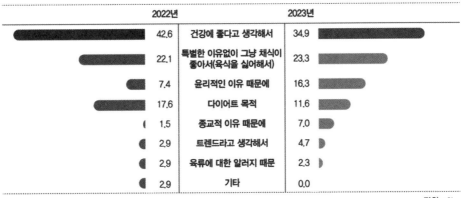

	2022년		2023년
	42.6	건강에 좋다고 생각해서	34.9
	22.1	특별한 이유없이 그냥 채식이 좋아서(육식을 싫어해서)	23.3
	7.4	윤리적인 이유 때문에	16.3
	17.6	다이어트 목적	11.6
	1.5	종교적 이유 때문에	7.0
	2.9	트렌드라고 생각해서	4.7
	2.9	육류에 대한 알러지 때문	2.3
	2.9	기타	0.0

단위 : %

■ 외식 시 불편사항

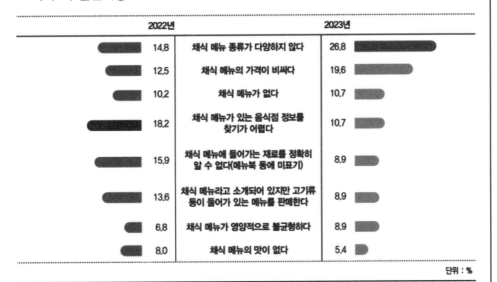

	2022년		2023년
	14.8	채식 메뉴 종류가 다양하지 않다	26.8
	12.5	채식 메뉴의 가격이 비싸다	19.6
	10.2	채식 메뉴가 없다	10.7
	18.2	채식 메뉴가 있는 음식점 정보를 찾기가 어렵다	10.7
	15.9	채식 메뉴에 들어가는 재료를 정확히 알 수 없다(메뉴북 등에 미표기)	8.9
	13.6	채식 메뉴라고 소개되어 있지만 고기류 등이 들어가 있는 메뉴를 판매한다	8.9
	6.8	채식 메뉴가 영양적으로 불균형하다	8.9
	8.0	채식 메뉴의 맛이 없다	5.4

단위 : %

● 자료 : 농림축산식품부 및 한국농수산식품유통공사(2024), 2023 국내외 외식 트렌드

(5) Re-전략

코로나19 펜데믹, 엔데믹, 이어 글로벌 인플레이션까지 최근 3~4년 사이에 급변한 대외 환경과 마주한 외식업체들은 그 어느 때보다 치열한 생존경쟁을 치르고 있다. 코로나19 확산으로 인한 외식 자제, 외식 소비자의 급변하는 소비행태, 최저임금 향상과 인력난, 원가 및 각종 운영비 상승 등 외식업체가 직면할 수 있는 다수의 위협 요인들이 동시다발적으로 나타났다. 위기에 처한 많은 외식업체들은 운영 전략과 비즈니스 모델에 변화를 주기 위해 다양한 전략을 모색하였다. 전략은 새롭게 만들 수도 있지만 기존 방향과 내용을 다르게 하여, 다시 기획할 수도 있다. 특히, 최근 외식업에서는 콘셉트, 브랜딩, 상권 등 업체의 정체성과 관련이 있는 부분은 새롭게 개편하기보다는 Re-로케이션, Re-브랜딩 등의 Re-전략을 활용하는 추세이다. 최근 Re-전략을 실시한 대표적인 외식업체로 2021년 11월에 bhc그룹이 인수한 국내 패밀리레스토랑인 아웃백스테이크하우스(이하 아웃백)를 들 수 있다. 기존의 아웃백은 단독 매장을 중심으로 운영되었으나, 인수 이후 복합 쇼핑몰을 중심으로 입점하는 등 출점 전략에 변화를 주었다. 2022년에 복합 쇼핑몰로 리로케이션한 4개 매장의 월평균 매출은 기존의 단독 매장이었을 때보다 평균 70% 이상 증가한 것으로 나타났다. 아웃백의 Re-전략을 단순히 매장의 장소만을 옮긴 것으로 볼 수 없다. 여기에는 복합 쇼핑몰에 입점함으로써 신규 고객 확보, 기존 고객에게 양질의 서비스(복합 쇼핑몰 내 주차장 등의 편의시설 확대)를 제공한다는 전략이 내포되어 있다.

(6) 푸드테크의 지속적인 확장

외식산업에의 푸드테크 도입과 활용은 앞으로 더욱 혁신적 변화를 줄 것으로 예상된다. 레스토랑에 사용되었던 키오스크를 시초로 최근에는 테이블 오더, 서빙로봇, 조리로봇 등도 어렵지 않게 주변에서 발견할 수 있다. 농림축산식품부에 따르면, 국내의 푸드테크 시장은 2017년 이후부터 연평균 31.4%씩 성장하여 2020년에는 61조 원의 시장규모에 달하였다. 특히, 푸드테크의 일환인 서빙로봇은 우리나라에 처음 도입된 이후 가파른 성장세를 보이고 있다. 2023년 기준 약 1만 1,000대가 도입되었으며, 시장 규모는 2023년 기준 3,000억에 달하는 것으로 나타났다. 이는 2021년 1,000억 원보다 두 배 이상 성장한 수치이다. 이처럼 서빙로봇이 보편화되고 있는 이유로 최저시급의 인상을 손꼽을 수 있다(2024년 기준 9,860원). 인건비 절감이 가능한 서빙로봇은 경영주에게 새로운 선택지가 된 국내 대표 배달앱인 배달

의민족의 운영사인 '우아한형제들'이 '비로보틱스'라는 자회사를 설립하였으며, 지금까지 전국 1,600개 이상의 매장에 서빙로봇을 대여 또는 판매하고 있다. 서빙로봇은 인건비 절감은 물론 사람이 직접 하는 서비스에 비해 일정하게 나타나기 때문에 서비스 생산성과 비용 효율성이 높다는 측면에서 각광받고 있다. 이처럼 푸드테크는 외식경영 선진화와 합리화를 통해 효율적인 경영을 도모하고, 외식산업의 발전에 큰 기여를 할 것으로 보인다.

그림 1-18 **비로보틱스 서빙로봇**

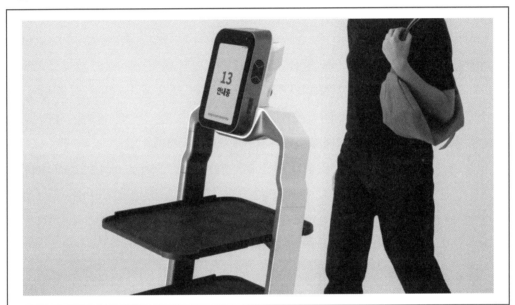

● 자료 : https://www.brobotics.kr(2024.07.30.)

↘ 제3절 ┃해외외식산업의 발전과정과 분류

1. 미국의 외식산업

1) 발전과정

오늘날과 같은 미국레스토랑의 시작은 1920년대 기존 외식업소와는 다른 형태의 운영방식을 도입한 J. R 톰슨사이다. 풀서비스(full service)방식에서 셀프서비스(self service)방식을 시작하였고, 인건비의 절감과 메뉴가격의 저렴화를 위해 중앙공급식주방(central kitchen)을 도입하였다. 차일즈도 당시 식품의 원가를 분석하여 원자재의 합리적 조달과 업무의 단순화, 조직에 의한 인원관리의 합리화를 시도함으로써 원가관리를 실시하였다. 그 후 1924년 쵸크풀오너사가 스낵류를 중심으로 고객에게 신속한 식사의 제공을 시도하면서 오늘날 패스트푸드의 원시적 형태가 나타나기 시작했다. 이 시기의 미국인들은 생활의 안정에 따른 생활양식의 변화로 생존을 위한 식사에서 생활을 위한 식사로 변하였고, 외식사업은 고객의 정신적 만족을 충족시킬 수 있는 방향으로의 전환을 모색하기 시작하였는데 그 대표적인 것이 하워드 존슨(Howard Johnson)이다. 제2차 세계대전 이후 미국의 전반적인 사회구조가 핵가족화, 소득의 증대, 레저화의 촉진, 여성의 사회진출 등으로 많은 변화가 생기면서 새로운 교통수단이 등장함에 따라 기존과는 다른 형태의 외식서비스 시설이 나타났는데 스카이 쉐이프사가 항공기내식의 사업을 시작하였으며, 사가(SAGA)와 ARA서비스 등이 학교급식이나 병원급식 분야로의 새로운 진출을 꾀하였고 커피숍 형태의 기업으로 빅보이(Big Boy)가 번성한 것도 이때였다.

1950년대는 미국 외식산업의 일대 전환기로써 오늘날 세계 최대의 외식기업인 맥도날드(McDonald's)가 창업자인 레이 크락(Ray Kroc)에 의하여 1955년 출현하였다. KFC(Kentucky Fried Chicken)도 창업자 커널 샌더스(Colonel Harland David Sanders)에 의해 이 시기에 창업되었다. 맥도날드는 음식업에 과학적 관리기법의 시도와 빠른 시간 내에 고객을 접대할 수 있도록 하였으며 프랜차이즈 기법도 도입하였다. 이렇듯 맥도날드는 패스트푸드뿐만 아니라 전 미국 외식 서비스산업 전반의 비약적 발전에 큰 영향을 미쳤다. 품질(quality), 서비스(service), 청결(cleanliness), 가치(value)라는 맥도날드의 모토는 오늘날의 외식업체 모두가 취하는 대원칙이 되었으며, KFC와 더불어 프랜차이즈 시스템을 이용한 패스트푸드 사업의 성공은 여타의 기업들도 이 시스템을 도입하여 패스트푸드 사업을 시작하려는 경향을 이끌기도 하였다. 맥도날드와 KFC가 중심이 되어 외식업계를 앞장섬으로써 활발한 움직임을 보이기 시작한 것이 1960년대이다. 필스베리社 같은 식품제조업체가 버거킹을 인수하면서 외식사업에 참여하는 등 많은 기업들이 이 분야에 진출하기 시작했고 이때부터 식당업(restaurant business)이라는 용어는 '외식산업(food service industry)'이라는 용어로 대체되기 시작했다.

1970년대는 치열한 경쟁 속에서 자금력의 대소에 의해 기업의 운명이 결정되는 기업 간의 인수, 합병의 혼란기였다. 이런 심화된 경쟁체제 하에서 외식업체들이 생존하기 위한 여러 가지 전략이 시도되었던 1970년대는 마케팅 시대라고 표현할 수 있다. 업소의 개성을 내세우면서 경쟁업체와의 차별화전략을 세우려 노력하였고, 이런 차별화정책을 소비자에게 인지시키려는 마케팅의 본격적인 경쟁이 시작된 것이다. 외식산업이 미국의 산업계 가운데 확고한 뿌리를 내릴 수 있었던 1970년대가 미국 외식산업의 최대 번영기였다. 1980년대 이후 미국의 외식산업은 포화상태가 되어 입지문제와 시장성장률의 둔화 등으로 치열한 시장쟁탈전이 벌어지고 있으며 외식산업의 공업화, 자본집약화, 신기술 정보시스템 등으로 세계시장으로의 활발한 진출을 도모하며 발전을 거듭하고 있다.

1990년대와 2000년대에는 외식산업이 안정적 성숙기에 진입하였으며 고객들이 많이 이용하던 패스트푸드가 정크 푸드(junk food)로서 비만의 원인이 된다는 연구결과로 고객들은 웰빙메뉴에 대한 관심 고조로 웰빙 관련 메뉴개발과 함께 건강전문 외식업소가 성장하게 되었다. 예를 들면 샌드위치 전문점일지라도 유기농으로 재배한 신선한 재료를 사용하여 샌드위치를 제공하는 샌드위치 전문점의 인기가 높아졌다. 또한 외부의 외식업소를 이용하는 것보다 집에서 가족들과 편안하게 식사하기 위해 음식을 배달 또는 테이크아웃하는 추세가 확산되었다. 여러 가지 브랜드의 음식을 하나의 장소에서 즐길 수 있는 외식업의 형태도 출현하였고, 외식업체 간의 인수 합병이 활발히 진행되었던 시기라고 할 수 있다.

위의 내용을 바탕으로 〈표 1-15〉와 같이 나타내었다.

표 1-15 **미국 외식산업의 발전과정**

연대	내용
1920년대	• 현대적 운영방식 도입(원가관리시행) • 서비스방식의 변화(풀코스에서 셀프서비스로) • 인건비 절감과 메뉴가격의 저렴화 • 대규모 체인 외식업소의 등장
1920년부터 1950년 이전	• 1929~1933년 대공황시기와 대공황 후유증 • 생활양식의 변화로 음식에 대한 가치관 변화 • 교통수단의 발달로 패스트푸드의 원시적 형태 출현 • 항공기 기내식사업의 출현 • 학교급식 및 병원급식사업의 출현 • 커피숍형태의 기업 출현
1950년대	• 외식산업 성장기의 초기 단계 • 프랜차이즈시스템을 도입(맥도날드, KFC, 버거킹)한 패스트푸드의 등장과 발전 • 셀프서비스의 적극적인 활용(Take-out, Delivery, 퀵서비스 등) • 단체급식의 확대 발전 • 서비스의 대원칙인 QSCV의 중요성 확산
1960년대	• 외식산업의 성장기 중·후반기 • 외식산업이란 용어 사용 시작 • 프랜차이즈시스템의 활성화 • 식품제조회사의 외식산업 진출 • 중식개념을 지닌 냉동식품의 등장
1970년대	• 외식산업의 최대 성숙번영기 • 경쟁심화로 외식기업 간의 인수·합병 혼란기 • 에스프레소 커피전문점의 출현 • 마케팅기법 도입과 차별화정책 적극 활용
1980년대	• 외식산업의 포화성숙기 • 경기둔화와 함께 입지문제에 봉착 • 외식기업 간의 심각한 시장쟁탈전 • 세계시장 개척과 진출 • 다양한 종류의 민족음식 등장

연대	내용
1990년대	• 외식산업의 안정성숙기 • 패스트푸드음식의 기피현상 • 비만으로 인한 웰빙관련 음식의 선호 • 슬로우(Slow)음식에 대한 관심 고조 • 미국의 네 번째 거대산업으로 성장 • 적극적으로 세계시장 진출
2000년대	• 1990년대와 비슷한 현상 • 패스트푸드업체에서의 웰빙메뉴 출시 • 외식업체 간의 활발한 인수·합병 • 서비스 형태의 변화(퀵서비스 및 테이크아웃, Drive Thru 확산) • 샌드위치 등의 웰빙 전문외식업소의 출현 • 다브랜드 음식제공 외식업소의 출현(Food Court)

2) 분류

표 1-16 **미국식당협회(NRA)의 외식산업분류**

상업적 외식사업	영리적 외식업 (Commercial Foodservice)	• 일반외식업체(Eating places) 　– 일반음식점(Fullservice restaurants) 　– 전문·패스트푸드음식점(Limited-service·Fast food restaurants) 　– 카페테리아(Commercial cafeterias) 　– 출장음식(Social caterings) 　– 간이음식점(Ice cream, frozen custard stands) 　– 바 또는 여관음식(Bars and taverns) • 급식경영(Food contractors) 　– 공장, 산업시설(Manufacturing & Industrial plants) 　– 상업건물(Commercial & Office Buildings) 　– 초·중·고등학교(Primary and secondary schools) 　– 대학교(Colleges & Universities) 　– 병원과 탁아소(Hospitals and Nursing Homes) 　– 오락 및 스포츠센터(Recreation & Sports centers) 　– 항공기 내 기내식(In-flight meal)

		• 숙박시설(Lodging places) 　－ 호텔식당(Hotel restaurants) 　－ 자동차－호텔식당(Motor-Hotel restaurants) 　－ 여관급 식당(Motel restaurants) • 기타 　－ 포장마차(Retail-host restaurants) 　－ 자판기 및 무업소 판매점(Vending & Nonstore retailers) 　－ 편의점(Convenience store) 　－ 오락 및 스포츠용품점(Recreation & Sports)
비상업적 외식사업	비영리목적 급식업 (Institutional Foodservice)	• 직원식당(Employee restaurant services) • 국·공립 초·중·고등학교(Public elementary·middle·Secondary school) • 대학교(Colleges & Universities) • 교통시설(Transportation) • 병원(Hospitals) • 탁아소, 고아원, 특수재활원, 양로원(Nursing Homes, Homes for aged, blinded, orphans, mentally & physically disabled) • 클럽, 스포츠와 오락시설(Clubs, Sporting & Recreational Camps) • 교도소(Community centers)
	군대급식 (Military Foodservice)	• 장교식당(Officers & Non-commissioned Officers Clubs) • 일반군인식당(Food service-military exchanges)

2. 일본의 외식산업

1) 발전과정

　일본의 외식산업이 근대화된 산업으로 발전한 시점은 1960년대로 경제성장속도가 매우 빨랐던 1964년 동경 올림픽을 전후한 시기였다. 제2차 세계대전 후 1945~1955년대의 빈곤의 시대를 거쳐 1964년 후반기에서 1969년 전반기에 새로운 업태의 패스트푸드, 교외형 패밀리 레스토랑이 외식업의 산업화를 지향하는 선두주자로 등장하기 시작했다. 1960년대 후반 유통업의 발달과 미국계 프랜차이즈 시스템의 도입으로 일본의 외식업이 산업화되는 계기가 마련되었다. 이러한 발전계기는 1969년 제2차 자본자유화를 계기로 미국 외식체인기업이 일본에 상륙하면서 패스트푸드업이 태동하였고, 1970년대 초반 집중적으로 미국 외식 체인기업의 일본진출이 이루어졌다. 특히 외식산업은 유통산업의 발전에 뒤따라 발전하는 특성이 있는데 유통업의 성장에 뒤이어 일본의 외식산업이 근대적 산업으로서의 도약기를 맞이한 것이다.

일본 외식산업의 발전에 지대한 공헌을 한 것으로 알려진 일본 맥도날드가 개업했던 1970 년대 초는 식생활의 다양화, 외식의 대중화 현상이 두드러졌던 시기였으며, 이때 맥도날드의 출현은 외식혁명이라고도 할 수 있는 현상으로까지 받아들여졌다. 그러나 석유파동으로 인한 불황으로 신규외식사업이 활발하게 이루어지지 못하였지만, 이러한 불황시대에 낮은 가격대의 패스트푸드나 교외형 패밀리 레스토랑이 번성하기 시작했다. 이 시대의 전반적인 특성은 새로운 시스템의 도입으로서 중앙공급식주방(central kitchen)에 의한 조리방법과 서비스 방법의 매뉴얼(manual)화, 시간제(part time) 직원 등의 채택으로 인건비 절감을 시도하였고, 다업소화를 조기에 실현할 수 있는 프랜차이즈의 기법을 도입하는 등 새로운 국면을 맞이하게 되었다. 스카이락(Sky Lark), 롯데리아(Lotteria) 등 현재 대형체인의 대부분도 이 시기에 도입되었다. 패스트푸드점을 비롯한 외국자본 기업의 외식사업 진출과 일본 국내 외식기업들의 출현으로 인하여 일본의 외식산업은 더욱 구체적인 체인화 형태로 나타나기 시작했다. 패스트푸드점의 프랜차이즈 시스템을 일본에 소개한 맥도날드는 외식산업의 성장을 더욱 촉진시켰고, 큐슈의 지방기업에 불과했던 로얄호스트의 동경 진출로 스카이락, 데니스와 함께 시장쟁탈전이 벌어졌다. 이 시대는 개별체인의 특성을 살리지 못하면 도태되는 경쟁시대로 일본의 외식산업은 산업화의 과정에서 성숙기의 진입을 예고하였다.

번영의 시대로 일컬어지는 1980년대 초는 생활패턴의 변화로 고객들의 외식이 일상화되면서 외식산업은 빠른 성장기에 접어들게 되었다. 대기업들은 웬디스(Wendy's), 코코스(Coco's), 레드랍스터(Red Lobster) 등 해외와의 제휴를 통해 다양하고 풍요로운 생활 속에 침투해 들어갔다. 기업 간의 격심한 시장쟁탈전이 벌어지는 가운데 일본 외식업계의 동향을 파악한 외국외식업체는 치밀한 경영전략을 가지고 사업을 전개하기 시작했다. 1982년 일본 맥도날드는 연간 매상고가 7백억 엔을 돌파하면서 일본 외식산업의 대표주자가 되었다. 이렇게 외식산업은 시대의 앞장을 서며 20조엔 규모에 이르는 황금시장으로 확대되어 1985년에는 미국의 피자업체 도미노 피자(Domino's Pizza)가 소비자의 시간절약 의식이 고조되었던 시대를 예견하고 피자를 직접 배달하는 새로운 방법을 사용하면서 일본 외식시장을 석권했으며, 다양한 종류의 샐러드 바를 내세운 미국의 최대 스테이크 체인인 씨즐러(Sizzler)도 상륙했다. 1980년대 후반부터 1990년대 초의 일본 외식산업은 엔고의 영향으로 경제호황과 함께 성숙기를 맞이하였다. 한편 땅값 폭등과 인력난으로 인한 인건비 상승, 가격 상승 등의 부작용이 표면화되기도 하였고, 또한 신세대를 중심으로 한 일식 회귀의 움직임이 나타났으며, 교외입지형의 새로운 패밀리 레스토랑이 등장하기 시작했다. 소매업계의 편의점이 등장함에 따라 외식산업의 중식시장이 대규모로 발전하고 있고, 쇼핑센터 시대가 도래되면서 외식사업도 입지전략의 변혁을 서둘러야만 했다.

2000년대 들어서는 경기의 침체와 엔고로 일본외식시장도 침체기를 맞이하였으며 이로 인해 일본외식시장은 포화상태에 이르게 되었다. 이러한 포화상태 속에서 생존하기 위해서는 치열한 고객유치경쟁과 저렴한 간편식메뉴를 개발하여 고객유치에 적극적으로 나섰다. 그러나 해외 브랜드와 일본국내 프랜차이즈 외식업소들의 매출액과 업소수가 증가하는 기현상이 일어나고 있다. 최근에 주목받는 시장으로는 햄버거(모닝타임전용메뉴), 소고기덮밥(규동), 환자 고령자식 배달 등을 들 수 있다.

표 1-17 **일본외식산업의 발전과정**

연도	내용
1950년대	• 음식업의 변화기(일본 전통음식에서 서양식으로) • 경제발전으로 식생활 수준과 영양상태 개선 • 양식 선호현상(쌀에서 빵 선호)
1960년대	• 외식산업의 도입기 • 외식활동의 서구화와 대중화 초기단계 • 서구형 카페테리아 개점 • 드라이브-인 형태의 외식사업 출현 • 중앙공급주방(central kitchen)과 프랜차이즈시스템의 도입
1970년대	• 외식산업의 초기성장기 • '외식산업' 용어 사용 시작 • 대기업의 외식시장 참여 • 해외 브랜드의 적극적인 진출 • 미국 외식기업과의 경영위탁 및 제휴 • 패스트푸드업체와 패밀리 레스토랑의 체인화 가속(맥도날드, 스카이락, 로얄호스트, 데니스 등)

연도	내용
1980년대	• 외식시장의 후기성장기 • 선진국형 라이프 스타일의 보편화 • 경쟁력 상실 외식기업의 도태 • 신 업종과 신 업태의 등장 • 외식기업의 대기업화 · 시스템화 • 배달서비스, 샐러드바, 스테이크 전문점의 탄생 • 경영관리의 정보화전략 연구
1990년대	• 외식시장의 성숙기 • 패밀리 레스토랑의 이전(교외에서 도심으로) • 불황타개를 위한 다양한 가격대와 컨셉트업소 개발 • 저가격정책과 상품가치를 높인 새로운 업태 출현(가스토와 스카이락 등) • 편의점의 활성화로 음식업에 위협 • 고객의 안전과 건강을 위한 업태 및 콘셉트 개발
2000년대	• 외식시장의 침체성숙기 • 외식시장의 포화상태 • 과열경쟁으로 인한 고객분산으로 운영의 어려움 • 장기불황으로 중식선호와 간편식 선호현상 • 프랜차이즈업체(패스트푸드 등)는 매출액과 업소 수의 성장

2) 분류

일본에서는 1970년대에 들어 외식산업이 처음으로 학문적 체계로 연구되어 왔으며 통상산업성(通商産業省)에서 음식점의 통계를 위해 발표하는 상업통계의 목적으로 분류된 일본표준산업분류표가 가장 일반적으로 사용되고 있다. 일본외식산업 총합조사연구센터에서는 〈표 1-18〉과 같이 외식산업을 음식을 제공하는 일반음식점와 음료를 제공하는 유흥음식점으로 대별하여 구분하고 있다.

표 1-18 **일본표준산업분류표**

급식주체	영업급식	• 일반식당 　– 레스토랑 　– 메밀 · 우동점 　– 초밥집 　– 기타 음식점 • 특수형태 음식점 　– 열차식당 　– 기내식 　– 요리품소매업 • 숙박시설 　– 호텔 　– 여관
	집단급식	• 학교 • 사무실 • 병원 • 복지시설
음료주체		• 다방 • 술집 · 맥주홀 • 요정 • 바 · 카바레 · 나이트클럽
요리품 소매업(도시락 급식 포함)		

➲ 자료 : 미야 에이지(三家英治), 외식비즈니스, 1992, p.4(저자 재구성)

3. 중국의 외식산업

1) 발전과정

　중국 상무부의 외식산업 시장현황에 따르면, 중국의 외식산업은 14년 연속 두자릿 수의 성장을 기록하였으며, 이는 1978년보다 136배 정도 성장한 산업이 되었다고 한다. 2005년에도 전년대비 17.7% 성장하였으며 매출이 약 8,886억 위엔으로 집계되었다. 2005년 중국은 상무부에 소속된 반점협회에서 호텔을 비롯한 숙박업 및 음식업을 관장하고 있다. 중국외식 수요의 급격한 증가의 배경으로는 첫째, 국민의 생활수준 향상, 둘째, 여가시간의 증가(대형

연휴제도의 도입)로 중국인들의 음식에 대한 높은 관심과 소득증대로 인하여 식생활의 다양화 등을 들 수 있다.

중국의 내수시장의 활성화는 2008년 북경올림픽을 기점으로 확산되었다고 볼 수 있다. 이러한 내수시장 활성화로 인하여 중국외식산업의 규모는 2009년 기준 1조8000억 위안으로 이는 2008년 대비 16.8% 성장하였으며, 2010년에는 외식산업의 급성장으로 매출규모면에서 미국에 이어 세계 2위 시장으로 부상했다. 이러한 추세라면 2013년에는 3조 위안을 돌파할 것으로 전망되어 중국내 10대 유망산업의 하나가 될 것이다. 세계적인 불황에도 내부시장의 확대에 힘입어 지속적인 성장으로 세계의 외식산업의 견인역할을 할 것으로 기대된다. 이러한 기대와 함께 해외 브랜드 외식기업의 중국진출도 늘어나고 있다. 2006년 5월까지 중국에 진출한 해외 외식기업은 214개사 투자계약액은 3억 4,600만 달러로 전년대비 22.6%가 증가하였다.

프랜차이즈는 가장 급속한 성장분야로서 중국프랜차이즈 경영협회의 자료에 따르면 2008년 프랜차이즈 총매출액은 2,987억 위안, 브랜드 수는 3,500여개로 전년대비 23.8%, 25% 증가한 수치이며 프랜차이즈 체인점 수는 2008년을 기준으로 이미 30만개를 넘어섰다고 한다.

이러한 외식시장의 급속한 성장과 함께 중국의 가계 소비지출도 상승하는 추세를 나타내고 있다. 2005년 도시가구 소비지출비 중 외식비가 차지하는 비중이 21.6%로 2000년에 비해 약 2배 가까이 증가했다. 즉 중국의 소비환경은 경제의 성장, 인구구조의 변화, 임금상승, 소득증가 등으로 과시적 소비, 친환경 소비, 온라인 시장 등 다양한 형태로 확대 또는 변화하고 있다. 웰빙족의 등장으로 식품의 품질과 안전이 보장되는 무공해, 친환경 제품소비가 증가하고 있으며 에스닉 푸드에도 관심이 증대되면서, 에스닉 푸드 중에서 한식을 중국인이 가장 선호하는 음식으로 조사되었으며 다음으로는 일식, 이태리음식 순으로 선호하는 것으로 조사되었다. 중국 외식시장의 급격한 성장세를 틈타 스타벅스를 비롯한 미국의 유명브랜드의 중국진출이 가속화되고 있다. 중국통계국에 의하면, 전 세계 커피소비액이 매년 2%씩 증가하는 추세이나 중국에서는 매년 10%의 성장률을 보이며 1인당 평균소비액 증가속도는 매년 30%에 달한다. 이러한 중국커피시장의 성장 속에서 선두를 점하고 있는 스타벅스는 대도시를 기점으로 체인점을 확장해 가고 있다. 이러한 다국적 외식기업의 진출이 중국시장으로 급속하게 이루어지고 있으며 더욱 가속화될 것으로 전망된다.

2) 분류

중국의 외식산업 분류체계는 크게 정식 음식서비스와 즉석요리, 음료서비스, 기타 음식서비스 등 4개 군으로 나뉘어 있다.

표 1-19 **중국외식산업의 분류**

대분류	소분류		
숙박	67	음식업	지정된 장소에서 음식물을 요리 및 제조하여 고객에게 제공하는 현장소비 활동
음식업	671 6710	정식음식서비스	각종 중·양식 요리와 주식을 취급하며 직원이 음식을 테이블까지 제공하는 음식서비스
		*포함 :	- 호텔반점, 술집 내 독립(혹은 상대독립)된 장소, 외식업소 - 각종 정식연회를 전문으로 하는 술집, 반점, 기타 음식장소 - 각종 불고기, 샤브샤브를 전문으로 하는 음식업체 - 역, 공항, 부두 내 독립적으로 설치된 음식업체 - 기차, 여객선에 독립적으로 설치된 음식업체
		*불포함 :	단품메뉴를 제공하는 음식업체(만두, 빵, 면, 국수 등)는 6790으로 분류
	672 6720	즉석요리	직원이 음식을 테이블까지 서빙하지 않고 고객이 직접 음식을 받아가는 셀프서비스 활동
		*포함 :	- 각종 양식 즉석요리 - 중식 즉석요리 - 뷔페식 즉석요리
		*불포함 :	지역특색의 길거리음식은 6790으로 분류

대분류	소분류
음식업	**673 6730 음료 서비스 음료를 제공하는 서비스** *포함 : − 각종 찻집. 각종 술집, 규모가 큰 술집 　　　　 − 각종 커피숍, 아이스크림점, 청량음료점 　　　　 − 주로 우유와 음료를 제공하는 유제품점 　　　　 − 기타 형식의 음료 제공서비스 *불포함 : − 케이크, 빵 판매를 위주로 하는 유제품점, 제과점은 6522로 　　　　　 분류 　　　　 − 콜라, 광천수 등 음료를 카운터에서 판매하는 형태와 　　　　　 유동식 판매 등은 6522로 분류 **679 6790 기타 음식서비스 이상 기록되지 않은 음식서비스** *포함 : − 지역특색 길거리 음식서비스 　　　　 − 단일품종의 음식을 제공하는 서비스(면, 국수, 빵, 만 　　　　　 두 등) 　　　　 − 현장 취식서비스를 제공하는 케이크 제조서비스 　　　　 − 단품 아침식사를 제공하는 음식서비스 　　　　 − 유동식 음식서비스 　　　　 − 음식배달서비스(회사, 학교, 사무소 등) 　　　　 − 기타 기록되지 않은 음식서비스는 5220으로 분류

⬤ 자료 : 중국 반점협회(2011)

제2장
외식사업 메뉴관리

제1절 ┃ 메뉴의 개요

1. 메뉴의 정의와 유래

1) 메뉴의 정의

메뉴(menu)란 단어는 우리말로 '차림표' 또는 '식단'이라고 부르며 이희승의 국어대사전에서는 '요리의 품목표' 또는 '차림표'로 정의되고 있다. 프랑스어로 '자세한 목록'을 의미하는데 어원은 라틴어로 '축소하다'는 뜻인 'minutus'이며, 영어의 'minute'에 해당하는 말로 '상세하게 기록하다' 라는 의미를 가지고 있다. 즉, 메뉴란 한마디로 '작고 자세한 목록'이라고 말할 수 있으며, 판매하고자 하는 식음료 상품의 품목을 기록한 목록표(catalog)를 말한다.

외식업소에서 일반적으로 사용되는 메뉴라는 용어는 '식단목록표(bill of fare)'를 의미하며 'bill'은 '목록표'란 뜻이고 'fare'는 '음식, 식단'이란 뜻으로 'bill of fare'나 'menu' 모두 '식단목록표'란 뜻으로 쓰이고 있다.

즉, 메뉴(menu)란 식사로 제공되는 음식을 상세히 설명한 표를 말하며, 고객이 업소에 들어와 착석하였을 때 제일 먼저 제공되며 이때 고객은 메뉴 즉 차림표를 보고 주문하고자

하는 메뉴를 선택하게 된다. 이렇듯 메뉴는 어느 업소에서든 고객과 업소 사이에 이루어지는 최초의 대화, 홍보의 도구로써 고객에게는 무엇을 주문하고, 얼마를 지출할 것인가를 결정하게 만들며, 업소의 입장에서는 무슨 음식을 어떻게 제공할 것이며 얼마를 요구할 것인가를 결정하게 한다.[1] 하지만 메뉴의 정의에 대한 개념은 시대와 관리자의 관점에서 메뉴의 개념이 변화되어왔다. 먼저 시대적 관점에서 보면

1960년대에는 '차림표'로 정의되었고

1970년대에는 마케팅과 관리개념이 포함된 식단, 차림표로 변화되었고

1980년대 이후는 차림표라는 개념이 없어지고 강력한 '마케팅 내부통제의 도구'로 정의하고 있다.

관리자의 관점에서의 메뉴의 개념은 1960년대와 1970년대에는 생산지향적 관점에서 1980년대 이후에는 관리지향석인 측면으로 변화하였다.

즉, 메뉴는 체계화된 음식과 음료의 관리, 생산, 서비스가 어우러진 종합적인 음식 관리행위이고 단순한 식음료 상품의 리스트가 아닌 외식업소 경영에 있어서 상품화의 수단으로 인식되어 내부적인 통제도구일 뿐만 아니라 판매, 광고, 판매촉진을 포함하는 마케팅도구(marketing tool)로 변화하였다.

따라서 메뉴는 외식업소의 상품 및 가격을 포함한 총체적인 경영활동의 대표적 도구로서 표현되어야 하고 고객들의 욕구를 반영하거나 충족시킬 수 있어야 한다.

표 2-1 **메뉴의 정의**

정의	학자
메뉴는 가장 중요한 마케팅 도구이다.	로버트 A.버라이머(1987)
메뉴는 정보의 제공자이다.	레이 버버로글루(1987)
메뉴는 커뮤니케이션도구이며, 외식업소와 고객을 연결하는 대화의 고리이다.	레오나르도 F.펠맨(1981)
메뉴는 외식업소의 대화, 판매 그리고 PR도구이며 가장 중요한 내부의 마케팅 도구이다.	데이비드 V.페버식(1977)
메뉴는 식음료운용에 있어서 가장 중추적인 역할을 담당하는 관리도구이며 통제도구이다.	렌달 H. 코추페바르(1975)
메뉴는 판매도구이다.	도겔스 C. 케이스터(1977)

➲ 자료 : 김기영 외, 호텔·외식산업 연회기획관리, 현학사, 2001, p.106에서 일부수정

---

[1] 나정기, 외식산업의 이해, 백산출판사, 1998, pp.24~32.

2) 메뉴의 유래

메뉴는 원래 주방에서 식자재를 조리하는 방법을 설명한 것이었다. 하지만 서양의 레스토랑에 오늘날과 같은 형태의 메뉴(menu)가 등장한 것은 오래전의 일이 아니다. 서양의 초기커피하우스나 간이음식점 등에서는 글로 쓰인 메뉴 대신 직원이 모든 메뉴품목을 기억해서 고객에게 알려 주었다. 후에 프랑스 파리의 몇몇 레스토랑들에서 직원들이 조그만 판자 위에다 모든 품목을 적어 허리춤에 달고 다니며 외우거나 판에 메뉴품목을 적어서 사용하기도 하였는데, 이것은 고객을 위해서 뿐만 아니라 조리사나 직원들에게도 글로 쓴 메뉴가 필요했기 때문이었다.

이러한 초기형태의 메뉴들이 발전되어 오늘날 우리가 사용하는 메뉴와 같이 다듬어진 형태로 발전하게 된 것이다.

메뉴에 대한 정확한 기원은 다소 불분명하지만 고전적인 서면이나 그림으로 나타난 고대연회기록이 사실상 최초의 메뉴라고 할 수 있으며, 메뉴의 이용은 고대문화로부터 중세와 르네상스를 거쳐 근대에 이르기까지 꾸준하게 발전하였다.

대중들을 위한 레스토랑이 없었을 때에는 귀족들이 그들의 부를 과시하기 위하여 초대한 사람들에게 음식을 만들어 제공하게 되었다.

16세기 초반의 프랑스요리는 궁중요리라 하더라도 조잡하고 보잘 것이 없었으나, 1533년 프랑스의 왕 앙리2세의 왕비인 카트린 드 메디시스는 이탈리아의 플로렌스에서 여러 명의 요리사를 데리고 왔는데 이 요리사들에 의해 프랑스 궁중요리가 개선되기 시작하였다. 이러한 이탈리아식 요리가 도입됨에 따라 프랑스요리사들은 요리의 원재료와 조리법을 숙지하기위해 메모를 하였는데, 그것이 메뉴가 되었다.

1541년 프랑스의 앙리(Henry Vlll) 8세 당시 부랑위그(Duke Henry of Brunswick) 공작이 주최한 연회석상에서 요리에 관한 내용, 순서 등을 메모하여 자신의 식탁 위에 놓고 즐기는 것을 보고 초대되어온 손님들이 무엇이냐고 묻자 "이것은 정식요리입니다" 라고 대답한 것이 메뉴의 유래가 되었으며, 그 시대 귀족들 간의 큰 호평을 받아 귀족들 간의 연회에 유행하여 차츰 유럽 각국에 전파되어 정식(Table d'hote)의 메뉴로 사용하게 되었다. 정찬을 위해 처음에는 한 장 분량으로 구성하였으나 차츰 크기가 작아져 각 좌석에 배치되었고, 식사가 끝나면 손님이 가지고 가는 것이 상식화되었다.

19세기 초에 왕이나 귀족, 특권층이 아닌 대중을 위한 레스토랑의 시초는 프랑스의 '팰레스 로얄 안에 생겨는 레스토랑이었다고 하는데 이곳에서부터 오늘날 일반적으로 말하는 고객을 위한 상품으로서의 메뉴가 탄생되었다.

현대적인 메뉴는 프랑스에서 19세기 초에 등장하였는데 고객들은 입구에 비치된 아주 작은 menu판을 제공받았다. 현재 레스토랑에서 사용하고 있는 메뉴표는 그 후 19세기 초 파리에서 사용하기 시작한 것이 일반화된 것이고 크기, 소재(素材), 명칭 등은 각 외식업소의 특성에 맞게 변화되어 많은 모양으로 사용되고 있다.

오늘날 정식(Table d'hote) 연회에서는 어느 나라에서도 프랑스 요리로 제공하는 것이 일반적인 관례로 되어 있어 프랑스요리가 정식(Table d'hote)요리의 대명사처럼 확고하게 명성을 유지하고 있다. 세계적으로 메뉴를 불어로 표기하는 경향이 많은 이유는 프랑스요리가 세계적인 요리로 명성을 얻고 있기 때문이다.

2. 메뉴의 역할

메뉴는 매우 중요한 판매도구로서 외식업소의 운영 전반에 큰 영향을 미친다. 외식업소에서 판매되는 상품에 대한 상세한 설명과 가치증진을 효과적으로 달성하기 위한 전략적 도구이며, 또한 고객의 물리적, 정신적 만족을 증대시키기 위한 가치의 척도라 할 수 있다. 따라서 메뉴는 설비 및 장비의 배치, 공간구성, 장식 등 모든 분야에 영향을 미친다. 특히 주방 설비자가 주방의 구조물이나 주방기구를 설치함에 있어, 그 업소의 메뉴에 근거하지 않으면 제대로 작업을 할 수 없으며 메뉴를 기초로 하지 않은 어떤 판촉 또는 상품화 계획도 그 의미를 갖기 어렵다.

메뉴의 역할은 이렇듯 기본적으로 외식업소가 추구하는 영업행위의 본질을 말해주는 동시에 안내자로서 고객에게 어떤 음식이 제공될 수 있는지, 가격은 얼마인지 알려 주고, 직원에게는 어떤 음식을 주문받아야 하고 조리해야 하는지 알려 준다.

그러므로 메뉴의 역할을 구체적으로 보면

1) 최초의 판매도구

메뉴는 외식업소와 고객과의 최초의 커뮤니케이션이 이루어지는 판매도구로서 강력하고 중요한 판매수단이 된다. 고객이 업소를 방문하여 처음 접촉하게 되는 주요상품은 메뉴가 될 것이며, 고객은 메뉴의 내용을 읽고 적절한 행동을 취하게 된다.

2) 마케팅도구

메뉴는 단순히 생산품목과 가격을 기록한 것이 아니라 고객과 외식업소를 연결해주는 무언의 전달자이며, 외식업소의 모든 활동은 메뉴에서 시작된다. 따라서 메뉴는 그 어떠한 상품보다 중요한 핵심요소로서 외부적으로는 판매 가능한 음식, 가치, 가격 등을 고객에게 전달한다.

3) 내부통제수단

메뉴는 고객에게는 외식업소의 이미지를 전달하고, 내부적으로는 생산시스템, 서비스, 시설, 구매, 마케팅 등 경제적이고 효율적으로 생산할 수 있는 내부통제수단이며 통제 및 관리과정의 기본이 되는 도구로 생산성 및 원가관리 등 경영활동의 통제수단이 된다.

따라서 판매와 관련된 중요한 상품화의 수단으로서 외식업소의 이윤창출을 위해 관리되어져야 하는 중요한 요소로 이해하여야 한다.

4) 고객과의 약속

고객이 식사 전에는 메뉴상품을 직접 눈으로 확인하고 주문하는 것이 거의 불가능하다. 그래서 메뉴는 외식업소의 상품을 대표적으로 표현하는 도구이며, 고객에게 판매상품에 대한 가치를 보장하는 매개수단이다. 그러므로 메뉴는 고객과의 약속도구이므로 반드시 지켜져야 한다.

3. 메뉴의 분류

메뉴를 분류하는 기준은 어떤 기준을 적용하였는가에 따라 다르게 전개된다. 일반적으로 크게 5가지 기준으로 메뉴를 분류할 수 있다.

첫째, 변화빈도와 유지기간에 따라 고정된 메뉴품목 또는 주기적인 메뉴품목의 변화빈도에 따라서 고정메뉴(Fixed Menu)와 가변메뉴(Changing Menu)로 분류할 수 있으며, 또한 가변메뉴는 주기적 순환메뉴(Periodical Cycle Menu)와 불규칙 가변메뉴(Changing Menu)로 구분될 수 있다.

둘째, 제공방법과 메뉴가격에 따라 정식메뉴(Table d'hote Menu), 일품요리메뉴(A' la carte Menu), 그리고 앞의 두 메뉴를 혼합한 콤비네이션 메뉴(Combination Menu)로 분류할 수 있다.

셋째, 제공시간에 따라 조식(Breakfast), 브런치(Brunch), 점심(Lunch), 애프터 눈(Afternoon Tea), 정찬(Dinner), 서퍼(Supper)메뉴로 분류할 수 있다.

넷째, 제공국가와 식문화에 따라 한국식(Korean), 중국식(Chinese), 일본식(Japanese), 유럽식(European), 미국식(American), 에스닉식(Ethnic) 등으로 분류할 수 있다.

다섯째, 서비스형태에 따라 셀프서비스메뉴(Self service menu), 카운터서비스메뉴(Counter service menu), 테이블서비스메뉴(Table service menu) 등으로 분류할 수 있다.

1) 변화빈도 및 유지기간에 따른 분류

(1) 고정메뉴(Fixed Menu)

일정 기간 메뉴품목이 변하지 않고 지속적으로 제공되는 메뉴로 이들 메뉴품목들은 메뉴판에 인쇄된 형태를 가지며, 이 메뉴에 대한 장·단점은 아래와 같다.

표 2-2 고정메뉴의 장·단점 비교

장점	단점
• 노동력이 감소된다. • 재고가 감소된다. • 통제나 조절이 용이하다. • 품목마다 품질을 높일 수 있다. • 남는 식자재가 더 적다. • 식자재 비용이 더 낮아진다. • 상품에 관한 지식을 가질 수 있다. • 교육훈련이 적다.	• 메뉴에 싫증을 느낀다. • 계절별 메뉴조정을 안한다. • 시장에 수동적이다.

(2) 가변메뉴(Changing Menu)

① 주기적 순환메뉴(Periodical Cycle Menu)

단체급식업체에 많이 나타나고 있으며 주별, 월별 또는 계절별로 일정한 주기를 가지고 변화하는 메뉴 형태로 고객에게 보다 폭넓은 선택의 기회를 제공한다.

표 2-3 **주기적 순환메뉴의 장·단점 비교**

장점	단점
• 고객에게 변화된 느낌을 줄 수 있다. • 계절적으로 메뉴조정이 가능하다.	• 메뉴가 너무 자주 순환되면 고객에게 혼란을 줄 수 있다. • 식자재 재고가 증가할 수 있다. • 숙련된 조리사가 필요하다.

② 불규칙 가변메뉴(Irregular Changing Menu)

영업상황 또는 식자재 가격의 변동 등을 감안하여 불규칙적으로 품목이 바뀌는 메뉴형태이다.

표 2-4 **불규칙 가변메뉴의 장·단점 비교**

장점	단점
• 메뉴에 대한 싫증이 줄어든다. • 새로운 메뉴 아이디어를 상품화시킬 수 있다. • 계절별, 월별 또는 일일 메뉴의 변화가 가능하다.	• 재고 식자재가 증가된다. • 숙련된 인력이 필요하다. • 메뉴통제력이 저하된다. • 노동비가 증가된다.

2) 제공방법과 메뉴가격에 따른 분류

(1) 정식메뉴(Table D'hote Menu)

오늘날 숙박을 제공하는 시설에서 객실과 함께 정해진 가격에 음식을 제공했던 정식메뉴의 유래는 공식적인 자리나 결혼, 회갑연 등의 연회에서 주로 제공되며 저녁정찬식사에 주로 이용된다. 풀 코스(full course)의 정식메뉴로서 보통 5가지 코스, 7가지 코스 또는 9가지 코스로 제공되며 호텔이나 고급외식업소에서 많이 사용하고 있는 메뉴형태이다.

표 2-5 **정식(table d' hote)메뉴의 장·단점 비교**

장점	단점
• 고객의 선택과 주문이 용이하다. • 단품가격에 비해 상대적으로 가격이 저렴하다. • 사전준비가 가능하여 식자재의 관리가 용이하다. • 신속한 서비스로 좌석회전율의 조절 가능	• 고객의 선택의 폭이 좁다. • 창의적인 메뉴와 서비스가 부족하다. • 가격변화에 대처하는 유연성이 부족하다. • 종사원의 능력개발기회가 적다.

(2) 일품요리메뉴(A' La Carte Menu)

일품요리는 현재 각 업소에서 사용하고 있는 메뉴형태로 메뉴품목마다 개별적으로 가격이 책정된 메뉴이다. 즉, 주메뉴(entree)뿐만 아니라 샐러드, 수프, 에피타이저 등을 고객이 마음대로 한 가지씩 주문하고, 주문에 따른 금액을 지불하는 방법이다. 현재 업소의 영업상태에서 보다 나은 수익을 원할 때 실시하는 메뉴선택 방법이다.

표 2-6 **일품요리 메뉴의 장·단점 비교**

장점	단점
• 고객의 기호변화에 따른 선택의 폭이 넓어진다. • 높은 객단가를 유지할 수 있다. • 가격변화 요인에 유연하게 대처할 수 있다.	• 가격이 바싸다. • 인건비가 높고 메뉴관리가 어렵다. • 메뉴개발이 수시로 필요하다. • 식자재관리가 어렵다.

(3) 콤비네이션메뉴(Combination Menu)

변형 주문식 메뉴(Semi A' la carte)라고도 하며 정식요리(Table d'hote)메뉴와 일품요리(A' la carte)메뉴의 장점만을 혼합한 메뉴를 말한다. 중국 외식업소나 특정국가의 고유 메뉴를 판매하는 외식업소에서 많이 사용하며, 또한 패밀리레스토랑에서도 많이 사용되고 있다.

3) 제공시간에 따른 분류

(1) 조식(Breakfast)

아침에 제공되는 식사를 말하는데 호텔에서는 일반적으로 10시까지 제공되는 경우가 일반적이다. 조식은 전형적으로 대륙식 조식, 미국식 조식, 영국식 조식, 비엔나식 조식 형태와 호텔에서 특별히 계획한 상품이거나 단체고객을 위한 뷔페형태도 있다. 특히 아침식사 서비스는 하루를 즐겁게 할 수 있다는 점에서 세심한 주의가 필요하고 최근에는 가볍고 건강을 생각한 메뉴로 구성되어 과일, 시리얼, 계란, 죽, 베이커리 등을 제공하고 있다.

(2) 브런치(Brunch)

브런치는 breakfast와 lunch의 합성어로 통상 아침과 점심 사이에 간단하게 제공되는 식사를 말한다. 특히 공휴일이나 일요일에 늦게 일어나는 사람들이 아침 겸 점심의 병용으로 하는 식사의 형태이다.

특별한 형식은 없지만 디너보다는 가볍게 아침보다는 무겁게 먹는다. 주로 과일, 빵, 육류, 달걀 등 다양하게 제공하고 차나 커피 등의 기호음료도 함께 곁들이면 좋다.

(3) 런치(Lunch)

점심식사를 의미하며 아침이나 저녁메뉴와 같이 전형적인 메뉴를 제공할 필요가 없으며, 회전률을 높이기 위해 축소된 메뉴로 구성되어 있다. 다만 아침식사보다는 무겁고 저녁식사보다는 가볍게 계획한다. 주로 샐러드, 샌드위치, 면요리 등이 적당하고 일품요리를 폭넓게 선택할 수도 있다.

현대에 와서는 테이크아웃 형태의 점심식사도 일반화되었고, 샐러리맨들은 국밥, 설렁탕 등 간편하고 빠른 식사를 원하는 경우도 많다.

(4) 애프터눈 티(Afternoon Tea)

영국의 전통적인 식사문화로 간단한 스낵(snack)류와 커피와 티를 함께하는 간식으로서 점심과 저녁사이인 오후 3~5시 사이에 먹는다.

(5) 디너(Dinner)

저녁식사는 가장 형식을 갖추어 먹는 것이 일반적이며, 내용적으로나 시간적으로 충분한 시간과 양질의 재료로 요리한 식사를 선호한다. 따라서 가격도 가장 비싼 가격에 속하고 대부분 외식업소에서는 90% 이상이 일품요리로 구성되어 있으나 정식메뉴형태로 진행된다.

주로 해산물요리, 고기요리 등 전통적인 메뉴에 다양한 디저트와 음료, 와인 등으로 구성된다.

(6) 서퍼(Supper)

원래는 오페라나 음악회 중간의 쉬는 시간에 사교를 나누면서 허기를 채우기 위하여 가볍게 먹는 식사였지만 지금은 늦은 저녁식사 또는 야참의 형태로 사용되는 메뉴를 말하는데 밤에 먹는 간식을 의미하는 경우도 있다.

수프나 샌드위치 등 메뉴의 질은 우수하고 소화가 쉽게 되는 것으로 위에 부담이 되지 않는 메뉴를 제공한다.

4) 제공국가와 식문화에 따른 분류

(1) 한국 스타일(Korean Style)

한식은 첩을 기준으로 하는 정식(table d'hote)차림과 단품(a' la carte)을 아이템으로 하는 경우로 구분될 수 있다. 한식은 그 상의 주식류가 무엇인가와 상이 차려지는 목적에 따라 반상, 죽상, 면상, 주안상, 다과상, 교자상 등으로 나눈다. 반찬으로 이해되는 '첩'의 수에 따라 3첩, 5첩, 7첩, 9첩 그리고 임금에게 놓았던 수라상인 12첩으로 나눌 수 있다.

특히 유교 영향의 통과의례 음식문화로 한식의 독특한 식문화와 다양한 메뉴 아이템들이 탄생되었다.

(2) 중국 스타일(Chinese Style)

중국의 대표 4대 요리는 사천요리, 광동요리, 북경요리, 상해요리 등이 있다. 중국식은 기름을 많이 사용하는 특징이 있어 재료의 맛이 살아나고 영양분의 파괴가 적어 높은 칼로리를 가지고 있다. 중국식이라 하면 자장면집을 떠올리기 쉬우나 요즘은 고급스러운 중국식 외식업소와 세련된 퓨전 중국식 외식업소로 변모하고 있다.

(3) 일본 스타일(Japanese Style)

일본요리의 종류로는 혼젠요리, 차가이세키(懷石)요리, 가이세키(會席)요리, 쇼오징(精進)요리, 후차요리 등이 있다. 전통사시미를 주 메뉴로 하는 일식 외식업소와 최근에는 이자까야 등 작은 술집과 일본식 프랜차이즈 업체에서도 다양하게 일식을 즐길 수 있다.

일본음식은 즙과 채를 기본으로 즉 몇 가지 국물과 무침으로 내느냐에 따라 상차림이 달라진다. 또한 어느 나라보다 퓨전문화가 강하기 때문에 일본카레음식이 일본음식이라 착각하는 경우도 많다.

(4) 유럽 스타일(European Style)

유럽식의 대표적 음식으로는 프랑스식과 이탈리아식을 들 수 있다. 프랑스식은 서양음식의 대명사로서 풍부한 식재료와 이탈리아 음식을 고급스럽게 잘 장식하여 고급 레스토랑에서 제공되고 있으며 또한 전 세계에서 제일의 요리로 평가받고 있다.

프랑스의 유명한 요리로는 거위간 요리인 푸아그라(foie gras), 달팽이 요리의 에스카르고(escargot), 송로버섯요리인 트뤼플(truffle) 특히 제과 · 제빵이 발달하여 바게트(baguette), 버터가 많이 함유된 크로와상(croissant) 등이 있고 고급스러운 정식요리(table d'hote)의 형태로 국내에도 많이 알려져 있다.

이탈리아식은 프랑스 음식의 원류이며 면요리가 가장 대표적이며 파스타의 종류에는 스파게티, 마카로니 등이 있고 피자는 이미 전 세계적으로 간식 및 식사대용으로 널리 이용되고 있다.

이탈리아 북부지역은 버터를 많이 사용하며 밀가루와 쌀의 산지여서 면류가 발달되었고 남부지역은 대체로 올리브유를 많이 사용하며 마늘과 토마토를 이용한 요리가 많다. 국내에서도 이탈리아 음식점은 대중화되는 추세이다.

(5) 미국 스타일(American Style)

미국식의 음식들이 매우 다양하게 혼합되어 발전한 원인은 각 민족의 식문화가 혼합된 혼합국가이면서 다양한 민족들이 모여살기 때문이다. 특히 제1차 세계대전을 통하여 통조림 및 가공식품이 급속하게 발달된 후 햄버그와 스테이크, 패스트푸드의 약진이 있었으나, 최근에 와서는 건강한 식단으로의 변형 및 탈바꿈 중에 있다. 또한 음식의 트렌드와 유행을 이끌어 가는 리더로서의 역할을 하고 있으며, 특히 뉴욕 같은 도시는 레스토랑 업계를 선도해 나가는 도시로 인식되고 있다.

비만인구가 사회적 과제로 인식되면서 건강을 위한 식습관에 대한 관심이 갈수록 높아지고 있다.

(6) 에스닉 스타일(Ethnic Style)

에스닉식은 각국의 독특한 식문화인 나라별 토종 전통음식을 지칭한다. 지금은 다양한 정보화의 발전으로 각 나라의 음식문화와 요리들을 손쉽게 접근할 수 있어서 한층 일반화되어 가고 있다. 대표적인 에스닉식은 인도 및 이슬람식과 태국 및 동남아시아식을 들 수 있다.

인도는 힌두교의 윤리에 따라 쇠고기 요리를 먹지 않는 대신 채소류를 많이 먹는다. 특히 카레는 종류가 다양한데 15~16가지 이상이며 여러 가지 향신료를 사용하여 다양한 카레가 상용화되어 있다.

이슬람식은 힌두교와 달리 돼지고기를 먹지 않고 주로 양고기를 많이 사용하며 무슬림들은 이슬람법이 정하는 음식조리법(Halal Food)을 철저히 지키려고 하며 라마단 기간에는 금식을 한다. 특히 이슬람음식조리에는 굽는 형태가 많아 영양가는 높고 열량은 적은 형태가 대다수이다.

5) 서비스 형태에 의한 분류

(1) 셀프서비스 메뉴(Self Service Menu)

제시된 일정금액을 지불하고 메뉴를 고객이 직접 선택하여 먹는 형태의 메뉴로서 뷔페 식당, 패스트푸드, 카페테리아, 푸드 코트 등에서 제공되는 형태의 서비스메뉴를 말한다.

이는 인건비를 절약하여 가격경쟁력을 가지고자 할 때나 공간 활용을 위한 목적도 있다.

(2) 카운터서비스 메뉴(Counter Service Menu)

일식전문점에서 많이 사용하고 있는 서비스형태로서 고객이 카운터에 앉아서 조리사가 직접 조리하는 것을 지켜볼 수 있고 고객앞에서 조리된 음식을 바로 제공받을 수 있다. 대표적인 업소로는 일식전문점과 철판구이전문점 등을 들 수 있다.

요즘은 개방된 주방이 많아서 조리하는 것을 직접 볼 수도 있고 안전한 위생을 추구하는 고객의 기대에 믿음을 줄 수 있다.

(3) 테이블서비스 메뉴(Table Service Menu)

일반적인 외식업소에서 많이 사용되는 테이블서비스는 메뉴판에 제시된 메뉴를 보고 직원에게 음식을 주문하면 음식제공으로부터 식사를 끝낼 때까지 행하여지는 모든 과정을 직원이 직접서비스를 해 주는 형태이며 이는 셀프서비스와 카운터 서비스보다 품격있는 서비스가 제공되는 형태이다.

제2절 ▌메뉴개발

1. 메뉴개발의 의의

메뉴개발이란 '외식업소의 업종 및 업태별 특성과 영업방식에 따라 고객들에게 제공되는 식음료의 종류와 가격을 결정하며 고객만족과 조직목표의 달성을 위한 메뉴를 계획하고 실행하기 위한 일련의 창조과정'을 말한다. 외식산업은 고객들의 라이프스타일과 다양한 환경변화에 의해 시장트렌드의 변화에 대처하기 위해 고객의 새로운 기호와 수요의 변화에 신속하고 탄력성 있게 대처하여야 한다. 따라서 외식산업에서 메뉴란 단순히 차림표 이상의 의미를 내포하고 있으며 마케팅의 출발점이라고 할 수 있다.

즉 메뉴개발은 어떠한 품목이 고객들에게 호응을 받을 수 있는지를 확인하고 이를 상품화하는 과정인 동시에 외식업소의 핵심적인 판매도구로서 경영 콘셉트를 실현하는 대표적인 수단이므로 외식업소의 의사가 명확히 표현되어져야 하며 또한 외식업소 경영에 전반적으로 영향을 미치기 때문에 업소의 주방, 설비, 인원 등과 서비스를 고려하고 입지분석과 시장동향 등 외부환경을 철저히 분석한 후 기존 메뉴품목이 성숙기나 쇠퇴기에 접어들었을 때와 새로운 외식업소를 창업하기에 앞서 고객만족과 경영전략 차원에서 충분한 검토를 거친 후 이루어져야 한다.

성공적인 메뉴개발이 되려면 다양한 접근이 필요한데 이 중 가장 중요한 것은 상품력이다. 누구나 메뉴개발을 할 수는 있지만 고객의 호응을 받지 못하는 메뉴개발은 외식업소가 추구하는 사명과 목적을 달성할 수 없어 의미가 없어진다. 따라서 시장에서 강력한 경쟁력을 가진 메뉴개발이 되려면 상품력이 선행되어야 하고 어떠한 노하우가 담긴 조리법으로 언제 얼마의 가격으로 어떻게 제공되어져야 하는지를 고려하여야 한다.

또한 이러한 메뉴개발이 조직의 목표를 달성할 수 있는 가장 이상적인 메뉴의 수와 다양성을 갖추고 합리적인 메뉴기획과정을 거쳐 실행되어야 하며 모방보다 창조의 개념으로 접근되어야 한다.

결국 메뉴개발은 외식시장에서 적정 가격경쟁력을 가지면서 독창적이고 차별적인 상품으로서 마케팅개념에서 우위를 선점할 수 있어야 경쟁우위를 가지게 된다.

그림 2-1 메뉴개발의 진행과정

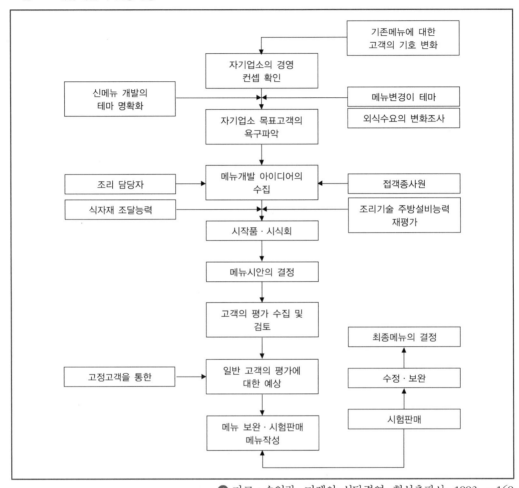

○ 자료 : 손일락, 미래의 식당경영, 형설출판사, 1993, p.169

2. 메뉴개발

1) 메뉴개발 시 고려사항

메뉴개발은 외식업소 영업 전반에 영향을 미치기 때문에 입지조건과 목표시장, 시장트렌드 등을 철저히 분석한 후 고객의 욕구충족과 경영전략차원에서 이루어져야 한다. 외식업소의 내·외부환경을 기본적으로 고려한 후 메뉴를 개발해야 한다.

(1) 입지성

외식업소의 입지가 중요한 이유는 업소를 방문하는 고객의 성별, 연령별, 경제수준 등 인구통계학적 요소에 따라 업소의 경영전략에 가장 큰 영향을 미친다. 이러한 고객의 유형에 따라 메뉴의 품목과 가격 등이 결정된다.

(2) 시장성

주변 경쟁업소에서 판매되고 있는 메뉴의 맛, 가격, 판매상황 등 상품가치를 분석하여, 주변 업소들과의 차별화 전략으로 메뉴를 구성해 고객에게 호응을 얻을 수 있는 경쟁력을 갖춘 메뉴여야 한다.

(3) 경제성

새롭게 개발된 메뉴가 단지 고객에게 만족을 주는 것 외에 메뉴의 판매가 용이하고 적정량 이상의 판매량으로 업소에 영업이익을 줄 수 있는 수익성의 차원에서 업소의 욕구도 충족시킬 수가 있어야 한다.

(4) 다양성

외식업소에서 제공되는 메뉴는 한정되어 있지만 고객이 선호하는 메뉴를 어느 정도는 다양하게 갖추어져 있어야 한다.

고객의 욕구가 갈수록 다양해지고 있어서 이러한 욕구를 충족시키기 위해 메뉴의 폭을 넓히고 요리를 세분화하여 다양성을 추구하다 보면 목표를 효과적으로 달성할 수 있을 것이다. 하지만 불필요한 다양성은 전문점의 이미지를 희석시키므로 판매되지 않는 메뉴는 신속한 삭제가 선행되어야 한다.

(5) 영양성

웰빙에 대한 관심을 넘어 외식업소선택의 가장 중요한 요인은 단연 건강과 영양에 대한 고객들의 관심이다. 따라서 영양이 풍부한 음식 즉 영양적 균형을 함께 고려한 메뉴개발이 되어야 한다. 특히 유기농의 건강식이나 다이어트, 미용에 관심이 증가하고 있으므로 이러한 요소가 고려되어야 한다.

(6) 판매가격

메뉴의 구성은 경쟁업소의 가격동향과 원가를 감안하여 외식업소의 기대이윤을 실현시킬 수 있는 적정한 판매가격으로 주변의 경쟁업소와 비교하여 가격경쟁력을 갖추어 고객에게 부담감을 주지 않아야 한다.

(7) 조리기구와 조리방법

메뉴개발 준비과정에서부터 메뉴는 필요한 조리기구의 유무와 업소의 주방기기, 시설물 등의 용량과 특성 및 음식의 양과 질이 원활하게 관리될 수 있고 빠르고 정확한 서비스가 제공될 수 있도록 충분히 고려하여야 하며, 조리시간의 단축과 인건비의 절감을 가져올 수 있도록 조리에 필요한 공간도 최소화시켜 주방이 효율적으로 운영되게 해야 한다.

(8) 조리와 서비스의 인력

신규 메뉴에 대한 직원들의 업무량을 정확히 계산함으로써 조리사가 맛있게 요리할 수 있고 서비스 직원이 제대로 메뉴를 제공할 수 있는 효율적인 인력규모 및 배치와 이들의 기술을 고려하여야 한다.

(9) 식자재 구매의 용이성

메뉴개발에 앞서 사전에 시장조사를 통해서 해당 식자재 구매의 용이성과 가격 안정성을 고려하여 시장특성에 맞게 구매계획을 세우고 가격의 변동이 큰 품목들은 그에 따른 메뉴가격의 조정도 불가피하게 되고, 결과적으로 그 품목들에 대한 고객의 신뢰도가 떨어질 수 있기 때문에 주의 깊게 식자재 구입계획에 활용하도록 한다.

(10) 고객의 욕구

음식에 대한 고객의 욕구는 매우 다양하여 외형적인 메뉴의 선택 외에 또 다른 고객의 욕구를 고려하여 메뉴를 개발해야 한다. Maslow 욕구5단계설 중 인간의 생리적ㆍ심리적ㆍ사회적 욕구를 만족시켜 줄 수 있어야 한다.

① 생리적 욕구

음식물이 사람의 생존에 있어 필수적인 만큼 생리적 욕구를 만족시키도록 영양과 건강에 직결된 음식의 역할 등에 대한 사전 지식을 가지고 메뉴를 개발해야 한다.

② 심리적 욕구

개개인의 심리적·정서적 욕구에 따라 음식은 다양한 방법으로 고객을 충족시킨다. 따라서 음식의 색상이나 구성이 미식적인 측면과 조화를 고려하여 고객의 욕구를 충족 시킬 수 있어야 한다.

③ 사회적 욕구

사회적 매개체로서 음식의 역할이 다양하기 때문에 메뉴는 사회적 욕구를 다른 어떤 욕구보다 더 충족시켜 주도록 설계되어야 한다. 따라서 메뉴는 외식업소가 위치한 주 변시장의 주고객을 면밀히 분석한 후, 그 성격에 맞는 메뉴를 개발하여야 한다.

2) 실무적 관점의 메뉴구성

외식업소의 메뉴구성은 업종과 업태에 따라 메뉴계열과 메뉴의 폭을 어느 정도로 구성할 것인가가 중요하다. 메뉴의 폭은 외식업소가 목표로 하는 고객층과 그 이용 동기에 따라 다르다. 따라서 외식업소가 주장하고자 하는 내용과 성격이 잘 표현되어야 하며 또한 전략적 으로 판매하고자 하는 메뉴와 해당 업종의 메뉴전체의 균형을 고려하여 구매 욕구를 높이는 메뉴구성이 되어야 한다.

(1) 메뉴구성

메뉴구성은 주력 메뉴, 중점 메뉴, 임시 메뉴, 보조메뉴 등 4가지로 구분하며 이는 외식업 소의 조리기술력. 주방설비능력. 서비스력과의 균형을 고려한 후에 각각의 메뉴구성비율 즉 메뉴품목의 수를 검토한다.

① 주력 메뉴

외식업소의 성격과 특성을 나타내는 중심메뉴를 말한다. 또한 고객의 기호와 이용 동 기를 자극하는 메뉴도 포함된다.

② 중점 메뉴

메뉴에 신신함과 새로움을 연출하고 구매 욕구를 높이는 메뉴를 말한다. 가장 추천하고 싶은 계절 메뉴, 그 시간대의 판매효율을 높이기 위한 메뉴의 예로는 점심 메뉴와 오늘의 요리 등이 있다.

③ 임시 메뉴

주력메뉴의 판매촉진을 위해 임시적으로 첨가하여 메뉴의 활성화를 꾀하고 이용기회를 자극하기 위한 메뉴를 말한다. 계절특선, 오늘의 특선, 오늘의 주방장추천메뉴 등 이벤트기획에 사용하는 특별 메뉴가 임시메뉴에 속한다.

④ 보조 메뉴

판매량은 적지만 메뉴구성에서 주력 메뉴를 빛나게 하고 외식업소의 성격을 보다 명확하게 하기 위한 보완 메뉴이다. 즉 주력 메뉴 이외에 저렴하게 구매할 수 있는 식자재를 조합한 세트 메뉴와 고객의 기호에 맞추어 세트를 구성하는 메뉴를 준비하는 것 등이다.

(2) 메뉴개발의 종류

① 주력메뉴(기본 메뉴)

외식업소의 대표적 메뉴로 차별화 · 개성화하여 고객을 유인하는 수단으로 자기 업소만이 갖고 있는 개발메뉴를 말하며, 주력메뉴가 있으면 작업이 편리하고 식자재 조달이 쉬우며 업소의 이미지에 부합될 수 있다.

② 부메뉴(보조 메뉴)

부메뉴란 주력메뉴를 보조하는 메뉴로서 주메뉴를 건강상 또는 취향적으로 싫어하는 고객의 부득이한 방문으로도 주문이 가능한 메뉴를 말한다. 주력메뉴를 싫어하는 고객이 단체회식 등으로 부득이 외식업소를 방문했을 경우, 부메뉴의 선택이 가능하도록 하기 위함이다. 단체회식은 한 두 명의 고객들의 강력한 반대로 예약이 무산되는 경우가 많다. 따라서 주력메뉴에 버금가는 영양과 비법이 담긴 부메뉴의 개발은 경영에 많은 도움을 준다.

③ 런치타임 메뉴

저녁식사 고객이 많고 중식고객이 적은 경우 중식시간의 회전율을 높이고 고객의 부담을 덜어 주기 위한 중식 한정메뉴를 말한다. 예를 들어 숯불갈비 전문점에서 점심고객 유치를 위해 저렴한 가격의 영양돌솥정식 등의 메뉴를 판매하는 경우이다.

④ 계절메뉴

계절의 미각을 자극시키기 위해 계절에 맞게 개발된 메뉴를 말한다. 즉 비수기를 타개하기 위해 '계절의 별미' 등 계절메뉴를 한시적으로 도입하는 경우도 포함된다.

(3) 메뉴개발 마인드

① 독창성과 차별성추구

외식업소 메뉴선정의 중요성은 아무리 강조해도 지나치지 않다. 결혼 시 배우자를 선택하는 것만큼 중요하므로 신중하게 결정하여야 한다. 특히 창업메뉴의 선정에서 우선적으로 생각할 것은 시장진입장벽이 낮고 대중적인 메뉴가 좋으며 경쟁업소보다 독창성과 차별화가 가능해야 성공확률이 높다.

② 창조 · 모방 · 수정과 응용

메뉴의 성공적인 결정은 우선 창조에 있다. 창조하지 못하는 창업자는 시대에 뒤떨어지는 창업자이며 경영자의 자격이 없으나 경쟁자가 창조한 것을 모방하는 것도 하나의 방법이다. 이제 모방은 수치가 될 수 없으며 더 업그레이드하기 위한 전술인 것이다. 그리고 창조 모방한 것을 수정한다. 어떻게 조금이라도 더 완벽한 상품을 만들 수 있는가를 고민하면서 고쳐나가는 것이다. 이들 과정이 끝난 후 창업의 목적에 맞게 응용하여 실행하는 것이다.

③ 시장변화의 수용과 고객의 욕구충족

시장의 트렌드와 음식의 유행에 따라가지 못하는 재래식 메뉴개발은 무의미하며 고객들을 만족시키기 위해서 고객들의 소리에 귀를 기울여야 하며 변화하는 시장의 요구를 지속적으로 수용해 나가야 한다. 즉 고객의 욕구, 필요 및 변화를 지속적으로 분석 · 확인하여 그들이 만족할 수 있는 상품 · 가격정책 · 서비스제공을 위해 메뉴개발을 추구하여야 한다.

④ 상품성과 맛의 비법개발

음식에 대한 욕구가 고도화 · 다양화되기 시작하면서 상품성이 있는 메뉴가 아니면 고객으로부터 외면당하고 만다. 고객은 음식의 특별한 맛과 정성어린 서비스는 기본이며 위생적 시설도 세밀하게 관찰하며 영양가와 건강을 고려한 기능성 메뉴를 요구하고 있다. 더불어 업소의 콘셉트에 부응하는 식사환경과 내, 외부인테리어도 점점 중요시되고 있다. 메뉴의 상품성을 높이기 위해서는 특별한 맛의 비법과 노하우를 가지고 메뉴를 개발하여야 한다.

⑤ 효율적인 메뉴계획수립

메뉴는 조리부분과 서빙부분을 고려해 메뉴 수를 가능한 최소화하는 이유는 조리시간의 단축·신속한 서빙방법·빠른 좌석회전율 등으로 고객의 불편을 최소화하여 고객만족을 유도하는 데 있다. 이러한 이유들로 인하여 주방설비는 치밀하게 계획, 설계되어져야 한다.

⑥ 목표고객에 적합한 메뉴계획수립

외식업소의 상권과 입지를 분석한 후 업소가 지향하는 정확한 목표고객수준과 목표고객시장이 설정되면 목표고객층의 필요와 욕구에 적합한 메뉴개발이 되어야함은 두말할 필요가 없다. 신세대들이 다니는 번화가 지역에 50대가 선호하는 음식을 판매하는 경우와 반대로 40대·50대 이상 고객을 지향하는 업소인 고급음식점, 건강전통음식점 등에서 신세대들이 좋아하는 음식을 판매한다면 메뉴계획은 실패한 것이다.

⑦ 마케팅개념을 내포한 메뉴개발

외식업소의 메뉴를 마케팅의 한 수단으로 고려하며 이벤트화 할 수 있는 메뉴를 개발하는 것도 중요하다. 고객에게 조리과정을 공개한다든지 기다리는 시간의 지루함을 줄여주기 위해 재미를 가미한 마케팅개념을 내포한 메뉴개발은 고객의 이용 동기에 부응하며 매출증대에도 크게 기여를 한다. 고객의 수준이 향상되고 양적인 면보다 질적인 면을 중요시하는 고객이 점차 증가함으로써 이제는 단순한 요리를 제공하는 서비스보다도 고객이 조리에 참여하는 마케팅 또는 이벤트적인 메뉴개발로 위생에 관한 신뢰감을 주는 동시에 다양한 마케팅개념이 포함된 메뉴개발은 외식경영을 성공으로 이끄는 중요한 요소가 된다.

⑧ 21세기 건강메뉴개발

㉠ 건강·영양메뉴

건강에 대한 관심이 갈수록 증가하면서 음식문화도 갈수록 건강화 및 영양적 가치의 선호로 변화하고 있다. 현대인은 다양한 질병과 영양과잉으로 비만에 상당한 관심을 가지게 되었다. 유전자 변형, 각종 조류 및 육류의 전염병, 식재료의 화학약품 사용 등 고객은 항상 의심을 가지고 메뉴를 주문하고 있다. 따라서 건강을 고려한 메뉴·영양적 가치가 있는 메뉴·저칼로리의 메뉴·다이어트 메뉴·천연 식재료를 사용한 메뉴 등을 개발하여 고객의 욕구에 부응하는 메뉴개발이 되어야 한다. 중요한 것은 건강. 영양 메뉴, 즉 의약품성(Medicai)메뉴는 영양학적으로 입증이 가능하여야 한다.

ⓛ 유기농(Drugless) 식자재의 메뉴

식자재의 농약검출이나 중금속이 함유되어 있는 경우 어김없이 언론 방송을 통해 보도된다. 메뉴계획은 식자재의 안정성이 있는 것을 선정해야하며 인체유해물질로 보도된 식자재를 주 식자재로 사용하는 메뉴는 지향하는 것이 좋다.

ⓒ 다이어트(Overless) 식자재의 메뉴

현대인은 남녀구분 없이 비만에 대해 공포를 느끼고 있으며 체중감소를 위해 지나치게 편식을 하거나 식사를 하지 않아 거식증환자가 증가하는 추세이다. 다이어트에 효과적인 식자재를 사용하여 개발된 메뉴가 상당한 인기가 있을 것은 자명한 일이다.

⑨ 메뉴의 선미, 중미, 후미의 맛을 검증하여야 한다.

ⓐ 선미(시각적인 맛)

ⓐ 음식의 시각적인 맛을 말한다. 테이블 세팅은 어떻게 하는가.

ⓑ 차가운 음식은 차게, 따뜻한 음식은 따뜻하게 적정한 온도를 유지하여 제공한다.

ⓛ 중미(요리 그 자체의 맛)

ⓐ 식자재에 대한 지식

ⓑ 식자재의 생산과정이나 품질, 영양 및 취급에 대한 충분한 이해

ⓒ 맛의 표준화

ⓓ 깊은 맛이 음미되어 고객의 다양한 욕구를 충족시킨다.

ⓒ 후미(업소를 나갈 때의 맛)

ⓐ 고객이 음식 값을 지불할 때에 결정되는 맛

ⓑ 음식이나 서비스의 만족도

ⓒ 선미, 중미에서 얻은 만족도와 지불하는 돈과의 가치(가성비)

3. 메뉴판 디자인

고객이 외식업소의 음식을 경험하기 전 먼저 접촉하는 것이 메뉴판이며 이는 '고객이 무엇을 구매할 수 있는가?'를 직접적으로 알려주며 매출증대와 고객만족을 제공할 수 있는 유용한 광고 및 판매도구가 된다. 이러한 메뉴표가 유용한 판매수단이 되려면 우선 외식업소에서 추구하는 콘셉트가 잘 표현되어야 한다.

잘 디자인된 메뉴판이란 언어, 정확성, 메뉴 품목의 수와 배열, 설명, 그림, 활자, 시각적 구성, 재질, 크기와 모양, 컬러, 내용 등의 요소들이 조화를 이루어야 하며 또한 외식업소의 전체적인 콘셉트와 조화가 반드시 이루어지도록 하여야 한다. 따라서 성공적인 메뉴판 디자인이 되려면 고객욕구를 충족시킬 만한 내용과 외향(시각저 디자인)을 갖추는 것이 중요하다.

1) 메뉴판 디자인의 특징

(1) 메뉴판의 재질

미국의 개척시대 몬타나(Montana)주에서는 동물의 가죽 양쪽 끝에다 나뭇가지를 대어 메뉴판을 만들었고, 고대중국에서는 비단으로 만든 두루마기를 메뉴판으로 사용하였다고 한다. 그러나 오늘날 메뉴판을 만드는 대표적인 재료는 종이류인데 종류에 따라 질감이 다르고 그 질감에 따라 디자인도 영향을 받으며 표지는 종이, 가죽, 천, 플라스틱 등 다양한 재료들도 사용되고 있다.

(2) 메뉴판의 타이포그래피

타이포그래피(typography)란 인쇄물의 가독성(legibility)을 높이기 위하여 문자 인쇄를 구성하는 작업들을 적절하고 효과적으로 배치하는 기술을 의미한다. 여기의 가독성(legibility)이란 인쇄물이 얼마나 쉽게 읽히는가 하는 능률의 정도를 의미하는데 메뉴판에 들어가는 활자는 읽기 쉬워야 하고 가독성이 좋아야 한다. 즉 고객이 메뉴판을 보고 기록된 정보들을 얼마나 빠르게 잘 이해할 수 있는가가 중요하다.

(3) 메뉴판의 색채

훌륭한 디자인은 좋은 색상의 배합과 조화를 통해 더 큰 효과를 나타내며 고객의 관심과 구매 욕구를 자극하게 된다. 따라서 바탕색과 글자색의 조합인 배색은 가독성을 높여 주는 요소가 되므로 중요하지만 여러 색을 사용하면 제작비용이 높아지는 단점도 있다. 음식에 있어서도 식욕을 돋우는 색이 있는데 빨간색이 가장 식욕을 자극하며, 주황색이나 붉은 색깔이 먹고 싶은 욕구를 자극하나, 노란색이나 연두색의 경우 식욕을 현저하게 감소시키기도 한다.

연구결과에 의하면 하얀색 바탕에 검은색 활자로 된 메뉴판을 읽는 속도가 검은색 바탕에 흰색 활자로 된 메뉴판을 읽는 속도보다 42%가 더 빠르다는 것이 증명되었다.

(4) 시각적(Visual) 요소

현대적 메뉴판은 다양한 이미지(image)를 사용한다. 특히 일러스트레이션 및 사진을 많이 사용하고 사인(sign)과 심벌(symbol) 및 다이어그램(diagram)과 픽토그램(pictogram)의 활용, 여백(space)의 균형 등을 고려한 다차원적인 요소를 포함하고 있다. 이러한 시각적(visual) 요소의 삽입은 레이아웃(layout)을 더욱 중요하게 만들고 외식업소의 독창적인 콘셉트와 이미지를 잘 표현하고 전달하는 수단이 된다.

일러스트레이션(illustration)은 회화, 사진, 도표, 도형, 삽화와 컷 등 손으로 그린 그림을 통칭한다. 즉, 사진과 함께 상품의 특성을 알리는데 가장 직접적인 요소이며 고객의 감성적 욕구를 충족시키는 마케팅 도구가 된다. 따라서 시각적인 흥미를 줄 수 있는 일러스트레이션은 표현양식에 따라 이미지가 결정되는데 종류로는 사실적인 표현, 회화적인 표현, 그래픽적(graphic) 표현, 입체적인(stereoscopic) 표현, 만화적인(cartoonish) 표현 등이 있다.

여백은 인쇄되지 않는 부분을 의미하는데 메뉴를 쉽게 읽을 수 있도록 하며 어지럽게 보이는 것을 피할 수 있게 한다. 여백이 50%도 안 된다면 메뉴는 상당히 복잡하게 보이며 고객들이 음식을 결정하는데 어려움을 갖게 된다. 음식사진의 경우, 푸드 스타일링(food styling)의 분야가 활성화되고 전문화되어 다차원적이고 작품의 개념에서 인식되기 시작하면서 사진이 차지하는 비중이 높아지고 있다.

↘ 제3절 | 메뉴경영

1. 원가관리(Cost Control)

1) 원가관리의 개념과 중요성

원가(cost)란 수익을 얻기 위해서 새로운 상품의 취득 또는 생산, 관리, 판매활동 등에 기인하여 소비된 재화나 용역의 화폐적 가치를 의미한다. 즉 경영에 있어서 일정한 급부와 관련하여 파악된 재화 또는 용역의 소비를 화폐 단위로 표시한 것을 말한다.

메뉴개발에 있어서 설정된 원가를 맞춰야 하는 원가관리의 과제는 다른 어떤 작업보다 어려운 분야이다. 외식업소는 매출에서 원가를 공제하고 얻는 수익을 목적으로 경영활동을 한다. 따라서 원가를 적절히 관리하고 통제하는 것은 외식업소 경영의 핵심적 활동이 되며 효율적 원가관리는 기업이윤과 밀접한 관계가 있는 만큼 중요한 요소가 아닐 수 없다. 따라서 원가관리는 체계적이고 합리적인 기준에서 설정되어야 한다. 시장점유율을 유지하면서 적정 이익의 보장이 가장 효율적인 원가관리이다.

성공적인 원가관리는 각 식자재에 대한 정확하고 정밀한 정보를 입수해서 품질 좋고 가격 경쟁력이 있는 식자재를 구매하여야 하고 인적자원을 효율적으로 관리해서 가장 합리적인 조직을 유지하면서 불필요한 경비를 줄여야 한다. 종종 문제가 발생하더라도 너무 늦게 해결 방안과 필요 정보가 입수되기 때문에 커다란 손해를 당하는 수가 많다.

원가관리의 중요성은 모든 외식업소들의 당면과제이다. 외식산업이 성숙해지고 경쟁이 치열해지면 질수록 가장 고민할 부분이 이익문제이다. 고객이 지불하는 금액보다 상품과 서비스 수준이 기대 이하이면 재방문을 하지 않기 때문에 양질의 음식과 만족한 서비스가 제공되어야만 다시 그 외식업소를 재방문하게 된다.

식자재의 구매, 식자재의 낭비와 손실, 판매촉진, 절약, 파트타임 활용으로의 인력관리 등의 적절한 관리를 통하여 원가관리를 한다. 한편 메뉴원가관리는 외식업소의 정확한 이익 산출과 메뉴별 식자재 원가의 비교 등을 통하여 주메뉴와 부메뉴의 구성에도 도움을 줄뿐만 아니라 앞으로의 성장을 위한 경영전략을 수립하는 기초적인 자료가 된다. 이익은 매출액과 원가의 차액이므로 원가가 낮다는 것은 곧 높은 이익을 의미한다.

또한 외식산업에서는 업종과 업태에 따라 적정 이익이 달라진다. 특히 경쟁이 치열한 업종과 업태일수록 이익은 낮은 편이고, 식음료 중에 식료(음식)부문은 원가가 높은 편이고 음료부문은 낮은 편이다. 따라서 음료업종, 커피전문점, 제과점 등의 식자재원가가 낮아 황금시장으로 부상하였으나, 지금은 포화상태라고 할 수 있으며 이러한 상황에서 살아남기 위해서는 전반적인 경쟁력을 가져야 한다.

2) 원가의 분류와 구성

(1) 원가의 분류

상품의 제조원가를 구성하는 원가의 형태에 따라 재료비·노무비·경비로 나눌 수 있는데 이를 원가의 3요소라고 한다.

① 재료비(Material Cost)

식자재를 소비함에 의하여 발생되는 원가(원료, 식자재 등)

② 노무비(Labor Cost)

노동력을 소비함에 의하여 발생되는 원가(임금, 급료, 상여금 등)

③ 경비(Other Cost)

재료비와 노무비 이외의 원자재를 소비함에 의하여 발생되는 원가(전기료, 가스료, 감가상각비, 보험료, 수도료 등)

그리고 상품과 관련하여 원가발생을 추적하여 인식할 수 있느냐의 여부에 따라 직접비와 간접비로 구분할 수 있다.

① 직접비(Direct Cost)

상품을 제조하기 위해서 소비되어 그 상품의 원가에 직접 부과할 수 있는 원가 또는 추적하여 인식할 수 있는 원가

② 간접비(Indirect Cost)

여러 상품을 제조하는 데 공통적으로 소비되어 특정상품에 있어 직접적으로 집계할 수 없는 원가 또는 인위적으로 적절한 배분기준에 의하여 각 상품원가에 배분하는 원가

(예를 들면 가스료, 전기료 등은 상품을 생산하는 데 필요한 원가이지만 이들 특정상품에 얼마만큼 투입되었는지 정확하게 측정할 수 없으므로 간접비에 속한다.)

(2) 원가의 구성

원가의 구성도는 다음과 같다.

그림 2-2 **원가의 구성도**

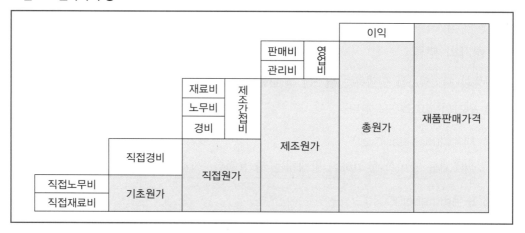

3) 메뉴의 원가관리방법

(1) 사전원가계산(Pre-Costing)

사전원가계산은 미리 충분한 시간적 여유를 가지고 원가를 통제하는 좋은 방법으로 일반 업소보다는 행사단위로 음식을 판매하는 캐이터링 사업 등에 유용하다. 행사 이전에 미리 식자재원가를 계산해서 이를 근거로 음식의 원가를 계산하고 객단가를 책정하는 계산방법이다. 일단 전체 음식조리에 들어가는 모든 식자재비를 계산해서 전체 제공 인원수로 나누어 각 1인분의 단위가격을 정한다. 너무 높으면 식단을 바꾸는 것도 대안이 된다.

기존에 개발된 원가계산용 컴퓨터 프로그램을 이용하는 방법으로 원가계산을 손쉽게 컴퓨터로 처리하는 프로그램으로서 손으로 하는 것과 동일한 방법으로 행해진다. 예를 들면 전년 전일 원가요약표를 참고하여 영업을 평가하고 비용의 증감을 살펴보며 경영진이 필요하다고 판단하는 시점에서 수시로 이러한 정보를 입수해야 한다.

(2) 표준원가(Standard Cost)와 정량조절(Portion Control)

표준원가란 과학적·통계적인 방법으로 사전에 표준이 되는 원가를 설정하고 이 원가를 실제원가(actual cost)와의 차이를 비교·분석하여 실시하는 원가계산의 한 방법을 말한다.

표준원가의 산정은 상품의 표준원가에 직접재료비, 직접노무비, 제조 간접비 각각에 대한 표준가격과 표준수량을 설정하고 이를 곱하여 계산한 금액을 합한 것이다.

모든 외식업소는 현실적이고 실질적인 표준원가가 있어야 하며 이러한 표준원가는 업소 유형별 또는 동일한 업종일지라도 다를 수 있다. 통상적으로 양과 질을 희생하면서 표준원가를 낮추어서는 안 되는 이유는 일정수준까지는 질을 유지하면서 인건비·식자재비 등의 주요 비용을 조정할 수 있지만, 그 이하로 내려가면 대개는 실패를 경험하게 되기 때문이다.

음식의 원가는 구매관리와 정량관리의 실패, 조리기구의 문제, 직원들의 부정직한 반출행위 등으로 인해 상승될 수 있다. 따라서 이와 같은 부분에 있어서 적절한 지침을 세워 두어야 하며, 특히 잘못된 정량관리로 인해 식자재가 더 소모되어 이익률이 낮아지는 경우가 많으므로 주의할 필요가 있다.

그러므로 정량표는 업소의 경영자가 정한 중요한 내용이므로 전 직원이 볼 수 있도록 게시를 하고 각 조리표(recipe)에는 정량이 정확히 표시되어야 하며 또한 정량이 제대로 지켜지고 있는지를 수시로 점검해야 하며 저울과 기타 정량을 유지하기 위한 기구들을 갖추어서 일의 효율을 도모하여야 한다. 통계적으로 3%의 손실이 낭비와 부주의한 조리과정, 정량초과 등에 의해 계획량과 실제 조리량과의 차이가 발생되므로 이를 최소화시켜야 한다.

식자재의 낭비도 원가상승의 주된 요인 중의 하나이며 준비한 모든 음식은 전부 판매되어야 하고 남는 음식이 있다면 다른 음식의 부재료로 재활용할 시에는 반드시 신선도와 맛의 변화 등에 대한 철저한 평가 후에 사용하여야 한다. 식자재의 낭비를 최소화하기 위해서는 매출에 대한 예측과 계획이 적절히 이루어져야 한다.

(3) 구매관리를 통한 원가관리

구매관리는 원가관리를 위한 기초적인 관리단계로 원가의 흐름에서 가장 첫 단계이며 조리와 관련된 제반 식자재들을 구매하기 위해 행해지는 행위로서 적절한 시기, 장소, 합리적인 가격, 적절한 양, 식자재의 질 등 모두를 충족시켜야 한다. 즉 구매를 통한 원가관리는 외식업소의 기능유지를 위해 적절한 시기에 최소의 비용으로 양질의 식자재를 구입하는 것을 전제로 한다. 이는 나아가서 외식업소의 경영활동의 중요한 요인이 되며 경영목적에도 부합하게 된다.

4) 원가관리 점검사항

경영자는 원가관리체계를 항시 점검·분석하고 가능한 한 기능적이고 단순하게 유지하기 위해 다음과 같은 사항들을 항시 점검해야 한다.

- 메뉴 품목의 간략한 설명서가 준비되어 있는가?
- 각 음식마다 일정량의 기준표가 세워져 있는가?
- 조리표에 근거한 원가표가 가격변동에 맞게 제대로 변경되고 있는가?
- 창고의 관리는 소홀하지 않은가?
- 재고는 수시로 점검되고 있는가?
- 구매는 합리적이고 정량이 지켜지며 세부사항에 이르기까지 절차가 조직적으로 이루어 져 있는가?
- 고단가 식자재는 수시로 점검되고 잘 보관되는가?
- 구매주문은 누가 하고, 누가 식자재를 인수·불출하고 있는가?
- 구매주문 담당자는 정확한 가격과 수량·질 등을 관리하는가?
- 구매·관리·보관의 절차가 간략한가? 또한 특별 파티 등의 경우에도 잘 적용되는가?
- 매출예측은 정확한가, 음식물의 낭비는 없는가?
- 육류·채소류 등의 식자재 구입 시 질의 관리가 이루어지는가?

2. 메뉴가격결정

메뉴가격(menu price)은 고객에게 제공되는 상품이나 서비스에 대한 대가로 지불하는 재화단위로서 외식업소에게는 중요한 수익창출의 요인으로서 고객수와 판매수입에 직접적인 영향을 미친다. 또한 메뉴의 가격결정은 메뉴가격이 높고 낮음에 따라 원가율과 이익률이 달라지며 고객수의 증감에도 많은 영향을 미친다. 즉 가격은 고객들이 상품이나 서비스를 구매할 시 가장 중요하게 고려되는 요인이 되며 동종업소 간의 민감한 경쟁수단이 되기도 하며 외식업소의 성공과 실패의 중요한 기준이 되기도 한다.

따라서 외식업소의 유지 및 확장에 결정적인 역할을 하는 중요한 요소인 메뉴가격은 외식업소의 콘셉트와 일치하고 전체적으로 균형있는 적정가격(reasonable price)이 되어야 이윤을 창출하고 수요를 자극할 수 있다.

적정한 메뉴가격의 설정은 '값어치론'의 가치에 근거하여야 한다. 값어치론이란 고객이 지불한 돈보다 가치가 없는 음식과 서비스를 제공받았다면 고객은 떠날 것이고, 지불한 돈보다 그 이상일 경우 고객은 재방문을 하게 된다. 이러한 논리에서 메뉴가격이 결정되어야 한다. 결국 메뉴의 가격결정에 따라 외식업소의 성장과 존폐가 결정되는 만큼 중요한 요소가 아닐 수 없다.

가격책정이론이 도입된 지 오래지만 아직도 외식업소에서 잘 활용되지 못하고 있으며 대다수 외식업소들은 식자재원가를 기준으로 하여 가격을 책정하고 있다. 따라서 시장상황과 경제원리에 따라 가격을 책정해야 하며 나아가 고객이 메뉴 품목들에 대해 얼마를 지출하기 원하는지를 고려해 메뉴가격정책에 반영하는 것이 바람직하다. 즉, 메뉴가격은 시장과 고객에 대한 충분한 연구 검토 후에 책정되어야 한다.

1) 메뉴가격 결정요인

메뉴가격은 비용기준측면과 시장수요기준측면 등의 요인을 고려하여 결정된다.

(1) 비용기준의 가격결정

외식업소의 비용기준은 고정비·변동비와 함께 이익이 산출된다. 손익분기점(break-even point)보다 매출이 많으면 많을수록 변동비의 비율은 소폭으로 증가하나, 고정비는 매출의 증감에 따라 변화가 없기 때문에 이익의 폭은 크게 증가한다. 비용기준의 가격결정은 소요되는 식자재의 원가비율을 먼저 결정하여야 한다.

(2) 시장수요기준의 가격결정

① 효용가치

고객이 느끼는 효용가치와 가격과의 관계는 '값어치론'처럼 메뉴가격을 결정하는 가장 중요한 요소이다. 고객이 음식가격을 지불하면서 느끼는 효용은 단지 선택한 메뉴가 주는 만족과 업소의 분위기·장식·서비스의 정도 등으로부터 얻어진다.

② 수요탄력성

가격을 조금만 내려도 수요가 크게 증가하거나, 반대로 가격을 조금만 올려도 수요가 급감한다면 수요탄력성이 큰 것이다. 수요탄력성은 가격의 변화에 대해 수요량이 변하는 정도를 의미한다. 예를 들면 패스트푸드가 수요탄력적인 상품이라 할 수 있다.

③ 수요량의 변화

수요량에 따른 가격결정은 이익을 감소시키기는 하지만 매출을 증대시키는데 기여한다. 음식점은 1주일 중 판매액이 저조한 날이 있으면 가격인하를 실시하거나 해피 아워(happy hour)를 설정하여 특정시간의 수요량감소를 방지하기도 한다. 수요량의 변화는 매출과 직원의 활용에 영향을 미치기 때문에 적절한 가격결정이 필요하다.

④ 시장경쟁의 정도

경쟁은 시장의 수요에 못지않게 가격결정에 큰 영향을 미친다. 경쟁은 동일업종뿐만 아니라 다른 업종과도 일어날 수 있다. 고객은 어디에서 얼마만큼 소비할 것인가를 자유롭게 선택하기 때문에 가격경쟁은 상품의 가격을 떨어뜨려 이익의 감소를 초래할 수 있으므로 신중하게 결정해야 한다.

2) 메뉴가격 산출방법

메뉴가격을 책정하는 것은 정확한 가격산출방법(menu pricing method)과 절차 그리고 마케팅을 결합시켜야 하는 기술적인 부분이다. 전체적으로 균형 있는 가격책정이 되어야 함은 가격산출은 단순히 식자재 원가뿐만 아니라 모든 비용에 근거를 두고 계산하여야 한다. 더불어 시장상황과 경제 원리에 따라 산출해야 하며 또한 고객이 메뉴품목에 대해 얼마를 지출하기 원하는지를 고려하여 가격책정에 반영시켜야 한다. 즉 가격은 시장과 고객에 대한 충분한 연구검토 후에 책정되어야 한다. 외식업계에서는 현재 여러 가지의 가격책정법들이 쓰이고 있는데 그중 가장 보편적인 것들은 다음과 같다.

(1) 주관적 가격산출법

표 2-7 주관적 가격산출법

적정가격법	경영자가 추측해서 이 정도면 적당하다고 생각하는 가격선택방법
최고가격법	메뉴품목의 가치를 최대한으로 평가하여 고객이 최고로 지불할 수 있겠다 싶은 가격을 선택하는 방법
최저가격법	상품가치의 최저가를 선택하여 고객으로 하여금 레스토랑에 매력을 느끼도록 하는 방법
독창적 가격법	정확한 수익성이나 원가의 개념없이 시장반응과 관리자의 경험을 바탕으로 실험적으로 가격을 책정하는 방법
경쟁자 가격법	경쟁자들이 정한 가격을 따르는 방법

① 적정가격법

적정가격법(reasonable price method)은 경험과 추측에 의해서 이정도면 적당하다고 생각하는 가격을 선택하는 방법이다. 현재 외식업소에서 가장 많이 사용하는 방법이라 하겠다.

② 최고가격법

최고가격법(highest price method)은 메뉴품목의 가치를 최대한으로 평가하여 고객이 최고로 지불할 수 있는 가격을 선택하는 것으로, 영업활동과 고객의 반응에 따라 단계적으로 가격을 조정하는 방법이다. 예를 들면, 삼계탕전문점에 '특선산삼삼계탕'의 가격은 일반삼계탕보다 많이 비싸지만 건강을 선호하는 고객은 최고가격법에 의해 결정된 가격이더라도 인정하면서 애용을 하는 것이다.

③ 최저가격법

최저가격법(low leader price method)은 상품가치의 최저가를 선택하여 고객으로 하여금 업소의 매력을 느끼도록 하는 방법이다. 이 방법은 낮은 가격을 보고 음식점에 들어와 다른 음식까지 주문하도록 유도하는 것으로 가격과 질의 비교에 따라 높은 매출을 기대할 수 있다. 즉, 모든 비용과 목표로 하는 이익을 달성하기 위한 최저가격을 기초로 한 최저가격설정방법은 원가와 이익을 근거로 책정한 가격결정법과 유사하며 이론적 배경도 거의 같다. 병원이나 양로원 또는 라스베가스의 나이트클럽 등에서 이와 같은 최저가격정책을 운용할 수 있다. 이런 최저 판매가격을 일반 외식업소에서 사용하는 경우를 보면 메뉴판의 가격이 조정되어 일정금액 아래로는 서비스를 제공하지 않는 게 그 특징이다. 예를 들어 뉴욕의 포 시즌(Four Season) 레스토랑에서는 $8.50 이하의 점심은 제공하지 않는다.

④ 독창적 가격법

독창적 가격법(creative price method)은 정확한 수익성이나 원가의 개념 없이 시장반응과 관리자의 경험을 바탕으로 실험적으로 가격을 책정하는 방법이다. 그러나 비현실적일 가능성이 높다.

⑤ 경쟁자 가격법

가장 보편적으로 사용되는 가격책정방법 중의 하나인 경쟁자 가격법(competitor's price method)은 경쟁자들이 정한 가격을 따르는 방법이다. 단 경쟁자들이 제시한 가격에 고객이 만족하고 있다는 전제에서 가능하다. 그러나 외식업소마다 원가와 판매량이 다르므로 단순한 경쟁자의 가격모방은 위험하다. 외식업소의 상품가치는 음식자체만이 아니라 분위기ㆍ서비스방법ㆍ실내장식 등이 포함된 상품으로 평가되기 때문이다. 경쟁자 가격법을 도입하는 외식업소는 주관적 소신이 뚜렷하지 않거나, 초보외식업소에서 전적으로 도입하는 경우가 많다. 예를 들면, 전국 대다수 모든 삼계탕가격이 11,000원 선인데 울산지역만 9,000원 선에서 결정되어 있는 것을 볼 때 울산지역 삼계탕전문점은 심각한 경쟁자 가격법을 도입한 사례라고 말할 수 있다. 이처럼 경영자의 가격책정에는 원칙과 소신이 요구되는 사항이다.

(2) 객관적 가격산출법

객관적 가격산출법은 이윤가격법(markup pricing)이라고도 한다. 식자재비 또는 식자재비+인건비에 얼마 정도의 금액을 덧붙여 가격을 책정해야 적정한 운영비와 이익을 얻을 수 있는가를 계산하여 판매가격을 산출하는 방법이다.

① 가격 팩터법

가격 팩터법(pricing factor method)은 오랜 동안 가장 많이 사용되어 온 가격산출법으로 식자재비의 몇 배를 받아야 적절한 판매가격(selling price)이 되는지 산출하는 계산방법이다. 예를 들어 돈까스의 원하는 식자재비율(food cost percentage)이 37%, 식자재비(food cost)가 2,000원일 때, 먼저 100을 37로 나누어 2.7이라는 가격 팩터(pricing factor)를 구한 후, 식자재비 2,000원에 가격 팩터 2.7을 곱하여 5,400원이라는 가격을 산출하는 방법이다.

가격 팩터법을 사용하여 판매가격을 결정할 때에도 경영자의 경험에 의해 약간의 조정이 필요하다.

> 식자재비(food cost) × 가격 팩터(pricing factor) = 판매가격(selling price)

② 프라임 코스트법

외식업소 운영비용 중에서 식자재비(food cost)와 인건비(labor cost)가 가장 높은 비중을 차지하고 있기 때문에 이 두 가지를 합쳐 프라임 코스트(prime cost)라 부른다. 프라임 코스트법(prime cost method)은 미국의 해리 포프(Harry Pope)가 개발한 것으로 식자재비와 식자재비율을 기준으로 한 가격 팩터법에 메뉴를 생산하는데 직접적으로 사용되는 직접인건비를 포함시켜 계산하는 방법이다. 여기서 직접인건비는 일반적으로 전체인건비 중의 1/3 정도로 추정한다. 예를 들어 돈까스의 식자재비가 2,000원, 직접인건비가 800원으로 프라임 코스트가 2,800원(2,000원 + 800원)이고, 직접인건비가 10%(전체인건비 30%), 식자재비율이 40%라 할 때 판매가격은 2,800원 ÷ 50% = 5,600원이 된다. 식자재비율이 40%라 할 때 판매가격은 2,800원 ÷ 50% = 5,600원이 된다.

(3) 기타 가격산출법

① 시장에서 받아들이는 가격책정법

일부 프랜차이즈기업 등에서 시행된 방법으로, 우선 상품을 개발하여 일정한 가격에 시험판매를 한다. 이 상품은 여러 다양한 시장에서 다른 가격으로 판매되며 그 시장반응을 연구해서 가격을 정한다.

이론적으로 보면 상품마케팅에 있어 성공의 지름길은 시장이 원하는 상품을 개발해서 시장이 수용할 수 있는 가격을 정하고 원하는 수준의 이익을 남기는 일이다. 적절한 수요와 적정한 가격이라면 최적의 시장을 개발해 낼 가능성이 매우 높다. 우선 고객이 판단하는 그 상품의 가치를 잴 수 있어야 하고 그에 상응하는 가격을 책정하면 된다. 어떤 상품은 비용보다 조금 높게 가격이 책정되기도 하고, 또 어떤 상품은 이익의 폭이 매우 클 수도 있다. 시장에서 받아들이는 가격 책정방법은 시행착오를 거쳐 결정되며 좋은 자료와 정보를 요구한다.

시장에서 받아들이는 가격책정방법은 비단 외식산업 내에서뿐만 아니라 여러 다른 업계에서도 가장 흔히 사용하는 방법으로써 과거보다는 오늘날 더 많이 통용되는 방법이다.

② 평균비용에 이익을 합한 가격책정법(Average Cost Plus Profit)

한 메뉴가 동종의 품목들로 구성되었을 경우, 특히 도너츠 전문점에서와 같이 각 품목에 전반적인 생산비용의 차이가 없을 때 개개 품목에 별도의 가격을 책정하는 것보다는 한 상자당 얼마의 가격을 책정하는 것이 훨씬 합리적이다. 이렇게 함으로써 경영자는 모든 비용과 원가 그리고 목표로 하는 이익의 폭에 대한 내용을 쉽게 파악할 수 있고, 적절한 판매믹스의 효과까지 볼 수 있게 된다. 즉 모든 품목들에 들어가는 재료들이 거의 비슷하고 필요한 노동력의 양과 형태도 비슷한 경우에 이 방법이 가장 안전하다고 말할 수 있다. 그러나 각 품목 간에 소요 식자재비와 인건비가 상이하다면 이 방법은 사용할 수 없다. 또한 이 방법은 음식물이 그 업소의 부가적 상품이거나 서비스 내용의 일부인 경우에 사용하기 좋다.

③ 총비용에 이익을 합한 가격책정(All Cost Plus Profit)

가장 널리 인정되는 방법으로서 모든 비용과 목표로 하는 이익을 합한 후에 가격을 책정하는 방법이다. 이는 매우 많은 시간을 요하는 어려운 작업으로 각 품목의 생산에 소요되는 상세한 인력에 대한 비용 파악뿐 아니라 기타의 모든 발생 가능한 비용을 계산해 내야 한다. 총비용을 계산하는데 있어 여러 가지의 비용과 원가에 대한 내용이 들어갈수록 계산의 정확도가 떨어져 이러한 부정확한 원가계산에 근거한 가격책정은 사실 매우 위험스러울 수 있다. 중앙조리방식 또는 냉동조리식품을 많이 사용할수록 보다 정밀한 비용을 파악할 수 있게 되므로 이를 근거로 가격을 책정하는 것이 비교적 정확하다고 말할 수 있다.

④ 전통적 가격책정(Traditional Pricing)

어떤 가격은 매우 전통적인 성격을 띠고 있어서 메뉴판에 일단 기재된 이상 가격변동이 어려운 것이 있다. 이러한 전통적인 가격에 대한 업소들의 입장은 그 가격을 리더로 생각하며 때로는 그것으로 인해 추가 매상을 유인할 수도 있다고 본다. 전통적인 가격은 특정 단일 가격에만 관련된 것이 아니고 전체 가격체계와 밀접한 관련이 있을 수도 있다. 예를 들면 미국의 캘리포니아산 포도주의 질이 뛰어나다고 해도 고객들에게는 유럽산 와인이 훨씬 품질이 좋은 것으로 인식이 되어 있어 미국산 와인의 값을 크게 올릴 수가 없다고 한다. 전통적으로 미국인들에게 자국의 포도주의 값은 싸다는 인식이 박혀 있기 때문에 가격구조의 형성에서 이러한 전통의 영향을 무시할 수가 없는 것이다.

⑤ 마켓 리더 가격책정(Market Leader Pricing)

시장의 주도권을 잡고 있는 가격형성 주도자가 가격을 변동시킴으로써 전통적인 가격체계에 변화가 오기도 하는데, 미국의 대표적인 패스트푸드 업체인 맥도날드(McDonald's)는 햄버거시장에 있어서의 대표자이므로 이 회사가 수립한 가격이 햄버거 시장의 전통가격이 되는 예가 바로 그것이다.

3. 메뉴분석과 평가

1) 메뉴분석의 정의와 목적

외식업소의 가장 큰 경영전략은 궁극적으로 고객의 욕구를 만족시키고 조직의 목표를 달성하는데 있다. 하지만 고객의 욕구는 끊임없이 변화하고 다양해지고 있고 경쟁업소는 점점 늘어가고 있다. 이런 환경 속에서 변화하는 고객의 욕구를 충족시키고 조직의 목표를 달성하려면 계획한 메뉴를 분석하고 평가하는 일련의 과정은 중요한 일이 아닐 수 없다.

메뉴분석은 현재의 메뉴 내용을 평가하고 가격을 책정하며 미래의 메뉴를 효율적으로 설계하기 위한 일련의 과정이다. 즉 수익성과 선호도 측면에서 능률을 검토하며, 동종업소간이나 비슷한 종류의 메뉴간의 비교 · 분석을 통하여 원가구조를 파악하고 이를 메뉴정책에 반영하여 판매촉진전략을 통한 매출증대나 경영활성화를 위해 메뉴를 개발 · 통합 · 삭제 등

판매 전략을 수립하는데 그 목적이 있다.

이러한 메뉴분석을 통하여 고단가의 품목과 저단가의 품목들 간의 균형과 조화를 이룰 수 있고, 메뉴판에 기재되는 모든 품목들의 총매출에 대한 기여도를 반영하여 메뉴품목들을 적절하게 선정할 수 있다면 결과적으로 고객들의 만족 극대화와 매출의 극대화를 이룰 수 있게 된다.

2) ABC분석

ABC분석은 메뉴품목별 판매량·매출액·이익을 집계하여 공헌도가 높은 품목부터 A·B·C 세 개의 그룹으로 분류하여 메뉴를 평가하는 것으로 외식업소에서 가장 많이 사용하는 분석방법이다. 일명 파레토분석(pareto's analysis)이라고도 하며 효과가 높은 부분을 중점적으로 분석하여 최소의 노력으로 최대의 효과를 올릴 수 있다.

특히 국내 패스트푸드점에서 많이 사용하고 있으며 상품의 20%가 전체 매출의 80%를 차지한다는 20 : 80법칙을 적용한 분석방법이며, 메뉴 부분만을 대상으로 고객이 선호하는 메뉴가 무엇인지 찾아내어 계속 인기를 유지하며 현재보다 많은 판매증가를 가져올 수 있도록 하는 방법이다.

(1) A그룹

A그룹은 주력메뉴로서 외식업소의 최중점 메뉴이다. 보통 A그룹은 총매출의 70% 정도에 속하는 메뉴들로서 평소 메뉴품목수가 줄었는지를 파악한다. 메뉴품목의 수가 적으면 적을수록 판매효율이 좋다고 볼 수 있다.

(2) B그룹

B그룹까지의 매출액 구성부분은 20% 정도에 속하는 메뉴들이다. B그룹은 구색 맞추기 메뉴로서 미래의 주력메뉴와 과거의 주력메뉴가 혼합되어 있으므로 육성·관리가 필요하다. 주력메뉴의 보완적 역할을 하고 있는지를 파악한다.

(3) C그룹

C그룹은 매출액 구성부분은 10% 정도에 속하는 메뉴들이다. 판매되지 않는 불필요한 메

뉴로서 과감하게 삭제를 해야 하지만 새로 개발한 메뉴도 포함되어 있다. 즉, 지금은 선호도가 낮지만 추후 높아질 확률도 있는 메뉴가 포함되어 있다. C그룹의 메뉴가 증가하고 있는지 면밀히 검토한다. ABC분석에서 관리가 어려운 대상은 C그룹인데 반드시 판매되지 않을 상품이라고 단정할 수 없기 때문이다. 즉, 삼계탕전문점의 경우 패밀리고객들을 유인하기 위해 어린이 메뉴를 추가하지만 C그룹의 메뉴이기 때문이다. 즉, 다른 품목을 판매하기 위한 미끼상품일 수도 있다. 상품에는 각각의 역할이 있고 분석결과에 너무 기계적으로 반응해버리면 미래 성장 동력이 될 수 있는 메뉴가 C그룹에 포함되어 삭제된다면 메뉴관리의 의미가 없어지게 된다.

3) 허스트의 메뉴 평가법(Menu Scoring)

1960년에 미국 플로리다 주립대학(Florida International University)의 마이클 허스트 교수는 가격정책, 원가, 품목별 인기도, 이익기여도 등이 판매량에 미치는 영향을 측정하는 방법을 개발하였다. 이 평가법은 경영자가 메뉴에 주었던 변화의 결과를 분석하기 위한 것으로, 계산방법은 몇 가지 경리관련 자료만 가지고도 손쉽게 할 수 있도록 간단하다.

이 방법을 사용하기 위해서는 우선 평가기간을 설정해야 한다. 평가기간은 최소한 2주이상의 평상적인 기간으로 변수가 작용할 수 있는 시기는 피해야 한다. 예를 들면 크리스마스와 같은 축제일이나 기후가 나빴던 기간들은 대상에서 제외시켜야 한다. 절차는 다음과 같다.

① 평가기간을 정하고 총매출액에 기여도가 높은 품목들을 선별한다.
② 선별품목의 총판매수량에 비선별품목들의 판매량을 합하여 업소 총판매수량을 계산한다.
③ 선별품목의 품목별 매출액과 식자재원가를 구하고, 선별품목들의 총매출액과 총식자재원가를 계산한다.
④ 선별품목의 객단가를 계산한다(총매출액 ÷ 선별 메뉴품목의 총판매수).
⑤ 선별품목의 총수익을 계산하고(총매출액 − 총식자재원가), 이들의 총매출액에 대비한 총수익률(선별품목의 총수익 ÷ 선별품목의 총매출액)을 계산한다.
⑥ 선별품목의 평균수익을 계산한다(객단가 × 총수익률).
⑦ 업소 총메뉴품목 판매수에 대비한 선별 메뉴품목의 판매율을 계산한다(선별 메뉴품목의 총판매수 ÷ 업소 총메뉴품목 판매수) × 100.
⑧ 마지막으로 메뉴 스코어를 산출한다(품목평균수익 × 선별 메뉴품목 판매율).

다음의 〈표 2-8〉과 〈표 2-9〉는 허스트 메뉴 평가방법의 예이다.

표 2-8 허스트 메뉴 평가법(A)

품목	판매수량(개)	판매가격($)	총매출($)	식자재원가($)	총식자재원가($)
새우	100	6.00	600	2.00	200
쇠고기	500	8.00	4,000	3.28	1,640
칠면조	400	6.00	2,400	2.40	960
	1,000 (선별메뉴 총판매수)		7,000		2,800

품목	판매수량(개)	판매가격($)	총매출($)	식자재원가($)	총식자재원가($)
	1,500 (업소 총판매수)				

① 객단가 : 총매출액 ÷ 총선별판매수량($7,000 ÷ 1,000 = $7.00)

② 총수익 : 총매출액 − 총식자재원가($7,000 − $2,800 = $4,200)

③ 총수익률 : 총수익 ÷ 총매출액($4,200 ÷ $7,000 = 60%)

④ 품목평균수익 : 객단가 × 총수익률($7.00 × 60% = $4.20)

⑤ 업소 총판매수 : 1,500

⑥ 선별메뉴판매율 : 선별메뉴 총판매수 ÷ 업소 총판매수(1,000 ÷ 1,500 = 66.7%)

⑦ 메뉴 스코어 : 품목평균수익 × 선별메뉴 판매율($4.20 × 66.7% = $2.80)

표 2-9 허스트 메뉴 평가법(B)

품목	판매수량(개)	판매가격($)	총매출($)	식자재원가($)	총식자재원가($)
새우	100	7.50	750	2.25	225
쇠고기	500	10.00	5,000	4.0	2,000
칠면조	400	6.00	2,400	1.5	600
	1,000		8,150		2,825

① 객단가 : $8,150 ÷ 1,000 = $8.15

② 총수익률 : $8,150 − $2,825 = $5,325 ÷ $8,150 = 65%

③ 품목평균수익 : $8.15 × 65% = $5.30

④ 선별메뉴 판매율 : 1,000 ÷ 1,500 = 66.7%

⑤ 메뉴 스코어 : $5.30 × 66.7% = $3.53

〈표 2-8〉과 〈표 2-9〉를 비교하면 〈표 2-9〉의 메뉴 스코어는 $3.53으로 〈표 2-8〉의 스코어 $2.80보다 126% 증가했다. 이는 〈표 2-9〉가 말해주듯이 우선적 변화요인은 새우와 쇠고기 판매가격의 상승으로 주로 이 요인에 의해 메뉴 스코어가 높아졌다고 할 수 있으나, 이런 판매가격의 상승에도 변하지 않은 품목 판매수와 함께 칠면조의 낮은 식자재의 원가도 무시할 수 없는 메뉴 스코어의 상승요인이라는 점도 기억해야 한다. 결론적으로 평가기간 동안에는 새우와 쇠고기 두 메뉴의 판매가격을 올린 것은 올바른 결정이라 할 수 있다. 그러나 앞으로 좀 더 고객의 반응을 살핌으로써 이 가격변화에 대한 확실한 결정을 내려야 한다.

하나의 메뉴 스코어는 그 자체만으로는 큰 의미를 갖지 않는다. 이것은 단지 메뉴 판매량이 가격, 판매 믹스(mix), 식자재원가, 총이익 등의 요소들과 어떻게 상호 작용하는지 보여줄 뿐이기 때문에 대상 기간동안 가능한 여러 개의 메뉴 스코어를 산출해서 상호 비교·검토를 통해 얻은 결론만이 진정한 분석의미를 갖기 때문이다. 여기서 염두에 두어야 할 것은 타업소의 메뉴 스코어와 비교하는 것은 업소 나름의 특수요인들 때문에 큰 도움이 되지 않는다는 점이다.

메뉴 스코어가 높을수록 그 메뉴의 타산성이 높아지는데, 허스트 교수에 따르면 극히 미소한 차이도 이 분석법에서는 상당한 의미를 갖는다고 한다. 이미 언급했듯이 품목교체나 가격 및 원가의 변화가 메뉴의 판매량에 미치는 영향을 실험해 볼 수 있다는 데에 허스트 메뉴평가법의 매력이 있기 때문에, 가격상승의 영향을 알아보려고 하거나 새로운 품목을 소개했다면 메뉴 스코어를 계산해 보는 것이 좋다. 만약 선별품목들의 메뉴 스코어가 점진적으로 증가해 가면 이는 변화를 준 것이 옳았음을 의미하고, 스코어가 하향하거나 일정치 않으면 담당자는 가능원인에 대한 면밀한 조사를 해야 한다. 가끔 메뉴 스코어가 특별히 낮은 것을 볼 수도 있는데, 이런 경우는 보통 객단가가 낮은 데서 기인한다. 객단가는 높으면서 이익기여도가 낮은 품목도 메뉴 스코어가 낮을 수 있다. 이런 경우엔 품목을 교체하거나 이익이 높은 다른 품목에 주력함으로써 그와 같은 점을 보완할 수 있다. 인기도가 낮은 품목들로 구성된 메뉴 또한 스코어를 낮추는 요인이기 때문이다.

4) 메뉴 엔지니어링(Menu Engineering)

메뉴엔지니어링은 미국의 카사바나(Michael Kasavana)와 스미스(Don Smith)가 개발한 메뉴분석법으로서 외식업소의 경영자가 현재 또는 미래의 메뉴를 평가하는데 활용할 수 있도록 단계적으로 체계화시킨 것이다. 즉 외식업소는 새로운 메뉴를 개발하기 전에 현재 업소에서 판매하고 있는 메뉴를 먼저 분석할 필요가 있는데, 메뉴 엔지니어링은 판매하고 있는 메뉴품목을 일정 기간을 정하여 고객들이 선호하는 메뉴품목의 인기도(popularity)를 나타내는 메뉴믹스(menu mix)와 공헌이익(contribution margin)을 평가하여 메뉴에 관한 의사결정을 하기 위한 방법으로 개발한 메뉴분석법이다.

따라서 메뉴 엔지니어링은 단순히 식자재비율이 어느 정도인가를 확인하는 것이 아니라 현재의 메뉴구성으로 얼마만큼 이익을 내고 있는가를 분석한다. 메뉴 엔지니어링에 의한 계산은 보통 1개월 정도를 기준으로 하며 전혀 범주가 다른 메뉴끼리의 비교는 무의미하기 때문에 주요리(main dish)는 주요리 끼리, 전채(appetizer)는 전채끼리 도표화하여 비교해야 한다.

다음은 어느 업소의 메뉴를 한 달 동안의 영업활동을 근거로 메뉴 엔지니어링에 의하여 분석한 예이다.

표 2-10 **메뉴엔지니어링 계산표**

업소명 : _____ 날짜 : _____ 기간 : _____

(단위 : 개, 원)

메뉴 품목	판매 수량	믹스 %	원가	판매 가격	품목당 이익	품목당 총원가	품목당 총매출	품목당 총이익	이익 공헌도 범위	메뉴 믹스 범위	메뉴 등급 구분
칼국수	420	42	880	2,000	1,120	369,600	840,000	470,400	저	고	말
육계장	360	36	1,800	3,400	1,600	648,000	1,224,000	576,000	고	고	별
갈비탕	150	15	1,760	3,800	2,040	264,000	570,000	306,000	고	저	수수께끼
곰탕	70	7	1,600	2,600	1,000	112,000	182,000	70,000	저	저	개
총계	1,000					총원가 1,393,600	총매출 2,816,000	총이익 1,422,400			
						총원가(%) 49.59	품목 평균수익 1,422.4	평균 기대인기도 17.5%			

위 항목의 값들을 다음과 같은 방법으로 산출한다. 계산의 예는 칼국수로 한다.

(1) 품목당 이익 : 판매가격 – 품목원가(칼국수 : 2000 – 880 = 1,120)

(2) 품목총원가 : 품목원가 × 판매수(420 × 880 = 369,600)

(3) 총원가 : 모든 식자재 원가를 합한다

   (369,600 + 648,000 + 264,000 + 112,000 = 1,393,600).

(4) 품목당 총매출 : 판매수 × 판매가격(420 × 2000 = 840,000)

(5) 품목당 총이익 : 판매수 × 품목당 이익(420 × 1,120 = 470,400)

(6) 총이익 : 품목당 총이익을 모두 합한다

   (470,400 + 576,000 + 306,000 + 70,000 = 1,422,400).

(7) 총원가 비율(%) : (총원가 ÷ 총매출) × 100

   (1,393,600 ÷ 2,816,000 = 0.495 × 100 = 49.5%)

(8) 품목평균수익 : 총이익 ÷ 총판매수(1,422,400 ÷ 1000 = 1,422.4)

   평균기대인기도 : 〈 1 ÷ 메뉴품목수 〉 × 70%

위의 보기처럼 4개의 품목수를 갖는 메뉴의 경우 품목당 평균기대 인기도는 1/4 = 25%이지만, 현실에서 성취할 수 있는 정도가 반드시 25%에 이르는 것은 아니기 때문에 현실을 반영하기 위해서 예상의 70%만 팔 것이라는 일반율을 적용해서 계산한다(25% × 70% = 17.5% : 항상 70%를 곱한다). 이 정보는 메뉴품목들이 달성할 수 있는 평균적인 판매율로 다음과 같이 그래프를 이용한 분석시 유용한 정보이다.

① 특상품(별, Star)

   육계장 … 만족스러운 수준이지만 직원의 판매노력이나 광고, 홍보 등의 판촉활동을 강화함으로써 판매량을 증가시킬 수 있다. 가격은 현재도 충분한 마진을 남기고 있기 때문에 유지하는 것이 좋다. 가격을 올릴 경우 판매량이 떨어질 수 있기 때문이다.

② 상상품(말, Plowhorse)

   칼국수 … 판매량에 비해 이익기여도가 낮기 때문에 판매마진을 높이고 현재의 판매 수준을 유지할 수 있는 선에서 가격을 상향조정하도록 한다. 가격상승에 따른 고객불만을 줄일 수 있는 방법으로 대고객 서비스를 강화시키고 곁들여지는 부식의 종류나 질을 높이는 것도 고려해 볼 수 있다.

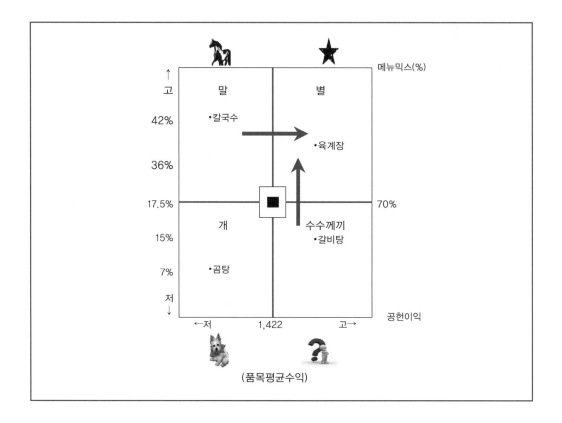

③ 중상품(수수께끼, Puzzle)

갈비탕 … 이익기여도가 높은 반면 판매량이 저조한 경우이므로 가격의 하향조정과 촉진활동의 강화로 판매량을 늘릴 수 있도록 노력한다. 갈비탕의 질을 높여 가격의 지나친 하향조정을 피하는 방법도 고려할만하다.

④ 하상품(개, Dog)

곰탕 … 대부분의 고객으로부터 외면을 당하는 품목으로 메뉴에서 삭제를 하는 것이 좋다. 만약 소수나마 단골고객이 확보되어 있다면 주문 요리식으로 바꾸면서 이름과 가격의 조정을 고려해 본다.

외식업소의 성공은 메뉴의 판매여부로 결정되므로 현재의 메뉴를 분석하여 업소운영에 맞는 메뉴들을 선별해 내고 필요하다면 교체하거나 삭제하도록 함으로써 메뉴의 경쟁력을 높이도록 한다.

잠깐 쉬어가기!

■ 빅맥지수를 아시나요?(2024년 1월 기준)

빅맥지수(Big Mac Index)는 각 나라의 구매력 평가를 비교하는 경제지표이다. 1986년 9월에 영국의 경제 주간지인 이코노미스트(The Economist)가 처음 제시하였으며, 매년 120개국의 빅맥지수를 분기별로 발표하고 있다. 이 지수는 통화 이론을 쉽게 이해하기 위해 만들어진 간단한 도구로 시작하여, 현재는 대중 경제학에서 통화 가치를 평가하고 비교하는 데 널리 사용되고 있는 척도이다. 다시 말해, 이 지수는 '일물일가의 법칙(Law of one price)'[2]과 '구매력 평가(purchasing power parity: PPP)'[3] 이론을 바탕으로 한다. 빅맥지수가 높으면 물가와 화폐 가치가 높고, 빅맥지수가 낮으면 물가와 화폐 가치가 낮다고 해석할 수 있다. 그러나 맥도날드가 입점해 있는 국가들의 점포 임대료, 인건비, 정부 규제, 세금 등은 고려하지 않아 빅맥지수만으로는 물가를 판단하기 어렵다.

---

2) 일물일가의 법칙은 모든 개별적인 상품은 전 세계 어느 나라에서나 고정적인 가격을 지니고 있어야 한다는 법칙이다.
3) 구매력 평가는 환율이 양국 통화의 구매력에 의해 결정된다는 이론이다.

자료: https://www.visualcapitalist.com

제3장

외식사업 창업관리

 제1절 | **외식창업의 개념과 중요성**

1. 외식창업의 개념

외식창업이란 외식사업을 새로이 창조하는 일을 의미하며, 사전적 의미로는 외식사업을 처음 일으킴 또는 그 기초를 닦음이라고 할 수 있다. 좀 더 구체적으로 외식창업을 설명하면 인적, 물적 자원을 적절히 결합하여 이미 설정된 외식기업 목적을 달성하기 위하여 상품과 서비스를 조달, 생산, 판매하고 이 외의 부수적인 활동을 수행하는 외식기업 또는 외식업소를 설립하는 것을 의미하며 창업의 3요소로는 창업자, 사업아이템, 창업자본을 들 수 있다.

2. 창업의 중요성

최근에는 창업의 중요성이 아래의 이유로 더욱 부각되고 있다.

첫째, 기존의 외식기업들은 새로운 사업 아이디어가 조직 자체의 폐쇄성 또는 위험 회피성으로 인하여 새로운 기술 진보에 한계가 있는데 반해, 벤처(venture)외식기업과 같이 의사결정과정이 간편하고 신속한 외식기업은 사업 아이디어를 신기술화 시키는 것이 쉬우며 이를 바탕으로 새로운 영역과 틈새시장을 개척하여 기존 외식기업의 미비한 영역과 시장을 보완하는 역할을 하며,

둘째, 최근 외식기업들은 인력운영의 효율성 문제, 높은 인건비, 노조문제 등으로 정규직원 채용에 신중을 기하고 있어 청년 실업난이 심각하다. 따라서 이를 해소하기 위하여 외식기업이 환경, 바이오, IT 등과 같은 새로운 분야와의 협업을 통해 고용을 창출시키고 경제발전의 지속성을 유지시킬 수 있다.

3. 창업의 3요소

창업은 창업자가 자본을 투자하여 사업 아이디어를 상품과 서비스의 생산시스템으로 만드는 과정이며, 이러한 과정에 반드시 필요한 3요소로는 창업자, 사업아이템, 창업자본 등을 들 수 있다.

1) 창업자

(1) 역할과 중요성

창업자는 사업의 주체이며 능동적인 조직 구성자로서 사업 아이디어와 창업자본을 결합하여 사업성분석과 사업계획을 수립, 실행을 주도하는 사람이다. 또한 창업자는 외식기업설립에 필요한 유·무형의 자원을 동원하고 이를 적절히 결합하여 외식기업이 목표로 하는 시스템을 만들고 관리하는 역할을 수행한다. 그러므로 창업자의 능력이나 가치관 등은 창업기업의 성패와 효율성에 지대한 영향을 미치게 되므로 창업에 있어서 가장 중요한 요소이다.

(2) 창업자의 기본자세와 자질

외식사업은 외식창업에 대한 기본 지식과 자부심을 가지고 최선을 다할 때에야 성공이라는 결과를 가져올 수 있는 사업임에도 많은 사람들은 너무 손쉽게 외식창업을 생각하고 있다. 그러다 보니 외식창업 후에 성공하는 비율이 10% 정도라는 이야기가 있다. 이 이야기는 아무리 생계형 업소일지라도 외식업을 만만하게 보아서는 안 된다는 것이다. 그러므로 외식창업을 계획하는 사람들은 외식업에 대한 확고한 마음가짐과 창업 준비를 철저히 할 때 실패를 줄일 수 있다.

① 창업자의 기본자세
　㉠ 자기가 즐거워서 하는 사업이어야 한다.
　㉡ 가족이 함께할 수 있는 사업이어야 한다.
　㉢ 이해관계자(직원, 거래처, 제휴점)들에게 이익과 보람을 주는 사업이 되어야 한다.
　㉣ 끊임없이 연구·개발을 위한 노력을 경주하여야 한다.

② 창업자의 자질
　㉠ 서비스마인드
　　어떠한 상황 하에서도 항상 밝게 웃는 모습과 고객입장에서 생각하는 마음을 가지기 위해 노력하여야 한다. 인간은 감정의 동물이기 때문에 때때로 본의 아니게 고객을 홀대하는 경우가 있을 수 있으므로 감정의 컨트롤을 할 수 있도록 자기 최면을 걸 수 있어야 한다.
　㉡ 정신력과 체력
　　항상 낮은 자세로 고객을 응대해야 하기 때문에 과거의 일은 가능하면 빨리 잊고 현실에 적응하여 최선을 다해야 한다는 정신력이 필요하고 또한 최소 12시간 이상을 영업하기 위해선 경영자는 잠자는 몇 시간을 제외하고는 거의 모든 시간을 업소와 같이해야 하기 때문에 강인한 체력을 요하는 사업이다.
　㉢ 적성과 전문지식
　　외식업을 창업하기 위해서는 반드시 적성에 맞아야 한다. 초보 창업자일수록 유행보다는 자신의 취미와 적성을 고려하여 계획을 세워야 하고 더불어 창업에 필요한 지식을 충분히 얻은 후에 창업하는 것이 실패를 줄일 수 있는 지름길이다. 전문지식을 얻기 위해서는 외식관련서적, 외식전문가의 전문지식과 먼저 창업해서 성공한 사람의 성공담과 실패한 사람들의 실패담을 듣고 그들의 차이점을 분석해보는 것도 전문지식을 얻는 데 도움이 된다.

ⓔ 자금력

창업을 위해 필요한 자금으로는 권리금, 보증금, 시설비, 초기 운영자금 등을 들 수 있다. 가능하다면 모든 자금을 자기자금으로 하면 좋지만 창업시에는 예상치 못한 비용들로 인하여 자기자금만으로 부족한 경우가 많다. 자금 부족으로 차입할 경우에는 전체 필요자금에서 1/3은 초과하지 않는 것이 좋다.

ⓜ 리더십

3D업종 중의 하나로 취급되기 때문에 직업의식이 투철한 직원을 채용하기가 쉽지 않다. 따라서 경영자는 부족한 직원일지라도 채용하여 자기 사람으로 만들 수 있는 매력과 역량이 있어야 한다. 따라서 이러한 매력과 역량은 경영자와 직원과의 인간관계, 경영관리능력, 조리관련지식 등에 대한 충분한 이해와 지식을 겸비해야 한다.

ⓗ 가족적 분위기

고객에게 감동을 주기 위해서는 먼저 고객의 마음을 읽고 고객의 입장에서 상품과 서비스를 전달하여야 하며 이로 인하여 고객과 직원과의 가족적인 분위기조성은 단골고객과의 관계형성과 고객과의 관계유지에도 중요한 역할을 한다.

ⓢ 가족과의 협력관계

특히 소규모 창업에서는 부부가 공동으로 운영하면 성공할 확률이 높아진다고 할 수 있다. 그 이유는 주인의식, 비용절감효과, 고객관리측면에서 채용직원보단 훨씬 높은 주인의식과 의욕을 가지고 있기 때문이다. 즉 가족의 협력이 없는 창업은 계획하지 않는 편이 낫다고 할 수 있다.

ⓞ 사업수행능력

개인적인 역량 이외에도 사업수행 시에 새로운 아이디어에 대한 창출 능력과 고객과 운영에 대한 기억력, 선천적인 친밀감과 같은 개인적인 특성이 성공을 위한 부가적인 요인으로 작용할 수 있다.

ⓩ 관리·감독능력

각종 장부와 분석 자료에 대한 효율적인 관리·감독능력은 직원들의 실수를 사전

예방할 수 있고 사후에도 경영자가 항상 관리·감독하고 있다는 경각심을 주며 실수를 줄여주는 효과가 있다.

위에 설명한 창업자의 기본자세와 자질(경험, 지식정도, 수행능력, 적성 등)과 경영마인드(경영 및 서비스 마인드, 의지, 영업전략 등)로 나누어 창업자의 능력을 평가할 수 있다.

2) 사업아이템

(1) 개념

사업 아이디어가 구체화된 것이 사업아이템이다. 즉 사업아이템이란 판매할 상품과 서비스에 대한 사업의 구상에서 시작되며 사업의 규모를 결정짓는 한 요인이 된다.

(2) 사업아이템 선정시 고려사항

① 이해정도와 적합도

창업자가 사업아이템에 대한 이해정도가 높아야 하며, 창업자의 적성에 맞는지와 여러 상황에 있어서 사업아이템이 적합한지를 확인해 보아야 한다.

② 사업아이템의 특성

식자재가 필요한 아이템이라면 식자재구입 용이성과 가격변동성을 확인해야 하며, 식자재 가격의 변동성이 크면 외식사업의 확장에 문제가 되며 또한 매출의 계절성이 강하면 안정적 사업유지가 어렵다. 더불어 많은 인력이 요구되는 사업아이템은 인력배치상의 어려움과 인건비상승요인으로 작용할 수 있다.

③ 사업수명주기

사업아이템의 사업수명주기상의 위치가 도입기, 성장기, 성숙기, 쇠퇴기 중 어디에 있는지를 분석·파악해야 한다. 성숙기에 위치한 사업아이템이라면 안정성은 높지만 성장성은 낮을 것이다. 사업수명주기가 짧은 사업아이템의 경우에는 도입기에 위치해 있다고 할지라도 수명이 짧다는 것을 반드시 고려해야 한다. 즉 자극적이거나 유행을 타는 사업이나 상품은 통상 수명주기가 짧은 편이다.

④ 시장침투의 수월성

새로운 사업아이템이 경쟁외식기업의 아이템에 비해 어떤 장점이 있으며, 시장침투가 쉬운지에 대해 고려해 볼 필요가 있다. 수월성은 가격, 품질, 브랜드 등의 측면에서 분석할 수 있다.

⑤ 공익성과 법적규제

사업아이템은 공익성이 있어야 하며 또한 모든 사업은 법의 범위 내에서 이루어져야 지속가능한 사업이 될 수 있다.

3) 창업자본

창업자본이란 창업 시 필요한 자금을 의미하며 산업의 성격에 따라 소요창업 자본의 규모는 차이가 많을 수 있다. 소요창업자금의 규모는 사업규모와 자금조달 능력에 의하여 결정된다. 일반적으로 소요창업자금 내용으로는 권리금, 보증금, 인테리어비, 외부시설비, 집기. 비품구입비, 각종 시설비, 추가공사비, 운영자금 등이 있다. 단, 프랜차이즈인 경우는 가맹금과 로열티 등이 추가된다.

또한 운영자금이란 사업개시 후 1년 정도의 운영비를 의미하며, 실제 창업을 하다 보면 예상창업 소요자금보다 실제창업 소요자금이 많이 소요될 수밖에 없다. 이런 경우에는 일반적으로 예상소요자금의 120~150% 정도를 예상해야 한다.

창업자금 조달은 자기자본과 타인자본으로 대별할 수 있는 데 타인자본(부채)이 1/3 이상 초과되지 않는 것이 좋다. 만약 차입을 해야 하는 경우에는 금리가 낮은 제1금융권에서 차입하는 것이 좋다. 고리 사채의 사용은 이자부담으로 인하여 경영에 무리를 줄 수 있기 때문이다.

4. 창업의 유형

1) 투자형태에 의한 창업

(1) 독립창업(Independent)

장점으로는 본인의 결정에 따라 창업자금을 조절할 수 있기 때문에 소자본 창업이 가능하다. 이는 기존 업소의 이용 가능한 인테리어나 시설 등을 사용할 수 있어 투자비용을 줄일 수 있고, 타인의 간섭없이 본인의 의사에 따라 운영할 수 있으며 창업실패 시에는 프랜차이즈 창업보다 손실이 적다. 단점으로는 브랜드 인지도가 낮기 때문에 신규고객 확보에 어려움이 있으며 창업 경험이 없는 초보창업자에게는 위험부담이 크다.

(2) 프랜차이즈 창업(Franchise)

장점으로는 브랜드 인지도이며 신규고객 확보가 용이하며 본사로부터 전반적인 지원(홍보, 운영, 관리, 유통, 교육 등)을 받기 때문에 초보창업자나 정적인 창업을 원하는 사람들이 선호한다. 단점으로는 초기창업자금(가맹금, 인테리어, 간판, 각종시설, 추가공사비 등)이 많이 소요되며 따라서 창업실패 시에는 자금 면에서 큰 손실을 감수해야 한다.

(3) 전수창업(Know How Transfer)

창업자가 시간을 투자하여 사업성이 이미 검증된 업소의 핵심노하우를 배워 창업하는 방법 즉 사업성이 이미 검증된 업소의 기술이나 노하우를 전수받아 창업하는 형태로서 주 메뉴의 조리법과 업소운영관리에 대해서만 전수교육을 받고 그 이외의 상권분석이나 입지선정 등은 창업자 본인이 직접 결정하는 창업방법이다. 장점으로는 검증된 노하우를 전수받기 때문에 위험부담을 줄일 수 있고 프랜차이즈 창업보다 초기창업자금이 적게 소요된다. 단점으로는 조리법과 운영관리 외에는 창업자 본인의 몫이기 때문에 잘못된 판단으로 시행착오를 일으킬 확률이 높다.

(4) 경영대리(Management Contract)

창업자가 투자는 하지만 경영에 관한 노하우를 가지고 있는 제3자에게 경영을 위탁하는 것이다. 일반적으로 투자자와 경영회사가 경영대리계약을 체결함으로서 경영하는 회사가 경영전권을 맡고 투자자는 자산관리에만 전념하는 형태의 창업형태이다. 일반적으로 다국적 호텔기업에서 많이 이용되고 있는 운영형태이며, 외식산업에서는 병원과 급식업체에서 이용되고 있다.

2) 창업동기와 연령에 의한 창업

창업동기는 생계형 창업, 직업형 창업, 투자형 창업, 부업형 창업 등으로 구분할 수 있으며, 일반적인 창업동기로는 생계형 창업이 주종을 이루고 있다. 또한 연령에 의한 창업유형을 보면, 20대 창업은 모험적 창업이며, 30대 창업은 기반을 잡기 위한 창업이며, 40대 창업은 전문창업으로서 무리한 투자보단 여유자금 내에서의 창업으로 볼 수 있으며, 50대 창업은 안전을 위한 창업으로 나누어 볼 수 있다.

표 3-1 **창업유형**

창업동기	생계형
	직업형
	투자형
	부업형
창업연령	20대 – 모험적 창업
	30대 – 기반형 창업
	40대 – 전문창업
	50대 – 안전창업

제2절 │외식산업의 상권과 입지

1. 상권(Trading Area)

1) 상권의 개념

외식업소는 특정지역의 특정지점에서 영업장소로서의 고정적인 입지를 선정하고 이 장소에 고객을 유인함으로써 영업이 성립되는데, 이 때문에 외식산업이 흔히 입지산업으로 불리듯이 특정장소에서의 입지선정이 아주 중요한 전략적인 과제가 되지 않으면 안된다. 외식업소는 바로 고객이 상품을 구매하러 오는 구매위치인 것이다. 상권은 "한 업소나 상점가가 고객을 흡인할 수 있는 지리적 영역"이라고 정의할 수 있다. 상권의 크기는 업태나 업종, 업소규모, 경쟁업소의 입지, 이동시간, 교통장애물 및 매체의 이용가능성 등과 같은 여러 요인에 의해 크게 영향을 받기 때문에 상권의 크기는 변동가능성이 항상 존재한다.

2) 상권의 분류

각 상권의 지리적 영역을 설정하는 것은 결코 쉬운 일이 아니다. 단순히 업소에서 반경 몇 km로 나타내는 것은 가능하지 않다. 중간에 산·하천 등과 같은 자연적 장애와 같은 자연환경, 도로의 유무 및 상태 등과 같은 인위적 구조물, 공공교통수단의 유무 및 운행빈도수 등과 같은 것에 크게 영향을 받기 때문이다. 또한 교통장애의 증대와 자가용보유율의 확대로 내점소요거리보다는 내점소요시간이 좀 더 유용한 척도가 되고 있다.

패스트푸드는 편의식품점처럼 편의적인 성격을 중요시하고 있어 구매를 위한 최소시간과 경비를 들이기 위해 멀리 가려고 하지 않는 경향이 있고 패밀리레스토랑 이상에서는 캐주얼 의류나 구두와 같은 선매품적 성격을 가지고 있어 구매 전에 미리 생각하고 구매를 위하여 약간의 시간과 비용을 기꺼이 감수한다.

(1) 밀집도에 의한 분류

상권은 주변의 환경에 따라 달라지며 여러 가지 기준에 의하여 이루어지고 있다. 외식업소의 상권은 일반적으로 아래의 3가지 수준으로 분류된다.

① 1차 상권(Primary Trading Area)

이는 업소고객의 55~70%를 포괄하는 상권을 말하며 업소에 가장 근접해 있고 또한 고객수의 밀도가 가장 높은 지역이다. 상권의 중복도는 가장 낮다.

② 2차 상권(Secondary Trading Area)

이는 업소고객의 나머지 15~25%를 포괄하는 상권범위로서 1차 상권의 외곽에 위치하여 고객의 분산도는 높다.

③ 주변 상권(Fringe Trading Area)

1·2차 상권에 포괄되는 고객 이외의 나머지 고객을 포괄하는 상권범위로서 고객은 아주 분산적이며 5~10%의 고객을 포괄한다.

그림 3-1 **밀접도에 의한 분류**

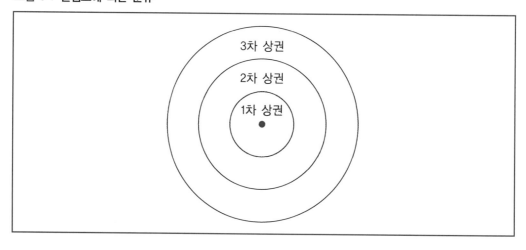

표 3-2 **업태별 상권과 소요시간**

구분	고객비중	내점소요시간	
1차상권	55~70%	패스트푸드	10분 정도
		패밀리레스토랑	20분 정도
		고급레스토랑	30분 정도
2차상권	15~25%	패스트푸드	20분 정도
		패밀리레스토랑	30분 정도
		고급레스토랑	1시간 정도
3차상권	5~10%	패스트푸드	30분 정도
		패밀리레스토랑	1시간 정도
		고급레스토랑	2시간 정도

(2) 규모에 의한 분류

규모에 의한 상권분류는 대형, 중형, 소형 상권으로 구분한다.

① 대형 상권

기준은 하루 통행량이 10만 명 이상인 지역으로 전국적으로 광역시와 도청 소재지 등에 있는 상권으로 약 60개 지역 정도 있는 것으로 추정하고 있다. 하루 통행량이란 이 지역을 통행하는 모든 사람의 수를 의미한다. 주로 외국체인 패밀리 레스토랑(아웃백, TGIF, 베니건스 등)이 입점하는 상권이다.

② 중형 상권

기준은 하루 통행량이 2만 명 이상인 지역으로 전국적으로 시 단위 이상에서 일반적으로 존재하는 상권으로 약 500~600개 지역 정도로 추정하고 있다. 패스트푸드 업체(맥도날드, 롯데리아, KFC 등)들이 입점계획을 가지고 있는 상권이다.

③ 소형 상권

근린생활형 상권으로 일명 동네상권이라고 부르기도 하며 주요 고객층은 지역주민이다. 소형 상권에 적합한 외식업소로는 김밥, 우동, 떡볶이, 도시락, 치킨전문점 등을 들 수 있다.

3) 상권의 영향요인

앞서 언급했듯이 상권의 규모는 항시 변하고 있다. 이에 영향을 주는 요인에는 환경적 요인과 내부적 요인을 들 수 있다.

(1) 환경적 요인

① 인구통계학적인 요인

주변에 대형 아파트 단지나 공단 또는 관공서 등이 들어와 갑자기 유동인구가 늘어나게 됨으로써 상권에 변화가 생기는 경우이다.

② 교통조건

지하철의 개통 또는 도로신설 등과 같은 교통의 편리함으로 인한 접근성이 향상되는 경우로 요인은 상권이 확대되는 변화가 나타난다.

③ 경쟁요인

주변에 경쟁업소가 새롭게 들어서는 경우이다. 상권이 확대되는 긍정적인 면도 있으나, 지나친 경쟁업소의 출현은 기존 업소에 부정적인 영향을 미친다.

(2) 내부적 요인

① 관리요인

메뉴와 접객 서비스의 품질, 마케팅활동의 강화는 고객을 끌 수 있는 매력으로 작용하여 필연적으로 업소의 상권범위를 확대시킨다.

② 시설요인

외·내장(ex/interior), 주차장시설 등은 가시권의 확대와 자가용을 보유한 고객의 유인을 촉진시켜 원거리의 고객도 확보할 수 있다.

2. 입지(Location)

외식업소의 입지의 특성에 의해 고객의 유형, 메뉴선정, 가격대 등이 결정되어질 수 있기 때문에 입지가 매우 중요하다.

1) 입지의 개념

입지란 한 외식업소 또는 상가가 차지하는 토지 위의 물리적 공간이다. 즉 물리적 시설이 위치할 지표상의 공간적 범위로서 업소가 위치하게 될 지역을 말한다.

따라서 입지는 고객이 상품과 서비스를 구매하러 오는 구매위치이며, 외식사업 성패의 절반 이상에 영향을 미치는 요인으로서 교통사정, 도로계획, 인구이동 및 경쟁업소의 신규진 출 등으로 조건들이 계속 변하고 있다.

(1) 수요창출 여부에 따른 분류

① 입지 창출형

고객들이 내점 소요시간과 거리를 의식하지 않고 업소를 방문하는 형태로서 고급외식 업소와 유명 레스토랑 등이 이에 해당된다.

② 입지 적응형

고객들이 어떤 특정 외식업소를 이용하겠다는 생각보다 업무 수행차 특정지역을 방문 하였을 때 이용하는 편의 목적의 업소들이 여기에 해당된다.

표 3-3 **입지분류**

구분	내용
수요창출여부	입지창출형, 입지적응형
이용목적	적응형, 목적형, 생활형
입지특성요인	1급지, 2급지, 3급지
주변환경	비즈니스가, 주택가, 번화가, 역세권, 대학가, 교외·간선도로, 관광지

(2) 이용목적에 따른 분류

① 적응형입지(패스트푸드)

거리의 유동인구에 의해 영업이 좌우되는 입지

② 목적형입지(전문음식점)

특정한 목적을 가진 고객이 이용하는 입지

③ 생활형입지(간이음식점)

아파트, 주택 등의 주민이 이용하는 입지

(3) 입지특성요인에 따른 분류

입지의 특성요인인 가시성, 홍보성, 접근성에 의해 분류하면 다음과 같다.

① 1급지

세 가지 요인들이 모두 양호한 경우(패스트푸드, 커피전문점, 프랜차이즈외식업소 등)

② 2급지

세 가지 요인 중 한 가지만 양호한 경우(품질로 승부 : 전문외식업소)

③ 3급지

모든 요인들이 불량한 경우(틈새시장의 공략, 투자비가 적게 드는 장점은 있으나 수익성이 떨어진다 – 개인화된 서비스로 승부)

(4) 주변환경에 따른 분류

① 비즈니스가

㉠ 주고객층

주변 사무실에 근무하는 직장인을 주고객층으로 하며 대부분 젊은 층으로 이루어져 있다. 점차 신세대의 직장인과 여성의 비율이 늘어나고 있다.

㉡ 영업특성

평일 점심시간대와 퇴근시간대에 가장 바쁘고 주말과 그 이후의 시간대에는 매출이 떨어진다. 밝고 깨끗한 분위기를 선호하고 때에 따라서 단체고객의 예약이 이루어지고 밀실을 선호하는 고객층도 다소 있다. 최근 기업체들이 자체 건물 내에 단체 급식을 실시하여 주변 업소의 매출이 감소하는 현상이 나타나기도 한다.

    ⓒ 대응방안

        ⓐ 깨끗하고 편안한 장소로서의 이미지 연출

        ⓑ 친절하고 밀착된 서비스 제공을 통한 단골 고객의 확보

        ⓒ 한가한 시간대의 영업활성화를 위해 다류 등의 판매를 고려

        ⓓ 아침시간대에 간단한 식사류의 영업

        ⓔ 바쁜 시간대의 좌석회전율 향상을 위한 조리와 서비스제공 시간의 단축방안 모색

        ⓕ 기업의 연회수요 확보

② 주택가

    ㉠ 주고객층

    주변에 살고있는 거주자로 점심시간 대에는 비교적 한산한 편이며 주부고객층이 주류를 이루고 있다. 저녁 시간대에는 퇴근길의 직장인이나 맞벌이 부부들이 주고객이며, 주말에는 주로 가족고객들로 이루어진다.

    ㉡ 영업특성

    이 부류의 고객층은 실제적인 가치를 매우 중요시하며 가격인상에 매우 민감하다. 대부분의 업소는 규모가 작은 편이며 주말의 매출이 상대적으로 높은 편이다.

    ㉢ 대응방안

        ⓐ 편안하고 대화가 가능한 장소로서의 이미지 연출

        ⓑ 어린이 놀이시설의 필요

        ⓒ 택배 서비스의 영업전략 강화

        ⓓ 고정고객의 확충에 대한 노력

③ 번화가

    ㉠ 주고객층

    쇼핑객, 극장고객, 주변의 직장인 등 다양한 고객층으로 이루어져 있다.

    ㉡ 영업특성

    유동인구가 많아 부동산과 관련된 비용도 높지만, 반면에 매우 다양한 업종과 업태

들의 외식업소들이 있으며 이들 대부분의 영업상황이 좋은 편이다. 늦은 시간까지 영업이 가능하고 주말에는 평일 매출액의 2배 정도까지 매출이 늘어난다. 이러한 입지유형의 고객들은 가격에 대해 상대적으로 덜 민감한 편이다.

  ⓒ 대응방안

   ⓐ 개성있고 독창적인 이미지 연출

   ⓑ 레저성 지향

   ⓒ 메뉴 차별화를 통한 고객유인

   ⓓ 음료메뉴의 강화

   ⓔ 실내장식에 대한 개선을 통한 지속적인 분위기의 변화

④ 역세권

 ⓐ 주고객층

 기차, 지하철, 고속버스터미널 등의 이용객이 주고객이며 주변 거주자나 주변 상가 직원들도 해당된다.

 ⓒ 영업특성

 특정 목적 수행을 위하여 움직이는 사람들이 주고객들이기 때문에 빠른 서비스가 필수적이고 가격대는 중저가이다. 특히 기차나 고속버스터미널 주변의 외식업소들은 고객을 떠내기 손님으로 인식하는 경향이 있어 다른 입지의 유형보다 음식이나 서비스의 질이 떨어지는 경우가 많다. 앞으로 이들 업소의 고객에 대한 인식전환이 필요하다.

 ⓒ 대응방안

  ⓐ 모형 음식의 진열, 간판 등을 통한 가시성 강화

  ⓑ 신속한 음식 서비스 제공

  ⓒ 카운터 서비스의 영업시설 확대

⑤ 대학가

 ⓐ 주고객층

 대학생들과 내왕객들이 주고객층이다.

 ⓒ 영업특성

 방학이 1년에 두 번 있으나 도심지에 위치한 대학가는 별도의 큰 영향을 받지 않는

다. 또한 가격에 매우 민감한 편으로 학교의 구내식당의 가격대보다 크게 비싸지 않아야 한다.

ⓒ 대응방안

    ⓐ 질보다는 양적인 측면을 배려

    ⓑ 셀프 서비스를 통한 가격인하

    ⓒ 청소년층이 선호하는 메뉴구성

⑥ 교외·간선도로 주변

  ㉠ 주고객층

    승용차의 보유고객과 신도시의 개발에 따라 새로 입주한 고객들이 주고객층이며 타 입지유형과는 달리 시간적·경제적으로 여유가 있는 고객들로 이루어져 있다. 이들은 레저성이 강하고 외식자체를 즐기려는 경향이 많으며 가격에도 민감하지 않다.

  ㉡ 영업특성

    비교적 대규모의 업소들로 주차장시설이 완벽할 뿐만 아니라 레저성향의 고객을 끌기 위한 독창적인 분위기를 연출한 전문음식점들이 많다. 주중보다는 주말에 매출이 높고 가족고객들도 많다.

  ㉢ 대응방안

    ⓐ 외부장식(exterior)을 중시하여 가시성 확보

    ⓑ 적극적인 마케팅활동

    ⓒ 넉넉한 주차장시설

    ⓓ 메뉴, 서비스, 분위기 등 주제(theme)성 강화

⑦ 관광지

  ㉠ 주고객층

    관광지를 방문하는 관광객과 주변상가와 거주자들이 주고객층이다. 교외·간선도로의 입지유형과는 달리 레저성향이 강하나 관광자체를 즐기며 관광지의 토속음식점을 찾기도 하나 외식은 부수적인 경향이 많다. 가격은 덜 민감한 편이다.

  ㉡ 영업특성

    성수기와 비수기의 차이가 심하고 일반관광객과 단체관광객을 대상으로 한 외식업

소와 토속음식을 판매하는 외식업소들이 많다. 그 외 역세권의 영업특성을 많이 가지고 있고 주중보다는 주말의 매출이 높다.

    ⓒ 대응방안

        ⓐ 성수기·비수기에 따른 영업방안 모색

        ⓑ 지역 특산물을 통한 메뉴개발

        ⓒ 통합적인 관광정보구축을 통한 업소의 마케팅

        ⓓ 관광지 외식업소에 대한 이미지 제고

3. 상권의 조사분석

상권에 대한 분석과정은 특정 입지가 가지고 있는 영향력에 관한 분석이라면, 입지분석은 상권 내에서의 특정입지자체에 대한 특성분석이라고 할 수 있다.

1) 상권조사 분석의 목적 수립

상권조사 분석은 전체상권의 분석, 경쟁업소의 분석, 고객 분석, 상권발전전망을 고려하여 이루어져야 한다.

2) 상권조사 분석과정

상권조사 분석과정으로

① 후보상권의 선정 : 3~4개의 후보상권선정

② 후보상권에 대한 조사분석 후 1개의 상권선정

③ 선정된 상권의 특성조사 : 인구 통계적, 라이프사이클, 지리적 자료 등을 이용하여 특성조사

④ 유동인구조사

⑤ 교통 및 통행량의 조사 : 주요 교통수단 및 접근성 등의 조사

⑥ 경쟁업소의 시장규모조사

⑦ 미래상권의 변화 예측

⑧ 조사내용을 기초로 하여 상권분석도 작성

4. 입지조사분석

1) 입지조사 분석과정

① 후보입지선정 : 확정된 상권 내에서 3~4개의 후보입지를 찾는 과정

② 예상 투자금 및 비용조사 : 권리금, 보증금, 임차료, 관리비, 예상시설비 등

③ 업소특성조사 : 상가규모, 층수, 위치, 업소 모양, 적합업종 등

④ 시설조건조사 : 전기용량규모, 도시가스설치여부, 상하수도, 환기시설, 화장실의 편의성 등

⑤ 입지의 특성조사 : 접근성, 가시성, 주차용이성, 홍보성, 대중교통수단과의 연결성 및 정류장과의 거리 등

⑥ 후보입지의 권리분석 : 소유권, 권리금형성여부, 임대인의 인간성 등

⑦ 후보입지의 비교평가표 작성 : 3~4개의 후보입지의 조사 분석 후의 결과를 비교·평가할 수 있는 비교표 작성

⑧ 입지의 최종확정 : 최종적으로 1개의 입지를 최종 확정하는 과정으로 아주 중요한 단계이다.

제3절 ┃ 타당성조사와 사업계획서

1. 타당성조사(Feasibility Study)

1) 의의

　타당성조사는 외식사업을 시작하기 이전에 외식사업의 시장성, 기술성, 수익 및 경제성 등을 평가하여 외식사업의 성공여부를 미리 판단해 볼 수 있는 체계적인 보고서이다. 투자자나 경영자는 그 외식사업에 대한 예감이나 위협 요소들을 미리 인지하여 실제 외식사업운영 시에 창업기간도 단축할 수 있고 시행착오도 최소화할 수 있어, 결과적으로 창업비용도 줄이고 경영자의 경영능력도 향상시킬 수 있어 사업의 성공 가능성을 더 높이는 역할도 한다.

　타당성조사와 사업계획서의 개념을 정립해보면 타당성조사는 사업을 시작하기 이전에 사업의 시작 여부를 결정하려고 만든 보고서이고, 사업계획서는 사업을 개시하기로 결정한 후에 작성하는 계획서로서 타당성조사의 내용을 대부분 포함하고 있으며 인력계획, 조직도, 교육훈련, 마케팅 계획, 구매, 설비, 사업일정 등이 추가로 포함되어 좀더 구체적이고 포괄적이며 종합적인 것이다.

2) 체계와 목차

　타당성조사의 내용은 목적이나 산업에 따라 다를 수도 있다. 외식사업이 아닌 기술과 관련된 사업인 경우는 기술성분석이 추가될 수 있으며, 외부투자용인 경우에는 수익성분석에 더 많은 치중을 할 수도 있다.

　타당성조사는 법적인 측면에서 문제의 소지가 없는가를 세밀히 확인해 보기도 하며 조사내용의 목차는 요약, 사업의 개요, 시장성분석, 기술성분석, 수익 및 재무분석과 결론으로 구성된다.

3) 타당성조사의 내용

(1) 요약

타당성조사 전체내용을 2~3쪽 정도로 요약하여 앞부분에 첨부한 것으로서, 이는 최고경영자를 위해 작성된 것이라고 할 수 있다.

(2) 사업의 개요

사업의 내용을 1~2쪽 정도의 분량으로 설명한 것으로 사업의 주체, 사업의 목적과 내용이 담겨져 있다. 이러한 개요를 작성할 때에는 이해하기 쉽게 5W1H의 원칙 하에서 간단명료하게 기술한다.

그림 3-2 **시장성분석의 산업구조 분석도**

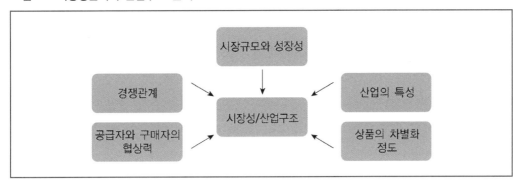

(3) 시장성분석

시장성분석의 기본은 수요와 공급의 양과 질 그리고 그 관계를 파악하는 것이다. 이를 정확하게 분석하기 위해서는 산업구조분석, 소비자의 특성, 유통경로, 경쟁상황 등에 대해 분석해야 한다. 이는 사업시행 결정 후에는 마케팅전략을 위해 절대적으로 필요한 기초 자료가 된다.

① 산업구조분석

산업구조분석이란 시장의 규모와 성장성, 경쟁관계, 산업의 특성, 상품의 차별화 정도, 공급업자의 협상력과 구매자의 협상력을 파악하여 산업의 매력도를 평가하는 것이다.

㉠ 시장의 규모와 성장성

현재의 시장규모와 미래의 성장성은 산업의 매력도에 중요한 변수이다. 따라서 미래시장 규모 예측은 과거 3년 정도와 현재의 시장 규모를 근거로 하여 경쟁관계, 대체상품의 출현, 고객선호도의 변화 등을 변수로 하여 측정하는 난이도 높은 작업이다.

ⓛ 경쟁관계

첫째는 기존 업소간의 경쟁을 확인하고, 둘째는 미래에 진입할 계획을 가진 기업을 확인하고 투자 규모의 정도를 확인하고, 셋째는 대체상품의 출현 가능성이다. 더불어 경쟁업소의 현재의 매출, 이익, 점유율 등과 같은 분석도 필요하다.

ⓒ 산업의 특성

진입장벽과 철수장벽의 높낮이를 확인해야 한다. 진입장벽이 낮을수록 경쟁 강도가 심해지나 철수장벽이 낮을수록 경쟁강도는 약해질 수 있다. 외식업소의 경우에는 진입장벽과 철수장벽이 낮아서 경쟁강도가 심한 산업으로 분류되고 있다.

ⓔ 상품의 차별화정도

다양한 시장세분화가 가능하고 상품의 차별화가 가능하다면 경쟁분산을 할 수 있다.

ⓜ 공급업자와 구매자의 협상력

원자재나 설비업자의 수에 의해 협상력이 결정된다. 즉 공급업자의 수가 많으면 많을수록 협상조건이 좋아지나 공급업자의 수가 적으면 적을수록 협상조건이 나빠질 수 있다.

② 소비자의 특성

소비자는 상품에 따라 다른 시각을 가지고 있고 욕구가 다양하기 때문에 구매의사결정에 영향을 미치는 요인들을 이해해야 한다.

㉠ 수요의 성격

본원적 수요 또는 파생적 수요 여부를 확인해야 한다. 예를 들면 본원적 수요는 여행이나 컨벤션참가 자체로 인해 야기되는 수요이며, 파생적 수요는 본원적 수요로 인해 파생되는 호텔 숙박과 외식업소에서의 식사 등과 관련된 수요를 말한다. 따라서 파생적 수요는 본원적 수요의 영향을 크게 받는다.

㉡ 구매의사결정과정

구매의사 결정 과정은 상품의 성격에 따라 달라질 수 있기 때문에 취급하는 상품이 어떤 성격을 띠고 있느냐를 확인, 분석하여 고객의 구매의사결정에 영향을 줄 수 있는 마케팅전략이 필요하다.

ⓒ 구매과정에서의 참여자

구매과정에서의 참여자로는 사용자, 의사결정자, 승인자, 구매자, 정보통제자 등이 있다.

ⓔ 구매과정의 영향요인

구매과정의 영향요인으로는 가격, 품질, 시간, 규모, 브랜드인지도, 구매자와의 인간관계 등을 들 수 있다. 더불어 이들 영향요인들 모두 중요하나, 이들 중에서 매우 중요한 것 중의 하나는 구매자와 판매자 사이의 인간관계, 즉 신의와 신뢰이며 이는 구매에 결정적 역할을 하는 경우가 많다.

ⓜ 유통구조

상품이 생산자로부터 고객에게 전달되는 과정이 유통이다. 일반적으로 상품의 전달과정의 구조가 비슷한 것 같지만 상품의 특징에 따라 다를 수 있다. 그러므로 유통과정과 상품의 특성을 파악하여 시장진입의 장벽을 이해해야 한다.

4) 생산 및 기술분석

판매상품에 따라 생산 및 기술분석의 내용이 달라질 수 있다. 판매상품이 유형적 상품일 때는 기존 상품과 비교하여 우위적 기술특성, 생산입지 및 능력, 기술 및 기능인력 확보가능성, 시설계획, 원자재 조달계획, 시설계획에 따른 소요자금 추정 등의 분석이 필요하다. 그리고 판매상품이 무형적 상품일 때는 상품의 차별적 우위, 운영관리의 우위 등에 대한 분석이 필요하다.

5) 수익 및 재무분석

타당성평가의 마지막 단계로서 수익 및 재무분석은 기획중인 사업의 수익성과 투자효율성을 추정하는 것이다. 즉, 시장성이 있다고 예측이 되면 수익 및 재무분석이 이루어진다. 그러나 수익성이 없는 사업을 진행시키는 경우도 있다. 이런 경우로는 기업 내 다른 부분의 수익에 영향을 줄 때와 사업의 포트폴리오 구성상 필요성을 느낄 때 적자를 감수하더라도 진행하는 경우이다.

수익 및 재무분석의 진행과정은 다음의 [그림 3-3]으로 설명될 수 있다.

그림 3-3 **수익 및 재무분석 진행과정**

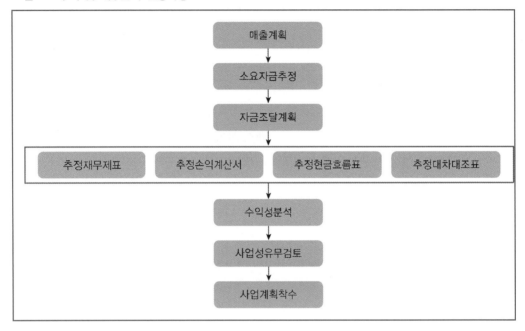

(1) 매출계획

매출추정은 시장성분석을 기초로 하여 계산되며 사업 시작 후 3~5년 정도를 예측한다. 매출규모는 사업규모와 사업소요자금과도 직접적 관련이 있기 때문에 예상매출액의 산정은 해당산업전체의 매출규모를 파악한 후 추정 시장점유율을 예측하여 계산한다. 단, 예상매출액은 보수적으로 산정하는 것이 일반적이다.

(2) 추정 소요자금과 자금조달

소요자금이란 창업 시 필요한 자금을 의미하며 산업의 성격에 따라 소요자금의 규모에는 차이가 있으며 이러한 소요자금규모는 사업규모와 자금조달능력에 의하여 결정된다. 더불어 소요자금에는 사업개시 후 1년 정도의 운영비까지도 포함해야 한다. 최근에는 창업자와 중소상공인을 위한 정부의 다양한 정책 지원자금이 있으며 이는 장기저리 신용대출이므로 이에 관한 정보를 탐색하여 적극적으로 활용할 필요가 있다.

(3) 수익성 및 손익분기점 분석

추정 매출액과 자금조달에 따른 이자비용, 감가상각 등을 고려하여 3~5년 간의 추정 손익계산서, 추정 대차대조표, 추정 현금흐름표 등을 작성하여 예상수익성을 분석한다. 손익분기점까지 도달하는 데 시간이 많이 소요되면 자금력이 약한 기업은 치명적인 타격을 입을 수 있기 때문에 반드시 확인해야 하는 분석이다.

(4) 자금운용계획표

자금운용계획표는 자금의 조달시기와 지급시기를 일목요연하게 시간적으로 정리한 자금수급에 관한 일정표로서 이는 자금운용의 효율성을 극대화시켜주는 역할을 한다.

2. 사업계획서

1) 사업계획서의 개념

영업을 하고 있는 사업이나 창업을 하기 전에 구체적인 사업내용과 세부 일정계획을 기록해 놓은 문서로서 사업의 청사진이다. 즉 외식사업의 목표와 영업하고자 하는 사업내용, 소요자금, 경영방식, 수익성, 추진일정 등을 구체적으로 표현한 것으로서 앞으로의 사업계획을 기록·정리한 문서이다.

2) 타당성조사와 사업계획서 간의 차이

타당성조사는 사업에 앞서 사업시행여부를 결정짓기 위하여 미리 조사한 문서이고, 사업계획서는 사업을 시행하기로 결정한 후에 앞으로의 사업진행내용이 담긴 문서이다. 그러나 이 문서들 간에는 중복되는 내용이 많으나, 사업계획서는 타당성조사보다 포괄적이고 세밀하며 종합적이다.

3) 사업계획서의 효용성

(1) 체계적인 사업시행이 가능하다.

(2) 창업비용과 시간을 줄여준다.

(3) 자본조달수단이다.

(4) 경영의 지침서이다.

(5) 사업관련 이해관계인에게 활용된다.

(6) 사업자의 경영능력을 키워준다.

4) 사업계획서 작성 시 주의사항

(1) 정확성

정확성을 기하기 위해서는 객관적이어야 하고 객관적이기 위해서는 실제 자료를 바탕으로 정확하게 분석되고 기술하여야 한다.

(2) 실현가능성

현실에서 이루어질 수 있는 목표와 방법을 기술하여야 한다.

(3) 핵심내용의 차별화

다른 기업과 차별되게 작성하여 핵심내용이 부각되도록 하여야 한다.

(4) 보수적 작성

예상매출은 줄이고 예상비용은 늘려서 보수적으로 작성한다.

(5) 이해력

이해가 쉽게 되도록 작성해야 한다.

(6) 계량적 표현

많이, 가끔 등과 같은 부사적 애매한 표현보다는 숫자를 사용하여 확실한 의미가 담긴 계량적 표현을 사용하는 것이 적절하다.

(7) 신속한 수정

지속적인 경영환경의 변화에 적절히 대응하기 위해서 일부 내용의 수정이 필요한 경우에는 신속히 내용을 수정하도록 하여야 한다. 그러나 너무 많은 내용의 수정은 사업계획서 본연의 의미를 손상할 수 있게 된다.

표 3-4 **사업계획서 보류**

구분	내용
기간	단기, 중장기
범위	종합, 부분
사업시기	창업, 추가신규사업
용도	내부용, 외부용

5) 사업계획서의 분류

(1) 기간에 의한 분류

① 단기계획 : 1년
② 중장기계획 : 3~5년

(2) 범위에 의한 분류

① 종합계획 : 경영의 전반에 대한 계획
② 부문계획 : 부문별 계획으로 마케팅, 생산, 재무 등의 계획

(3) 사업시기에 의한 분류

① 창업계획 : 사업을 시작하기 위해 작성하는 사업계획
② 신규사업 : 추가적으로 사업을 확대하기 위해 만드는 사업계획

(4) 용도에 의한 분류

① 내부용 : 사업의 체계적 진행과 효율성을 높이기 위해 작성하는 사업계획
② 외부용 : 이해관계인들에게 제출하기 위해 작성하는 사업계획서

6) 사업계획서 체계와 내용

(1) 사업계획서의 기본 체계

① 목차

② 사업의 개요(콘셉트 설명)

③ 기업 및 경영진소개

④ 외식산업현황

⑤ 조직 및 인사/교육 계획

⑥ 마케팅 계획

⑦ 영업계획

ㄱ 주방건축계획

ㄴ 생산설비계획

ㄷ 식자재 구매계획 등

⑧ 재무계획(수익구조분석)

⑨ 내부 운영 및 프랜차이즈 업소관리계획

⑩ 계약서 및 법적 문제

⑪ 사업일정표

(2) 사업계획서 기본 체계의 내용

① 목차

사업계획서 모든 내용을 보기 전에 대략적인 내용을 파악할 수 있고 계획서의 체계를 일목요연하게 볼 수 있도록 작성

② 사업의 개요(콘셉트 설명)

사업전반에 대한 설명으로 5W1H에 의해 간단명료하고 이해가 쉽도록 작성된 부분이며, 외식업의 경우는 콘셉트도 포함하여 기술한다.

③ 기업 및 경영진소개

기업의 자본금, 연혁, 경영진 및 주주의 이력, 회사의 법적 형태, 직원 수, 소재지 등을 포함하여 기술한다.

④ 외식산업현황

외식시장의 규모, 현재 및 미래의 경쟁업체, 성장률 등을 포함하여 기술한다.

⑤ 조직 및 인사·교육계획

예상조직도와 조직 내 부서 간의 역할과 기능을 명시하고 효율적인 인력운영계획(채용, 교육, 교육훈련, 배치, 복리후생 등)이 필요하다. 이러한 인력운영계획 중의 하나인 교육훈련계획에는 직급별·부서별교육과 가맹점주 및 가맹점 직원교육프로그램도 필요하다. 외식프랜차이즈 사업의 조직은 도입기, 성장기, 성숙기에 따라 조직의 규모와 형태 그리고 가맹점수의 규모에 따라 변할 수 있다.

㉠ 도입기

직영점과 가맹점수가 적은 창업초기에는 조직이 단순하며, 일반적으로 영업지원팀과 가맹영업팀으로 구성된다.

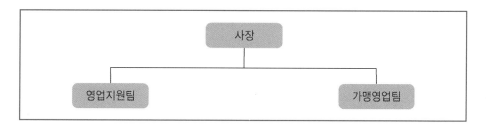

㉡ 성장기

직영점이 1~5개 정도이며, 가맹점수가 10~30개 정도일 때의 조직으로는 직영점운영팀, 가맹점지원팀, 가맹영업팀, 총무팀으로 구성된다.

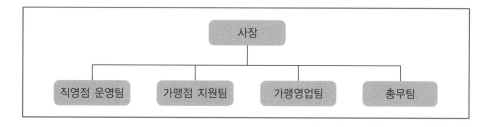

㉢ 성숙기

직영점과 가맹점수가 100개 이상일 때의 조직으로는 아래와 같다.

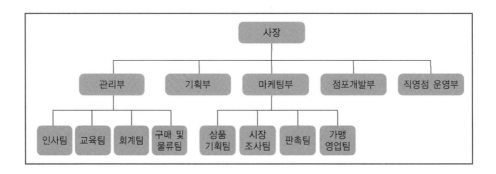

⑥ 마케팅계획

세부내용으로는 소비자분석, 경쟁자분석, CI(corporate identity)작업, 시장세분화, 목표
시장설정, 포지셔닝, 마케팅믹스 등이 있다. 프랜차이즈 마케팅계획은 2개의 목표시장
이 있기 때문에 최종소비자와 프랜차이지로 구분하여 마케팅계획을 수립하여야 한다.

⑦ 생산계획

예상투자규모와 예상시장점유율을 감안하여 생산규모를 결정하는 것이 일반적이다.
내용으로는 공장건축계획, 생산설비계획, 식자재구매계획 등이 있다. 그러나 최근에는
자체공장을 가지는 것보다는 외주를 주어 기업을 슬림화하고 위험을 분산시킴으로서
핵심기능에만 집중하는 경향이 있다.

⑧ 재무계획

㉠ 재무계획은 시장성조사와 재무분석의 내용을 그대로 활용할 수 있기 때문에 정교
화시킬 필요가 있으며 또한 예상가맹점의 예상 재무제표도 만들어야 한다. 이러한
예상 재무제표 중에서 특히 예상손익계산서가 중요한 계획 및 분석 자료로 활용된다.

㉡ 외식프랜차이즈 사업에서는 수익구조분석이 반드시 필요하다. 수익구조분석은 프
랜차이저와 프랜차이지의 수익성을 분석하여 양자 간의 수익성을 적절히 조정하는
것이다. 이러한 수익구조분석은 프랜차이즈 시스템의 성공과 실패를 결정하는 매
우 중요한 분석이다. 예를 들면, 프랜차이저가 프랜차이지에게 과다하게 가맹금,
로열티, 교육비, 판촉비 등을 요구하면 단기적 수익성은 좋을 수 있으나, 상대적으
로 프랜차이지의 수익성이 나빠지기 때문에 장기적으로 프랜차이지의 모집이 어려
워진다. 반대로 프랜차이저가 너무 적은 가맹금과 로열티 등을 받으면 프랜차이저
의 수익성 악화로 프랜차이지에게 적절한 지원을 할 수 없어 프랜차이즈 시스템이

성장하지 못하고 유명무실해질 수 있다.

⑨ 사업추진일정표

특정사업이 추진되는 과정을 세분화된 여러 단계로 나누어 각 단계별 기간적 순서로 정렬하여, 각 단계별 추진기간을 정하여 놓은 기간별 일정표가 있는데 이를 사업추진일정표라고 한다. 이는 사업추진일정을 예측할 수 있고 사업추진 일정과 실제진행상황을 비교하여 사업을 추진하면 효율적으로 사업추진을 할 수 있다. 다음의 〈표 3-5〉는 사업추진일정표의 예이다.

표 3-5 **사업추진일정표**

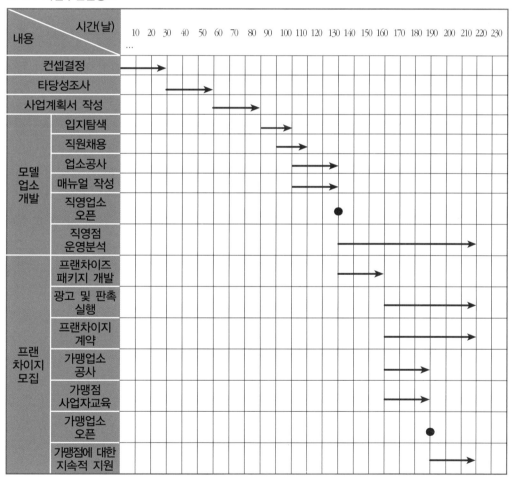

모델업소 개발단계까지는 단일 매장개발을 위한 사업추진 일정이고 프랜차이지 모집은 프랜차이즈 사업을 위한 추가적인 사업추진일정이다.

제4장
외식사업 식자재관리

제1절 │ 식자재관리

식자재관리는 식자재의 구매, 검수, 저장, 출고 등과 관련된 모든 업무를 의미한다.

외식업소 경영자들이 가장 잘못 관리하는 부분 중의 하나가 식자재 구매와 재고관리 등 식자재 전반에 대한 관리로 구매관리의 부적절함과 잘못된 재고관리로 인하여 식자재비용의 상승, 상품의 가치하락, 식자재의 높은 부패율을 초래하여 식자재 원가는 상승하고 상품의 질은 저하되고 이윤의 폭은 낮아지는 결과로 나타난다.

1. 식자재 개념 및 관리 목적

일반적으로 식자재의 개념이 광범위하게 정의되어 있는 편이나 외식산업에서는 상품생산에 필수적인 식자재로 보통 한정한다. 식자재란 음식을 만들기 위하여 직접적으로 투입되어 소모되는 재료들을 의미한다.

외식업소에서는 평균적으로 식자재 원가가 매출액의 35~45% 정도 차지하는 만큼 식자재의 관리는 매우 중요하다. 그러므로 필요한 식자재를 적당하게 구매하여 최선의 상태를 유지함으로써 적정이윤 창출에도 공헌하고 낭비되는 식자재를 줄여 원가의 효율적 절감을 이루는 것이 식자재관리의 목적이라고 할 수 있다.

외식산업에서는 식자재의 품질 자체가 바로 상품의 품질과 수명으로 연결되는 경우가 많기 때문에 식자재관리의 중요성은 아무리 강조해도 지나치지 않다.

2. 식자재의 특성

꾸준한 생산기술과 저장방법의 발달로 식자재의 대부분을 차지하는 농산물을 살펴보면 공급의 양과 시기가 확대되고 있기는 하나 아직도 자연조건의 영향을 받는 까닭에 공산품과 비교해 볼 때 가격 및 공급량의 변동 폭이 상대적으로 큰 편이다. 가격변동의 경우를 보면, 농수산물의 특정품목은 연중 최저가격과 최고가격이 10배 이상 될 때도 있는데 여기에는 사실 식자재 유통의 문제점인 복잡한 유통경로에 따른 중간상인들의 높은 이익률에 기인하는 부분도 있다. 식자재의 모양, 품질, 특성 등의 다양성 때문에 다른 분야의 재료들처럼 균일화, 규격화시키기 어려운 것이 결국 음식의 표준화를 어렵게 하는 주원인이라고 할 수 있다. 이렇듯 식자재는 다른 자재와 달리 취급하기 어려운 측면이 너무 많아 관리에 보다 더 신중을 기울여야 한다.

3. 식자재의 분류

식자재는 여러 측면에서 분류되어질 수 있는데, 크게 식품류(축산물, 농산물, 수산물, 유지, 가공식품), 음료, 비식품류로 나눈다.

1) 식품류

(1) 축산물

① 육류

  ㉠ 쇠고기

  ㉡ 돼지고기

  ㉢ 가금류 – 닭, 오리, 칠면조 등

  ㉣ 기타 – 양고기 등

② 유제품류 : 우유, 치즈, 버터, 요구르트 등

③ 육가공품류 : 베이컨, 햄, 소시지 등

(2) 농산물

① 곡류 : 쌀, 보리, 밀 등

② 야채류

③ 과일류

(3) 수산물

① 생선류 : 광어, 조기, 참치 등

② 갑각류 : 게, 가재, 새우 등

③ 패류 : 조개, 석화, 굴 등

④ 연체류 : 오징어, 문어 등

⑤ 해조류 : 김, 미역 등

(4) 유지

각종 동 · 식물성 기름

(5) 가공식품(편의 식품)

① 일반가공품 : 옥수수캔, 냉동 만두, 건포도, 잼, 각종 소스, 토마토케첩 등

② 조미료류

2) 음료

(1) 주류 : 소주, 맥주, 양주 등

(2) 음료수류 : 커피, 주스류, 콜라, 사이다 등

그림 4-1 **음료**

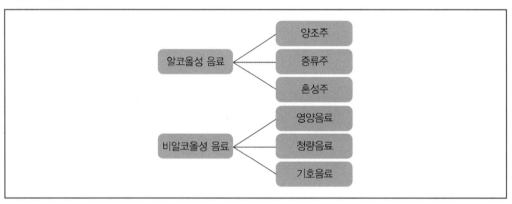

3) 비식품류 : 소모품류

종이냅킨, 세제, 요지 등

4. 재고관리

재고관리란 생산판매에 필요한 자재를 획득하기 위해 자금을 자재로 변화시키는 과정에서 어떤 품목으로 얼마나 보유할 것인가를 결정하여 효과적인 자본효율을 달성할 수 있도록 운영하며 구매한 자재를 적기, 적소, 적품으로 공급이 가능하도록 저장 분배하는 과학적 관리 기술이다.

재고관리의 목적은 외식업소의 중요한 자산인 재고물품의 보관과 생산·판매를 보조하며 최소한의 경비로 최대의 서비스를 제공하고 최후로는 재고를 최소로 하여 고객에게 서비스를 제공하는 것이다. 재고가 부족한 상태에서는 생산·판매에 지장을 주고 반면에 과잉재고 시에는 자본의 과다한 지출로 자금운용상 문제가 발생되기 때문에 업소에서는 주문량이나 재고수준을 결정할 때에 과학적 관리기법으로 적시 정량의 재고수준을 유지하여야 한다. 즉 재고투자가 많게 되면 자금 회전이 느려 업소의 자금이 동결될 소지가 생기고 재고투자가 적게 되면 조업의 중단 등 고객에게 상품서비스 활동을 만족스럽게 못하게 된다. 그리고 재고관리를 원활하게 하기 위하여

　첫째, 표준재고량(pay stock)을 결정하고 보유할 재고량을 계획하며
　둘째, 재고 물품의 입출고를 기록하고 관리하며
　셋째, 재고의 잔고기록과 실제 재고수량을 점검하여야 한다.

　좋은 상품을 최적가격에 구매했더라도 이들 자재를 소홀히 관리하면 업소의 운영에 매우 큰 지장을 초래하게 된다. 특히 외식업소에서 식자재는 가장 중요한 재고품목일 뿐 아니라 변질이나 부패의 위험성이 매우 크고 한 번에 많은 양을 오랜 기간 보존할 수 없으므로 일반자재보다 재고관리에 더 많은 주의를 기울여야 한다. 재고관리에 따르는 구체적 업무는 다음과 같다.

　1) 재고관리를 하는 방침은 어떻게 정하는가?
　2) 재고품목은 무엇을 선택하는가?
　3) 재고관리를 할 품목은 무엇으로 하는가?
　4) 재고품의 구분은 어떻게 하는가?
　5) 재고수량은 어느 정도로 하면 좋은가?
　6) 재고통제는 어떻게 하는가?
　7) 재고기간은 어느 정도로 하면 좋은가?
　8) 보관하는 방법은 어떻게 정하는가?
　9) 관리설비는 어떻게 하는가?
　10) 재고에 드는 비용은 어느 정도로 하는가?
　11) 재고관리의 운영은 어떻게 하는가?

12) 불량한 상태의 재고는 어떻게 관리하는가?

13) 재고관리의 조직은 어떻게 하는가?

14) 누가 재고관리를 하는가?

15) 재고품을 출고하는 상황은 어떠한가?

16) 금후의 재고관리를 어떻게 할 것인가?

제2절 | 구매관리

1. 구매관리의 의의 및 절차

1) 구매관리의 의의

넓은 의미로 정의할 때 구매관리란 경영주체가 그 업소의 기능을 수행하기 위하여 필요한 원자재와 여타 주변 자재들을 필요한 시기에 최소한의 비용으로 다른 경제주체로부터 획득하기 위한 관리활동을 말한다.

이것은 상품의 질과 직접적으로 관련이 되고 원가관리에도 중대한 영향을 미치기 때문에 외식업소를 운영함에 있어 구매는 특히 주의를 요하는 부분이다.

구매담당자는 식자재 가격에 영향을 주는 가격변동 요인과 최저가격에 최상의 품질의 식자재를 구입할 수 있는 장소 등에 대해서도 항상 조사해야 한다. 그러기 위해서 유능한 구매담당자는 끊임없이 음식의 질과 서비스를 향상시키기 위해 보다 나은 질의 식자재를 찾아내려고 노력하며 비용과 구매절차를 향상시킬 수 있는 모든 요소들을 탐색하는데 게으르지 않아야 한다. 또한 구매업무를 수행하여 이익을 보장할 수 있는 사람에게 맡겨야 하므로 높은 윤리적 원칙도 필요하다.

2) 구매의 절차

구매관리는 결코 단순하거나 쉬운 일이 아니다. 구매관리가 수반되는 절차를 살펴보면 다음과 같다.

(1) 제1단계 : 필요한 상품을 생산해 내는데 적합한 질과 기타 요소들을 고려하여 필요한 식자재를 결정하는 것
(2) 제2단계 : 시장 내에서 그 품목을 찾아내는 것
(3) 제3단계 : 품목조사 및 구입결정 여부
(4) 제4단계 : 구매자와 판매자 사이의 협상
(5) 제5단계 : 품목 사용에 따른 효율성과 경제성의 평가

거의 모든 구매활동에 있어 특별한 경우를 제외하고는 위와 같은 5단계를 수행해야 한다. 특히 그 중에서도 제5단계는 가장 중요한 단계임에도 불구하고 가끔 소홀하게 취급되는데 만일 제5단계가 제대로 실행되지 않으면 구매활동은 결코 향상될 수 없게 되고 실수를 반복적으로 하게 되며 성취한 일도 그렇게 만족스럽지 못하게 된다. 이러한 제5단계를 '가치분석의 단계'라고 한다. 가치분석의 단계는 구매가 완료되었을 때 최상의 구매행동이 이루어졌는지 아니면 더 향상되어야 하는지 알아보기 위해 시도하는 것으로 실제 비용이 얼마인지 확인하기 위해 구매된 품목을 면밀히 조사하는 것이다.

3) 구매관리의 목표

모든 구매기능과 활동은 기본적으로 다음의 네 가지 목표를 갖는다.

(1) 적절한 수준의 재고 유지

적절한 재고수준을 유지하여 주요 품목의 음식이 식자재 공급부족으로 인해 판매되지 못하는 불상사를 방지한다. 또한 너무 과다한 재고를 보유함으로써 현금의 유동성을 떨어뜨리고 재고유지 비용을 증가시키고 잘못된 보관으로 못쓰게 될 재고가 발생할 위험도 있다.

(2) 식자재의 품질 유지

일단 품질기준이 설정되면 식자재 품질의 변동은 수용할 수 있는 범위 내에서만 가능하게 되므로 이 기준에 맞도록 구매품의 품질을 유지하는 것도 구매담당자의 주요한 의무이자 목표이다.

(3) 최저수준의 EP(Edible Portion)

같은 크기의 사과를 비슷한 가격에 구매하더라도 어떤 사과는 껍질이 얇고 송치가 적어 먹을 수 있는 부분이 많고, 또 어떤 사과는 껍질이 두껍고 송치가 커서 겉보기와는 달리 가식부율이 낮을 수 있다. 현명한 구매 담당자는 각 식자재 품목마다 이러한 품목의 재료들을 가려낼 수 있는 안목과 능력을 갖추어 같은 가격에 구매한 자재라도 가식부율을 최대한 높여서 결과적으로 구매가격을 최소화시키는 것을 목표로 한다.

(4) 비교우위 유지

구매담당자는 많은 구매경쟁자들보다 납품업자로부터 더 나은 가격에 더 좋은 품질의 상품을 더 좋은 조건으로 살 수 있도록 노력해야 한다. 즉 구매에 소요되는 화폐의 가치를 더욱 높이는 것이 그의 주요 목표이다.

4) 구매관리의 기능

우리나라 외식산업은 절대다수가 소규모 생업형태의 업소들로 이루어져 있다. 오늘날 한미 FTA의 타결로 선진 외국체인점들의 본격적인 국내 시장참여로 외식산업의 구조에 변화가 일고 있기는 하지만, 그래도 현재까지는 여전히 독립 단독 외식업소들이 숫자적으로 훨씬 우세한 실정이다. 그러나 전체 외식산업 규모가 급속도로 팽창됨과 비례하여 그 경쟁은 더욱더 치열해지고 있고 운영방법도 날로 고도화되고 있다. 그러므로 이제는 구매에 있어서도 업소의 크기에 관계없이 조직적이고 과학적인 구매활동이 독립 외식업소들의 사활에 직접적으로 영향을 미치는 요인임은 두말할 나위가 없게 되었다. 소규모 업소의 경우와 같이 경영주가 직접 담당할 경우에는 예외이지만, 그 임무를 위임받은 구매담당자는 철저한 직업의식, 주인의식과 올바른 직업윤리를 가지고 양심적인 태도로 임해야 함은 매우 기본적인 사항이다.

중·소규모 업소의 경우에는 직접 경영자가 이러한 구매활동들을 수행할 것이고, 큰 규모라면 구매전문가를 고용하는 것이 합리적이다. 다음은 모든 경우에 일반적으로 공통되는 구매자 또는 구매부서의 주요 의무사항들이다.

- 구매시기 결정(determine when to order)
- 재고량 점검(control inventory levels)
- 품질기준 설정(establish quality standards)
- 구매명세서 작성(determine specifications)
- 경쟁적 입찰자 획득(obtain competitive bids)
- 납품업자 사전 조사(investigate vendors)
- 결제조건과 시기 결정(arrange financial terms)
- 배달 감독(oversee delivery)

- 반품에 대한 조건 결정(negotiate refunds)
- 과잉구매 혹은 과소 구매상황의 조절(handle adjustments)
- 신상품의 허가(approve new products)
- 대금 결제(invoice payment)

(1) 최적량의 재고유지와 관리

이는 외식업소에서 필요한 만큼의 각 품목별 식자재의 재고량을 항상 유지하는 것을 말한다. 적은 재고량만 가지고 영업을 하게 되면 자주 식자재가 부족해지고 고객에게 특정음식을 제공하지 못하게 되어 서비스의 질을 떨어뜨리게 되고 반대로 많은 재고량을 보유하게 되면 많은 비용이 불필요하게 낭비되어 운전자금 증가의 원인이 되며 많은 저장시설을 필요로 하게 되는 불합리성이 있다. 이를 위해서는 우선 적어도 업소의 지배인과 구매담당자가 함께 적어도 한 달에 한 번 이상 저장실의 재고를 검사해야 한다. 신속한 재고파악을 위해서는 사전에 항시 저장실을 잘 정돈해 두고 식자재 상자나 용기 등에 가격과 수량, 매입 일자 등을 표시해 두는 것이 바람직하다. 또한 파악된 재고량을 일정한 재고 양식에 기입하고 서명한 서류철을 구매담당자가 보관하도록 하며 냉장고나 냉동실에 보관된 육류 등의 재고품이 너무 오래 저장된 경우는 즉시 그것을 사용하고 만일 그 질이 폐기될 정도로 저하되었다면 재고목록에서 삭제하고 결손처리하여 폐기처분한다.

(2) 구매량 결정

구매담당자는 조리장이나 직접 또는 간접적으로 그 물품들을 사용할 사람들과 함께 업소에서 필요로 하는 물품의 수량과 종류를 결정하여 구매하도록 한다.

(3) 납품업자 선정

균일한 품질의 물품을 지속적으로 공급할 수 있고 믿을 만한 납품업자를 선정하는 것은 매우 어려운 일이다. 대체적으로 납품업체를 최종적으로 선별하기 위해서는 다음의 단계와 작업을 거친다.

전국 규모의 납품업자나 지역단위 업자들에 대한 정보를 1차적으로 취합하는데 전화번호부와 관련 업계지 또는 박람회, 업계에서 들은 소문 등을 토대로 한다. 이렇게 취합된 정보를 목록화하여 이 가운데서 자신의 업소에 적합한 후보 납품업체의 범위로 축소시켜 나간다. 이때 각 납품업체가 제공하는 상품의 질과 가격, 서비스의 질과 재무상태, 신용도 등을 그들이 보낸 견적서를 토대로 면밀히 조사한다.

그러나 최상의 납품업체란 어떤 것이고 어떻게 선별할 수 있는가? 이러한 것들을 알기 위해서는 우선 납품업자가 일관성 있는 품질의 상품을 공급할 것인가, 서비스는 정확하고 차질이 없는가, 추가주문, 과잉주문, 과소주문 때 이에 대한 처리는 얼마나 융통성 있는가? 등을 고려해 본다. 미국의 피자 헛(Pizza Hut)의 경우 이 단계에서 어떻게 선별하는가?의 예를 들어보면 피자 헛은 입수된 납품업자들의 목록 가운데서 최종적으로 업체를 선별해 내는 과정에서 체계화된 표준절차를 사용한다. 우선 수집목록에서 자격미달과 부적격업체를 누락시키고 1차적으로 선별된 업체들에게 전화로 연락하여 공급능력과 규모의 적합성을 테스트한다. 이렇게 하여 선정된 업체들에게 피자 헛을 방문하도록 하여 그들의 상품과 실적에 대해 발표를 하도록 한다. 이 단계를 거쳐 선정된 업체들을 대상으로 피자 헛의 구매책임자와 품질관리자가 직접 방문하여 그들의 능력을 평가하게 된다. 제3단계를 거쳐 최종적으로 선정된 납품업자들은 피자 헛으로 견본을 보내고 피자 헛의 구매책임자와 관련 스탭들은 이를 면밀히 검토하여 가격을 제시하고 최종 계약을 할 것인지 또 그 규모는 어느 정도로 할 것인지 결정한다. 이 절차는 매우 많은 시간이 들고 복잡하게 보일지 모르나 궁극적으로는 실수를 최소화시키고 품질을 유지하는 데 있어서 가장 바람직한 방법이라 할 수 있다.

(4) 납품업자와의 협상

이론적으로 모든 구매거래는 협상이 가능하다. 그러나 협상의 정도는 구입량의 규모에 달려 있다. 협상과정에서는 구체적으로 상품의 가격과 서비스 범위와 질, 배달속도 등에 대해 결정하게 된다. 여기에는 공급자와 구매자 간의 상호존중과 신뢰가 형성되어야만 쌍방이 만족할 만한 거래가 이루어진다.

(5) 구매조사활동

구매자는 형식적으로나 비형식적으로 구매에 대하여 여러 가지 형태로 조사를 해야 한다.

① 가장 기본적이며 널리 시행되는 구매조사활동은 이미 언급된 가치분석방법이다. 가치분석은 특히 큰 대규모의 외식업소들에게는 매우 중요한 활동이다.

② ABC분석이라 명명된 구매조사활동도 널리 이용되는데 제너럴 일렉트릭사(GE)의 포드 딕키(H. Ford Dickie)에 의해 개발된 구매조사방법이다. 이 방법은 구입대상 인 자재들을 전체 구매액에서 차지하는 금액의 비율에 비례하여 그 중요도를 매긴 후 가장 많이 사용되고 구매액이 높은 식자재는 A로 분류하여 이들 품목의 구매에 보다 많은 노력과 시간을 투자하고 B군 또는 C군으로 나뉘어진 타 식자재는 그 구매비용과 중요도에 따라서 상응하는 시간과 조사활동을 부여하는 방법으로 제대 로 시행하면 매우 효율적인 시간관리(time management)를 성취할 수 있고 식자 재의 구입비용도 절감할 수 있다.

③ 가격과 취득성 예측방법 또한 매우 유용한 구매조사기법이다. 이것은 미래에 사용 되어질 식자재의 취득가능성과 그 가격 등을 예측해내는 조사방법으로 여기에는 컴퓨터나 차트, 그래프 등의 방법을 이용한 과학적 예측기법을 사용할 수도 있지 만 시중의 납품업자들과의 대화나 인터뷰를 통해서도 쉽게 정보를 입수할 수 있다. 어떤 수단을 이용하든지 2, 3개월 앞의 미래를 예견하여 오늘의 구매계획을 수립 할 수 있다면 이러한 조사가 얼마나 유용한가는 말할 필요도 없다.

④ 모형구축(model building)조사방법은 한 음식물을 조리하는데 소요되는 재료 가 운데 특정 재료가격의 변동과 음식의 총비용, 판매가격 등과의 상관관계를 산술적 으로 나타내는 방법이다. 예를 들어 쇠고기 갈비구이에서 갈비구이 총 식자재가격 의 50%를 소갈비가 차지할 때 소갈비의 구매가격이 10% 인상되면 이것이 전체 식자재 비용에 어떠한 영향을 미치는가 살펴볼 수 있다.

> 총식자재 비용의 증가 = 소갈비 인상폭 × 소갈비가 전체 식자재에 차지하는 비율
> = 10% × 50% = 0.10 × 0.50 = 0.05(5%)

이 예는 매우 단순한 것이지만 거의 모든 식자재에 대해서 이 방식을 사용하게 되면 식자재의 시장가격 변동에 따른 미래에 나타날 전체 운영의 영향을 파악하고 예측할 수 있다.

⑤ 납품업체 방문 또한 중요한 구매조사행위 중 하나가 된다. 납품업자의 견본과 견 적서만 의지하여 결정하는 것은 때때로 위험이 따를 수 있으므로 신규 거래업자일 때에는 한 번 정도 계약 전에 방문하는 것이 바람직하다.

이외에 구매담당자는 특정 식자재를 외식업소에서 직접 조리하는 것과 반제품이나 완제품을 일부 구매하여 사용하는 데 따르는 비용과 효율성을 비교 검토하여 구매를 결정하는 경우도 있다.

(6) 납품업자와의 호의적 관계유지

시중의 모든 업자들과 연락을 할 수는 없는 것이지만 구매담당자와 경영자는 거래 가능성이 있는 납품업자들과는 될 수 있는 한 좋은 관계를 유지하도록 노력해야 한다.

(7) 잉여물 또는 사용 불가능한 식자재의 관리

때때로 메뉴가 바뀔 때 지나치게 많은 양의 식자재를 재고로 보유하고 있는 경우도 있고 경우에 따라서는 식자재가 완전히 쓸모없어지기도 하는 때가 있다. 이때 구매자는 이러한 식자재들을 폐기처분하든가, 만일 가능하다면 다른 물품과 교환하는 책임의 의무가 발생하므로 사전에 충분한 변동사항들에 대한 예측과 계획을 세우는 작업이 중요하다.

(8) 구매관련 기록문서의 개발과 보관

오늘날 외식업계에서는 구매관리를 효율적으로 처리하기 위해 컴퓨터 시스템을 도입하여 사용하고 있지만 아직도 많은 부분의 구매관련 업무가 구매명세서, 각종 영수증, 재고목록 양식, 출고양식, 견적요구서, 시장정보 기록카드, 입찰문서, 납품업체 평가기록 등 많은 서류와 문서 등에 의존하고 있다. 이러한 양식과 문서 등의 사용이유는 경영자로 하여금 구매된 자재들이 영업의 흐름에 따라 이동되는 위치나 상황을 파악하고 모니터하여 체계적인 구매 업무를 수행하기 위함이다. 이러한 업무는 구매담당자 책임 하에 둘 수도 있고 경리부서를 둘 수도 있는데 어느 쪽이든 큰 차이는 없고 업소마다의 상황에 따르는 것이 좋다. 그러나 구매담당자는 지속적으로 구매관리의 효율성을 높이기 위한 서류와 양식들의 처리방법 등을 개발해 나가도록 하는 것이 바람직하다.

(9) 구매기능의 체계화와 관리

구매담당자는 구매업무와 기능을 계획하고, 체계화시키고, 지시하고, 조정하며 필요한 경우 적절한 인원을 각 업무에 배치시키는 일을 한다. 뿐만 아니라 구매부서와 구매담당자는 경리부, 마케팅부, 조리부와 객장 서비스 담당자들과 매우 긴밀한 협조관계를 유지해야 하고 특히 조리부서와는 든든한 협조체계를 이루어 원만한 의사소통을 해야 한다. 이와 같은 고차원적인 업무를 수행하기 위해서 구매담당자는 구매기능을 체계화시키고 관리할 수 있는 능력을 배양해야 한다.

(10) 구매담당자 능력개발

구매담당자의 자기개발은 우선적으로 구매능력을 증진하는 데 있다. 각종 회의와 세미나에 참석하고 납품업자를 방문하고 박람회와 전시회에 참가하며 필요한 교육을 지속적으로 받는 등의 활동은 모두 구매자의 자기 개발방법이다.

미국의 경우에는 외식업소의 구매책임자로 하여금 미국식당협회(National Restaurant Association)산하 외식업 구매지배인 연구난제(FPM Study Group)에서 수여하는 공인 식음료 구매자격증(Certified Foodservice Purchasing Manager : CFPM)을 획득하도록 강력히 요구하고 있다.

(11) 경쟁구매자와의 협력

자신의 업소보다 작거나 경쟁력이 약한 업소의 구매담당자와 유용한 정보와 노하우를 공유하는 것이 궁극적으로는 전체 시장을 활성화시키고 보다 나은 품질의 식자재를 구매할 수 있도록 해준다. 또한 이렇게 호의적인 관계를 타 업소와 유지하게 되면 긴급하게 필요한 식자재를 구하지 못할 때 그들로부터 도움을 받을 수도 있게 된다. 선의의 경쟁을 유지하면서도 '기브 앤 테이크(give & take)'의 호혜적 관계를 유지하는 것이 필요하다.

5) 구매방법

조직과 필요에 따라 여러 가지 구매방법이 있다. 외식 프랜차이즈 기업들은 동일한 곳에서 동일한 방법으로 구매한다. 물품구매방법으로는 공개경쟁방식, 수의계약방식 및 기타구매방식이 있다.

(1) 공개경쟁방식

공개경쟁방식은 구매자가 여러 공급업자로부터 일시에 특정 품목에 대하여 견적을 받아 일정 기준에 의하여 공급자를 선정하는 방법으로 가장 경쟁적인 가격에 양질의 식자재를 공급받을 수 있는 장점이 있는 반면에 구매시간이 많이 걸리고 절차가 복잡하며 구매에 따른 부대비용이 많이 드는 단점이 있다.

① 전화구매방식(Call Sheet)

구매명세서를 보고 필요한 것을 구매하는 방법으로 구매자는 납품업자에게 전화를 해서 필요한 양만큼 신청을 한다. 이 방법을 쓰기 위해서 여러 명의 납품업자들에게 전화를 하여 납품업자의 서비스와 다른 여러 요소들을 평가하고 가격표를 작성하여 조건이 좋은 납품업자로부터 구매할 것을 결정한다.

② 입찰(Bid)

입찰은 공식적인 방법으로 대개 세 명 이상과 접촉을 한 후 정보를 평가하고 한 명의 납품업자를 선택하는 것이다. 보다 공개적이라는 점을 제외하면 이 방식은 전화목록 구매방법과 매우 비슷하다. 입찰은 요구하는 양, 질, 포장 그 외 다른 것들 즉 계산서, 배달, 일반적인 상태, 납품업자와 구매자의 책임부분 등에 대해서 규정이 정해져 있어서 납품업자는 구매자의 이러한 요구사항에 근거하여 식자재를 제공한다.

(2) 수의계약방식

수의계약방식은 특정식자재에 대하여 구매자와 특정 공급업자 쌍방 간이 계약에 의하여 식자재를 납품하는 방식으로 구매시간이 적게 걸리고 절차가 간단하다는 장점이 있지만 정실이 개입될 우려가 있고 그에 따라 높은 물품비용이 들 가능성도 있는 단점이 있다. 가끔 급하게 필요한 식자재는 주로 이 방식에 의하여 구매한다.

① 일반수의계약

때때로 합의된 가격대로 되지 않는 경우에도 구매자는 그 물품을 인수해야 하고 그것에 대해 기꺼이 합당한 가격을 지불해야 한다. 납품업자는 가능한 한 가장 좋은 가격으로 구매자에게 공급을 해주는 계약으로 이런 방법은 오래전부터 납품업자의 신뢰성이 바탕이 되어 있어야 한다.

② 인상구매

어떤 경우에는 납품업자와 합의해서 구매품목들의 비용에 일정액을 추가하여 원하는 물품들을 제공받기도 한다.

(3) 기타 구매방법

① 상용구매

필요한 수량만큼 그때의 상황에 맞춰 구매하거나 재고량이 최저수준에 이르면 구매한다.

② 일괄구매

품목별로 분류하여 공급처를 선정하며 전화 발주 등 필요할 때마다 납입시켜 월별로
납입금액을 모아 사후 구매하는 방법이다.

③ 투기구매

식자재의 가격수준이 가장 낮을 때에 많은 수량을 구매하고 가격이 상승함에 따라 소요
량 이외의 자재는 재판매함으로써 가격변동에 따른 투기이익을 얻고자 하는 방법이다.

이들 외에 규모와 성격에 따라 어떤 품목의 식자재를 어떠한 방법으로 구매하느냐에 따라
주문절차가 달라질 수 있다. 주방의 주방장으로부터 정기적으로 구매되는 품목이 아닌 다른
식자재에 대한 구매 요구서를 받으면 구매담당자는 품목, 품질, 수량, 가격, 구매 시기, 구매
처, 구매조건 등에 대한 면밀한 내용을 파악하고 주문하여야 한다. 그중에서도 구매량과 구매
시기를 결정하는 것은 매우 중요한 문제로 납품업자의 배달 스케줄에 따라 필요하다고 느끼
는 만큼씩 구매하는 방법(par stock approach)이 있다. 이 방법은 구매자가 다음번 배달
때까지 사용할 만큼 필요하다고 느끼는 양에서 현재 보유하고 있는 재고량을 빼고 주문을
하는 것이다.

6) 구매명세서

(1) 구매명세서의 정의

구매명세서는 특정한 음식의 조리를 위해서 구매해야 할 식자재의 품질과 특성을 자세하
게 기록한 양식이다. 이러한 구매명세서는 구매의 중심이며 구매자가 원하는 품목에 대한
중요한 설계이다. 구매명세서는 간단하게 품목과 수량, 브랜드, 포장 크기만을 기록하기도
하지만 가능한 한 물품을 적정가격으로 구입하는 데 필요한 특징들도 포함하여 작성되어야
한다. 일반적인 구매품목이 아닌 특별한 것을 구입하고자 할 때에는 보다 세부적인 구매명세
서를 작성해야 한다.

구매자는 자신이 원하는 것이 어떤 것인지를 완전히 알지 못할 때에는 구매를 해서는 안 된다. 비록 간단할지라도 옳은 품목을 구매할 수 있도록 몇 가지 특징적인 요소를 작성해 주는 것이 좋다. 구매명세서는 구매자와 납품업자뿐만 아니라 검수원과 수령담당자에게도 매우 중요한 지침서로 식자재의 가격과 품질을 관리하는 데 있어서도 매우 중요한 자료가 된다. 또한 입찰로 구매를 할 때에는 완벽하고 정확한 구매명세서가 필요하게 되는데 구매명세서를 잘 작성하면 더 좋은 질의 식자재를 더 저렴한 가격으로 구입할 수 있게 되는 것이다.

구매명세서에는 대개 다음과 같은 사항이 표시되어야 한다.

① 식자재 품목의 이름
② 수량 및 구매단위
③ 품목의 등급수준, 브랜드, 기타 품질에 대한 정보
④ 포장방법, 포장 크기 등
⑤ 가격산출 근거 : 파운드, 케이스, 조각, 다스 등
⑥ 생산지역, 품목검사 통과 여부 등

표 4-1 **구매명세서**

구매부서		주문일자 및 시간				납품업체명	
		납품일자 및 시간					
						신 청 자	
						납품확인자	
관리번호	품목	규 격	단 위	수 량	계	물품상태	비 고

(2) 구매명세서의 효용성

소규모 외식업소들의 경우는 필요에 따라 식자재를 구입하는 일이 많지만 기업체 규모의 외식기업에서는 나름대로의 체계화된 구매명세서를 개발하여 합리적인 구매를 위해 관리통제를 한다. 대규모의 외식업소에서는 구매에 있어 대개 일정한 주된 공급자들과 지속적인 거래관계를 유지하려는 경향이 있으므로 이와 같이 특수관계에 들어가기 앞서 각 식자재의 특성과 품질 등 기타구매와 관련된 상세한 사항을 명문화시키는 것이 좋다.

구매명세서를 개발하는 일은 결코 쉬운 작업은 아니지만 일단 훌륭한 구매명세서를 작성해 두면 구매할 때의 실수를 줄일 수 있다. 구체적인 구매명세서의 효용성은 아래와 같다.

① 구매명세서는 품질관리기준의 역할을 한다.
② 구매자, 납품업자, 식자재의 사용자(주방장, 조리사), 경리담당자 간의 오해를 제거하여 명료한 의사소통기구 역할을 한다.
③ 구매자가 부재중일 때 다른 직원이 그의 직무를 대신할 수 있다.
④ 업소 내 총지배인, 지배인, 또는 보조적인 구매담당자들의 교육 자료로도 사용 가능하다.
⑤ 납품업체(자) 선정 시 구매명세서는 매우 중요한 정보를 공급자에게 제공하며 공급자는 이것을 바탕으로 가격과 거래조건, 서비스 등에 대한 견적을 제시한다.

7) 공급업자 평가

모든 구매가 끝나면 반드시 납품업자들을 평가하여 그 세세한 내용을 일정한 양식에 기록하여 보관한다. 공급자에 대한 평가기록은 불성실한 공급자와 양심적인 공급자를 구별하게 해주고 추후 구매 시 공급업자선정에 커다란 도움을 준다.

(1) 대부분의 외식업소들은 그 업소가 위치한 지역 내에서 제한된 수의 공급업자들과 거래하여 필요한 물품을 공급받으므로 특별히 공급업자에 대한 평가의 기준이 없을 수도 있겠지만 만약 외식업소가 다수의 공급업자에게 공급받을 수 있는 경쟁적인 구매시장 내에 존재하고 있다면 각 공급업자의 서비스와 질에 대한 정확한 정보는 매우 중요하며 각 공급자의 평가기록은 물품구입 시 많은 도움을 준다.

(2) 공식적인 구매절차와 상임 구매 대리인이 있는 대규모 외식기업은 각 공급자에 대하여 아래와 같은 사항에 있어서의 불만 등을 기록하여 둔다.

- 배달지연
- 배달량 미달
- 품질차이
- 합의되지 않은 가격 변화
- 할인정책
- 어음문제, 배달문제 또는 일반적인 불만사항을 처리할 공급담당자 이름
- 어음문제, 배달문제 또는 일반적인 불만사항을 처리할 공급담당자 이름

(3) 좋거나 나쁜 평가는 식자재와 공급품의 연간 입찰이나 대규모 계약 체결 시 유용한 기준이 되므로 평가는 6개월이나 1년 기준으로 재검토하여야 각 공급업자들과의 업무관계를 제대로 파악할 수 있다.

8) 유통구조와 환경

(1) 공급업자의 분류

① 제1공급업자의 분류

제1공급업자는 생산자를 의미한다.

㉠ 경작자

비 가공 식자재를 공급하는 농업, 목축업, 수산업 종사자

㉡ 제조자

제조식품의 공급 원천업체

㉢ 합성 가공업자

경작자와 제조자로부터 획득한 재료를 가공하여 냉동, 건조, 조미 등의 가공 식자재를 생산하여 공급하는 자

② 제2공급업자의 분류

제2공급업자는 유통업자를 의미한다.

ⓐ 중간 도매상인(Whole Saler)

제1공급업자로부터 구입한 자재를 외식업소에 판매하는 자

ⓑ 중개인(Broker)

이들은 구매와 판매에 직접 관여하지는 않으나 판매수단을 갖고 있지 않은 제1차 공급업자들을 대신하여 그들의 식자재 판매를 촉진한다. 대부분의 경우 이들은 영업적 측면에서 제1공급자와 외식업소 경영자 사이의 거래를 중개한다.

ⓒ 대표자(Representative)

중개인과 비슷한 역할을 수행하지만 중개인과 같이 단순히 공급업자와 구매자를 접촉시키는 역할보다 더 많은 일에 관여한다는 점이 이 둘 간의 주요한 차이점이라 할 수 있다.

ⓓ 생산자의 대리점(Agent)

대리점과 대표자는 많은 면에서 유사하나 차이점이 있다면 대리점은 그들이 일정한 지역 내에서 단일의 제1공급업자를 대신하여 소매인이나 소비자에게 판매한다는 점이다.

(2) 유통체계에 영향을 미치는 환경요인

① 경제적 요인

수요·공급의 시장경제원칙은 구매시장가격에 커다란 영향을 미친다. 특히 보존이 어려운 식자재의 경우는 더욱 그러하다. 채소류, 과일류, 곡류, 해산물 등의 농·수산물이 이러한 경제요인을 가장 민감하게 받는 품목이다.

② 정치적 요인

대규모의 외식업체는 정부의 정책과 시책에 영향을 받을 수 있다. 한 예로 1986년 미국의 식품의약청 관리국(FDA)은 미국 전역 식당에서 사용하는 과일과 야채에 투입되는 설파일(sulfile) 방부제의 사용을 전면 금지하자 육축 생산업자들은 FDA가 육류에 대한 약품의 사용도 전면 금지시킬 것에 우려를 표시하였었다. 대체로 다른 어떤 유통경로에서보다도 제1공급업자, 즉 생산자가 정치적 영향을 가장 크게 받게 되기 때문이다. 따라서 이러한 정부의 정책결정에 따라 시장가격의 변동도 일어나게 된다.

③ 윤리적 요인

공급을 고의적으로 차단하여 가격의 등락을 기대하는 행위는 분명 비윤리적이며 건전한 유통체계를 교란시키는 행위이다. 그러나 크든 작든 간에 이런 관행은 법적으로 제한하기 쉽지 않기 때문에 생산자와 중간 소매상들의 양심에 맡겨야 하는 수가 많다.

④ 법적 요인

국내의 경우 식품위생법, 공중위생관리법 등이 유통경제에 많은 영향을 미치고 있으며, 미국의 경우는 Interstate Commerce Commission(ICC, 1887), The Sherman Act(1967), Wholesome Meat Act(1967), The Poultry Products Inspection Act(1957), The Federal Food, Drug, and Cosmetic Act(1906) 등 많은 관계 법령들과 시행령들이 있어서 건전한 유통구조와 체계를 유지하여 전체 시장의 안정을 도모하고 약자들인 소매업자들을 보호하며 국민건강 향상에 이바지하려는 노력을 기울이고 있다.

⑤ 기술적 요인

외식업계의 유통 시스템에 도입된 첨단기술과 과학은 다방면에 걸쳐 외식업체의 경영과 구매관리에 커다란 영향을 미치고 있다.

㉠ 식자재 보존기술

과거에는 식자재의 보존기간이 매우 짧았기 때문에 전체 비용 중 식자재 비용이 차지하는 비율이 매우 높았을 뿐 아니라 시기와 계절에 따라 고객에게 제공할 수 있는 메뉴의 선택폭이 매우 좁았었다. 그러나 오늘날은 냉장·냉동기능의 발달로 음식물 보존기술이 발달하여 보다 신선도가 높은 음식물을 제공할 수 있게 되었다.

㉡ 운송수단의 발달

빠른 운송수단으로 식자재 유통시간을 단축시키고 구매횟수를 감소시키면서 고객들에게도 보다 나은 서비스를 제공할 수 있게 되었다.

㉢ 컴퓨터 시스템의 발달

현실적으로 다른 산업분야에서보다 외식산업분야에서 컴퓨터는 아직도 초기 도입단계에 있다고 할 수 있다. 그러나 과거에 비해 외식기업의 경영에 있어서도 컴퓨터의 역할이 증대되어 업무처리 속도와 효율을 증진시키고 있을 뿐 아니라 막대한 인건비의 지출을 감소시켜 주고 있다. 외식업소의 구매담당자는 컴퓨터를 이용하여 재고파악과 관리, 메뉴계획, 원가계산, 구매예측 등 업소 전반에 걸친 모든 관리까지 매우 손쉽게 할 수 있게 되었다.

ⓔ 주문절차의 합리화

대부분의 대형 납품업체들은 모든 운영을 컴퓨터화시키고 있는데, 컴퓨터를 사용함으로써 외식업소들은 공급업체의 창고와 직접 연결되어 주문의 정확도를 높이는 등 주문과정 자체를 대폭적으로 단순화 합리화시킬 수 있게 되었다.

ⓜ 포장기술의 발달

미국의 식품검사 관련 기구 중 하나인 USDA(United States Department of Agriculture)에 따르면 식자재 구매가격의 8%를 포장비용이 차지하고 식자재 포장비용이 모든 식료품과 음료의 1/4 이상에 해당하는 식자재들의 가식부율 구매비용(edible portion purchasing cost)을 능가한다고 보고하였다. 일반적으로 가공의 정도가 높고 복잡한 식자재일수록 이러한 포장비용이 커지게 된다. 포장이 외식업소 운영과 긴밀한 관련을 갖는 이유는 포장이 곧 보존기간과 식자재의 품질, 조리의 편리성 등과 연관되기 때문이다. 그러나 결과적으로 포장수준이 세련될수록 구매자에게는 비용증가 요인으로 작용하게 된다.

ⓗ 기타요인

외식 유통시스템에 영향을 미치는 눈에 보이지 않는 요인으로는 납품업자의 광고, 판매촉진활동, 가격정책 등이 있다. 이러한 모든 요인들을 고려해 볼 때 구매자는 더욱더 현명해져야 하고 효율적인 구매 능력을 배양하는 데 노력해야 한다.

↘ 제3절 | 검수관리

1. 검수의 의의

검수(receiving & inspection)란 배달된 자재를 세밀히 조사하고 그것들을 수령하거나 반품하는 일련의 행위를 말한다. 이는 공급업자가 보낸 식자재가 수령 장소에 도착하는 것에서부터 검수원이 모든 구매 식자재의 수량을 확인하고, 무게를 달고, 색이나 향을 식별하는 등 자재의 질이 구매명세서와 일치하는가를 일일이 살피는 것까지의 과정으로 외식업소마다 그 정도나 기준이 다양하다.

지정된 검수원이나 수령담당자는 식자재의 질, 양, 가격 등이 구매명세서와 내용과 일치하는지를 평가할 수 있어야 하므로 식자재에 대해 가능한 한 많은 정보와 지식을 습득해야 한다.

2. 검수의 목표와 필수요소

1) 검수의 목표

정확한 품질과 정량의 식자재를 최적의 공급업자로부터 최적기에 좋은 가식구매가격(edible portion cost)에 획득하는 것이 구매의 목표라면 검수의 주요 목표는 구매된 식자재가 이러한 기준에 맞는가를 점검하고 수령된 자재를 통제(controlling)하는 일이다. 일단 검수원이 자재를 수령하게 되면 그것이 어떤 것이든 간에 업소의 자산이 되므로 검수자로부터 주기적인 통제(cycle of control)가 시작되는 것이다.

2) 효율적인 검수의 필수요소

검수관리를 효율적으로 행하기 위해서는 여섯 가지 요소가 필수적으로 갖추어져야만 한다.

(1) 유능한 검수원

검수관리에는 절대적으로 유능한 직원이 필요하다. 검수원이 갖추어야 할 기본자질로는 두뇌, 정직성, 직업에 대한 흥미와 의욕, 식자재에 대한 지식 등이 있다. 검수관리는 시간과 비용의 소모가 초래되는 작업이므로 검수원은 다양한 상품의 질에 대해 평가할 수 있는 능력을 갖추어야 하고 필요한 서류작업과 컴퓨터를 이용한 기록관리 등을 적절히 수행할 수 있는 사무능력도 겸비해야 한다.

(2) 적절한 검수장비

식자재의 무게를 달고 길이를 잴 저울과 자 등은 가장 기본적인 검수도구이다. 또한 핸드 트럭, 지게차(포크 리프트 트럭) 등을 대형 외식업소나 호텔 등의 검수과에서 보유하고 있으면 매우 편리하다. 최신 장비로는 레이저 건이 있는데 이는 포장 상품의 UPC(Universal Product Code)를 읽는 데 사용하여 배달된 상품들을 정확하고 편리하게 검수할 수 있게 한다.

(3) 적절한 검수시설

여기서 검수시설이라 함은 전체 검수지역을 일컫는다. 예를 들면, 검수 지역의 조명은 식자재들을 관찰할 수 있을 만큼 충분한 조도가 유지되어야 하고 적절한 안전설비가 있어야 하며 검수원과 배달원 모두 작업하기에 편리하도록 설계되어야 한다.

(4) 적절한 검수시기

검수시간은 사전에 계획되어야 한다. 가능하다면 배달 시간을 시차제를 두어 일시에 검수 작업이 몰리는 것을 피하여 검수지역이 혼잡하게 되는 일을 줄인다.

(5) 정확한 구매명세서

검수원이 항시 참조할 수 있는 각 품목마다의 분명한 기준이 명시되어 있는 구매명세서가 검수지역 내에 비치되어야 한다. 예를 들어 주문한 회사의 특정 물품이 없어 공급업자가 동일하다고 판단된 대체 물품을 배달했을 때 이를 수령할 것인지 또는 재주문할 것인지에 대한 판단 근거로서 이와 같은 구매명세서가 매우 유효하게 이용될 수 있기 때문이다.

(6) 구매주문서 사본

검수원은 배달될 식자재에 대해 사전에 잘 알고 있어야 미리 검수할 준비를 용이하게 할 수 있다. 이와 같은 준비작업에 있어 구매주문서 사본은 매우 유효하게 쓰인다.

3. 검수절차와 주의사항

1) 검수에 필요한 장비

- 2륜 손수레
- 저울
- 책상과 파일
- 작은 사다리
- 고무장화와 동계용 외투 등

2) 검수절차

(1) 검수원은 모든 식자재와 공급품을 하역장이나 검수지역(receiving dock)에서 수량을 확인하고 중량을 잰다. 주문한 식자재와 양, 배달 날짜가 정확히 명시된 주문서를 배달자로부터 넘겨받는다.

(2) 배달자 입회 하에 각 품목의 수량을 확인한다. 만약 식자재가 상자에 담겨 있는 경우 검수원은 상자의 표시와 양이 확실한가를 보여주는 라벨을 잘 읽어 확인한다. 공급업자 보관용 영수증과 구매자 보관용 복사본 모두를 확인 서명한 후에 구매자 보관용 복사본은 구매주문서에 첨부시켜 경리부로 보낸다.

(3) 신선한 야채, 과일류 또는 냉동 식자재와 같이 쉽게 상하는 식품인 경우에는 구매 명세서와 동일한지를 더욱 주의 깊게 검사한다. 종종 상자 바닥에는 나쁜 질의 과일이나 야채를, 맨 위쪽에는 크고 좋은 것들로 포장하는 수가 있다. 그러므로 모든 농산품은 색깔과 신선도를 자세히 점검하고 과실류는 너무 익거나 덜 익었는지 검사하면서 수용 불가능한 상품은 거절하여 돌려보내고 배달영수증과 주문서 양쪽에

그 내용을 표시한다.

(4) 검수에서 불합격된 품목이 있으면 검수원은 동일한 공급업자에게 더 좋은 품질의 식자재를 다시 가져오게 할 것인가, 구매자가 다른 공급업자에게 주문을 다시 할 것인가를 결정한다.

(5) 무게에 따라 가격이 책정되는 모든 식자재는 검수원이 직접 무게를 달아보아야 한다.

(6) 육류의 검수에는 상품이나 상자에 라벨 또는 기타 표시가 있더라도 검수원이 다시 무게를 달아야 한다. 매달 영수증 사본 양쪽에 중량을 기록하고 하나의 사본은 주문서에 부착한다.

(7) 만약 식자재가 도착되었는데 검수부에서 주문서를 가지고 있지 않다면 검수원은 즉시 구매담당자 또는 업장지배인과 연락을 취해 필요한 지시를 받는다. 확인해 줄 담당자가 없는 경우에는 검수원이 배달된 식자재가 어떤 메뉴품목에 소요되는 식자재인지 확인하도록 한다. 그러나 이를 확인할 아무 근거도 없는 경우에는 되돌려 보내는 것이 바람직하다.

(8) 주문서에 있는 식자재가 배달 날짜에 도착하지 않으면 지시받은 검수원은 구매자나 경영자에게 즉시 통보해야 한다.

3) 검수 시의 주의사항

다음은 검수 시 검수원이 유의해야 하는 사항들이다.

(1) 포장으로 인한 과대중량인 경우

신선한 육류 주위에 젖은 종이봉투를 끼워 넣거나 가금류의 안 또는 주변에 얼음 포장을 하고 상추박스 안에 얼음을 넣는 것들이 그 전형적인 예이다.

(2) 최상의 상품을 상자 위쪽에 보기 좋게 놓는 경우

이 수법은 매우 일반적이므로 검수원은 항상 용기의 바닥에 있는 식자재를 검사한다.

(3) 구매명세서와 다른 내역의 상품 배달

구매명세서에 의한 것보다 낮은 등급의 쇠고기를 납품한다거나 뼈 없는 고기 대신 뼈가 든 고기를 보내는 것 등은 검수원의 부주의를 노리는 일반적인 속임수의 방법이다.

(4) 배달원이 물품을 절취하는 경우

추가 운반과 취급에 따르는 번거로움을 피하고자 검수원은 종종 배달원으로 하여금 배달된 식자재를 냉장고나 주방 저장실로 직접 배달할 때가 있는데 이때 부정직한 배달자는 저장실에 더 적은 양을 놓거나 배달 트럭 뒤에 그 품목들을 그냥 둔다.

(5) 주문량만큼 선적하지 않은 경우

불완전한 배달은 수령 하역장에서 매일 발생하는데 주문의 나머지 배달약속을 하는 불완전한 배달은 구매자를 속이기 위해 시도될 수도 있으므로 검수원은 오직 그 품목의 배달된 총계에만 서명해야 한다.

(6) 하역된 식자재를 빼돌리는 경우

식자재가 배달된 후 하역장에서의 부주의로 남겨진 식자재가 가끔 없어지기도 하는데 검수원은 모든 음식이 저장되어 자물쇠가 채워질 때까지 하역장이나 저장지역으로부터 멀리 이동해서는 안 된다.

(7) 구매명세서에 식자재에 대한 상세한 내역이 없는 경우

물론 수년간의 경험을 갖고 있는 검수원은 구매명세서상의 상세한 내용 없이도 품질이 떨어지는 식자재에 대한 구별이 가능하여 해당 식자재를 거절할 수 있지만, 검수지역에 비치되어 있는 구매명세서상에 각 식자재의 자세한 내역이 설명되어 있지 않다면 미숙련 검수원은 식자재의 품질을 확인할 수 없게 되어 주문한 식자재를 검수하는데 차질이 생길 수 있다.

(8) 타 부서로부터의 지원이 없는 경우

검수원은 공급업체의 배달자, 주방장, 객장 지배인과 그 외 관련 부서의 담당자로 인하여 업무수행의 어려움을 겪을 수도 있는데, 예를 들면 물품이 검수원에 의해 거절되었을 때

만약 그 결정이 객장 지배인에 의해 번복되면 검수원의 기능은 사실상 무력해진다.

(9) 공급업자의 자의에 의한 초과 공급량의 배달

공급자들은 간혹 검수원에게 임의적인 공급량을 추측해서 실제 주문량을 초과해 배달시키기도 하는데 이때는 즉시 초과량을 반송시켜 이러한 수법이 재발되지 않도록 해야 한다.

(10) 공급업자로부터의 선물 또는 뇌물

주기적으로 또는 명절에 검수원이나 구매자는 공급업자로부터 선물 또는 뇌물을 받을 때도 있는데 이것은 경영자가 뇌물로 인식하거나 증여자로 하여금 검수원을 통해 그 회사와 이떠한 특별이익을 가질 수 있다고 여기게 할 수 있으므로 주의해야 힌다.

검수는 외식업소의 운영에 있어 가장 중요한 관리 활동 중 하나인 만큼 위와 같은 경우에 적절하게 대비하기 위해서는 검수원들에게 우수한 질의 식자재를 인지할 수 있도록 하는 훈련을 지속적으로 시켜야 한다. 가장 좋은 교육은 식자재의 예상 소요량을 정확히 판단하여 그에 대한 판매단가 및 예상판매량을 판단하고 이에 입각해서 업소 경영진이 조직적으로 체계화시킨 것이 각 식자재에 대한 표준구매명세서인데 한번 표준구매명세서가 결정되면 이것을 엄격히 지킬 수 있도록 노력하는 것이 업소 운영에 큰 이익이 된다. 또한 품질이 떨어지는 식자재의 덤핑납품을 거절할 수 있도록 검수원의 사기를 고무시켜 주어야 하며, 항시 검수지역에 표준구매명세서를 비치해 두어 검수원이 그 사항을 충분히 습득하고 참조할 수 있도록 하여야 한다.

4. 검수법의 종류

1) 송장검수법(Invoice Receiving)

가장 널리 사용되는 검수법으로 송장검수법을 들 수 있다. 송장(invoice)은 개개 품목의 수량, 가격과 기타 사항들을 기록하고 있는 문서로서 앞에서 본 바 있는 구매명세서(purchase order)와 비슷하다. 송장은 배달된 식자재와 함께 보내며 검수원은 송장을 보고 배달된 품목들의 수량, 품질 및 특성, 가격 등을 대조한다. 송장검수법에 따르는 일반적인 절차는 다음과 같다.

(1) 공급업체로부터 배달원이 도착하면 우선 검수창고(receiving dock)를 열고 송장과 구매명세서를 통해 정확한 수량을 파악한다.고(receiving dock)를 열고 송장과 구매명세서를 통해 정확한 수량을 파악한다.

(2) 배달된 식자재의 품질을 검사한다.

(3) 각 식자재의 단가와 품목별 총액을 납품업자의 견적서와 송장을 비교하여 조사한다.

(4) 수량이나 품질 또는 가격 등이 주문과 다를 경우 즉시 구매담당자를 소환하여 이와 같은 사항을 처리하도록 한다. 가격의 차이는 가급적이면 빨리 전화로 공급업체에 알린다. 때때로 공급업자는 전화로 제시한 가격과 다른 가격을 송장에 기입하는 실수를 범할 수도 있기 때문이다.

(5) 모든 식자재에 검수날짜를 기입할 수는 없지만 가능한 대로 품목마다 검수 날짜를 표시해 둔다. 이렇게 하면 오래된 식자재를 우선적으로 사용할 수 있어 식자재가 변질되어 폐기하는 낭비를 줄여준다.

(6) 점 표식법(dot system)을 사용하여 구매된 모든 식자재에 날짜와 가격을 표시한다. 날짜별로 다른 색깔의 점으로 된 스티커를 물품마다 붙여둔다.

(7) 육류 꼬리표(meat tags)를 사용한다. 대체로 육류 꼬리표는 2장으로 되어 있어 한장은 구매물품에 부착시키고 다른 한 장은 관리 목적으로 경리부로 보낸다. 주방에서 꼬리표가 붙은 육류를 사용할 때 이 꼬리표를 떼어 다시 경리부로 보내면 경리부에서는 보관하고 있던 다른 한 장의 꼬리표와 이를 대조하여 재고목록에서 이품목을 삭제한다.

2) 표준순위 검수법(Standing Order Receiving)

송장검수법과 거의 흡사한 방법이나 검수절차가 전자에 비해 느슨하다. 송장대신 배달 티켓이 식자재와 함께 검사원에게 보내진다. 이 방법은 주로 동일한 식자재를 정기적으로 같은 공급업체로부터 공급받을 때 사용한다.

3) 무표식 검수법(Blind Receiving)

무표식 검수법에 따르는 송장에는 식자재의 이름 외에 다른 정보가 제시되지 않으며 식자재의 이름과 가격, 수량, 품질 특징 등의 모든 정보를 담고 있는 정식 송장이 배달 하루 전에 경리부서로 보내어진다.

4) 우편배달(Mail Delivery)

주문한 식자재가 우편이나 항공화물로 배달될 경우에는 화물표(packing slip)가 송장의 역할을 대신한다. 그러나 만일 화물표와 주문서의 차이가 발생할 경우 환불요구서(request for credit memo)를 작성한다.

5) 대금상환(Cash On Delivery)

검수원이 배달원으로부터 식자재를 인수받을 때와 동시에 식자재대금을 지불하는 것으로 검수원은 배달원과 함께 품목을 조사하여 일치하는지 확인한다.

5. 불합리한 납품관행

불합리한 납품관행은 식자재 관리에 있어서 대단히 장애가 된다. 좋은 구매기술과 잘 작성된 구매명세서도 검수장소에서의 검수관리가 소홀하다면 거의 가치가 없게 된다. 외식업소의 규모와 상관없이 검수원칙은 동일하게 적용된다. 또한 경영자와 검수자는 부정직한 납품과 배달원들이 외식업소를 속이기 위해 사용하는 방법을 인지하고 있어야 한다.

- 신용전표 없이 불완전한 선적으로 발송하는 것
- 지불된 등급보다 낮은 질의 육류를 선적하는 것
- 수산물과 같은 상품에 과도하게 얼음이나 물을 더하여 중량을 늘이는 것
- 무게를 증가시키기 위해 과대 포장재료를 이용하는 것
- 가장 싼 고기는 중량이 초과되고, 가장 비싼 것은 중량 미달인 것을 알고서도 고의로 검수원으로 하여금 모든 육류의 중량을 한꺼번에 점검하게 하는 행위

- 무게를 재거나 점검하지 않고 곧장 주방이나 저장실로 운반하는 것
- 좋은 질의 식품을 용기 상부에 나쁜 질의 식품을 바닥에 두는 것
- 검수과정이 끝나고 검수 창고로부터 식자재를 옮겨 자신의 트럭에 다시 싣는 행위
- 비어있는 체하며 식품이 담긴 상자나 컨테이너를 트럭 뒤쪽에 다시 두는 행위
- 주문한 양을 초과 배달하여 공급자가 판매를 고의로 증가시키는 행위
- 점검하지 않을 것을 기대하여 바깥쪽에 실내용보다 무게나 개수가 많이 표시된 상자 안에 식품을 포장하는 것

위와 같은 사항들이 공급업자와 구매자 사이를 상호 경계하는 관계로 규정하려는 것이 아니다. 제1장에서 언급했듯이 구매자와 공급업자 사이에는 성실한 상호 신뢰가 바탕이 되어야 하지만 간혹 부정한 행위가 발생함을 사전에 방지하기 위한 것으로 인식하고 있어야 하는 것이다.

6. 검수비용 절감법

검수관리를 소홀히 하지 않고서도 검수비용을 절감할 수 있는 일반적인 방법들로 다음과 같은 것이 있다.

1) 전문검수자(Field Inspector)의 활용

보통 대규모의 호텔이나 외식기업에서는 전문적인 검수관을 활용한다. 이들이 검수과정에 투입되면 사내 검수원이 일일이 가격과 품질, 수량 등을 세세히 검사할 필요가 없으므로 사내 검수원의 업무가 매우 감소되지만 비용 면에서는 비경제적이다.

2) 검수의 전산화

이 방법은 UPC(Universal Product Code)를 사용하는 가공식품이나 농산물 등의 검수에 매우 효과적이다. 검수시간을 상당히 단축시키지만 이 시스템을 도입하는데 많은 투자를 필요로 한다.

3) 심야나 새벽 배달의 활용

대도시에 위치한 호텔과 외식업소에서 교통체증으로 유발되는 추가 비용을 제거하기 위해서 차량의 통행량이 적은 심야나 새벽에 식자재를 배달토록 한다. 배달원이 심야에 검수지역에 들어갈 수 있는 열쇠를 가지고 배달된 식자재를 내려놓고 검수창고를 잠근 후에 떠나기도 하기 때문에 공급업자와 배달원 그리고 구매자 사이에 깊은 신뢰가 형성되어 있어야 가능한 것이다.

제4절 │ 저장관리(Storing)

1. 저장관리의 의의

식자재 저장관리는 식자재를 최상의 상태로 유지하고 부패에 의한 손실발생을 최소화하는 데 그 목적이 있다. 보통 검수원은 배달된 식자재에 대한 검수를 마친 후 이를 직접 주방 또는 창고로 입고하게 되는데 이와 같은 관계로 저장관리와 검수관리는 상호 밀접한 관계에 있게 된다. 소규모의 외식업소에서는 검수원이 또한 저장업무를 맡기도 하나 호텔 등 규모가 큰 업소에서는 대체로 검수와 저장업무가 분담되어 있다. 더 작은 규모의 독립 외식업소에서 라면 주인 혹은 업소 지배인이 직접 검수와 저장을 담당하거나 주방장이 이 모든 일을 처리 한다. 경우에 따라서는 검수원이 일부 품목들을 직접 해당 조리부로 보내기도 한다. 저장관리 에 있어서 특히 중요한 사항은 식자재들을 냉장·냉동으로 구분, 보관하는 것으로 다음과 같은 사항에 항시 유의하여야 한다.

- 창고에 라벨이 부착되어 있는가?
- 식자재들이 제자리에 정돈되어 있는가?
- 냉장고와 냉동고가 올바른 온도로 유지되고 있는가?
- 선입선출에 의한 관리가 되고 있는가?
- 적절한 데이터와 라벨이 사용되는가?
- 냉동고에서 꺼내는 품목이 정확히 관리되는가?
- 올바른 해동절차를 거치는가?
- 오염을 방지하기 위하여 분리해동절차를 거치는가?
- 구매명세서가 올바르게 사용되는가?
- 재고조사는 지속적으로 행하여지는가?

2. 저장 중 손실요인

식자재 저장관리의 기본적인 목표는 저장 중에 발생할지도 모르는 손실을 최소화하는 데 있다.

첫째, 도난에 의한 손실,

둘째, 직원이나 외부인에 의한 비행으로 인한 손실,

셋째, 식자재의 변질과 부패에 의한 손실로 이는 식자재 손실원인 중 대표적인 사항이다.

1) 도난으로 인한 손실

식자재 창고와 저장실의 뒷문으로 식자재가 도난당하는 행위가 그 대표적인 형태이다. 어느 분야에서든 흔히 일어나는 식자재의 도난사고에 대한 안전대책은 창고의 접근을 가급적 눈에 보이게 설계하고 다른 저장시설, 즉 워크-인 냉장고(walk-in refrigerator)나 냉동실의 문을 철저히 잠그는 것이다. 사용 중이 아닐 때에는 저장용 냉장고와 창고 문을 잠그고 이들 시설에 접근할 수 있는 직원의 수를 최소한으로 줄이도록 한다.

2) 사내직원의 절도에 기인하는 손실

직원이나 고객들에 의한 절도는 업소의 작은 기물이나 식자재가 누수되는 원인이 된다. 지배인이나 경영주의 허가 없이 음식을 소모하는 것도 절도의 일종으로 흔히 절도를 '재고수축'이라고 업계에서는 표현하기도 한다.

한편, 미국식당협회(National Restaurant Association)에 따르면 전체 외식업소의 총 매상의 4% 정도가 이러한 직원들의 비리로 유출되고 있다고 한다. 이를 줄이기 위해서는 객장 내에서의 서비스 과정과 조리 과정에 대한 적절한 관리감독이 수행되어야 하고 반드시 지정받은 직원만이 식자재 창고와 보관지역을 출입할 수 있게 하며 이들에 대한 관리와 감독을 철저히 하도록 한다.

3) 식자재 변질과 부패로 인한 손실

부패와 변질에 의한 손실은 도난과 절취에 의한 손실보다는 조금만 신경을 쓴다면 잘 관리할 수도 있다. 식자재 부패와 변질의 주요 원인은 부적당한 저장조건에 있고 그 결과는 곧 원가상승으로 나타나기 때문에 저장온도, 기간, 환기, 저장 시 재료 간의 간격, 위생 등 적당한 저장조건의 조성과 유지는 저장관리의 본질적인 기능이며 원가관리의 기초가 된다. 적절한 횟수로 재고를 회전시키며 오래된 자재가 있을 때에는 이를 먼저 사용하여 폐기되는 것을 줄인다. 또한 엄격한 위생관리는 저장관리의 필수요인으로 다음의 두 가지 단계로 이루어진다. 첫째, 냄새나 세균 등이 다른 식자재에까지 옮겨갈 소지가 있는 물품은 즉시 다른 자재로부터 분리한다. 예를 들면 냉동되지 않은 생선류는 버터와 함께 보관해서는 안 된다.

둘째, 보다 적극적인 위생활동으로 보관 장소와 저장실을 깨끗하게 유지하는 것이다. 냉장고 안은 쉽게 악취와 부패의 온상이 될 수 있다. 개별적인 식품에 따라 최적의 보관온도와 시간이 있는데 이를 무시하고 많은 양의 음식물을 냉장고에 쌓아 두면 음식물의 전체 신선도가 떨어질 뿐만 아니라 쉽게 부패할 수 있으므로 정기적인 냉장고의 청소와 악취제거는 물론 지나치게 많은 양의 음식이 저장되지 않도록 정리한다.

특히 음식물은 사람의 건강과 직결되는 문제이므로 철저한 위생규칙의 준수는 외식업소에 있어서 무엇보다 중요한 과제이다. 따라서 저장담당 직원은 식자재의 부패방지에 항시 경계하여야 한다. 부패성이 심한 물품은 매일 점검하여 의심이 나는 물품은 철저하게 제거하고 재고 회전이 느린 품목에 대해서는 조리부에서 수시로 알려 주의를 환기시켜 준다.

위와 같은 손실을 방지하기 위하여 식자재 저장관리의 가장 기본적인 식자재의 선입선출(first in, first out)원칙이 꾸준하게 지켜져야 한다.

3. 저장관리 목표달성의 필수요소

저장관리 목표의 효율적인 달성을 위해서는 다음과 같은 요소들이 필수적으로 지켜져야 한다.

1) 적절한 공간과 시설

외식업소의 일반적인 저장용 창고의 크기는 객장의 테이블 1개당 0.45㎡이며 호텔의 경우에는 객실 1개당 1.35㎡이다. 그러나 일괄적으로 저장면적을 결정할 수 없고 업소의 매상과 메뉴, 기타 비식자재 물품 등의 종류나 저장규모 등에 따르게 되는데 일반적인 시설요건은 다음과 같다.

외식업소의 일반적인 저장용 창고의 크기는 객장의 테이블 1개당 0.45㎡이며 호텔의 경우에는 객실 1개당 1.35㎡이다. 그러나 일괄적으로 저장면적을 결정할 수 없고 업소의 매상과 메뉴, 기타 비식자재 물품 등의 종류나 저장규모 등에 따르게 되는데 일반적인 시설요건은 다음과 같다.

- 방화, 침수 방지설비 및 방부장치인 냉동·냉장창고를 설치한다.
- 창고의 진입로는 운반과 통행이 편리해야 하고, 하역, 적하 및 정리가 가능한 공지를 확보한다.
- 창고의 출입구는 2개 이상 설치한다.
- 도난 방지시설을 설치한다.
- 환기, 채광시설을 만든다.
- 위험성 품목의 보관을 위한 특수시설(일반품목과 분리)을 만든다.
- 사용 면적이 경제적으로 고려되어야 한다(적당한 넓이와 높이).

2) 적절한 온도와 습도 유지

외식업소의 식자재 저장시설 유지의 가장 큰 문제점 중 하나가 다양한 물품의 적정한 온도와 습도 유지이다. 일반 냉장고, 냉동고 보관용 대형 워크-인 냉장고 등의 청결상태와 소독, 방역과 건자재의 보관 및 저장실의 적절한 온도는 위생 점검의 필수사항들이다.

이와 같이 인체의 건강과 생명에 직결된 음식물의 취급에는 많은 주의와 관리가 필요한데, 식품위생법의 기준에 따르는 것이 일반적이다. 잠재적 위험성을 내포하고 있는 육류, 해조류, 가금류 등의 식품들은 4℃나 그 이하의 온도에서 보관되어야 한다. 대체로 정부의 지침은 행정적 차원의 의무사항일 수가 많으므로 수준 높은 음식들을 제공하여 고객으로부터 좋은 평판을 얻으려면 이보다는 높은 수준의 운영지침이 요구된다. 유형별 바람직한 보관지침은 다음과 같다.

(1) 냉장식품의 보관 지침

- 포장에서 일단 꺼낸 식자재는 청결하고 위생적인 용기에 뚜껑을 덮어 보관하고 보관용기에는 반드시 품목명을 붙여둔다.
- 냉장고의 온도를 정기적으로 점검한다. 농산물의 냉장온도는 7℃ 또는 그 이하, 육류와 낙농유제품은 4℃ 또는 그 이하
- 식자재를 창고 바닥이나 지하실 바닥 위에 그대로 보관해 두지 않는다.
- 정기적으로 냉장고와 보관 장비 및 창고를 청소한다.
- 수령한 모든 식자재에는 날짜를 표시하고 사용 시 선입선출에 의한다.
- 과일과 야채류는 서로 섞이지 않도록 매일 점검한다.
- 유제품은 강한 냄새를 갖고 있는 식자재와 별도로 분리 보관한다. 특히 생선은 다른 식자재와 함께 보관하지 않는다.
- 저장 장비나 시설의 안전 유지를 위한 프로그램을 활용한다.

● 식품군별 적정 저장온도

식 품	적당한 저장온도	최대저장기간	보존방법
• 육류			
로스트, 스테이크, 찹스	0~2.2	3~5일간	랩지로 느슨히 싼다.
간 것과 국거리감	0~2.2	1~2일간	랩지로 느슨히 싼다.
각종 육류	0~2.2	1~2일간	랩지로 느슨히 싼다.
햄 한덩이	0~2.2	7일간	랩지로 단단히 싼다.
햄 반덩이	0~2.2	3~5일간	랩지로 단단히 싼다.
햄 조각	0~2.2	3~5일간	랩지로 단단히 싼다.
햄 통조림	0~2.2	1 년	캔에 보관
Frankfurters(독일소세지)	0~2.2	1 주	본포장 상태로 보관
베이컨	0~2.2	1 주	랩지로 단단히 싼다.
런천 미트(Luncheon meats)	0~2.2	3~5일간	랩지로 단단히 싼다.
남겨진 조리된 고기	0~2.2	1~2일간	랩지로 단단히 싼다.
육수	0~2.2	1~2일간	부패가능성 매우 높음

식품	적당한 저장온도	최대저장기간	보존방법
• 가금류			
생통닭, 칠면조, 거위, 오리	0~2.2	1~2일간	랩지로 느슨히 싼다.
가금류 내장	0~2.2	1~2일간	가금류와 별도로 싼다.
스터핑(Stuffing : 얇게 썰은 고기를 양념한 것)	0~2.2	1~2일간	뚜껑있는 용기에 가금류와 별도로 보관
조리된 가금류	0~2.2	1~2일간	뚜껑을 덮어둔다.
• 생선류			
고지방 생선	−1.1~1.1	1~2일간	랩지로 느슨히 싼다.
비냉동 생선	−1.1~1.1	1~2일간	랩지로 느슨히 싼다.
냉동 생선	−1.1~1.1	3일간	얼음으로 인해 생선살이 부서지지 않도록 한다.
• 조개류	−1.1~1.1	1~2일간	뚜껑있는 용기에 보관
• 계란류			
계란	4.4~7.2	1주	물에 씻지 말 것. 계란관에서 꺼내둔다.
남겨진 노른자, 흰자	4.4~7.2	2일	노른자를 물에 띄워둔다.

자 재	−23.3℃~−17.7℃상에서 최장보존기간
• 육류	
쇠고기 : 로스트와 스테이크	6개월
쇠고기 : 간것, 국거리감	3~4개월
돼지고기 : 로스트와 저민 것	4~8개월
돼지고기 : 간 것	1~3개월
양고기 : 로스트와 저민 것	6~8개월
양고기 : 간 것	3~5개월
송아지고기	8~12개
소간과 혀	3~4개월
햄, 베이컨, 소세지	2주간
조리된 육류의 잉여분	2~3개월
쇠고기 육수	2~3개월
고기를 넣은 샌드위치류	1~2개월

자 재	−23.3℃∼−17.7℃상에서 최장보존기간
• 가금류 　생통닭, 칠면조, 거위, 오리 　Giblets 　조리된 가금류	 12개 3개월 4개월
• 생선류 　고지방 생선(고등어, 연어) 　기타 　조개류	 3개월 6개월 3∼4개월
• 기타류 　보관 아이스크림 　과일 　과일쥬스 　채소류 　후렌치푸라이용 감자 2∼6개월 　제과류 　케익 　케익반죽 　과일파이 　파이껍질 　쿠키류 　이스트를 넣은 빵류 　이스트를 넣은 빵 반죽	 3개월, 본용기(최적온도는 −12.2℃) 8∼12개월 8∼12개월 8개월 2∼6개월 4∼9개월 3∼4개월 3∼4개월 1.5∼2개월 6∼12개월 3∼9개월 3∼9개월 1∼1.5개월

〈건식자재의 보존기간〉

식자재	개폐후 최장 보존기간
• 베이킹 재료 　베이킹 파우더 　제과용 초콜릿 　고당분 초콜릿 　전분가루 　식용녹말 　인스턴트 커피 　엽차 　인스턴트 차 　탄산음료	 8∼12개월 6∼12개월 2년 2∼3개월 1년 8∼12개월 12∼18개월 8∼12개월 무한정

식자재	개폐후 최장 보존기간
• 캔류	
일반적인 과일 캔	1년
밀감, 딸기류, 체리 등	6~12개월
과일주스	6~9개월
해산물	1년
식초절임생선	4개월
수프	1년
야채류	1년
토마토와 독일산 양배추 김치	7~12개월
• 유제품	
가루형 크림	4개월
농축밀크	1년
증류밀크	1년
• 양념류	
향신료	무한정
화학조미료	무한정
겨자	2~6개월
일반소금	무한정
스테이크용 소스, 간장	2년
허브	2년 이상
고춧가루	1년
이스트	18개월
베이킹소다	8~12개월
• 음료	
커피(진공포장)	7~12개월
일반커피	2주
가공소금	1년
식초	2년
• 당미료	
알갱이 설탕	무한정
정제설탕	무한정
흑설탕	냉장요
시럽, 꿀	1년

식자재	개폐후 최장 보존기간
• 기타	
마른콩	1~2년
쿠키, 크래커	1~6개월
마른과일	6~8개월
젤라틴	2~3년
말린자두	1년
쨈, 젤리	1년
너트류	1년
피클, 단무지	1년
포테이토 칩	1개월
• 식용유와 지방	
마요네즈	2개월
샐러드 드레싱	2개월
식용유	6~9개월
식물성 쇼트닝	2~4개월
• 곡류	
일반곡물류	8개월
시리얼	6개월
표백분	9~12개월
마카로니, 스파게티, 기타	3개월
면류	

(2) 냉동식품의 보관지침

- 냉동식품은 수령 즉시 −18℃ 또는 그 이하의 온도에 보관한다.
- 냉동고의 온도를 수시로 점검한다.
- 모든 음식물은 뚜껑을 덮어 보관한다.
- 가능한 한 자주 성에를 제거하는데 가급적이면 냉동실에 최소한의 저장물이 있을 때 하도록 한다.
- 일정하게 냉동고 문을 여는 사람을 정하여 필요한 물품을 한꺼번에 꺼내도록 하여 냉동고 문을 가급적이면 자주 열지 않는다.
- 모든 식자재에 입고 날짜를 기입하고 선입선출원칙에 따라 재고를 회전시킨다.

- 선반과 바닥은 항시 깨끗하고 청결하게 유지한다.
- 설비와 장비의 안전한 사용관리 지침을 수립한다.

(3) 건류 저장물의 보관지침

- 물품을 바닥으로부터 떨어진 깨끗한 곳에 보관하여 바닥청소를 할 수 있는 여유를 두고 음식물의 변질을 막는다.
- 노출된 하수도 위나 근처 또는 물이 스며드는 벽면 근처에 물품을 두지 않는다.
- 독성을 품고 있는 화학제품이나 세제, 방충 살균제 등은 건류 저장물과 함께 보관하지 않는다.
- 일단 개폐된 용기의 식자재는 뚜껑이 있는 다른 용기로 옮겨 담아 표식을 해둔다.
- 선반과 보관대 주변을 항시 깨끗이 한다.
- 건조장소를 정기적으로 청소한다.
- 수령 즉시 모든 물품에 날짜를 기입하고 재고회전은 선입선출에 의한다.
- 빈번하게 사용하는 식자재는 입구 근처로부터 낮은 선반에 보관한다.
- 무거운 물품은 낮은 선반에 보관한다.

한편, 미국식당협회(NRA)의 지침에 따른 식자재별 습도의 적정수준은 다음과 같다.

- 육류와 가금류 : 0℃~2.2℃에서 75~85% 습도
- 생선류 : -1℃~1℃에서 75~85% 습도
- 유제품 : 3.3℃~4.4℃에서 75~85% 습도
- 과일, 채소류 : 4.4℃~7.2℃에서 85~95% 습도
- 비냉장, 건저장물 : 10℃(이상적 온도), 15.6℃~21℃(적정온도)에서 50~60% 습도

이와 같은 지침에 따라 이상적으로 식자재를 보관하려면 상당한 설비와 시설투자가 따른다. 대형 외식업소의 경우에는 대형 워크-인(walk-in) 냉장고와 냉동고 시설 등을 갖추고 있으나 대부분의 중·소규모 외식업소의 재정규모로는 이러한 시설을 다 갖추기가 어렵다. 따라서 소규모 업소에서는 음식의 질이 저하되어 고객만족에 지장을 초래할 만큼 식자재 보관관리에 차질이 발생하지 않도록 식자재의 재고회전 속도를 빠르게 하는 등 세심한 주의를 기울여야 한다.

3) 편리한 위치

저장시설과 보관창고는 가급적이면 검수창고와 조리부서에 근접해 있어야 하므로 검수, 저장, 조리시설이 모두 동일층에 위치하는 것이 바람직하다. 이는 곧 작업시간을 절약하고 음식의 수요가 집중되는 시간대라도 능률적으로 작업을 할 수 있는 동선을 배려한 설계를 해야 함을 말한다.

4) 적절한 유지관리

업소의 규모에 따라 다르겠으나, 경우에 따라서는 수천만 원, 수억 원 상당의 식자재가 저장시설에 보관되어 있을 수도 있다. 수도관의 누수로 저장실에 있는 저장식자재들을 모두 못쓰게 한다거나 갑작스런 냉동고의 고장으로 냉동식품들을 훼손시키기도 한다. 그러므로 여러 가지 저장시설물들의 유지관리는 매우 중요한 문제로 냉장고나 냉동고 등의 장비를 구입할 때 돌발적인 고장사고의 경우에 대비하여 사후관리 서비스를 즉각적으로 받을 수 있도록 하는 책임을 지배인이나 저장실 담당자가 지도록 사전에 정하여야 한다. 가장 안전하고 추가 비용을 절감하는 합리적인 방법은 시설물의 구입부터 안전하고 좋은 제품을 구입하는 것이다.

5) 유능한 직원

보통 외식업소에서는 한 명의 직원이 식자재를 검수하고 저장하며 조리까지 담당하는 예는 허다하다. 또한 보통의 업소에서도 작업 중에 식자재를 출고할 일이 생기면 누구든지 손에 닿는 사람이 가서 식자재를 꺼내 오는 경우가 많다. 그러나 대규모 업소에서는 검수와 저장관리를 위해 유능한 직원이 반드시 필요하다. 훌륭한 검수와 저장관리체계만으로도 외식업소 전체판매액의 2%를 절약할 수 있다고 전문가들은 말하기도 하는 이유가 바로 그것이다.

6) 작업수행을 위한 충분한 시간

유능한 직원이 단지 검수된 식자재를 저장하고 보관해 두는 일을 넘어서 필요한 점검조절 작업(monitoring control procedure), 물품과 저장시설의 위생관리, 재고품의 회전을 적절한 수준으로 유지하는 등 복잡한 업무를 제대로 수행해 내기 위해서는 충분한 시간이 주어져야 함에도 아직도 많은 외식업소에서는 이러한 점을 중요하다고 생각지 않고 무시하는 경우가 많으나 관행과는 달리 매우 중요한 것임을 알아야 한다.

4. 저장된 식자재 관리지침

검수와 창고담당 지배인 또는 전담직원을 고용할 능력을 갖춘 대규모 외식업소의 경우에 그들이 담당해야 할 저장시설 관리에 따르는 의무사항은 다음과 같다.

1) 재고불품은 그 품목별로 체계적인 분류가 이루어져야 한다. 이는 일반적 재고관리와 재고의 구입비용 등을 손쉽게 계산할 수 있게 해준다. 분류된 식자재를 손쉽게 찾아내기 위한 방법으로 저장실 입구에 보관된 각 식자재의 위치를 보여줄 수 있는 그림을 비치해 둔다.

2) 각 식자재의 소비 패턴과 소요되는 속도를 정확히 측정할 수 있으면 구매예측과 예산을 정확히 계획할 수 있고 또한 일정량의 최적 재고수준을 유지시켜 주므로 최적의 주문시점을 알 수 있게 해준다.

3) 저장담당자나 지배인은 급히 필요한 물품을 주문하여 배달될 때까지 기다릴 수 없는 상황에 직면하게 된다. 이때는 저장담당자가 직접 물품을 공급할 책임을 진다.

4) 저장담당자는 잉여물이 축적되고 있지 않은가를 항상 추적 조사해야 한다. 만일 일정한 식자재품목이 메뉴에서 제외가 되었을 경우 이러한 사실이 종종 저장담당자에게까지 전달되지 않을 수도 있으므로 조리부와 저장실 간의 원활한 의사소통이 매우 중요하다.

5) 저장관리 담당자는 모든 재고식자재를 항상 추적 조사하고 그 금액을 산출한다. 이 작업은 시간이 많이 소요되는 일이지만 매우 중요한 과정이다. 일회적이 아닌 영속적인 재고관리를 위해서라면 항시 어떤 식자재들이 재고로 보관되어 있는지 파악하고 있어야 한다. 빈 카드시스템(bin card system)을 이용하면 이러한 작업을 효율적으로 처리할 수 있다. 빈 카드는 주방이나 주류취급 바(bar)로 배달된 식자재나 물품류 또는 주류 등의 기록표이다.

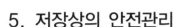

5. 저장상의 안전관리

이미 수차례 강조했듯이 도난에 의한 식자재 손실은 여하한 경우에도 허용되어서는 안 된다. 따라서 모든 식자재들은 도난을 허용하지 않는 상태로 보관하는 것이 가장 기본적인 요령이다. 식자재를 검수지역으로부터 가능한 빠른 시간 내에 저장시설로 옮기는 것도 바로 이러한 이유 때문이다. 일단 식자재가 저장되면 항시 적절한 안전관리에 주의를 기울여야 한다. 주요 식자재가 보관된 시설이나 장소는 입고와 출고 시, 재고파악 시 등을 제외하고는 항상 잠긴 상태로 있어야 하며 허용된 직원만이 접근할 수 있도록 관리지침을 마련해야 한다. 그 밖의 모든 직원들이 별도의 허가없이 어떠한 물품도 이동시켜서는 안 된다. 저장실의 열쇠는 함부로 복제되어서는 안 되며 그 관리는 담당직원만이 해야 한다. 그러나 비상용 열쇠 하나는 지배인이나 경영주가 소지하도록 한다. 이러한 안전관리의 또 다른 목적은 쉽게 손상되는 식자재의 저장관리에 있는데 육류나 생선류와 같이 쉽게 부패되는 고가품일 경우는 더욱 각별한 관리가 요구된다. 대체로 보관된 식자재의 가치와 안전관리의 정도는 비례하기 마련이므로 고급육류, 주류, 기타 고가품의 저장관리 지침은 다른 식자재의 관리방법과 별도로 마련하는 것이 현명하다.

제5절 │ 출고관리(Issuing)

1. 출고관리의 개념

1) 출고의 정의

출고란 식자재 관리에 있어서 마지막 단계로 구매나 여타의 경로를 거쳐 업소에 입수된 물품을 조리부서나 실사용자에게 공급하는 일련의 과정을 말한다. 이 과정은 또한 조리부서에 보내진 식자재에 대한 통제와 관리를 수반하며 원가관리에 필요한 정보를 제공하는 수단이 된다.

2) 출고재의 종류

일부 식자재는 상황과 종류에 따라서 검수창고에서 저장 창고를 거치지 않고 직접 출고되는 경우도 있다. 일시적으로는 사용되지 않아 저장해두는 저장출고(storeroom issuing)에 대비하여 이와 같이 즉각적으로 출고되는 것을 직접출고(direct issuing)라 한다. 직접출고는 구입 당일 날 소모될 식자재에 해당하는 경우이며 구입 당일 날 소모되지 않은 모든 식자재는 저장출고에 의한다.

한 식자재가 검수과정을 거쳐 저장실로 옮겨지고 저장실로부터 조리부서로 보내져 당일 소모가 되면 이 역시 저장출고라 볼 수 있는데 저장출고에 대한 기본적인 관리는 모든 식자재를 조리부서로부터 식자재 출고요청이 없으면 어떠한 식자재도 출고되어서는 안 된다.

완전한 원가관리 시스템체계를 갖춘 업소라면 즉시적으로 사용할 목적으로 구입한 식자재는 구매되는 대로 비용으로 기록한다. 따라서 재고장부에 플러스(+)로 기록되는 것과 동시에 비용으로 처리되어 대차대조를 이루게 된다. 식자재관리에 있어서 출고 시 비용으로 처리되는 모든 식자재를 저장출고재로 분류하며, 수령 즉시 비용으로 처리되는 모든 식자재는 직접출고재로 분류한다.

(1) 직접 출고재

어떤 식자재는 매우 상하기 쉬워서 필요한 시점 직전에 구입해야 할 경우가 있는데 이러한 식자재는 모두 직접 출고재에 속한다. 이러한 식자재의 질은 짧은 시간 내에 저하하기 쉽고 보관시간이 경과할수록 그 가치는 파괴되어 결국 사용시점에 가서는 사용불능이 될 수도 있다. 이러한 범주에 드는 식자재들은 주로 신선한 과일과 야채, 방부제가 들어있지 않은 제과류와 대부분의 신선한 유제품 등이다.

(2) 저장 출고재

직접 출고재와 대조적으로 저장 출고재들은 즉각적으로 소모되지 않아도 어느 한도 내에서는 그 품질의 현격한 저하가 염려되지 않는 식자재들이다. 이들은 하루 이상 또는 종류에 따라서는 수개월 간 재고로써 보유될 수 있는 것들도 있다. 예를 들면 적정한 상태에서 보관만 된다면 육류는 꽤 오랜 기간 보관할 수 있고 캔류, 병이나 상자에 포장된 내용물들도 그 처리방법에 따라서는 오랜 기간 보존할 수 있다.

2. 출고요청서와 원가계산

1) 출고요청서의 작성과 관리

출고요청서는 주방직원이 필요한 식자재 품목과 수량을 창고로부터 공급받기 위하여 신청하는 양식이다. 모든 출고요청서는 주방장이 사전 점검을 하여 과연 필요한 자재가 정확한 양만큼 요청되는지 살펴본 후 적절하다고 판단되면 주방장이 최종적으로 승인해서 창고관리 담당직원에게 양식을 보낸다.

    (1) 출고요청서에는 이를 신청하는 부서명, 직원명을 날짜와 함께 기입한다. 이 요청서에는 한 장 이상의 사본이 부착되어 요청서를 작성한 부서, 원가관리자와 재고관리 담당자에게도 각각의 사본을 보내준다.

    (2) 실제로 음식이 판매되기 전에 사전준비를 위해 해당 식자재의 출고요청서가 발급되는 경우 종종 문제가 발생할 수 있다.

      이럴 때에는 2부의 출고요청서를 작성하여 한 부에는 실제로 출고된 날짜를 기입하고 다른 한 부에는 실제사용날짜를 기입함으로써 문제를 처리한다.

(3) 만일 출고요청서에 의해 주문된 식자재의 재고가 보유되어 있지 않다면 출고요청서에 "무" 또는 "out"이라고 표시한다.

이런 경우에는 요청서를 낸 직원을 즉시 불러 대체재를 선택하게 하거나 긴급 구매요청을 하도록 한다. 창고관리 담당자 측에서는 전화상으로 출고요청을 수락하거나 임의대로 요청서를 변경해서는 안 된다.

(4) 출고요청서에 의해 주문된 품목들의 단위가격과 총액의 기입은 대개 창고관리 담당직원이 맡게 된다.

많은 식자재의 가격구조가 자주 변경되므로 지속적으로 이러한 작업을 수행해내기가 쉽지는 않으나 비교적 용이하고 효과적인 방법으로는 각 식자재가 검수되는 즉시 상자나 포장용기에 가격을 표시해 두면 출고요청서에 쉽게 가격을 기록할 수 있다. 이러한 방법은 또한 재고관리 시 총재고량의 가격을 산출하는데도 매우 도움이 되는데 구매당시 사용한 송장, 검수보고서, 재고카드(perpetual inventory card) 등을 모두 다시 점검해서 구매가격을 찾아내는 번거로움과 시간의 낭비를 제거해 준다.

(5) 출고요청서는 사전에 일련번호를 매겨두어 누락되거나 위조된 용지를 즉각적으로 추적해낼 수 있도록 한다.

모든 외식업소에서 이러한 일련번호체계를 사용할 필요가 있는 것은 아니나 이를 다루는 관련 직원들이 좀 더 경각심을 갖고 주의하여 다루게 하는 심리적 효과도 거둘 수 있으므로 출고관리의 효율을 기하는 데 도움이 된다.

(6) 가능하다면 주방에서는 창고담당직원이 충분한 시간을 갖고 식자재를 출고할 수 있도록 사전에 요청서를 발송하는 것이 좋다.

직접적인 식자재의 출고업무 외에도 창고담당자는 각종 서류업무와 재고의 회전, 점검, 저장시설의 관리, 냉장고 청소, 선반에 비치된 식자재들에 표시를 해두는 것에 이르기까지 여러 의무가 있기 때문에 일부 외식업소에서는 가능한 모든 출고요청서를 그 식자재가 출고되기 하루 전날에 발송하도록 요구하기도 한다.

(7) 육류꼬리표(meat tag)시스템을 사용하면 출고와 동시에 원가계산도 할 수 있다.

육류는 검수당시 책정된 무게가 기록된 꼬리표상의 무게로 출고가 되기 때문에 출고 시 다시 무게를 재거나 보관기간 중 감소된 무게를 계산하는 번거로움을 육류꼬리표의 사용으로 제거해 준다. 육류가 출고되면 검수 시 부착시킨 꼬리표를 떼어 내어 꼬리표에 기록된 금액을 출고요청서에 기입하고 꼬리표를 이에 부착시킨다.

2) 출고물품의 원가계산

저장출고재가 출고된 후에는 창고관리 담당자는 요청서에 열거된 각 식자재들의 가격을 기입하고, 출고된 식자재의 총비용을 결정한다. 이러한 수치는 업소운영에 있어 일일 식자재 원가를 계산해 내는 근거가 된다.

요청서에 열거된 각 식자재들의 단위당 원가를 기입하고 수량을 곱한 후 품목별 총금액을 함께 기입한다. 품목별 단위 원가는 다음과 같은 방법으로 구할 수 있다.

(1) 모든 식자재를 수령하여 저장할 때에 포장용기나 상자에 단위별로 구매원가를 기입해 두어 항시 저장관리 담당자가 편리하게 이용할 수 있게 한다.

(2) 모든 식자재의 구매단가를 적어둔 파일이나 장부를 이용한다. 이때 한 품목당 카드 한 장을 만들어 가격변동에 따른 가장 최근의 가격을 기입한다.

(3) 가장 최근의 가격을 상시재고 관리카드에 기입해둔다.

(4) 저장관리 담당자가 각 품목의 구매가격을 기억해 둔다. 메뉴의 품목 수가 적은 경우 또는 소규모 외식업소에서 주로 사용 가능하다.

첫 번째 방법이 가장 바람직하기는 하나 관리에 많은 비용과 인력이 소모되므로 널리 사용되는 방법은 아니다. 종종 구매가격에 대한 정보가 저장관리 담당자의 기억 속에서 나온다. 체계적 시스템에 의하면 높은 정확도를 기할 수 있으나 구매담당자의 기억에 의존하는 방법은 시간과 인력이 가장 적게 소모되는 방법이다.

3. 출고원가의 결정방법

만일 식자재의 가격이 항시 일정하다면 어떠한 방법으로 계산하더라도 동일한 결과가 도출되지만 이미 언급했다시피 대부분의 경우 식자재 가격은 그 변동이 매우 심하여 다음 기술된 방법 중 어느 한 가지 방법을 택하느냐에 따라서 그 결과는 상이하다.

1) 실제원가구입법

구매 시의 단가를 그대로 자산의 출고단가로 하는 방법으로 대개 일정 기간 가격변동이 적은 공산품의 경우 이 방법을 택한다.

2) 선입선출법

먼저 입고된 식자재부터 차례로 출고하는 방법으로 입고할 때마다 구입원가가 다른 식자재를 임의로 출고하여 사용하는 경우로서 실제로 어떤 식자재를 사용하였는가에 상관하지 않고 빠른 구입일자의 것부터 사용한 것으로 간주하여 사용식자재의 가격을 산정하는 방법

3) 후입선출법

최근에 입고된 식자재가 먼저 출고되는 방법으로 선입선출과 반대로 실제 구입원가에 상관없이 가장 최근 구입분의 단가들을 사용 식자재의 가격으로 하는 방법

4) 총평균법

식자재를 출고할 때에는 수량만을 기록하고 일정 기간 말에 이월액과 구입액을 이월구매량과 매입수량의 합계수량으로 나누어 평균단가를 산출하고 이것을 그 기간 중에 출고단가로 하는 방법

5) 이동평균법

식자재를 구입할 때에 그 수량과 금액을 각각 그 앞의 잔액에 합산하여 새로운 평균단가 산출하는 방법

6) 최종매입원가법

최후의 식자재 매입분의 단가로 재고상품을 모두 평가하는 방법

7) 매매법

식자재별로 정가를 붙이고 있는 소매점이나 백화점 등에서는 모든 상품에 대해 일일이 원가를 확인하려면 복잡하므로 기말에 재고자산을 매매가에 의해 실시하거나 이를 원가로 환원하기 위하여 여기에 원가율, 즉 원가·매매가를 합하여 얻은 금액을 기말재고액으로 하는 방법이다.

4. 재고조사방법

식자재관리에 있어 재고조사는 외식업소가 보유하고 있는 물자를 품목별로 수량, 상태 및 위치를 정확히 파악하여 그 결과를 장부상의 기록과 대조하여 차이가 발생된 경우에 그 원인을 규명하고 기록된 장부를 조정함으로써 언제나 장부상의 계정과 현물의 수량과 상태가 실제 내용과 일치하도록 관리하는 업무를 말한다.

재고조사의 목적은 정확한 재고자산을 파악하고 관리의 제도적인 개선의 기본요소를 제공하여 물자관리의 모든 문제점을 도출하려는데 목적이 있다.

식자재의 재고조사는 일반적으로 크게 두 가지 방법에 의한다. 가장 일반적인 방법은 실지 재고조사법(physical inventory)으로 주요 재고품들을 낱낱이 세는 방법이다. 다른 하나는 계속기록법(perpetual inventory)으로 모든 구매내역과 출고요청서의 내역을 기록하여 항시 정확한 재고파악이 가능하도록 기록해두는 방법을 말한다.

1) 실지재고조사법

적절한 재고조사 없이 출고요청서를 작성하는 경우에는 기록되지 않은 누락된 물품들도 있어 실제비용보다 식자재 비용이 낮게 책정되어 결국에 가서는 재고가 거의 0에 도달하여 한꺼번에 상당한 양의 식자재를 구매해야 할 때 비로소 재고조사와 그의 관리가 그릇되었음을 알게 된다. 재고량을 계산하는 데 있어 기초재고량과 기말재고량을 수치로 파악하고 있어야 한다. 기초재고량은 전 회기기간의 기말재고량이다. 실제적으로 한 회기간의 재고량을 결정짓기 위해서는 회기의 시작에 실지재고조사법에 의한 재고파악이 회기의 마지막 날에는 다음 회기의 기초재고량의 확보를 위해 한 차례의 재고조사가 시행되어야 한다. 이에 의거하여 일정 회기간의 식자재 비용을 계산하는 공식은 다음과 같다.

기초재고량 + 당기구매량 = 총재고량(금번 회기 중 사용가능한 재고량) − 기말 재고량
= 회기 중 실제 사용된 총 식자재의 양

사용된 총 식자재의 비용을 총비용(gross cost)이라고 하며 직원식사에 소모된 식자재의 양을 빼고 계산한 식자재의 비용은 고객에게 판매된 총 식자재 비용이 된다. 일반적으로 실지재고조사는 한 달에 한 번 그달의 맨 마지막 날 또는 업소마다의 회기 날짜에 맞추어 실시한다. 예를 들어 매년 12월 31일로 연간 회기가 종결되는 업체의 경우에는 이날 파악된 재고량이 익년의 기초재고량이 되는 것이다.

재고조사를 할 때 기록되는 사항은 재고의 수량뿐 아니라 가격도 포함된다. 효율적으로 조사된 재고사항을 기록해두기 위해 흔히 12개월분을 한꺼번에 기록 관리할 수 있는 월력이 사용된다. 실제적으로 모든 식자재를 모두 일일이 확인하기란 쉽지 않으므로 재고량이 비교적 매달 큰 변함없이 일정하게 유지되는 업소에서는 주요 식자재의 수량만 정기적으로 세고 나머지 부수적인 자재는 안정적으로 유지된다는 가정 하에 둔다. 이에 포함되는 식자재는 주로 매우 빈번하게 많은 양이 사용되는 재료라든가 고가의 식자재들이 그것들이다. 실제적으로 이 방법은 일을 매우 효율적으로 간소화시키면서도 부수 식자재들의 재고조사에서 발생하는 오차가 그리 크지 않기 때문에 어느 정도 규모가 있는 업소라면 추천할 만한 방법이다.

두 명이 한 조가 되어 재고조사를 하는 것은 매우 효율적이다. 한 직원은 창고나 저장소 안의 식자재의 수량을 세고, 다른 한 사람은 이를 재고기록양식에 적는다. 대체적으로 이들 중 한 직원은 창고담당이나 주방의 직원이 아닌 심사부 소속의 직원일 경우가 많은데 이는 직원들의 부정을 막고자 하기 위함이다.

두 명이 한 조가 되어 재고조사를 하는 것은 매우 효율적이다. 한 직원은 창고나 저장소 안의 식자재의 수량을 세고, 다른 한 사람은 이를 재고기록양식에 적는다. 대체적으로 이들 중 한 직원은 창고담당이나 주방의 직원이 아닌 심사부 소속의 직원일 경우가 많은데 이는 직원들의 부정을 막고자 하기 위함이다.

2) 계속기록법

계속기록법은 저장실 내의 모든 품목의 식자재에 대한 구매와 출고의 기록을 지속적으로 유지하는 방법을 말한다. 따라서 항시 입고와 출고의 비교내역이 수중에 있는 것이다. 이 방법을 시행하고 유지하기 위해서는 막대한 시간과 인력이 소요되므로 수개월 치의 식자재를 한꺼번에 구매하는 초대형의 업소에서 주로 사용가능하다. 그러나 오늘날 구매결정을 용이하게 해주고 원가분석에 도움을 주는 컴퓨터 정보처리 기술의 발달로 인하여 계속 재고 카드에 의한 계속기록법이 과거에 비해 많이 사용하고 있다. 이 방법은 다음과 같은 장점이 있다.

(1) 언제 재주문할 것인가를 알려준다.
(2) 과잉 또는 과소구매를 예방한다.
(3) 지속적으로 재고상황을 제공한다.
(4) 재고품목에 따른 차이를 알 수 있게 한다.
　　계속기록법은 월별로 평균보다 높은 변동을 보이는 품목을 정확히 집어내며 또한 각 품목마다의 적정재고기간을 알려준다.
(5) 오래된 식자재를 제거하는 데 도움이 된다. 재고 목록표만 봐도 즉시 어떤 품목이 사용되고 있지 않은가를 보여줌으로써 이들에 대한 관리를 용이하게 한다.

이미 설명하였듯이 재고카드에 의한 계속기록법에는 상당한 시간과 노력이 따르고 사용의 실효를 거두기 위해서는 지속적으로 수정·보완해야 한다. 상시재고 내역은 카드에 간단히 기록해두면 편리하고 또한 구매나 원가에 관련된 정보는 카드 뒷면에 함께 기록해두면 좋다.

제6절 | 소규모 외식업소에서의 식자재관리

대규모 업소에서는 전담 직원이 있어서 식자재의 구매, 검수, 저장, 출고 등 일련의 업무를 맡는다. 그러나 문제는 대규모 업소와 같이 인력이나 적절한 시설을 확보할 수 없는 소규모의 업소들이 어떻게 하면 큰 비용을 들이지 않고서 효율적으로 식자재관리를 할 수 있을까 하는 점이다. 소규모 업소에게 유용한 식자재관리 방법은 아래와 같다.

(1) 한 공급업자나 한 장소에서 필요한 것을 모두 구입하는 방법으로 배달횟수를 가급적이면 줄인다.

(2) 경영주가 직접 식자재의 검수, 품질검사 등을 일괄 처리한다. 값비싼 식자재는 주 저장실로 보내고, 덜 비싼 식자재는 주방으로 직접 보낸다.

(3) 경영주나 업무위임을 받은 지배인은 평균재고량의 값비싼 식자재를 요리사, 주방장 또는 바텐더(주류의 경우) 등의 실제 사용자에게 교대근무시각에 맞추어 출고시킨다.

(4) 주요 저장실을 잠근다.

(5) 동일 교대시간 동안에 추가로 식자재가 필요할 때에는 경영주나 지배인이 추가로 식자재를 출고한다.

(6) 한 교대조의 마지막에 경영주나 지배인은 그 시간대에 사용되지 않은 고가의 식자재를 회수하여 주 저장실에 수납한다.

(7) 경영주나 지배인은 한 교대조가 사용한 고가 식자재의 수량을 기록하고 경리담당자에게 그 기록을 전달하여 경리담당자는 구매사항과 판매사항을 대조한다. 이를 대조해서 총재고량에서 빠진 식자재의 양과 판매된 양 사이에 비교적 큰 차이가 발견되면 즉시 원인을 규명해야 한다.

잠깐 쉬어가기!

■ 전 세계에서 인스턴트 라면을 가장 많이 먹는 나라는 어디일까? (2024년 6월 기준)

2023년을 기준으로, 전 세계는 총 1,200억 개의 인스턴트 라면을 소비하였다. 그렇다면 어느 나라가 가장 많이 먹었을까?

세계인스턴트라면협회(World Instant Noodles Association)에서 조사한 추정치에 의하면, 중국과 홍콩이 약 42.2억 개의 인스턴트 라면을 소비하며 전체 1위를 차지하였다. 한 명이 1년 동안 약 30개의 라면을 먹은 셈이다. 2위부터 5위까지는 인도네시아(14.5억 개), 인도(8.7억 개), 베트남(8.1억 개), 일본(5.8억 개)이 선점하였다.

미국은 아시아 이외의 지역에서 인스턴트 라면 소비량(51억 인분)이 가장 많은 국가이며, 6위를 차지하였다. 우리나라는 8위를 차지하였다. 또한, 러시아는 인스턴트 라면 소비가 가장 많은 유럽 국가로, 전체 중 12위(22억 개)를 차지했다.

전 세계 인스턴트 라면 소비량 순위

순위	국가	지역	라면 소비량
1	중국 및 홍콩	아시아	42.2억 개
2	인도네시아	아시아	14.5억 개
3	인도	아시아	8.7억 개
4	베트남	아시아	8.1억 개
5	일본	아시아	5.8억 개
6	미국	북아메리카	5.1억 개
7	필리핀	아시아	4.4억 개
8	한국	아시아	4억 개
9	태국	아시아	4억 개
10	나이지리아	아프리카	3억 개
11	브라질	남아메리카	2.6억 개
12	러시아	유럽/아시아	2.2억 개
N/A	기타 국가	기타	15.6억개

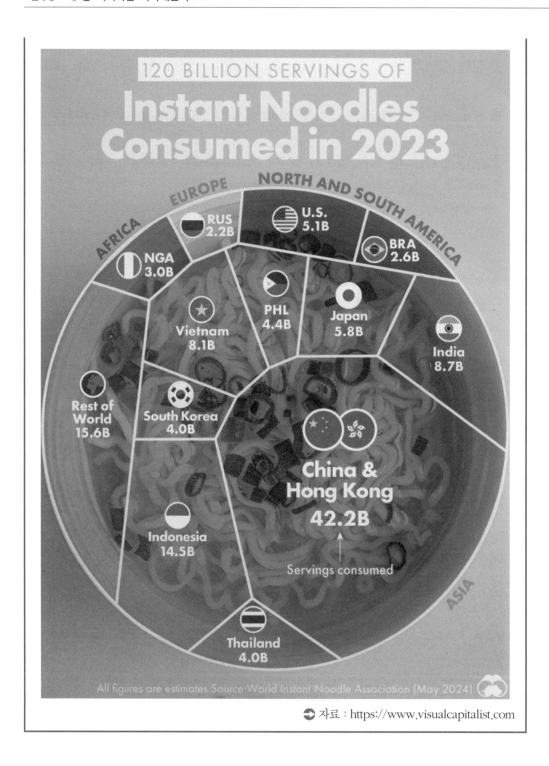

자료 : https://www.visualcapitalist.com

제5장
외식사업 경영분석

제1절 | POS 운영과 원가관리

　외식사업의 경영자는 항상 유동적인 경쟁관계 속에서 미래의 경영환경에 대한 예측과 이에 기초한 적절한 계획 및 경영관리 능력 없이 사업의 성공이나 좋은 성과를 기대할 수 없다. 물론 외식업소 중에는 외식사업 경영자의 예리한 직관력과 경험을 바탕으로 현 외식업계에서 성공한 사례를 많이 볼 수 있었으나, 이러한 직관력이 항상 미래를 예견하는 능력과 일치하지는 않는다.

　오늘날 외식사업의 경영은 주먹구구식 경영이 아닌 객관적이고 과학적인 정보를 기초로 미래에 대한 합리적인 의사결정을 하여야 한다. 즉 업소의 계수를 관리함으로써 어디에 매출과 수익성을 올릴 여지가 있는지, 또는 어디에 원가를 상승시키는 요인들이 있는지를 분석하여 이를 개선할 수 있는 구체적 방안을 마련하여 경영의 효율성을 제고하여야 한다.

　실제적으로 외식업소는 소규모이기 때문에 대기업처럼 복잡한 회계시스템 속에서 정확하게 자금의 흐름과 손익을 따지기 어렵다. 다행히 최근에 영세한 규모의 외식업소를 제외하고는 대부분의 외식업소는 POS를 활용하고 있다. POS의 정확한 활용을 통하여 경영내용을 파악할 수 있기 때문이다.

1. POS 운영

POS란 Point of Sales 시스템(판매시점 정보관리시스템)의 약자로서 외식업소의 판매상황을 사용자가 원하는 시점에서 보고서의 형태로 분석할 수 있도록 설계된 경영관리를 위한 정보관리시스템이다. 또한 이 시스템은 판매정보, 고객정보, 경영정보를 제공해줌으로 사용자의 분석요구에 따라 다양한 판매전략이나 효율적인 계획경영을 실현시켜 줄 수 있는 기능을 가지고 있다. 또한 고객이 주문한 메뉴가 서비스 직원의 입력에 의해서 주방과 카운터에 신속히 전달되어 이들의 작업능률을 향상시켜 주는 것은 물론 판매시점에서 다양한 정보를 제공하여 전반적으로 효율적인 경영관리시스템을 구축해 준다.

1) POS 시스템의 이해

POS 시스템은 수작업 단계에서 현실적으로 불가능했던 판매시점의 단품정보를 파악할 수 있는 도구로 비인기상품 배제, 인기상품 촉진, 재고 적정화 등 현재 환경을 극복하기 위해 실행하는 업무개선에 있어서 훌륭한 도구가 될 수 있다. POS 시스템을 올바르게 사용하기 위해서는 매출의 계산, 제품 판매정보 등과 관련하여 몇 가지 이해가 필요하다.

[매출 = 입점수 × 객단가]로 나타낼 수 있는데 여기서 입점수란 매장 내에 들어오는 고객수를 의미하고 객단가는 한 고객의 평균구매금액(average check)을 말한다. POS가 기계인 이상 입점수를 인식하는 것은 불가능하므로 오로지 계산을 하는 고객, 즉 금전등록기를 오픈하게 만드는 고객을 "1"로 인식하여 계산하게 된다. 예컨대, 친구 5명이 커피전문점을 방문하여 가격이 3,000원인 아메리카노 5잔을 주문하게 될 때 한 명이 대표로 계산을 하게 되면(금전등록기 오픈) POS는 입점수를 "1", 객단가는 15,000원으로 기록하고 매출은 15,000원으로 계산을 하게 된다. 하지만, 5명이 각각 계산을 하게 되는 경우 입점수를 "5", 객단가는 3,000원으로 기록하고 매출은 15,000원으로 계산을 하게 된다. 따라서 외식업소의 매출은 고객수와 객단가의 두 가지에 의해 결정되고 있음을 알 수 있다. 결국, 외식업소 경영자가 매출을 증대시키기 위해서는 고객수와 객단가를 증가시키는 촉진방법을 수행해야 하는데, 일반적으로 고객수의 증가가 매출에 가장 큰 영향을 미치게 된다. 왜냐하면 객단가 증가는 매장에 들어온 즉, 입점한 고객을 대상으로 주로 이루어지게 되고 입점한 고객을 대상으로 객단가를 증가시키는 것이 쉬운 일이 아니기 때문이다.

또한, 메뉴 엔지니어링을 통한 메뉴 분석을 실시할 때 인기도를 판단하는 기준이 메뉴 판매비율이다. 외식업소 경영자는 메뉴 믹스를 통해 비인기메뉴를 어떻게 촉진시킬 것인가, 인기 메뉴의 공헌이익을 어떻게 증가시킬 것인가, 그리고 적정 재고는 어떻게 유지할 것인가를 판단할 수 있다. 특히 많은 메뉴를 가지고 영업을 하는 외식업소의 경우 POS 데이터를 바탕으로 메뉴 판매분석을 함으로써 비인기 메뉴의 제거, 인기 메뉴의 중앙 위치 배치를 통해 업소관리의 효율성과 이익을 제고할 수 있는 기회를 얻을 수 있다. 특히 비인기 메뉴는 고객만족이라는 측면에서 유지를 할 것인가 아니면 이익 측면에서 제거를 할 것인가라는 의사결정을 내려야 할 경우 외식업소 경영자는 비인기 메뉴의 제거를 통해 저장 공간의 확보, 유효기간 경과로 인한 낭비 등 경영의 효율성을 달성할 수 있다.

2) POS 시스템의 특징

(1) 세밀한 데이터를 얻을 수 있다

POS 시스템은 각 메뉴별 판매 현황, 촉진활동과 관련된 데이터(예 : 쿠폰 회수량, 포인트 적립 등), 평일과 주말 고객수 /객단가 /매출액, 시간대별 매출, 금전등록기의 비정상 오픈 횟수 등 외식업소 경영 전반에 걸친 데이터를 파악할 수 있다. 예를 들면 금전등록기의 비정상 오픈 횟수는 고객이 주문한 후 계산을 한 상태에서 POS의 금전등록기가 오픈되는 것이 아니라 사람이 열쇠로 인위적인 오픈을 한 경우를 말한다. 이러한 금전등록기의 비정상 오픈 횟수가 많다는 것은 직원의 업무 숙련도가 낮다는 것을 의미하며 최악의 경우 직원의 도난도 의심해 볼 수 있다.

(2) 데이터가 정확하다

POS 시스템은 정확하다. 직원이 입력을 하는 대로 POS는 인식하여 설정된 데이터별로 계산을 해주게 된다. 외식업소 경영자는 POS 데이터가 그 외식업소의 경영 현황을 보여주고 있음을 인식하면서 의사결정을 위한 가장 기본적인 자료로 활용할 수 있다.

(3) 데이터를 신속하게 얻을 수 있다

POS 시스템은 현재 및 과거의 메뉴 판매정보, 일정 기간, 월별, 시간대별 데이터를 바로 현장에서 파악할 수 있으며, 현재 진행 중인 촉진활동의 데이터도 즉각적인 파악이 가능하다.

예를 들면 3일 전부터 현재까지 1,000장의 쿠폰을 배포했을 때 어제까지 아니면 오늘 현 시간까지 쿠폰의 상환율이 얼마인지를 파악하여 쿠폰의 효과가 어떠한지를 신속하게 분석할 수 있다.

(4) 많은 양의 데이터를 보존할 수 있다

POS 시스템은 포맷을 하지 않은 이상 과거 몇 달 전의 일별, 월별, 시간대별, 메뉴별, 촉진활동과 관련된 자료 등 방대한 자료를 저장하고 있다. 외식업소 경영자가 몇 달 전 특정 기간 간의 총 매출액, 메뉴 믹스, 시간대별 매출액, 고객수, 객단가 등을 알고 싶으면 POS 시스템에서 기간을 설정하여 명령을 내리면 보여주게 된다.

(5) 계산이 빠르다

과거 POS 시스템이 적용되기 전에는 고객이 여러 가지 메뉴를 한꺼번에 주문하거나 대량 주문이 있을 경우 암산 및 계산기를 사용해서 총 금액을 계산했지만 POS는 메뉴 즉시 금액 을 화면에 보여주고 고객이 지불한 금액에서 계산 후 거스름돈까지 정확하게 화면에 나타내 주기 때문에 누구나 쉽게 조작할 수 있다.

(6) 현금관리가 합리적이다

POS 시스템은 현금관리가 용이하며 합리적이다는 장점을 가지고 있다. 일반적으로 외식 업소는 영업을 시작하기 전 POS 금전등록기 상에 거스름돈을 10만원(5,000원권 / 1,000원권 / 500원 / 100원) 정도 준비하게 되는데 어느 특정 일의 하루 매출액이 1,000,000원이었다면 실 제 POS 금전등록기 안에는 1,100,000원이 있어야 한다. 만약, 1,090,000원이 있다면 외식업 소는 10,000원을 손실하게 된 것이고 원인은 직원의 미숙으로 거스름돈을 고객에게 잘못 건네주었거나 도난 등을 추측해 볼 수 있다. 반대로 10,000원이 남을 경우 거스름돈을 제대 로 받지 못한 고객이 불만을 제기할 수도 있다. 따라서 외식업소 경영자는 POS를 조작하는 직원을 자주 변경해서는 안 되며, 일정 시간(보통 4시간)을 두고 직원을 교체하는 것이 바람 직하다. POS 직원을 교체할 경우에는 기존 금전등록기를 교체하여 현금관리를 실시하여야 하며 책임 소재를 분명히 하기 위해서 그 결과를 기록하여 두는 것이 좋다. 예를 들면 한 특정 직원이 금전등록기의 현금과 관련하여 지속적으로 문제가 반복된다면 교육과 훈련을 통해 업무를 개선할 수 있으며, 개선의 정도에 따라 다른 업무로 권한을 이양하는 방법, 퇴사를 권유하는 방법 등을 시도해볼 수 있다.

3) POS의 전략적 활용

앞에서 살펴보았듯이 외식업소 경영자는 POS 시스템을 외식업소 경영전반에 걸쳐 전략적으로 활용이 가능한데 보편적으로 값비싼 POS 시스템을 설치만 해놓고 제대로 활용을 못하고 있는 것이 현실이다. 구체적으로 외식업소 경영자가 POS 시스템을 전략적으로 활용할 수 있는 부문을 제시하면 다음과 같다.

(1) 상품력 강화

POS 데이터를 바탕으로 외식업소 경영자는 메뉴 개발 및 관리를 위한 도구로 활용할 수 있다. 상품력 강화를 위한 데이터 분석은 카사바노와 스미스가 개발한 메뉴분석을 통해서도 살펴볼 수 있으며 POS 데이터만을 가지고도 비인기메뉴 배제, 인기있는 그룹에 속한 신메뉴의 개발 등에 이용될 수 있다. 메뉴 구색을 위한 이용은 메뉴 각각의 판매 현황을 파악하는 것뿐 아니라 고객 욕구의 경향이나 업소 내 메뉴 구색의 흐트러짐을 파악할 수 있다. 비인기메뉴, 사양메뉴 또는 인기메뉴는 변화가 크기 때문에 정기적인 분석이 필요하다. 그 당시의 데이터만이 아니라 3개월 이동 평균 등을 사용하여 그 추이를 살핀다면 사양 메뉴 후보나 인기 메뉴의 가능성이 높은 상품 등을 조기에 발견할 수 있다.

(2) 생산성 향상

과거 수작업을 통해 이루어졌던 많은 업무들이 POS 시스템을 통해 전산화됨으로써 영수증 발급, 데이터 요약 및 분석, 주문시스템 구축과 같은 업무들의 효율성이 증가하고 있으며, 특히 데이터 분석을 통해 현재 및 미래의 외식업소 경영의사결정에 지대한 영향을 미치고 있다.

(3) 촉진효과의 측정

촉진효과 측정은 기본적으로 평상가격 경우와 촉진가격 경우의 판매량을 비교하는 것이다. 촉진효과 측정은 가격할인의 경우 1개월간의 매출액 가운데 촉진 가격으로 판매한 것이 차지하는 비율, 쿠폰을 배포한 경우 상환율과 쿠폰 지참 고객의 매출 비율을 파악하는 것이다. 이를 바탕으로 촉진활동을 수행하기 전후의 매출액과 공헌이익의 변화가 있는지를 파악하여 추후 촉진수단에 대한 계획을 수립할 수 있다. 낮은 매출액과 낮은 공헌이익을 보였다면, 왜 고객들에게 가치를 주지 못했는지 등의 문제점을 살펴보고 추후 촉진활동을 계획할 때 실패를 되풀이 하지 않도록 해야 한다.

(4) 시간대별 분석

시간대별 분석은 매우 용이한 분석으로 시간 간격은 1시간 단위로 하는 것이 알기 쉽다. 시간대별 분석과 같은 발상으로 요일별, 특정 공휴일(예. 어린이날, 크리스마스, 설/추석 등) 분석도 가능하며 요인 데이터로서 수집한 날씨, 기온 등에 따라 살펴보면 매우 흥미로운 자료를 발견할 수도 있다. 예컨대 부산의 해운대 해수욕장에 입점한 외식업소는 여름 휴가철이 가장 피크타임이 될 수 있지만 태풍과 같은 날씨 변화에 따라 매출액은 상당히 떨어질 수밖에 없고 매출액의 하락은 유효기간이 짧은 식자재를 폐기해야 하는 상황으로도 이어질 수 있다. 그리고 시간대 분석은 영업시간 판단이나 인원배치 등에 활용될 수 있다. 예를 들면 아침 및 저녁의 어떤 특정 시간대의 매출액보다 인건비와 관리비의 비용이 높다면 영업 시간을 조정하는 것이 바람직하며, 시간대별 매출액에 따른 직원의 배치를 통해 외식업소의 서비스 능력을 최대한 발휘하여 매출 극대화와 고객만족을 창출할 수 있다.

(5) 고객층별 매출 특성 분석

고객층을 파악하는 것은 쉬운 일이 아니지만 몇 개의 고객층을 POS 시스템에 미리 설정하여 각각의 고객수와 매출액을 살펴볼 수 있다. 단순히 일정 기간의 합계나 평균뿐만 아니라 요일별, 시간대별에 따라 구매하는 주요 메뉴 등을 통해 고객층별에 따른 주력 메뉴를 알 수 있다. 고객층별 분석은 샐러리맨이나 학생층이 많은 상권에 입점한 외식업소 등에 유익하다.

(6) 손실 관리(Loss Management)

POS 데이터를 기반으로 손실(loss)을 파악하게 되는데 손실은 잃어버림의 의미를 가지고 있고 실무에서는 로스(loss)라고 흔히 한다. 어느 외식업소의 로스가 높다는 것은 손실이 많다는 것을 말하며 이것은 이익과 직결되는 부분이다. 외식업소에서 사용하는 식자재는 크게 고기, 채소, 시럽 등의 식자재류(food)와 컵, 빨대, 포장지, 포장백 등의 종이류(paper) 나누어 볼 수 있다. 예를 들어, A메뉴의 완성품에 빵, 고기패티, 양상추, 시럽의 원자재가 사용되고 POS 시스템에 A메뉴가 100개 판매되었다고 가정해 보면 이때 로스가 발생할 수 있는 부분은 총 빵, 고기패티, 양상추, 시럽의 네 가지이다. 영업전 고기패티의 기초재고가 50개, 새로 주문하여 구입한 고기패티가 100개였다면 장부상의 기말재고액은 50개가 되어야만 로스는 제로(0)가 되고 이러한 결과가 외식업소 입장에서는 가장 이상적이라 볼 수 있다. 하지만 실제 외식업소 운영 시 이러한 이상적인 상황이 발생할 확률은 낮은 것이 현실이다. 만약 기말재고액이 45개라면 5개의 고기패티 로스가 발생하게 되고, 고기패티의 원가가 1,000원이라면 총 5,000원의 손실을 입게 되는 것이다. 이와 같이 로스는 POS 시스템의 판매 현황과 장부상의 기록과 비교하여 판단하게 되고 로스는 주로 (−)가 발생하는 것이 정상이지만 (+)가 발생하는 경우도 종종 있다. 외식업소 경영상 로스의 발생이 불가피하다면 경영자는 로스를 최소화하는 데 주력해야 할 것이다. 로스가 발생하는 원인은 정확한 재고조사가 이루어지지 않아 장부상의 재고 오류, 당기구입액의 미처리 및 수량 파악 미비 등의 오류, 영업 중 버려지는 식자재의 기록 미비, 도난 등 여러 가지 원인에 의해 발생한다.

2. 원가관리

식음료를 생산·판매하는 외식사업에 있어서 식자재 비용과 인건비가 차지하는 비율이 높아 이들 요소는 원가관리에 있어서 가장 중요하게 관리되어야 할 요소들이다. 외식업소의 경영관리에 있어서 원가를 관리해야 할 부분은 제2장의 메뉴관리에서 제시된 원가관리 이외에도 효율적인 구매관리, 저장관리, 생산관리, 판매관리 등을 통한 관리와 적정인력 규모의 운용을 통한 인건비 관리 등 모든 부분이 원가관리의 대상이 된다고 하겠다. 이들은 외식업소의 순이익 극대화를 위한 가장 중요한 부분으로서 이들의 관리능력 여하에 따라서 외식업소의 실질적인 경영성과가 달성될 수 있다. 따라서 외식업소의 경영자들은 사전에 이들에 대한 철저한 분석과 관리로 경영효율성을 제고해야 한다.

1) 식자재 비용의 이해

외식업소에서 발생되는 비용의 가장 큰 부분을 차지하고 있는 것이 식자재 비용이다. 외식업소 경영자는 식자재 원가관리를 통해 이익을 최대화할 수 있음을 이해하고 식자재 원가관리에 만전을 기해야 한다.

외식업소에서 사용하는 식자재는 원가가 높으면서 많이 사용되는 식자재, 원가가 높으면서 적게 사용되는 식자재, 원가가 낮으면서 많이 사용되는 식자재, 원가도 낮고 적게 사용되는 식자재로 나누어 볼 수 있다. 외식업소 경영자 입장에서는 모든 식자재를 관리하기가 현실적으로 어렵다면 원가와 사용률을 기준으로 주요 식자재 원가를 집중적으로 관리해야만 한다. 특히, 식자재 원가가 높고 사용량이 많은 식자재를 목록화하여 1주일 또는 1개월 단위로 사용량을 점검하고 POS 판매현황과 비교하여 로스(loss)가 얼마나 발생했는지를 주기적으로 파악하여야 한다.

외식업소 경영자가 식자재 비용을 효율적으로 관리하기 위해서는

첫째, 정기적인 식자재 재고조사를 통하여 정확한 재고 기록을 가지고 있어야 한다.

한 개, 두 개와 같이 개수로 셀 수 있는 식자재의 경우는 재고조사가 쉽고 정확하게 이루어질 수 있지만 채소, 시럽 등의 식자재는 상대적으로 어렵지만 정확성에 근접할 수 있도록 재고조사를 해야 한다.

둘째, 식자재 사용량을 올바르게 이해하고 있어야 한다.

식자재 사용량은 채소류, 시럽류 등 낱개로 셀 수 없는 식자재에서 중요하다. 예컨대, 외식업소 매뉴얼에 A메뉴를 제공할 때 5g의 양상추가 제공되는 것으로 되어 있다면 항상 정확한 5g을 제공한다는 것은 무리지만 직원의 교육과 훈련을 통해 5g을 제공할 수 있도록 해야 한다. 실제 많은 외식업소에서 표준화를 통해 정확한 양을 제공하도록 노력하지만 기계로 대체할 수 없는 일부 업무에서 표준화가 이루어지지 않고 있다. 따라서 외식업소 경영자는 메뉴에 들어가는 식자재의 정량을 설정하여 직원들에게 정확한 양에 근접할 수 있도록 교육을 지속적으로 수행하여 외식업소의 이익을 증가시킬 수 있도록 해야 한다.

셋째, 적정한 주문량이다.

너무 많은 식자재의 주문은 유효기간의 경과로 인한 폐기, 보관의 어려움 등 관리의 효율성을 저하시키는 원인이 된다. 하지만 외식업소가 경영자가 여유로운 주문량과 부족한 주문

량 사이에서 고민을 한다면 조금 여유롭게 주문을 하는 것이 좋다. 왜냐하면 메뉴판에 표시되어 있는 메뉴는 고객과의 약속이기 때문에 식자재가 부족하여 고객이 주문한 메뉴를 제공하지 못한다면 고객 불만의 원인이 될 수 있다. 즉, 약간의 손해를 감수하더라도 고객과의 약속을 지키려는 노력들이 장기적으로는 고객의 신뢰를 얻어 재방문을 통한 매출 증가로 이어지게 될 것이다. 예를 들면 고객이 어느 외식업소를 방문하여 원하는 메뉴를 주문했을 때 직원이 오늘 이 메뉴의 제공이 어렵다고 한다면 고객은 그 외식업소를 불신하게 되고 불만족하게 될 것이다. 이로 인해서 고객이 그 외식업소를 나와 버리는 경우도 있다. QSC를 통한 가치 창출, 판촉활동 등을 통해 고객 입점수를 증가시키기 위해 부단한 노력을 기울였는데 방문한 고객마저 떠나버리게 하는 일은 없어야 할 것이다.

2) 외식업소 식자재 원가에 영향을 미치는 요인

앞서 외식업소의 원가관리에 대한 몇 가지 방법을 살펴보았다면 외식업소를 경영하면서 발생할 수 있는 식자재 원가에 영향을 미치는 요인을 크게 다섯 가지로 나누어 살펴보기로 한다.

(1) 식자재 가격(Raw Product Price)

식자재 구입가격이 낮으면 낮을수록 전체 식자재 비용은 하락할 수밖에 없고 식자재 비용의 하락은 외식업소의 이익과 직결된다는 측면에서 신용거래, 직거래 등 다양한 방법을 통해 식자재의 구입가격을 낮출 수 있도록 노력해야 한다. 하지만 터무니없이 낮은 가격의 식자재는 품질을 장담할 수 없으므로 품질이 담보되지 않은 상태에서 무조건 낮은 가격의 식자재를 구매하는 것은 지양해야 한다. 지금 당장은 이익이 될 수 있겠지만 저품질의 식자재로 제공한 상품이 고객의 불만을 야기할 수 있고 재구매로 이어지지 않는다는 것을 유념해야 한다. 일반적으로 외식프랜차이즈 기업은 많은 가맹점 수를 확보하여 규모의 경제를 통해 식자재 구입가격을 낮출 수 있다.

(2) 판매 가격(Selling Price)

판매 가격이 높으면 높을수록 식자재 원가는 하락하게 되고 이는 외식업소의 이익을 증가시키는 주요 요인이다. 예를 들어 총 원가가 1,000원인 메뉴를 얼마에 판매할 것인가와 관련된 것으로 2,000원에 판매하면 50%의 원가율과 이익률이 발생하고, 3,000원에 판매한다면 33.3%의 원가율과 66.7%의 이익률이 생기게 된다. 외식업소 경영자 입장에서는 3,000원에 판매하고 싶은 것이 인지상정이겠지만 3,000원에 판매했을 때 고객들이 그 메뉴에 대한 가치를 느낄 수 있을지를 고려해야 한다. 고객들이 느끼는 가치는 가격과 가장 밀접하게 관련이 있기 때문에 많은 이익을 창출하고 싶다 하더라도 고객들이 그만한 가격을 지불할 의사가 없다면 매출은 발생하지 않게 된다. 따라서 외식업소 경영자는 고객이 가치를 느끼면서 이익을 창출할 수 있는 수준에서 가격을 책정해야 할 것이다.

(3) 메뉴 믹스(Menu Mix or Sales Mix)

메뉴 믹스는 개개의 메뉴(상품)가 판매된 비율을 의미하고 있는데, 어느 업소가 총 10가지의 메뉴를 판매하고 있다고 가정했을 경우 이 10가지의 개개의 메뉴가 서로 다른 식자재 원가로 인해 공헌이익도 다르게 나타나게 된다. 식자재 원가가 낮아 공헌이익이 높은 메뉴가 많이 판매될수록 더 높은 이익을 가져올 수 있다. 예를 들어 A와 B 두 도넛매장의 도넛류 평균 원가율이 50%이고, 커피 및 쥬스 등 음료류의 원가율이 20%일 때, A와 B 매장의 매출액이 1억 원으로 동일하다 하더라도 메뉴 믹스에 의해 이익이 달라질 수 있다. 만약 A매장은 도넛 판매율이 높고 B매장은 음료류의 판매율이 높다면 동일한 매출이라 하더라도 B매장의 이익이 훨씬 높게 나타난다. 따라서, 외식업소 경영자는 각 메뉴의 원가와 공헌이익을 파악하여 이익을 많이 가져다주는 제품을 메뉴보드의 위 또는 중앙에 배치하여 고객의 눈에 잘 띄게 하거나 글씨체를 달리 하여 강조를 할 수도 있다. 그리고 고객이 메뉴에 대해 질문을 했을 때 교육받은 직원들이 자연스럽게 공헌이익이 높은 메뉴를 추천할 수 있도록 해야 한다.

(4) 일드(수율)관리(Yield Management)

일드는 사전적 의미로 생산량, 수확량을 말하는데 외식업소의 일드는 하나의 원자재로 생산해 낼 수 있는 완성품의 수를 의미한다. 아메리카노 커피 한잔에 커피원두의 양이 10g으로 표준화되어 있다면 커피원두 1kg(1,000g)으로 만들 수 있는 아메리카노의 수율은 100잔이 된다. 앞서 로스 관리에서 언급했다시피 기계화로 인해 표준화가 되어 있다면 정확한 일드관리가 되겠지만 사람의 손으로 작업은 일드관리가 쉽지 않다는 것이다. 이렇게 일드관리가 잘 되어 있지 않은 상품의 경우 고객들은 방문할 때마다 다른 양을 받게 되어 일관성이 떨어져 고객의 신뢰를 잃게 된다. 우리가 패스트푸드를 방문했을 때 햄버거 안에 야채가 사진과 다르게 나오는 이유가 바로 여기에 있다. 이와 같이 일드관리는 고객만족과 매장 이익이라는 양면성을 띠고 있다.

(5) 업장 관리(Store Control)

업소 관리 또는 통제는 외식업소를 경영하면서 원가에 영향을 미칠 수 있는 부분을 관리하는 것을 의미한다. 도난, 해충침입으로 인한 원자재 손실, 과도한 주문, 선입선출(First In First Out) 미준수, 유효기간 경과, 훈련되지 않은 직원의 실수, 레시피에 맞지 않는 제품, 기계장비의 고장으로 인해 생산된 상품, 카운터 주문과 주방과의 커뮤니케이션 오류 등은 식자재 및 완성품을 폐기해야 하는 경우로서 이러한 업소관리가 미흡할수록 식자재 원가는 상승하게 될 수밖에 없다.

제2절 | 재무제표

국내 외식업소도 이제는 체계적인 재무제표 작성에 의한 정보를 도출하여 외식업소의 의사결정에 유용하게 사용할 단계에 이르렀다.

일반적으로 업소규모가 크지 않은 관계로 이제까지는 업주 혼자서 매출과 비용을 관리하는 경우가 대다수였고 매출액에 대한 관심만큼 비용이나 그 밖의 투자가치에 대해서는 깊게 고려하지 않았던 것이 현실이었다. 그러나 외식산업의 규모가 점차 커짐에 따라 체계적인 재무관리의 필요성이 대두하게 되어 작은 외식업소에서도 손익계산서, 대차대조표 등이 꼭 필요한 부분이 되었다.

위의 두 재무제표는 외식업소의 경제적 상황을 가장 잘 설명하고 있어 매우 중요시되고 있기 때문에, 이 장에서는 이 두 재무제표에 대해서만 살펴보기로 한다.

재무제표에는 손익계산서, 대차대조표 이외에도 현금흐름표, 이익잉여금처분계산서가 있는데, 중소규모의 외식업소에서는 현금흐름표와 이익잉여금처분계산서들이 반드시 필요한 것은 아니기 때문에 제외한다.

1. 손익계산서(P/L Statement, Income Statement)

1) 손익계산서의 개념

손익계산서(profit and loss statement, income statement)는 일정 기간에 있어서 외식업소의 경영성과(results of operation)를 나타내는 표이다. 여기서 경영성과란 경영성적을 뜻하는 것으로 ① 일정 기간의 수익 산정, ② 일정 기간의 비용 산정, ③ 순손익의 결정이라는 세 가지 과정이 포함된 것이다.

즉, 손익계산서는 수익과 비용이라는 경영활동의 흐름을 일정 기간 집계하여 나타낸 흐름량(flow) 개념의 계산서로 동태표(흐름표 : flow statement)라고 할 수 있다.

이용자가 가장 관심을 갖고 있는 순이익 · 매출액 · 비용에 관한 정보가 담겨져 있기 때문에 손익계산서는 매우 중요한 재무제표이다.[1]

2) 손익계산서의 구조

수익·비용·순이익(순손실)은 손익계산서의 기본요소이다. 수익은 외식업소가 일정 기간 동안 소비자에게 재화·용역을 판매하여 얻어진 총매출액을 의미한다. 외식업소의 경우는 식·음료 매출액이다. 비용은 외식업소가 일정 기간 동안 수익을 발생하기 위하여 지출한 비용이다. 순이익 또는 순손실은 일정 기간 동안 발생한 수익에서 비용을 차감한 것이다. 즉, 손익계산서의 작성원리를 나타내면 다음과 같다.

수익 − 비용 = 순이익(순손실)

표 5-1 **손익계산서의 구조**

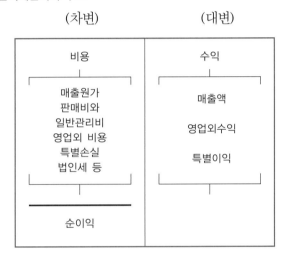

(1) 비용

① 매출원가

상품 또는 용역의 판매에 따른 매출상품 또는 용역의 원가이다. 상품인 경우의 매출원가는 아래와 같이 나타낸다.

매출원가 = 기초재고액 + 당기매입액 − 기말재고액

---

1) 남상오, 회계원리, 다산출판사, 1993, p.91.

② 판매비와 일반관리비

판매비는 재화 및 용역의 판매활동을 위해 지출된 비용이고 일반관리비는 영업활동 등을 위해 필요한 일방적인 관리에 지출되는 비용이다. 기업회계기준에서 판매비와 일반관리비는 하나의 계정으로 표시하고 있어 두 계정을 구분하지 않아도 된다. 예로는 급여, 광고비, 판매수수료, 보험료, 임차료, 교통·통신비 등이 그것이다.

③ 영업외비용

외식업소의 주요 영업활동에 직접 관련되지 않은 부수적 활동에 따라 발생하는 거래로 나타나는 비용이다. 예로는 지급이자, 창업비 상각, 매출할인, 대손상각 등이 있다. 영업외비용은 영업비가 아니라는 점에서 영업비인 판매·관리비와 구별되고, 경상적 비용이라는 점에서 특별손실과 구별된다.[2]

④ 특별손실

불규칙적·비반복적으로 발생하는 손실이다. 예로는 자산처분손실, 재해손실 등이 있다. 자산처분손실은 장부가격 이하로 고정자산을 처분하여 발생하는 손실이나 기계 등과 같은 자산을 잔존가치 이하로 처분하여 발생하는 손실을 의미한다. 재해손실은 예상치 못한 재해로 발생된 손실이다. 외식업소의 경우 고객에게 부패된 식음료를 제공하여 고객이 식중독을 일으켰다면 그에 따른 치료비와 보상금 같은 것을 지불하는 것이 이에 해당된다.

⑤ 세금

세금은 개인사업자가 영업활동 결과 얻어진 소득을 바탕으로 내는 사업소득세와 법인이 내는 법인세가 있다. 이익 정도에 따라 세율은 변한다.

(2) 수익

① 매출액

상품 등의 판매 또는 용역의 제공으로 실현된 금액이다. 손익계산서상의 매출액은 순매출액으로서 총매출액이 아니다. 총매출액(gross sales)이란 상품판매 시 또는 용역제

---

2) 상게서, p.557.

공 시 받을 화폐액으로, 수익차감항목인 매출에누리와 환입을 차감하기 전의 금액으로 송장가격(invoice price)이 되는 경우가 많다. 순 매출액(net price)이란 총매출액에서 매출에누리와 환입을 차감한 것으로서 손익계산서상 매출액으로 계상되는 것이다.

매출액은 외식업소의 주요영업활동 또는 경상적 활동으로부터 얻은 수익이다. 주요 영업활동이 아닌 것으로부터 얻은 수익은 영업외수익으로 그리고 비경상적 활동으로부터 얻은 수익은 특별이익으로 계상된다. 여기서 주요 영업활동이란 외식업소의 주요 영업대상인 상품 등 재고자산의 판매와 관련된 영업활동을 가리킨다.

매출액으로부터 매출원가를 차감하면 매출총이익이 산출된다. 매출총이익은 손익계산서에 표시되는 이익 중에서 첫 단계에 산출되는 것으로 상품 등의 판매액과 그 원가를 대비시킴으로써 판매비와 일반관리비 등 다른 비용을 고려하지 않은 상태에서 상품 등의 수익성 여부를 판단할 수 있는 중요한 이익지표가 된다.

② 영업외수익

외식업소의 주요 영업활동과 관련 없이 발생하는 수익이다. 영업외수익을 별도의 수익계정으로 인정한 것은 영업수익과 영업외수익을 구별함으로써 외식업소의 주요 영업활동과 주요 영업활동이 아닌 수익을 구별하기 위한 것이다.[3]

③ 특별이익

불규칙적이고 비 반복적으로 발생하는 이익이다. 이에 속하는 것이 고정자산처분이익으로 부동산 처분 시 구입할 때보다 비싼 가격에 팔아 남은 차익 등이 이에 속한다.

---

3) 상게서, p.543.

3) 손익계산서의 작성

손 익 계 산 서

2012. 1. 1~2012. 12. 31

갈비와 밀밭   단위 : 천원

I. 매출액	215,580
II. 매출원가 (1)+(2)-(3)	74,650
(1) 기초상품재고액	3,850
(2) 당기매입액	+ 75,500
(3) 기말상품재고액	- 4,700
III. 매출총이익 (I-II)	140,930
IV. 판매비 및 일반관리비	105,130
(1) 광고비	2,500
(2) 판매수수료4)	4,300
(3) 급여	40,100
(4) 보험료	240
(5) 감가상각비	32,000
(6) 교통·통신비	1,850
(7) 수도·광열비	6,040
(8) 지급임차료	12,000
(9) 접대비	1,600
(10) 수선비	2,900
(11) 운반비	400
(12) 잡비	1,200
V. 영업이익 (III-IV)	35,800
VI. 영업외수익	
(1) 주차장대여5)	200
VII. 영업외비용	
(1) 지급이자	600
(2) 창업비상각	400
(3) 재고자산감모손실6)	560

---

4) 신용카드 수수료
5) 외식업소 고객 이외 사람이 외식업소 주차장을 이용함에 따른 주차료 수입
6) 식자재의 부패로 인한 손실

VIII. 경상이익 (V+VI−VII)	34,440
IX. 특별손실	
(1) 투자자산처분손실[7]	500
X. 사업소득세 또는 법인세	
차감전 이익 (VIII−IX)	33,940
XI. 사업소득세 또는 법인세	6,788
XII. 당기순이익 (X−XI)	27,152

2. 대차대조표(Balance Sheet)

1) 대차대조표의 개념

재무상태표, 재정상태표(statement of financial position)라고도 불리는 대차대조표 (balance sheet)는 일정시점에 있어서 외식업소의 재무상태를 나타내는 표이다. 여기서 재무상태란 외식업소의 재산상태, 즉 자산·부채·자본의 상태를 말한다. 다른 말로 표현하면 대차대조표는 경제적 상태(economic resources)를 표시하는 것으로서 경제적 자원(economic resources, 자산), 경제적 의무(economic obligations, 부채), 잔여지분(residual interests, 자본)을 표시하는 회계보고서이다.

대차대조표의 회계등식은 대차대조표등식(balance sheet equation)에 의거하여 작성된다.[8]

자산 = 부채 + 자본 = 타인자본 + 자기자본

2) 대차대조표의 구조

자산·부채·자본은 대차대조표의 기본요소이다.

자산(asset)은 외식업소가 소유한 금전, 권리, 물품 또는 동산·부동산 등 재산적 가치가

---

7) 오븐의 교체에 따른 손실
8) 전게서, p.74.

있는 것이다. 경제적 자원이라고도 부른다. 사회에서 널리 통용되고 있는 용어인 재산 (properties)과 자산은 약간 다른 개념이라고 할 수 있다. 재산은 회계상 자산에서 부채를 뺀 순자산(net worth) 또는 자본과 동일한 것을 가리키는 경우가 많으나, 때로는 재산을 자산과 같은 것으로 사용하기도 한다. 이와 같이 재산의 개념은 모호하므로 회계에서 재산이라는 용어는 가급적 사용되지 않아야 한다.

부채(liabilities)란 외식업소가 다른 개인, 조직에게 현금 또는 다른 효익(benefits)을 장래에 제공할 의무를 지는 것이다. 외식업소의 경제적 의무라고도 부른다. 부채는 빚 또는 빌린 것으로서 외식업소가 채무자가 되고 채무를 변제할 대상인 다른 개인·조직은 채권자가 되는 것이다. 따라서 부채는 채권자의 청구권(creditor's claim)이라고 말할 수 있다. 부채는 타인자본이라고도 부르는데, 다음에 설명하는 자기자본에 대해서 타인이 소유하는 자본이라는 의미에서 그렇게 부르는 것이다. 타인자본이라는 용어는 재무관리나 재무분석에서 자주 쓰이고 있다.

표 5-2 대차대조표 구조

자본(capital)은 소유주 지분(owner's equity) 또는 주주 지분(stock-holders' equity)이라고도 불린다. 자본이란 잔여 지분(residual interests)으로서 자산과 부채의 차이다. 또 자본은 순 자산 또는 순자본이라고도 하고, 부채를 타인자본이라고 하는 데 대하여 자본을 자기자본이라고도 부르나 이들 용어는 자주 쓰이지 않는다.

자본은 외식업체형태에 따라 다를 수 있다. 주식회사의 경우에는 자본이 자본금, 자본잉여금, 이익잉여금의 세 가지로 나누어진다. 자본금은 투자원금이고, 자본잉여금은 자본거래(자본금의 증감거래)로 발생할 잉여금이며, 이익잉여금은 손익거래(수익·비용의 거래)로 발생한 잉여금이다. 개인기업·합명회사·합자회사의 경우에는 자본으로서 자본금만 있고, 조합기업의 경우에는 출자금만 있다[9].

(1) 자산(Asset)

기업회계기준에서는 자산을 유동자산, 투자와 기타자산, 고정자산, 이연자산으로 구분하고 있다. 대차대조표에 자주 나타나는 자산항목으로는 현금, 예금, 유가증권, 외상매출금, 받을어음, 단기대여금, 미수금, 미수수익, 상품, 제품, 선급비용, 투자유가증권, 관련회사주식, 토지, 건물, 기계장치, 비품, 영업권, 창업비 등이 있다.

자산과 부채에는 현금으로 전환할 가능성의 기간 또는 현금으로 지급될 가능성의 기간에 의하여 유동성과 고정성으로 나뉘는데, 그 분류기준은 1년이다.

① 유동자산

유동자산은 다시 당좌자산, 재고자산, 기타유동자산으로 나뉜다.

㉠ 당좌자산

당좌자산에는 현금과 예금, 유가증권, 외상매출금, 받을어음, 단기대여금 등이 포함된다.

㉡ 재고자산

제품, 반제품, 재고품, 원자재 등이 있고 외식산업에서는 주문생산이라는 산업특성상 완제품은 거의 없다.

㉢ 기타유동자산

선급금, 선급비용이 포함된다.

---

9) 전게서, p.73.

② 투자와 기타자산

　㉠ 투자자산

　　관련회사 주식, 사채 또는 출자금과 같은 관련회사를 지배·통제하려는 목적으로 투자한 자산을 투자자산이라 한다. 장기성예금, 투자유가증권, 투자부동산 등은 이익을 목적으로 한 투자자산이다.

　㉡ 기타자산

　　기타자산은 말 그대로 성격이 모호하고 중요도가 낮아 따로 묶어 별도로 분류한 자산이다. 이에는 장기대여금, 전세권, 임차보증금, 영업보증금 등이 속한다.

③ 고정자산

　고정자산은 다시 유형고정자산과 무형고정자산으로 나뉜다.

　㉠ 유형고정자산(Tangible Fixed Assets)

　　형체가 있는 물적 자산으로 경영활동의 기본이 되는 자산이다. 토지, 건물, 기계, 차량, 주방설비, 인테리어, 각종 비품 등이 여기에 속한다.

　㉡ 무형고정자산(Intangible Fixed Assets)

　　물적 실체가 없어 눈에 보이지 않는 고정자산으로 영업권, 특허권, 상표권 등이 이에 속한다.

④ 이연자산

　지출효과가 금방 나타나지 않고 점차적으로 나타나기 때문에 지출된 연도의 비용으로 하지 않고 그 이후로 분배하여 당기에는 자본화되어 있는 자산을 의미한다. 창업비, 개업비, 연구개발비 등이 여기에 속한다.

(2) 부채(Liabilities)

기업회계기준에서는 부채를 유동부채, 고정부채로 구분하고 있다. 대차대조표에 자주 나타나는 부채항목으로는 외상매입금, 지급어음, 단기차입금, 미지급금, 미지급비용, 장기차입금 등이 있다.

① 유동부채

1년 이내에 지급이 예상되는 부채를 단기부채라고도 하며 외상매입금, 단기차입금, 지급어음, 당좌차월, 선수금 등이 이에 속한다.

② 고정부채

1년 이후에 지급될 채무를 장기부채라고도 하며 장기성차입금, 장기성지급어음 등이 이에 속한다.

(3) 자본(Capital)

자본은 출자자의 지분으로 자산에서 부채를 뺀 것을 잔여지분이라 한다. 이에는 자본금, 자본잉여금, 이익잉여금이 있다.

① 자본금

처음 투자자본과 증자 또는 감자에 의한 본래 투자자본이다.

② 자본잉여금

자본거래에 의하여 발생된 잉여금 또는 주식발행 초과금이 이에 속한다.

③ 이익잉여금

영업활동으로 인하여 이익을 축적하여 자본화된 것을 이익잉여금이라고 한다.

3) 대차대조표의 작성

대 차 대 조 표

갈비와 밀밭

제3기 2012년 12월 31일 현재

단위 : 천원

자 산	금 액	부 채 · 자 본	금 액
I. 유동자산	42,820	I. 유동부채	94,500
(1) 당좌자산	13,420	① 외상매입금	25,000
① 현금과 예금	3,000	② 단기차입금	68,000
② 외상매출금	2,500	③ 선수금	1,500
③ 받을어음	1,750	II. 고정부채	87,800
④ 단기대여금	6,000	① 장기차입금	78,000
⑤ 미수금	170	② 장기성지급어음	9,800
(2) 재고상품	19,700		
① 재고품	1,200	부 채 총 계	182,300
② 식자재	18,500		
(3) 기타유동자산	9,700	III. 자본금	200,000
① 선급금	5,000	① 보통주자본금	200,000
② 선수비용	4,700	IV. 자본잉여금	102,802
II. 투자와 기타자산	157,900	① 재평가적립금	102,802
(1) 투자자산	107,200	V. 이익잉여금	146,818
① 장기성예금	7,200	① 이익잉여금	143,650
② 투자부동산		② 당기순이익	3,168
(2) 기타자산	100,000		
① 전세권		자 본 총 계	449,620
② 전화가입권	50,700		
III. 고정자산			
(1) 유형고정자산	50,000		
① 토지	700		
② 건물	426,000		
③ 구축물	417,800		
④ 주방기기	123,000		
⑤ 차량	107,600		
⑥ 비품	77,000		
(2) 무형고정자산	37,200		
① 영업권	6,000		
② 상표권	67,000		
IV. 이연자산	8,200		
① 창업비	2,000		
② 개업비	6,200		
③ 연구개발비	5,200		
	500		631,920
자 산 총 계	4,700	부채와 자본총계	
	631,920		

제6장
외식산업의 프랜차이즈

제1절 │ 프랜차이즈의 전반적 이해

1. 프랜차이즈 탄생의 배경

　마케팅믹스의 요인 중 하나인 유통(channel)은 마케팅 성공의 큰 요인 중 하나이다. 유통은 생산자와 소비자를 이어주는 통로인데 최근 들어 이 통로의 중요성이 더욱 부각되고 있고 유통업자의 힘은 소비자에게 생산자의 힘보다 더 강하게 작용하고 있다. 이유는 소비자입장에서 현실적으로 생산자로부터 직접 구매하는 것은 불가능하기 때문에 중개기관인 유통업자에게 생산자와 소비자 모두 의존할 수 밖에 없다. 이러한 현실을 타개하기 위해 몇몇 생산자들은 자체적으로 유통기관인 대리점을 개설하여 자신들이 생산한 상품만을 소비자에게 직접 판매하고 있다. 이러한 직접 판매는 많은 자본과 인력이 필요하고 네트워크 형성 시까지 많은 시간이 소요되고 또한 사업적 위험이 증가하게 된다. 이러한 위험과 문제를 타개하기 위해, 생산자 입장에서의 대안으로 프랜차이즈 사업이 탄생하게 되었다. 이로 인하여 외식기업에서도 그들의 유형과 무형의 상품을 일반고객이나 시장에 공급하기 위해서는 여러 경로를 가지고 있다. 이러한 여러 경로 중의 하나의 방식이 프랜차이즈이다.

프랜차이즈 사업이 발전하게 된 배경으로 프랜차이저 입장과 프랜차이지 입장으로 구분하여 살펴보면 다음과 같다.

프랜차이저 입장에서 보면

첫째, 생산자가 프랜차이저가 되면 프랜차이지의 비용과 노력으로 프랜차이저의 상품을 판매할 수 있기 때문에 투자비용과 재무적 위험을 줄일 수 있고,

둘째, 프랜차이저 소속직원의 수를 많이 늘릴 필요가 없으며,

셋째, 프랜차이저 상품만을 판매하기 때문에 장기적 협력관계 형성과 애호도 향상이 가능하다.

프랜차이지 입장에서 보면

첫째, 사업경험과 관련 지식이 없어도 안정적으로 업소운영이 가능하며,

둘째, 업소에 대한 직접 투자로 사업의 성패에 대한 책임을 자신이 모두 져야 하기 때문에 주인의식을 갖고 최선의 노력을 해야 한다.

위의 프랜차이저와 프랜차이지 모두가 윈윈할 수 있는 장점을 가진 프랜차이즈방식 자체의 효율성 때문에 미래에도 지속적으로 성장, 발전할 것으로 예측되고 있다. 우리나라 현실과는 많은 차이가 있지만 미국의 경우, 새롭게 개인적으로 외식사업을 시작할 때의 성공률은 20%이고, 기존의 외식사업을 인수하여 시작할 때의 성공률은 70%이며, 프랜차이즈방식으로 외식사업을 할 경우에는 성공률이 90% 정도 된다는 연구도 있다.

2. 프랜차이즈의 개념, 중요성, 정의, 유형 및 용어

1) 개념

프랜차이즈는 프랜차이저(franchisor)가 개인 또는 상대적으로 작은 기업(franchisee)에게 특정한 장소에서 일정 기간 동안 상호 약정방법 하에서 영업할 독점권한을 부여하여 판매하게 하는 방법을 말한다. 더불어 미 상무성(The U.S. Department of Commerce)에 의하면

"프랜차이징은 프랜차이저가 만들어놓은 마케팅체제 하에서 상품 또는 서비스를 판매 또는 배분하는 권리를 프랜차이지에게 주는 것"이라고 정의하고 있다. 이러한 프랜차이즈 방식은 외식산업뿐만 아니라 호텔산업, 자동차판매업, 음료산업, 석유판매업 등에서도 많이 쓰이고 있다.

외식산업에서의 프랜차이즈 방식은 다른 부문과 조금 구분된다. 즉, 프랜차이지는 프랜차이저가 만들어놓은 마케팅 체제뿐만 아니라 생산방법까지 직접 가져다 만들기 때문에 더 폭넓은 개념을 가지고 있다.

좀 더 구체적으로 설명하면 외식산업에 적용되는 프랜차이즈는 프랜차이저가 프랜차이지에게 프랜차이저의 상표권 사용을 허락하고 표준화된 상품을 생산, 판매할 권한을 주며 프랜차이지들이 동일하게 사용할 운영관리시스템을 프랜차이지들에게 교육훈련시켜 사용케 함으로써 원가절감과 매출증진을 도모하는 방법이다. 프랜차이저는 상표사용권과 운영관리시스템의 대가로 프랜차이지로부터 일정 기간의 총매출액에 대한 일정 비율의 로열티(royalty)를 징수하며 더불어 프랜차이즈 계약 시에는 가입비(initial fee)를 프랜차이지로부터 받는다. 법적으로는 프랜차이저와 프랜차이지는 상호 독립관계에 있다.

2) 프랜차이즈의 중요성

프랜차이즈의 중요성을 아래의 네 가지 이유들로 함축하여 알아보면

첫째, 자본과 인력이 부족한 개인이나 중소기업들도 프랜차이즈 방식의 활동으로 성장할 수 있는 기회를 얻을 수 있으며,

둘째, 새로운 유통방식의 도입으로 과거 유통방식의 불합리한 부분을 개선시키는 역할을 하고 있으며,

셋째, 성공한 프랜차이저의 경영노하우(know-how)가 같은 산업 내의 다른 경쟁 기업에도 알려져 외식산업 전체를 업그레이드(up-grade)시키는 역할을 하며,

넷째, 프랜차이즈산업의 지속적인 성장은 고용창출기회의 증대와 직결되고 있음을 알 수 있다.

3) 프랜차이즈의 정의

프랜차이저(franchisor)가 프랜차이지(franchisee)에게 특정지역을 연고로 사업할 수 있는 독점적 특권을 주는 대신 프랜차이지로부터 로열티(royalty)를 징수하는 것이 프랜차이즈 시스템이다. 더불어 프랜차이저(franchisor)는 프랜차이지에게 경영노하우 전수, 브랜드 사용권리 등을 제공하고 프랜차이지는 로열티 등의 금전적 대가를 프랜차이저에게 지불하며 서로 간의 지속적인 협력관계를 유지하는 것이다.

학자에 의해 내려진 개념을 살펴보면

(1) Vaughn에 의하면 "프랜차이저가 개인 또는 상대적으로 작은 업소에게 특정 장소에서 일정 기간 동안 약정된 방법 하에서 독점권한을 부여하는 것",
(2) Hewitt에 의하면 "프랜차이즈는 생산자가 상인에게 특정장소에서 특별한 방법으로 상품판매를 촉진하며 효과적인 광고를 하고 그 대가로 생산자 자신의 상품 또는 서비스를 판매할 권한을 상인에게 부여하는 것",
(3) Kotler에 의하면 "프랜차이저에 의해 고안된 마케팅 체제 하에서 상품과 서비스를 제공하고 유통시키는 권한을 프랜차이지에게 부여하고 상호 등의 사용도 허가하는 것",
(4) Stern & El-Ansary에 의하면 "프랜차이즈는 프랜차이지가 프랜차이저의 상품 또는 서비스를 판매할 수 있도록 상표 등의 사용권을 부여하고 노하우를 알려주는 등의 포괄적인 기업운영방법을 허가하는 것"이라고 정의하였다.

4) 프랜차이즈의 유형

위의 학자들의 개념정의를 취합하면 다음과 같이 두 가지 형태의 프랜차이즈(franchise)로 구분할 수 있다.

(1) 상품 및 상표명 프랜차이즈(Product & Brand Name Franchise)

프랜차이저의 상표 또는 상호가 명시된 상품 또는 서비스를 프랜차이지가 특정장소에서 일정 기간 동안 약정된 방법으로 배분할 수 있는 독점적 영업권한을 주고 그 대가로 상호합의 하에 정한 수수료를 프랜차이지로부터 받는 사업 형태

(2) 사업형 프랜차이즈(Business Format Franchise)

프랜차이저의 검증된 사업콘셉트와 경영능력을 프랜차이지에게 이식시켜 가맹점 경영시스템을 만들어 주고 특정장소에서 일정 기간 동안 영업할 독점권한도 주며 그 대가로 상호합의 하에 정한 수수료를 프랜차이지로부터 받는 사업형태로 구분할 수 있다.

위의 두 개념 간의 가장 큰 차이는 상품 및 상표형 프랜차이즈는 유형성이 강한 상품을 유통관점에서 보는 데 반해 사업형 프랜차이즈는 프랜차이저가 사업콘셉트, 브랜드, 운영시스템과 같은 무형성이 강한 것을 자신의 상품으로 인식하고 있으며 프랜차이저가 프랜차이지에게 이를 이식시키는 것으로 보고 있다.

5) 프랜차이즈의 사용용어

(1) 프랜차이즈(Franchise)

프랜차이저(franchisor)가 프랜차이지(franchisee)에게 특정지역에서 일정 기간 동안 프랜차이저가 고안한 사업시스템을 사용할 수 있는 권한을 부여하는 것을 말하며 법률적 용어로는 가맹권이라고 한다.

(2) 프랜차이즈 시스템(Franchise System)

프랜차이즈사업을 위해 프랜차이저(franchisor)가 독자적으로 고안하고 운영하고 있는 전반적인 사업체계이다.

(3) 프랜차이저(Franchisor)

법률적 용어로는 가맹본부를 의미하며 가맹계약에 의해 프랜차이지(franchisee)에게 프랜차이즈 사업을 할 수 있는 권한을 부여하는 사업자이다.

(4) 프랜차이지(Franchisee)

법률적 용어로는 가맹점사업자를 의미하며 가맹계약에 의해 프랜차이저(franchisor)로부터 가맹권리를 부여받아 프랜차이즈 업소를 직접 운영할 수 있는 권리를 가진 사업자이다.

(5) 체인(Chain)업소

체인 본부가 소유한 브랜드로 운영하고 있는 모든 업소를 의미하며 이에는 직영업소, 가맹업소 모두를 포함하는 포괄적인 의미이다.

(6) 프랜차이징(Franchising)

프랜차이저(franchisor)가 프랜차이즈 방식에 의해 프랜차이즈 사업을 하는 것을 의미한다.

(7) 가맹금(Initial Fee 또는 Franchise Fee)

이를 일명 가입비라고도 하며 프랜차이즈 계약 시에 프랜차이지(franchisee)가 프랜차이저(franchisor)에게 계약과 함께 지불하는 초기비용으로서, 이는 프랜차이저(franchisor)로부터 업소개설 과정상에 필요한 제반 지원, 브랜드사용권리, 상권보장 등의 지원에 대한 대가이며 반환되지 않는 비용이다. 법률적인 용어로는 가맹금이라고 한다.

(8) 로열티(Royalty)

프랜차이지(franchisee)가 프랜차이저(franchisor)로부터 프랜차이즈에 관련된 권한을 위임받고 지속적인 지원을 받기 위하여 상호합의 하에 정해진 매출액의 일정비율 또는 일정액을 일정한 기간마다 프랜차이저(franchisor)에게 지불하는 비용을 말한다.

(9) 마스터 프랜차이저(Master Franchisor)

글로벌 프랜차이저(global franchisor)가 프랜차이즈방식으로 외국에 진출할 경우에 진출국의 파트너가 그 지역에서 글로벌 프랜차이저(global franchisor)로부터 모든 권한을 위임받고 행사하는 프랜차이저(franchisor)를 마스터 프랜차이저(master franchisor)라고 하며 또한 subfranchisor라고도 한다.

(10) 채널(Channel)

유통을 의미하며 생산자와 소비자를 연결하는 역할을 하는 과정과 그 조직을 뜻한다.

3. 유통경로에서의 프랜차이즈와 유사체인

1) 유통경로의 유형

유통경로는 전통적 마케팅 경로와 수직적 마케팅 경로로 구분할 수 있다.

(1) 전통적 마케팅 경로

오랫동안 자연스럽게 만들어져 내려온 일반적인 유통방식으로서, 유통경로의 각 기관이 독립적으로 소유되고 관리되며 단기적 성과에 관심이 크고 다른 경로구성원에 대한 리더십 행사가 쉽지 않은 형태이며 비효율적인 측면이 많다.

(2) 수직적 마케팅 경로

전통적 마케팅 경로의 대안으로서 효율성을 위해 경로 구성원에 대한 리더십 행사가 쉽게 다양하고 세분화된 형태로 발전하였으며 빠른 성장을 하고 있다. 다음과 같이 3가지 유형으로 나누어 알아보고자 한다.

그림 6-1 **유통경로의 형태**

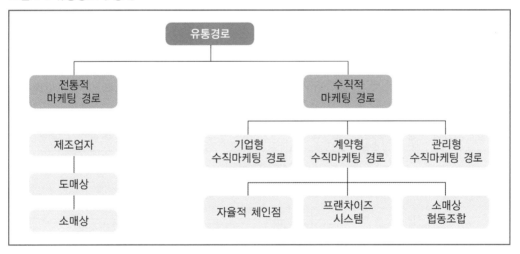

① 기업형 수직 마케팅경로

하나의 경로구성원이 다른 경로구성원을 소유하고 관리하는 형태이다. 예를 들면 이랜드가 직접 투자하여 이랜드 숍을 명동에 개점하여 운영하는 경우로서 생산업자가 유통업체를 소유하는 것을 전방통합(forward integration)이라고 하고, 유통업체가 생산공장을 소유하는 것을 후방통합(backward integration)이라고 한다.

② 관리형 수직 마케팅경로

경로상의 유통기관 소유가 서로 다르기 때문에 기본적으로 전통적 마케팅 경로라고 할 수 있다. 경로구성원은 경로상의 효율성을 높이기 위해 서로 간의 원칙을 정하고 긴밀히 협조하지만 강제성이 없어 와해의 가능성이 높다.

③ 계약형 수직 마케팅경로

계약에 의해 경로구성원 각자의 역할이 주어지는 것으로 자율적 연쇄점, 프랜차이즈 시스템, 소매상 협동조합이 있다.

2) 비슷한 유형의 다른 유통경로

(1) 체인(Chain)

자전거체인을 구성하는 똑같은 모양의 고리가 서로 연결되어 동력을 전달하는 역할을 하고 있다. 고리하나하나가 각각의 체인업소가 되고, 체인본부는 같은 콘셉트 아래 서로 연결되어 경영되어지는 체인업소를 연결하여 시너지효과를 내게 하는 중심체라 할 수 있다.

그림 6-2 **체인의 유형**

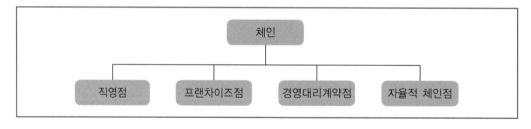

(2) 직영점(Owner Operated Outlet)

직영점은 체인본부가 직접 투자하여 직접 운영하는 업소로 기업형 수직적 마케팅경로에 해당한다. 이러한 직영점을 레귤러(regular)체인점이라고도 한다. 국내의 외국체인 패밀리 레스토랑인 아웃백, TGIF, 베니건스 등과 패스트푸드점인 버거킹, KFC 등도 이에 속하고, 이마트(e-mart) 등과 같은 국내의 대형마트도 직영업소만으로 경영하고 있다. 또한 여기에서 프랜차이저(가맹본부)라는 용어는 프랜차이지(가맹점)만 소속되어 있는 경우이나 체인본부라는 용어는 직영점, 가맹점, 경영대리계약업소 모두가 소속되어 있을 때 사용된다.

(3) 경영대리 계약업소(Management Contract Outlet)

투자능력이 있는 투자자는 투자만 하고 업소운영은 체인 본부에서 하는 형태이며 업소운영에서 얻어지는 이익은 서로 약정한 비율에 따라 나눈다. 이는 전형적으로 소유와 경영이 분리된 형태이다. 이 방식은 호텔산업에서 많이 이용되고 있는 형태로서 힐튼호텔, 인터콘티넨탈호텔, 하얏트호텔, 웨스틴호텔 등의 대형 특급호텔들이 이 방식으로 운영되어지고 있다. 일명 위탁경영이라고도 한다. 형 특급호텔들이 이 방식으로 운영되어지고 있다. 일명 위탁경영이라고도 한다.

(4) 자율적 체인점(Voluntary Chain Outlet)

프랜차이즈 방식의 문제점에 대한 대안으로 생긴 것이 자율적 체인점이다. 유통경로의 분류에서 보면 계약형 수직마케팅경로의 도매상 지원의 자율적 체인점이나 소매상 협동조합이 해당될 것이다. 프랜차이즈 방식의 문제점으로는 프랜차이저의 높은 강도의 통제, 추가적인 재정부담(가맹금과 로열티 등), 까다로운 가입조건, 경력과 재정상태에 대한 철저한 심사, 전환(conversion) 가맹희망자의 시설규모와 수준의 적합여부, 계약기간만료 이전에 임의 탈퇴 시 위약금 부과 등을 들 수 있다. 이러한 문제점을 회피하기 위해 생긴 것이 자율적 체인점이다. 이러한 자율적 체인점을 위해 경로 구성원 중 또는 제3자가 개입하여 본부를 만드는 경우도 있고, 경로구성원 모두가 본부의 지분을 갖는 경우에는 경로구성원 모두가 본부의 의사결정에 참여할 수 있다.

체인본부가 위의 시스템 중 하나의 유형만 선택하여 체인화사업을 하는 경우도 있지만 대개는 여러 유형을 동시에 모두 사용하고 있다. 즉 하나의 체인본부 내에 직영업소, 프랜차이즈 업소, 경영대리 업소방식의 유형들로 복합적으로 구성되어있다.

3) 프랜차이즈의 적용 산업분야

프랜차이즈의 적용산업분야는 의외로 넓으며 현재 유통되고 있는 상품과 서비스는 거의 모두 프랜차이즈의 대상이다. 특히 서비스산업 분야에서도 급속하게 팽창되고 있으며, 그중에서도 외식산업 분야의 급속한 팽창 이유는

첫째, 개인이 소규모 투자로 영업이 가능하므로 진입장벽이 낮고,

둘째, 특별한 경험이나 지식없이도 프랜차이저의 지원으로 영업이 가능하기 때문이다.

프랜차이즈 사업이 가장 발전한 미국과 아직 발전단계인 우리나라를 대상으로 프랜차이즈 적용 서비스산업분야를 서비스업, 외식업, 소매업으로 구분하여 아래의 〈표 6-1〉과 같이 분류해보면

표 6-1 **프랜차이즈적용 서비스산업분야**

서비스업	청소업(사무실청소, 가정청소, 간판청소 등), 이·미용업, 사진관, 부동산중개업, 인력중개업(기술직, 유모 등), 세탁업, 휘트니스센터, 파티&이벤트 기획, 인터넷 PC방, 교육(학습지, 학원 등), 영화관, 세무 관련업, 우편, 호텔 등
외식업	피자, 햄버거, 치킨, 도넛, 커피, 김밥, 국수, 도시락, 라면, 떡볶이, 만두, 족발, 보쌈, 아이스크림, 우동, 갈비 및 냉면, 중식, 일식, 칼국수, 꼬치, 닭갈비, 삼겹살, 회, 주점(맥주 포함), 제과, 요거트 등
소매업	편의점, 유아용품, 액세서리, 안경, 반찬, 팬시, 반찬, 와인판매, 자동차, 가전제품, 의류, 주유업, 가구점, 꽃가게, 선물가게, 서점 등

4) 프랜차이저(Franchisor)와 프랜차이지(Franchisee)의 득(得)과 실(失)

(1) 프랜차이저(Franchisor)

① 얻을 수 있는 점(得)

　㉠ 신속한 사업확대

　　프랜차이즈 사업은 프랜차이저(franchisor)가 자신의 자본과 인력의 한계를 극복하고 가맹사업을 신속하게 확대할 수 있는 장점이 있기 때문에 프랜차이지의 자본과 인력을 적극 활용하여 사업의 빠른 성장을 추구할 수 있다.

ⓛ 재무위험의 축소

프랜차이즈 사업은 사업규모에 비해 프랜차이저(franchisor)의 자본금이 적게 투자되기 때문에 그만큼 재무적 위험이 줄어들 수 있다.

ⓒ 노사문제의 해결

가맹점 직원은 프랜차이저(franchisor)의 직원이 아니고 프랜차이지(franchisee)의 직원이기 때문에 노사 간의 문제발생 시에는 프랜차이지(franchisee)가 전적으로 책임을 지게 된다. 따라서 프랜차이저(franchisor)는 직원으로 인해 야기될 수 있는 제반 문제점들을 해결할 수 있다.

② 잃을 수 있는 점(失)

㉠ 브랜드이미지 손상

프랜차이저가 프랜차이지를 완벽하게 통제관리하는 것이 결코 쉬운 일이 아니다. 즉 프랜차이지의 경영 능력부족, 기술부족, 부적절한 원가관리 또는 상품품질 수준 유지에 대한 인식부족 등의 이유로 인하여 상품의 품질이 저하되는 결과를 가져올 수 있으므로 프랜차이저의 소중한 무형자산인 브랜드의 가치가 훼손되어 브랜드이미지에 심각한 타격을 입을 수 있다.

ⓛ 느린 의사결정

프랜차이저가 중요의사결정 시에는 많은 프랜차이지의 상황과 의견을 반영하여야 하는 경우에 프랜차이지의 여러 의견을 수집·반영할 때까지 많은 시간이 소요될 수 있기 때문에 느린 의사결정으로 경쟁에서 뒤처질 수가 있다.

ⓒ 법적 분쟁 발생

프랜차이저와 프랜차이지는 서로 각각의 독립사업자이며 서로 간의 이해 부족으로 기대와 현실 간의 차이 때문에 불신이 야기되어 소송까지 가는 법적 분쟁이 발생하여 프랜차이저의 신인도에 치명적인 손상을 줄 수도 있다.

(2) 프랜차이지(Franchisee)

① 얻을 수 있는 점(得)

㉠ 검증된 사업콘셉트이용

프랜차이저가 프랜차이즈 사업을 시작하기 위해서는 자신의 사업콘셉트가 가진 경쟁력과 차별화를 외식시장에서 먼저 검증받아 어느 정도 브랜드인지도가 알려진 상태이므로 프랜차이지는 이와 같이 검증된 프랜차이저의 사업콘셉트와 경영노하우를 활용하여 안정적으로 사업을 시작할 수 있다.

ⓛ 브랜드사용

프랜차이저는 자신과 경쟁업체에서 제공하는 상품과 서비스를 구별하기 위해서 브랜드를 사용한다. 이러한 브랜드는 상호, 용어, 표시, 상징, 도형 등의 집합체로서 이는 신뢰도, 품질보호기능 및 광고기능 등을 가지기 때문에 현대사회에서의 브랜드는 매우 중요한 역할을 할 뿐만 아니라 하나의 무형자산으로 인정받고 있으므로 프랜차이지는 이미 잘 알려지고 고객이 선호하는 브랜드를 선택하여 활용할 수 있다.

ⓒ 교육·훈련

프랜차이저는 프랜차이지와 그의 직원을 위한 다양한 프로그램을 가지고 있다. 프랜차이저는 프랜차이지에게 직접적인 통제권은 없으나 교육훈련을 통해 경영관리에서 상품과 서비스의 품질관리까지 영업에 관련된 모든 노하우를 프랜차이지에게 전수함으로서 프랜차이지는 어려움없이 사업을 시작할 수 있는 능력을 제공한다. 하나의 예로 맥도날드에서는 햄버거대학을 프랜차이지와 그의 직원들을 교육. 훈련시키는 데 활용하고 있다.

ⓔ 공동광고

프랜차이즈 사업에서는 광고활동을 위해 막대한 비용이 필요하기 때문에 프랜차이저와 프랜차이지가 독자적으로 광고하기엔 부담이 크다. 그래서 프랜차이저는 프랜차이지에게 매출의 일정비율 또는 일정액의 비용을 분담시켜 효과적으로 광고활동을 하고 있다.

ⓜ 대량구매에 의한 식자재 원가절감

프랜차이저는 프랜차이지에게 품질의 표준화를 위해 일정한 설비와 식자재 또는 완제품을 구매하도록 요구하고 있다. 많은 프랜차이지들의 구매참여는 대량구매로 이어지기 때문에 구매가격의 인하 즉 식자재비의 절감효과를 가져올 수 있다.

ⓗ 개업 전 서비스제공

ⓐ 입지선정 : 외식사업의 제일 중요한 것이 입지선정이라고 해도 과언이 아니다.

그래서 프랜차이지는 프랜차이저로부터 입지선정에 관한 입지선별력을 제공받을 수 있고 또한 입지계약에 관해서도 조언을 제공받을 수 있다.

ⓑ 업소개업서비스 : 경험이 없는 프랜차이지는 업소개업 과정에 대한 지식이 부족하다. 즉 필요한 설비와 시설, 개업까지의 소요기간, 비용 등에 대한 필요한 지식이 부족하기 때문에 업소개업과 운영에 관한 모든 서비스를 프랜차이저로부터 지원받을 수 있다.

ⓐ 지속적인 운영지원

프랜차이저는 프랜차이지의 개업 후에도 지속적으로 상호관계를 유지하며 다양한 영업지원을 한다. 예를 들면 품질관리, 마케팅, 세무 등에 대한 폭넓은 컨설팅을 지속적으로 제공받을 수 있다.

ⓞ 용이한 자금조달

국내에서는 유명 브랜드의 프랜차이지라 할지라도 금융기관에서 대출 특혜를 아직 주지 않으나 미국에서는 유명 프랜차이즈의 프랜차이지가 되면 그 자체가 신용도를 높여 자금조달이 쉬워지고 이자율도 낮아진다. 이는 유명 프랜차이저의 경영능력과 브랜드 인지도 등에 의해서 그만큼 도산할 확률이 낮기 때문이다.

② 잃을 수 있는 점(失)

㉠ 독자적 경영권제한

프랜차이지가 되면 프랜차이저의 경영정책에 따라서 경영활동을 하여야 하기 때문에 프랜차이지가 독자적인 경영권의 제한을 받을 수 있다. 일부 프랜차이즈에서는 프랜차이지의 판단에 의해 운영할 수 있는 부분도 있지만 반면에 브랜드인지도가 높은 프랜차이즈일수록 프랜차이지의 독자적 경영권을 제한하는 경향이 있다.

㉡ 추가비용발생

프랜차이지는 상호합의에 의해 정해진 일정액(초기가맹금과 로열티)을 프랜차이저에게 지불해야 함으로 추가비용이 발생하게 된다.

↘ 제2절 | 프랜차이즈 경영

1. 프랜차이즈 경영(Franchise Management)의 3요소

프랜차이즈 경영은 프랜차이저(franchisor)가 자본을 투자하여 사업아이디어를 재화나 서비스로 생산하는 시스템을 만드는 과정전반을 관리하는 활동이라고 할 수 있다. 따라서 프랜차이즈경영의 3요소로는 프랜차이저(franchisor), 자본(capital), 사업아이템(business item) 등을 들 수 있다.

1) 프랜차이저(Franchisor)

(1) 역할과 중요성

프랜차이저는 프랜차이즈사업의 주체이며 사업을 직접 계획하고, 수립하고, 경영을 주도하는 경영자이며, 프랜차이저(franchisor)의 경영능력과 가치관 등에 따라 프랜차이즈 경영의 성패를 좌우될 수 있기 때문에 프랜차이즈 경영의 3요소 중에서 제일 중요한 요소이다.

(2) 자질

① 경영능력

프랜차이즈 기업의 비전수립, 경영환경변화예측, 전략적 마인드와 리더십 등을 갖추어야 하며 더불어 프랜차이지(franchisee)와의 공동체의식과 전반적 경영지식 등도 요구된다.

② 인성

폭넓은 인간관계와 사회적 책임의식 함양으로 프랜차이지(franchisee)와 모든 이해관계집단으로부터 신뢰를 받을 수 있는 인성이 필요하다.

③ 건강

프랜차이즈 창업자나 최고경영자의 건강은 프랜차이즈 기업의 가치에 큰 영향을 미치기 때문에 프랜차이즈 창업자나 최고경영자의 건강이 프랜차이즈 기업의 흥망에 지대한 영향을 미친다는 사실을 간과하지 말고 신경을 써야 한다.

2) 자본(Capital)

프랜차이즈 사업은 적은 자본으로 창업이 가능하다고 생각하는 경우가 많은 데 그것은 잘못 알고 있는 것이다. 프랜차이즈 기업의 콘셉트에 따라 초기 투자자본의 차이가 있을 수 있으나, 일반적으로 기획단계에서는 초기비용, 상표, 로고 제작 및 등록 비용 등이 필요하고 시범업소개설단계에서는 부동산취득, 시설 및 설비 비용 등이 필요하며 개업 후 1년 정도는 사무실 및 업소운영비용 등의 많은 초기 자본이 필요하다. 따라서 이러한 초기자본을 조달하기 위해서는 두 가지 방법이 있으며,

하나는 창업자 개인이 모든 자본을 투자하는 경우와 다른 하나는 창업자가 충분한 자금여력이 없는 경우에는 부족한 자금을 외부로부터 조달할 방법을 사업시작 전에 확실히 결정하고 자금투입시기도 함께 고려하여야 한다.

3) 사업아이템(Business Item)

사업아이템은 사업아이디어가 구체화된 것이며, 즉 이는 판매할 재화나 서비스이다. 따라서 사업아이템으로부터 사업구상이 시작되며 사업의 규모를 결정짓는 하나의 요인이 된다.

(1) 사업아이템의 조건

① 독창성(Originality)

경쟁업체의 사업아이템과 비교하여 독창적이어야 하며 모방이 쉽지 않아야 성공할 확률이 높다.

② 표준화(Standardization)

프랜차이즈 체인업소들 간에는 동일한 식자재 사용 및 동일한 제조과정과 방법의 사용으로 동일한 품질의 상품이 판매되어야 한다. 이러한 표준화에는 유형적인 상품의 표준화뿐만 아니라 무형상품인 서비스상품도 서비스매뉴얼(manual)에 의해 동일하게 표준화되어야 한다.

③ 단순화(Simplification)

제조과정이 복잡하고 어려우면 표준화된 품질의 상품을 제조하여 판매하기가 어렵기 때문에 제조과정은 가능하면 누구나 쉽게 이해하고 생산할 수 있도록 작업의 과정을

단순화해야 한다.

④ 전문화(Specialization)

프랜차이즈 기업의 전문화는 다른 프랜차이즈 경쟁업체에서의 경쟁상품 출시를 어렵게 할 수 있는 경쟁력있는 노하우를 가지고 있는 것이다. 이러한 경쟁력있는 노하우는 기업조직, 제조방법과 판매방법, 상품과 서비스 등에 의해 전문화를 가지는 것이다.

사업아이템은 위의 네 가지 조건 요인들의 충족 정도에 따라 사업규모를 결정지을 수 있으며 또한 경쟁력과 차별화할 수 있다.

(2) 사업아이템 선정 시 고려사항

① 사업아이템에 대한 이해와 적합도

프랜차이즈 창업자는 새로운 사업과 관련된 이전 경험이나 전문적인 지식 등이 사업아이템 선정에 가장 기본적이고 중요한 사항으로 인식해야 하며 또한 이러한 기본적인 사항들을 고려한 사업아이템이 창업자의 적성과 주위환경의 상황변화에 적합한 지를 고려해야 한다.

② 식자재 구입용이성과 원가변동성

원자재 즉 식자재의 구입이 용이한 지를 확인하고 구입이 용이한 식자재로 사업아이템을 선정하는 것이 바람직하며 또한 식자재 가격의 변동성의 폭도 확인하여야 한다. 식자재 가격의 변동 폭이 크면 클수록 식자재원가의 관리가 어려울 뿐만 아니라 사업확장에도 걸림돌 역할을 할 수 있다. 예를 들면 사업아이템의 식자재가 계절성이 강하면 강할수록 매출과 이익에 지대한 영향을 미치기 때문에 안정적 사업유지가 어렵게 된다. 생산인력이 많이 요구되는 사업아이템인 경우에는 많은 생산인력의 고용으로 인건비 상승의 요인이 되며 이는 곧 원가상승 요인으로 작용하게 된다.

③ 사업수명주기(Business Life Cycle)

새로운 사업아이템이 사업수명주기 상에 어디에 위치해 있는가를 철저히 분석하고 확인하여야 한다. 사업수명주기를 네 단계 즉 도입기, 성장기, 성숙기, 쇠퇴기로 구분할 수 있다. 만약에 이미 성숙기에 위치해 있는 아이템이라면 안정성은 있을지 몰라도 성장성은 낮다고 볼 수 있다. 더불어 사업 수명주기가 짧은 사업아이템이 도입기단계에 위치해 있을지라도 빠른 시간 내에 성장기, 성숙기를 지나 쇠퇴기로 가기 때문에 사업수명주기를 적극적으로 고려하여야 한다. 따라서 사업수명주기 상의 도입기나 성장기에 위치해 있다고 판단될 때 적극적인 시장진입을 고려해 볼 수 있다.

④ 진입장벽과 경쟁력

프랜차이즈 창업자는 구상 중인 사업아이템이 경쟁업체와의 비교에서 충분한 경쟁력을 가지고 있고 사업수명주기의 도입기나 성장기에 위치해 있다면 시장진입여부를 적극적으로 고려해 볼 수 있다. 외식산업의 경우에는 타 산업에 비해 진입장벽이 낮기 때문에 쉽게 시장 진입할 수 있는 장점을 가지고 있지만 경쟁력의 요인인 사업아이템의 가격대, 품질, 브랜드이미지 등을 충분히 분석·확인하여 진입하여야 한다.

⑤ 공익성과 법적 규제

현실적으로 사업아이템이 공익성과 사회지향적인 개념을 지향하지 않으면 지속가능한 사업으로 발전하기 어려운 실정이며 또한 관련법규의 범위 내에서 이루어지지 않으면 안 된다. 프랜차이즈 사업을 하려고 할 때에는 가맹사업 거래공정화에 관한 법률과 그 시행령, 불공정거래행위의 기준지정고시, 프랜차이즈 윤리강령 등을 검토하여 법령과 강령의 토대 위에 가능한가를 판단하여야 하며 가맹계약서도 현행 법규의 범위 내에서 작성되어야 한다. 이러한 사항들이 제대로 지켜지지 않을 시에는 프랜차이즈 사업개시 후에 고발되거나 법적 분쟁이 야기되기 때문에 이는 궁극적으로 프랜차이즈 사업의 성공에 커다란 장애요인이 될 수 있다.

2. 프랜차이저(Franchisor)의 경영이념과 역할

1) 프랜차이저의 경영이념

외식사업의 경우에는 프랜차이저의 역할이 매우 중요하다. 이는 프랜차이저(franchisor)와 프랜차이지(franchisee) 간의 관계는 단순히 일회성으로 거래가 끝나는 것이 아니라 장기적이며 수많은 거래가 이루어지는 관계이다. 이러한 관계를 주도하는 것이 프랜차이저(franchisor)이며 프랜차이저는 프랜차이지와 상생해야 한다는 경영이념 하에서 서로 신뢰

속에서 관계가 지속될 수 있도록 장기적인 협력경영시스템을 설계하여 추진해나갈 때 상호 간의 시너지효과를 얻을 수 있다.

2) 프랜차이저의 역할

(1) 사업콘셉트(Concept)의 검증

프랜차이저에 의해서 개발된 사업콘셉트의 검증을 위해서는 시장에서 받아들여지고 있다는 것을 입증하기 위해 모델업소운영을 통한 개업노하우와 운영매뉴얼을 개발하여야 한다.

(2) 브랜드(Brand)화

상표를 등록하여 독점적 사용권을 획득하여 지속적이고 효과적인 마케팅활동을 통해 고객에게 좋은 이미지를 각인시킨다. 이로 인해 브랜드의 가치를 극대화할 수 있게 된다.

(3) 프랜차이지의 엄선과 육성

사업을 확대·발전시킬 수 있는 프랜차이지의 능력과 잠재성 등을 평가하여 동반자의 개념 하에서 엄선하여 유능한 프랜차이지로 육성한다.

(4) 프랜차이지의 수익성 제고

프랜차이지의 지속적이고 높은 수익성 창출과 제고를 위해 프랜차이저는 효율적이고 효과적인 영업지원을 지속적으로 한다.

(5) 시장변화에 대한 적응

고객들의 선호도 변화를 수시 또는 정기적으로 조사·분석하여 적절한 시기에 신상품을 개발하여 출시함으로서 프랜차이지의 경쟁력을 유지시켜주어야 한다.

(6) 수익성 및 지속성의 유지

기업의 계속성을 유지하기 위해서는 지속적인 수익성 보장과 프랜차이저 내부시스템을 보다 더 강화시켜 마케팅 역량을 지속적으로 키워나가야 한다.

(7) 지켜야 할 사항

① 지속적인 사업구상

② 품질관리와 판매기법의 지속적 개발

③ 합리적 비용으로 설비와 상품 등의 공급

④ 프랜차이지와 그의 직원교육·훈련

⑤ 지속적인 조언과 지원

⑥ 가맹계약기간 중 행위금지(지역 내 직영점과 유사업종의 가맹점개설)

⑦ 분쟁해결노력(대화와 협상)

3. 프랜차이저의 수익원천과 결정요인

1) 프랜차이저의 수익원천

(1) 가맹금(Initial Fee 또는 Franchise Fee)

가맹금은 프랜차이즈 계약서 서명과 동시에 프랜차이지가 프랜차이저에게 지불하는 비용으로서 업소개설, 브랜드사용, 상권보장, 개점 후 지원 등에 대한 대가이며 반환되지 않는 비용이다.

(2) 로열티(Royalty)

로열티는 프랜차이지가 프랜차이즈 계약에 대한 권한을 유지하기 위해 매월 또는 분기별로 매출액의 일정비율 또는 일정액을 프랜차이저에게 지불하는 비용이다. 로열티는 프랜차이저의 가장 큰 수입원이며 이러한 로열티의 대가로 프랜차이지를 적극 지원한다.

(3) 광고비(Advertising Fee)

브랜드의 인지도와 명성을 유지하기 위해 프랜차이저는 지속적인 광고와 판매촉진활동을 하는 것이 필요하다. 이러한 광고와 판매촉진비용을 프랜차이저는 각 프랜차이지들의 매출액에 일정비율을 부과하여 광고비를 징수하여 대규모 광고활동에 사용한다. 예를 들면 미국의 경우는 프랜차이지 매출액의 2~4% 정도를 광고비로 책정하고 있다.

(4) 원자재와 완제품 판매이익(Food Material Sales Profit)

우리나라의 경우에는 로열티를 받지 않는 대신 원자재 및 완제품의 원가에 이익을 추가하여 프랜차이지에게 제공하고 있다. 그러나 미국의 경우는 로열티를 받는 대신 원자재 및 완제품의 원가에 이익을 추가하지 않고 프랜차이지에게 제공하고 있다. 프랜차이저는 대량구매로 인하여 원가를 낮출 수 있기 때문에 프랜차이지에게 낮은 가격으로 원자재 및 완제품을 제공함으로서 경쟁업소보다 가격경쟁력을 갖출 수 있는 요인이 되고 있다.

(5) 임대료수입(Lease Income)

통상적인 수입으로 볼 수는 없으나, 특별한 경우에 한해서 발생할 수 있는 수입을 말한다. 즉, 좋은 입지인 경우에는 프랜차이저가 대지 소유주 또는 건물 소유주로부터 구입 또는 임차하여 다시 프랜차이지에게 임대하는 경우로서 이 과정에서 프랜차이저는 임대차익을 얻을 수 있다.

(6) 계약갱신수수료(Renewal Fee)

정해진 계약기간이 종료되는 시점에서 계약 연장을 위해 프랜차이지가 프랜차이저에게 지불하는 수수료이다.

(7) 이전비(Transfer Fee)

프랜차이지가 운영하던 업소를 타인에게 양도하는 경우에 프랜차이저의 브랜드를 계속 사용하고자 하는 경우에 발생하는 비용으로서 이런 경우에는 프랜차이저의 승인이 필요하고 승인을 얻기 위해서는 양수받은 업주가 프랜차이저에게 일정액을 이전 명목으로 지불하는 비용이다.

(8) 교육비(Training Fee)

프랜차이저는 프랜차이지에게 프랜차이즈 계약과 동시에 기술이전을 위한 교육·훈련을 시킨다. 이 과정에서 경영노하우와 운영방법 등을 프랜차이지에게 전수시키는 과정에서 발생하는 교육·훈련비를 받는다.

(9) 보증금(Deposit)

프랜차이저가 프랜차이지에게 원자재 및 완제품을 공급할 때 공급 후에 공급가액을 받는 것이 일반적인 관례이나 프랜차이즈 계약에서는 일정의 보증금을 프랜차이저가 예수금형태로 보관하고 있는 금액으로서 계약이 종료될 때는 보증금을 프랜차이지에게 반환하여야 한다.

2) 가맹금과 로열티 산정 시 결정요인

(1) 브랜드가치

브랜드의 인지도와 고객의 충성도가 높으면 높을수록 브랜드의 가치가 높다. 따라서 브랜드가치가 높으면 높을수록 프랜차이저는 높은 가맹금과 로열티를 요구한다.

(2) 서비스내용과 원가

서비스 내용이 많고 질이 좋으면 좋을수록 발생원가가 높아지고 또한 서비스 내용에 따라 로열티도 높아지게 된다.

(3) 경쟁자의 가맹금과 로열티

같은 업종과 업태로 운영되고 있는 경쟁자의 가맹금과 로열티를 고려하여 책정한다.

(4) 상권의 질과 크기

상권의 질과 크기에 따라 가맹금을 차등 부과할 수도 있고 동일한 가맹금을 부과할 수도 있다.

(5) 계약기간

일반적으로 계약기간이 길면 길수록 가맹금이 높아진다.

따라서 프랜차이저는 이상의 5가지 요인들을 충분히 고려하여 가맹금과 로열티를 산정해야 한다.

잠깐 쉬어가기!

■ 미국에서 가장 많은 매장을 보유한 패스트푸드 브랜드는 무엇일까?

미국 내 패스트푸드 브랜드는 약 200,000개로 3,000억 달러 이상의 가치를 지닌다. 2022년 기준, 미국 내 매장을 가장 많이 보유한 패스트푸드 브랜드 1위는 서브웨이 샌드위치 전문점으로 총 20,576개의 매장이 있다. 2위에 오른 스타벅스는 미국 전역에 15,873개의 매장을 보유하고 있다. 스타벅스는 코로나19 팬데믹 이후 드라이브 스루 매장 확대를 통해 사업의 확장을 이어가 전년도 대비 매장이 429개 증가하였다. 3위를 차지한 맥도날드는 6개의 신규 매장을 추가하며 8년 만에 처음으로 미국 내 입지를 넓혔다. 맥도날드의 매출은 2022년에 러시아에서 철수한 이후에도 지속적으로 증가해 글로벌 매출을 거의 200억 달러가량 성장시켜, 약 480억 달러에 달하는 매출을 올렸다.

미국 내 매장을 가장 많이 보유한 패스트푸드 브랜드 Top 10

순위	업체명	전체 매장 수	전년대비 매장 증감 수	매출액(백만 달러)
1	서브웨이	20,576	-571	$10,372
2	스타벅스	15,873	+429	$28,100
3	맥도날드	13,444	+6	$48,734
4	던킨	9,370	+126	$11,279
5	타코벨	7,198	+196	$13,850
6	버거킹	7,043	-61	$10,278
7	도미노	6,686	+126	$8,752
8	피자헛	6,561	+13	$5,500
9	웬디스	5,994	+56	$11,694
10	데어리 퀸	4,307	-31	$4,579

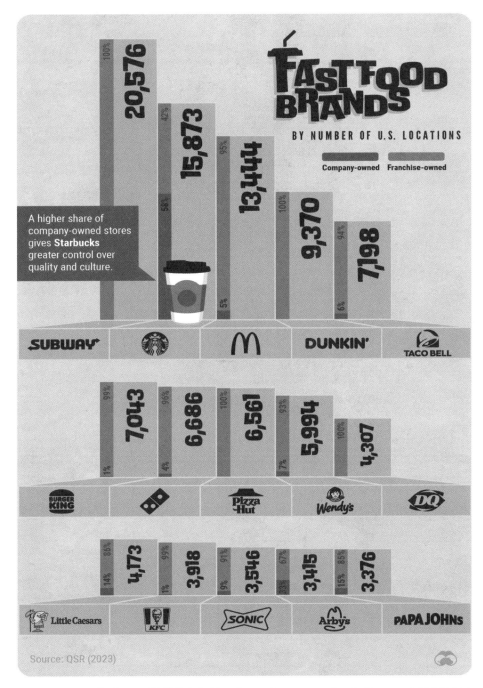

● 자료 : 비주얼캐피탈리스트(https://www.visualcapitalist.com, 2024.08.01.)

제7장
외식사업 인적자원관리

↘ 제1절 | 인적자원관리의 개념과 발전과정

1. 인적자원관리의 개념

일반 경영학에서의 인적자원관리(human resource management)란 조직이 필요로 하는 인적자원의 확보·유지·활용·개발을 위해 계획적이고 조직적으로 이루어지는 관리활동 이다.

이러한 정의를 바탕으로 하여 외식기업의 인적자원관리를 정의한다면 직무수행에 적합한 서비스 정신(service mind)을 가진 인적자원의 채용, 활용, 교육훈련과 경력개발 및 보상 등과 관련된 관리계획을 수립, 관리, 활용, 평가, 교육훈련/경력개발, 보상조정, 통제하여 피드백(feedback)하는 활동이라고 할 수 있다.

위의 정의를 근거로 하여 다음 [그림 7-1]과 같이 인적자원관리의 흐름을 알아보면,

그림 7-1 **인적자원관리의 정의**

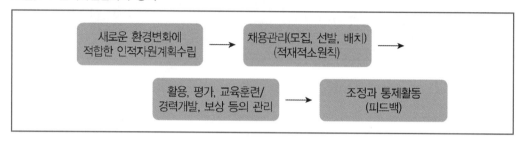

2. 발전과정

인적자원관리개념은 영국의 산업혁명 이후에 처음으로 사용된 것으로 볼 수 있으나 이 시기는 인식단계로서 주로 생산지향적인 고용관리의 개념으로 사용되었다.

이러한 인식단계에서 시작되어 생성단계, 조정단계, 발전단계, 전환단계를 거쳐 최근에는 전략적 인적자원관리의 활용단계로 발전하게 되었다.

따라서 개념의 발전과정을 연대별로 구분하여 살펴보면 〈표 7-1〉과 같다.

표 7-1 **연대별 발전과정**

연대별	내용
19세기 말~제1차세계대전	• 인식단계 • 인사관리의 중요성과 필요성 인식 • 생산지향적인 고용관리개념
제1차세계대전~1930년	• 생성단계 • 근대적 개념의 형성과 경영관리시기 • 사기와 근로의욕 고취를 위해 인사관리활동의 적극적 활용 • 생산과 경영관리지향적 관리개념
1930년대~제2차세계대전	• 조정단계 • 메이요의 호오손 실험결과에 의해 인간관계론의 태동 • 와그너법(Wagner Act)에 의해 노동3권(단결권, 단체교섭권, 쟁의권)의 법적 지위 획득 • 조직과 구성원 간의 관계지향적 중요성 인식
1950년대~1970년대	• 발전단계 • 기술혁신 등에 의한 과학적 관리

연대별	내용
	• 사무관리의 자동화와 합리화, 팀워크, 리더십, 행동과학적 이론 등에 의한 경쟁력 강화 • 현대적 인적자원관리개념의 출현과 발전
1980년대~1990년대	• 전환단계 • 새로운 의식변화로 능력위주의 인적자원관리 도입 • 새로운 환경변화에 대한 대처능력 제고 • 현대적 인적자원관리와 함께 전략적 인적자원관리개념의 필요성 인식과 발전
2000년대~현재	• 전략적 인적자원관리 활용단계 • 새로운 환경변화에 대한 전략적 대응, 경쟁력 강화 및 비교우위 제고의 수단 • 전략적 인적자원관리개념의 적극적 활용시기

위의 〈표 7-1〉에 근거하여 전반적 발전과정을 구체적으로 알아보면,

초기에는 원시적인 고용관리의 개념으로 주로 근태관리, 급여관리, 생산관리 등을 위한 문서관리측면에서 관리되었으나 점차적으로 원시적 고용관리의 개념으로부터 인적자원관리의 범위가 다소 확대되었을지라도 초기에는 경영자와 구성원과의 관계를 종속관계로 보았기 때문에 각 기능별로 조정은 이루어지지 못하였다. 이는 구성원을 경영자산의 개념이 아닌 생산수단과 비용의 개념으로 보았다고 할 수 있다.

이러한 개념으로부터 발전한 현대적 인적자원관리개념에서는 구성원을 조직의 중요한 자산으로 인식하게 되었으며 이들을 채용, 유지(교육훈련과 경력개발), 활용, 보상, 커뮤니케이션, 동기부여 등과 같은 관리과정에 중점을 두어 체계적이고 조직적으로 관리하기 시작하였다.

↘ 제2절 | 인적자원관리활동

1. 인적자원관리활동의 개념과 계획수립

1) 개념

인적자원관리활동(human resource management program)은 외식기업의 목표를 달성하기 위해서 조직이 필요로 하는 인적자원을 고용·유지·개발하기 위하여 체계적으로 관리하는 활동으로 정의할 수 있다. 이는 구성원의 채용계획과 확보에서 시작하여 이들의 효율적 활용과 유지, 보상과 개발에 이르는 모든 기능과 활동을 포함한다.

2) 계획수립 시 고려사항

체계적이고 합리적으로 인적자원관리활동을 하고 있는 외식기업을 중심으로 인적자원관리활동계획수립 시에 고려해야할 사항을 알아보면,

첫째, 하나의 조직체(organization)로서 경영목표를 달성하기 위해서 조직도상의 각 직무들을 명확히 하고(조직도와 조직관리),

둘째, 이들 각 직무들을 유기적으로 결합하여 상호직무들 간의 전체적 관련성을 객관적으로 규정하고(직무관리와 임금관리),

셋째, 각 직무에 적합한 인적자원을 채용하고 배치하고 관리하는 활동과정계획(채용, 고과, 교육훈련, 경력개발, 이동관리 등)을 들 수 있다.

3) 계획수립과정

활동계획수립과정에는 구성원의 모집, 선발, 배치, 직무수행, 인사고과, 인사이동, 징계, 이직관리까지의 제반 관리활동계획이 포함되어야 한다.

따라서 본 교재는 인적자원관리활동계획수립과정을 보다 구체적으로 알아보기 위하여 다음 [그림 7-2]를 중심으로 알아보고자 한다.

그림 7-2 **인적자원관리활동 계획수립과정**

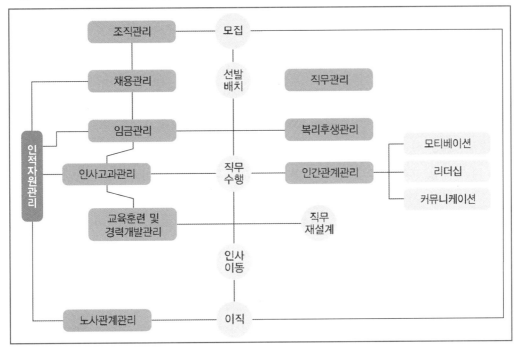

4) 모집(Recruitment)

채용관리란 인적자원관리의 기점으로 종래의 무계획적이고 경험적인 관점에서 채용하는 게 아니라 기업 활동에 필요한 직무에 요구되는 자격요건을 기준으로 적격자를 계획적으로 인력수급계획에 따라 일정 수를 채용하는 조직적 조치이다.

나아가서 경영자 또는 관리자는 채용계획과 방법에 따라 경영상 직무에 가장 적합한 자질을 갖춘 인력을 선발하는 과정으로 입사지원서, 면접, 시험 등의 채용절차를 거쳐 지원자 가운데 조직이 필요로 하는 직원을 채용업무에 필요한 직무교육을 시켜서 적절한 위치에 배치하여야 한다. 하지만 외식기업들마다 내부 인력이 충분하지 않으며, 인력이 확보된 경우에도 이직률이 높아서 충원계획을 세워야 하는 경우가 많다. 특히 급여 외에 동기부여나 보상체계도 갖고 있지 못한 경우가 많아 인재 확보가 쉽지 않은 것이 사실이다. 따라서 찾아오는 지원자들에 머무르지 말고 다양한 인적자원의 원천을 모색하여야 한다.

외식기업은 업종과 업태 또는 업소의 영업 전략에 따라 정규 직원과 시간제 직원을 적절한 비율로 채용하여 인적자원을 관리하고 있다.

(1) 정규직원의 모집

정규직원의 채용은 장차 외식산업의 주체로서 장기적으로 기업의 목표달성에 기여하고 외식산업의 발전에 중추적인 역할을 담당할 서비스 자질을 갖춘 우수한 인재를 확보한다는 차원에서 채용 시 조직의 목표를 가장 잘 충족시켜 주는 사람들이 채용되어야 한다. 또한 직무의 명확성, 윤리적 고려, 인성과 직무에 부합되고 직무명세서와 직무기술서에서 요구하는 능력, 기술, 지식 등을 갖춘 사람들을 모집하여야 한다.

무엇보다도 훌륭한 파트너를 선택한나는 생각으로 신중한 년섭을 서처 직원을 채용해야 한다. 외식산업에 적합한 자격을 갖춘 파트너 같은 직원을 채용하기란 쉽지 않다. 이때 회사의 고용조건을 명시하고 지원자가 어떤 생각을 가지고 응모하였는지? 또한 지원자의 장래 꿈과 인생관 등에 관한 질문 등을 통해 적합한 직원을 선발한다.

이러한 신중한 채용자세로 회사는 직원이 외식산업의 현실과 그가 앞으로 몸담고 일하게 될 직장에 대한 올바른 정보제공으로 회사에 적응해 나갈 수 있도록 뒷받침과 함께 교육 교과과정의 확립, 급여 및 평가시스템 수립 등을 통해 직원 스스로 의욕을 지니고 일할 수 있도록 제도적 배려를 하는 것이 중요하다. 일반적으로 외식기업의 직원채용 시에 확인되어 져야 할 사항은 다음과 같다.

① 성명, 생년월일, 본적, 주소, 연락처 등 이력서 기재사항
② 상반신 사진
③ 가족관계(배우자 및 부양가족 내역)
④ 건강진단서
⑤ 주민등록등본
⑥ 신원보증인
⑦ 희망직종 및 급료
⑧ 학력 및 주요경력
⑨ 성격(책임감, 협동성, 계획성, 통솔력, 성실성, 명랑성)

⑩ 장점 및 단점과 취미 및 기호, 언어사용 및 태도, 자기회사의 선택이유, 자기업소
에 대한 희망, 장래의 희망, 꿈 등

(2) 시간제 직원 모집

오늘날의 외식산업은 원활한 인력수급과 인건비의 절약 차원에서 정규 직원뿐만 아니라
적정한 규모의 파트타임 또는 아르바이트직원을 고용하고 있는데 이들 대부분은 미숙련자들
이다.

패스트푸드의 경우 시간제 직원의 근무시간이 전체근무시간의 70% 이상을 점유하고 있으
며 패밀리레스토랑도 서비스의 질이 떨어지지 않는 범위에서 시간제 직원의 수를 늘리고
있다. 따라서 시간제 직원의 채용에 있어서도 정규직원의 채용과 마찬가지로 면접방법으로
선발되며 대부분이 학생이고 아직까지 이들의 직업 마인드가 약한 편으로 다양한 교육 프로
그램과 서비스 강화 교육으로 숙련도를 높여 고객 서비스에 만전을 기해야 한다.

특히 고객과의 접점상황에는 바로 전방배치를 하지 말고 현장교육을 통해 매뉴얼을 숙지
하고 난 후 현장으로 투입되어야 한다. 즉 시간제직원이 곧바로 접객서비스를 하게 되는
경우 실수와 고객의 불평·불만이 발생하게 되고 이런 일이 지속되면 중요한 고객을 영원히
잃어버릴 수도 있다. 따라서 시간제 직원들에게도 조직과 직무에 대한 적응능력을 개발하는
일이 중요하다.

또한 지원자에게 회사 측의 조건을 명시하는 것도 매우 중요하며 최소한 명시해야 할 사항
은 다음과 같다.

① 시간당 급여 및 그 지급방법
② 직종(일의 내용)
③ 근무시간 및 휴식시간
④ 식사시간과 식사대 부담
⑤ 교통비 지급
⑥ 휴일
⑦ 세탁물 처리

시간제 직원의 면접표를 〈표 7-2〉에 참고로 제시해 둔다.

표 7-2 시간제 직원 면접표

수험번호	년 월 일				희망 직종	종합평가
성 명	연령	성별	학 력	전 공	면접자	
구 분	질문체크		질 문 사 항		회 답	평가 및 척도
1. 동기와 지원			1. 현주소에서 당사까지의 소요시간과 오는 길의 순서는? 2. 당사를 왜 선택하였는가? 3. 당사에 관해 어떠한 연구 준비를 하였는가? 4. 당신의 가장 자신있는 과목과 자신없는 과목을 세 가지씩 적어라. 5. 당사에 와서 느낀 점을 말하라.			1. 논리성 2. 적극성 3. 계획성 4. 관찰 5. 책임감
2. 직업에의 마음 준비			1. 시간제직원의 경험이 있는가? 2. 채용되면 어떠한 직종을 희망하는가? 3. 입사 시, 제1 희망부서에 배치되지 못할 때, 당신은 어떻게 생각하는가? 4. 자기 뜻에 맞지 않는 일이나 선배, 상사와 어떻게 하면 잘 해나갈 수 있겠는가? 5. 당사의 사업성질상 근무상황이 매우 엄격한데 극복하겠는가? 6. 만일 취직이 될 경우 얼마나 근무할 예정인가?			1. 건실성 2. 성실성 3. 협조성 4. 사상 5. 상식정도 6. 사회성
3. 학교, 가정, 기타			1. 존경하는 사람은 누구인가, 어떤 이유로 마음이 끌렸는가? 2. 전문서적은 몇 권이나 가지고 있는가? 3. 학교에서 어떠한 클럽활동을 하였는가? 4. 가족들과 평소에 대화를 잘 하는가? 의견이 맞지 않는 것은 무엇인가? 5. 가족들은 건강한가? 6. 당신은 어떠한 음식을 좋아하는가? 7. 지금까지 가장 많이 듣고 있는 화제는 무엇인가?			1. 용모, 복장 2. 태도 3. 표정 4. 동작 5. 독창성 6. 표현력 7. 기억력
			질문사항 및 확인사항 1. 통근 시 무엇을 이용하며, 소요시간은? 2. 일하는 것에 관하여 가족의 동의는 있었나? 3. 급하게 쉴 경우가 있다면 어떠한 경우인가? 4. 휴일에도 출근이 가능한가? 5. 미성년자의 경우 부모의 허락을 받았는가? 　그리고 부모님 동의서를 받을 수 있는가?			

5) 선발(Selection)

지원자들 중에서 외식업체가 필요로 하는 직무에 가장 적합한 자질을 갖춘 인력의 채용을 결정하는 과정이 선발이며 선발이 잘 이루어져야 조직의 목표를 달성할 수 있고 생산성을 극대화할 수 있다.

선발은 규모가 큰 외식업체와 영세사업체의 각각 형편에 따라 선발과정이 다르며 일반적으로 지원서 작성, 서류심사, 면접, 채용시험, 신체검사, 적성 및 수습사원기간 등의 단계로 이루어지지만, 영세사업체의 경우 대부분 면접만으로 선발이 결정된다.

어떤 단계로든 선발에서 중요한 부분은 모집광고를 하면 부적격자들도 많이 오게 된다. 경영자 및 관리자는 이러한 옥석을 가리기 위해 이력서를 접수받아 먼저 심사한 후 개별 지원자의 면담을 결정한다. 면담 전 지원양식을 작성하고 참고자료를 제출받아 면접을 하는 동안은 세밀한 관찰자의 입장이 되어야 한다.

6) 교육 · 훈련(Education & Training)

채용시점에서 직원의 직무능력은 완벽할 수 없기 때문에 교육훈련은 반드시 필요하다. 교육과 훈련은 각기 다른 의미를 지니고 있다. 교육은 잠재능력을 유인하는 정신적인 의미가 강조되며, 훈련은 육체적 및 기술적 연습으로 실용적 지식을 부여하는 것을 의미하지만 결국 직원들의 교육훈련은 능력개발이라는 관점으로 집약시킬 수 있다.

교육훈련의 목적은 지식 · 기능 · 태도를 향상시켜 조직력을 강화하고, 직원 각자 직무에 만족을 느끼게 하며, 직무수행능력을 향상시켜서 보다 중요한 직무를 수행할 수 있도록 하여 조직의 목표를 달성하고 유지하며 발전시키는 데 있다. 체계적인 교육훈련은 생산성 향상, 원가절감, 그리고 조직의 안정성과 유연성 향상에 기여하기 때문에 필수적인 활동이다.[1] 외식산업의 경우 교육훈련은 대부분 현장 직무교육(On the Job Training : OJT)으로 이루어지며, 사이버강의, 시청각교육, 역할연기(role playing)와 같은 현장 외 직무교육(Off the Job Training)을 병행하기도 한다. 교육훈련 대상에 따른 분류는 초기교육과 재교육으로 구분할 수 있다.

---

1) 박기용, 외식산업경영학, 대왕사, 2009, p.451.

현재 교육훈련에 대한 외식업체의 문제점으로는 다양한 요인으로 접근할 수 있다. 충격적인 사실은 현 외식업체의 80% 이상이 교육훈련시스템이 없고 어떻게 교육을 시켜야 하는지 무지한 상태에서 경영을 하고 있다는 점이다.

특히 초기교육 및 재교육에 대한 교육매뉴얼이 없을 뿐만 아니라 교육훈련을 시키는 사람이 없다는 것이다. 즉, 교육훈련을 진행할 수 있는 관리자나 매니저가 없는 영세한 외식업체가 많으며, 경영자마저도 교육훈련을 시킬 마인드나 매뉴얼이 없다는 것이 가장 큰 문제점으로 지적된다. 따라서 경쟁이 치열한 외식시장에서 교육훈련의 존재유무에 따라 외식업체의 경쟁력이 좌우되고 있다.

외식경영의 최고 경쟁력은 교육훈련이다. 교육훈련 시스템의 존재유무와 실행정도에 따라 외식업체의 경쟁력은 이미 결정되어 진다. 이처럼 중요한 '교육훈련의 중요성'을 아직도 많은 외식업체들이 인식하지 못하고 있다.

(1) 초기교육

초기교육은 채용된 직원을 대상으로 행하는 오리엔테이션으로 회사는 그들이 몸담고 일할 새로운 직장에 대한 조직의 일원으로서 각자 회사에 대한 친근감과 업무에 대한 흥미를 가질 수 있도록 외식산업에 대한 일반적인 지식과 회사에 대한 전반적인 소개 등으로 이루어진다.

특히 신입직원 교육훈련(Orientation Training)은 외식기업의 소속감을 높이는데 그 목적이 있고, 이러한 초기교육은 직무교육 이전에 수행되며 신입직원에게 심리적인 안정을 줄 뿐만 아니라 회사에 대한 올바른 이해를 제공해줌으로써 이들의 근무의욕을 고취시킨다. 아무리 좋은 인재를 채용하였다고 하더라도 이들에 대한 교육이 체계적으로 진행되지 못한다면 장기적인 관점에서 회사와 직원들에게 마이너스의 효과로 나타난다.

오늘날 외식산업에 있어서 이러한 교육의 중요성이 인식되어 체인화된 외식기업에서는 실시되고 있으나, 교육훈련에는 시간과 비용이 소요되기 때문에 아직도 대부분의 외식업소에서는 이러한 교육 없이 채용과 동시에 단순한 직무교육을 행한 후 현장에 투입하는 경우가 실제로 많다. 이는 결국 서비스 질을 떨어뜨리는 결과를 초래하며, 각 외식업소의 인적자원 손실에 따른 외식사업의 경쟁력은 물론 넓은 의미에서 외식산업의 정체성을 낮아 외식산업의 발전에 부정적인 요소로 작용된다.

그러므로 경영자 스스로가 초기교육의 중요성을 인식하여 경쟁력을 제고시켜야 한다. 일반적으로 외식업체의 초기교육에 수행되는 항목은 기업의 역사, 업계의 현황 이해, 외식산업인의 자세, 회사의 경영이념과 경영자세, 경영방식, 회사의 조직과 규정 등은 물론이고 QSC(quality, service, cleanliness)의 이해, 업무에 관한 지식과 기능, 그리고 직업인으로의 인간적인 태도 등을 습득시킨다. 이 정도는 시간을 정해 반드시 가르쳐야 할 중요한 사항이며 1주일 정도는 매일 경영자, 슈퍼바이저(supervisor), 또는 점장(general manager)이 직접 교육담당자가 되어 상세히 가르쳐야 한다.

앞서 여러 차례 강조했듯이 외식산업은 인적사업이므로 일하는 직원의 의식·의욕이 중요하다. 따라서 외식 산업인으로서 기본이 갖추어져야 하며, 그러기 위해서 초기교육이 중요한 것이다.

① 업계의 현황 이해

이제부터 일할 자신들의 업계가 어떠한 상태이며 또 어떤 방향으로 움직여 나가는가를 알기 쉽게 설명한다. 경쟁이 치열한 시장상황을 이해시키고 서비스산업에서 서비스의 중요성과 과제를 설명한다. 또한 변화하는 고객욕구에 대한 응대기법 및 자세와 단순한 음식장사와는 다른 외식업의 멋을 정열적으로 이야기해 주는 것이 중요하다. 외식업 직원으로서 보통 말하는 음식장사와 어떻게 다른지를 명확히 제시해야 하므로 설명하는 사람이 그 차이를 충분히 이해하고 있지 않으면 곤란하다. 즉 자사의 경영자와 직원이 의식개혁을 하지 않고서는 이 항목은 유명무실하게 된다.

② 경영이념과 경영방침

경영자의 인생관에 기초한 회사경영의 신조를 명확히 하고 자사가 어떠한 회사가 될 것인가 하는 회사의 경영이념을 세우는 것이 중요하며, 또한 회사가 지향하는 목표를 명확하게 밝혀 직원이 의욕을 가지고 분발하도록 이끌어야 한다(단, 시간제 직원에 대하여는 회사의 경영이념 설명으로 충분할 것이다).

③ 조직도

업소가 하나뿐인 경우에도 틀림없이 사장, 점장(또는 지배인), 조리사라는 조직이 있듯이 사람이 두 명 이상 모여 일하는 장소에는 반드시 조직이 존재하게 된다. 하물며 업소가 여럿인 대규모 회사가 활발하게 움직이려면 명확한 조직이 있어야 하고, 여기서 누가 최고 책임자이며 누가 자신의 직속상사인가를 조직도에 명시해 주는 것이 중요하다.

④ 규정

조직생활에서는 지켜야 하는 것, 즉 동료와 원만히 일하기 위해 세워진 규칙이라는 것이 있는데, 이것을 명문화한 것이 바로 규정이다.

여기에는 ① 직장에서의 팀워크(동료와 함께 일한다는 의미), ② 반드시 지켜야 할 규칙(복장, 몸가짐, 출퇴근 시간, 근무수칙), ③ 전화 응대 방법과 개인전화 사용의 규칙, ④ 회사물품과 개인물품 구분, ⑤ 금기사항(직장, 사생활 매너), ⑥ 안전과 위생 등이 있다.

⑤ QSC

Quality는 상품력, Service는 서비스력, Cleanliness는 청결성을 의미하며 이에 대해 많은 교육이 계획적으로 이루어져야 좋은 인재로 키울 수 있다.

(2) 재교육

직원이나 관리자를 대상으로 하는 직장 내 또는 직장 외 교육훈련을 재교육이라 하는데, 직원의 자질을 개발하고 직무에 대한 적응성을 높임으로써 보다 나은 직무와 자격을 갖출 수 있도록 조직적·체계적으로 유도하는 것이 재교육이다. 그러므로 이러한 교육훈련은 현장 또는 하부직원에서부터 관리자, 그리고 경영자에 이르기까지 모든 구성원을 대상으로 일정 시기마다 지속적으로 실시되어야 한다.

따라서 재교육을 통해서 외식산업의 경영자는 직원이 새로운 지식과 기술을 익혀 경영목표달성을 위해 이바지할 수 있다는 견지에서 그리고 직원은 개인이 가지고 있는 자아에 대한 인식과 생활을 통해 외식산업의 환경에 적응함으로써 능력향상의 기회를 얻게 된다는 상호 협력적인 관계에서 수행되어야 한다.

현재 우리나라의 외식산업은 교육투자에 별로 관심을 두지 않았던 과거와는 달리 경쟁이 치열해지고 외국의 외식산업 이론과 경영기법이 우리나라에 도입되면서 직원교육에 대한 생각도 일대 전환을 가져오고 있다.

특히 현장교육이 중요시되는 외식산업에 있어서 교육내용은 직무수행에 필요한 '지식, 기능, 태도'가 강조되며 지식은 직무수행에 있어 기본적으로 알아야 할 이론적인 기초를 말하고, 기능은 이를 응용하여 실제로 직무에 적용하는 숙련된 기술(서비스, know-how 포함)이며, 태도는 일에 임하는 마음을 가짐으로써 의욕을 말한다.

교육은 형태에 따라 직무를 통한 교육(OJT)과 집합교육으로 구분된다. OJT는 'On the Job Training'의 약자로 직무를 수행하면서 이에 필요한 지식, 기능, 태도를 습득하는 것이며 주로 상사나 선배로부터 배우게 되므로 체계적인 실무교육계획에 의해 이루어지고 있다. 집합교육(Off J.T.)은 업무를 떠나서 별도로 시간을 내어 다수 인원을 집합적으로 교육하는 것을 말한다. 주로 깊이 있는 전문성 교육은 집합교육의 형태로 이루어지며, OJT와 달리 외부의 전문가로부터 전문적인 지식이나 기술을 배울 수 있고, 자체에서 실시할 경우에도 공식적이고 공개적인 교육의 기회가 된다.

관리자의 경우는 계층에 따라 필요한 자질을 갖추도록 교육하고 있고, 경영자들은 의사결정능력이나 리더십개발에 주안점을 둔 교육, 일선감독자의 경우 현장에서의 감독능력을 함양하는 교육을 하고 있다. 따라서 외식기업의 교육은 대상과 목적에 따라 계층별 교육, 직능별 교육, 기타 등 체계적인 교육시스템의 도입이 이루어져야 하며, 여기서는 계층별 – 직능별 교육에 대하여 설명하기로 한다.

표 7-3 **교육시스템**

직급	계층별 교육과정	직능별 교육과정
경영자	최고경영자 과정	경영전략과정 경영능력/리더십개발
관리자 (지배인, 점장)	고급관리자 관리자 과정	기획전략과정 마케팅과정
감독자 (슈퍼바이저, 점장)	관리감독자 입문과정	식음료운영과정 인간관계
사원	신입사원 과정	서비스기본과정

계층별 교육과정은 최고경영자 과정, 고급관리자과정, 관리자 기본과정, 관리 감독자 입문과정, 신입사원 교육 등으로 편성할 수 있고, 직능별 교육은 서비스, 식음료, 조리, 마케팅, 세무회계, 기획전략 등의 전문분야별 과정을 둘 수 있다.

① 계층별 교육

최고경영자 과정은 경영환경 변화에 대응하여 전략을 수립하고, 회사의 비전을 설정하고 대내외적으로 확산하며, 기업문화를 개발 정착시키는 등 최고경영자로서의 경영능력 향상 및 리더십 개발을 목적으로 이에 적합한 과목을 토의 및 사례연구, 세미나 식으로 운영하게 된다.

고급 관리자를 대상으로 하는 기획전략과정은 장기적 관점의 전략 마인드를 고취시키고, 부문 또는 부서책임자로서의 리더십을 개발하며 바람직한 기업문화 정착의 주도자로 변신하도록 도와주는 과정이다. 관리자 기본과정은 초급 관리자로서 조직의 운영을 이해하고, 관리의 여러 측면을 고려하여 인간관계 개선을 통한 조직목표 달성을 효율적·합리적으로 추구하도록 함으로써 관리자로서의 역할을 실천해 가는 방향과 기법을 제시한다.

관리 감독자 입문과정은 감독자로서의 역할을 인식하고, 상사 보좌와 후배지도방법을 익히며, 인간관계 능력향상과 부서 내 팀워크(team work)의 증진을 통해 조직목표에 창의적으로 도전하게 하는 과정이다.

신입사원 과정은 신입사원으로서의 기본적인 마음가짐과 예절을 습득하고 고객을 위한 서비스 및 대인관계 능력을 향상시켜 보람찬 새 출발을 하도록 지원하는 과정이다.

② 직능별 교육

서비스 기본과정은 서비스 기본 매너, 고객만족, 테이블 매너, 국제 예절, 고객 불평처리 등의 과목을 통해 고객 서비스에 대한 이해와 실천을 강조하는 프로그램이다.

외식 기본과정은 식음료에 대한 이해, 서비스기법 향상, 판매 증대를 위한 메뉴계획, 서비스 실제, 고객 응대기법, 판매기법, 식음료 원가관리, 조리원리, 위생 등의 과목으로 편성되어 있으며, 식음관리자 과정은 기본과정에 더하여 식음관리자로서의 관리능력 향상과 수준 높은 식음료 지식의 이해에 초점을 맞추고 있다.

조리분야는 조리에 관련된 전문지식과 실습훈련에 관한 과목을, 마케팅과정은 시장, 전략, 조사분석 등에 관련된 과목으로 구성되며, 회계·세무 과정은 회계원리, 세법, 실무에 관한 과목을 각각 편성하여 운영하게 된다. 일반적으로 교육훈련을 진행하는 절차는 〈표 7-4〉와 같다.

표 7-4 **교육훈련의 진행 절차**

교육훈련의 목적을 명확히 한다.
⇩
교육훈련의 방침을 정한다.
⇩
교육훈련 대상자를 명확히 한다.
⇩
교육훈련 내용을 명확히 한다.
⇩
교육훈련자를 선정한다.
⇩
교육훈련방법 및 기간을 결정한다.
⇩
교육훈련을 실시한다.
⇩
결과에 대한 효과측정 → 차기계획에의 피드백

7) 배치관리(Placement)

엄격한 선발과정을 거쳐 채용된 직원은 직무분석에 따라 적재적소에 배치하여야 한다. 그러나 어떤 직무에 배치된 직원이라도 일정 기간이 지나면 그들의 근무태도와 능력에 변화가 일어난다. 그러므로 일정 기간마다 공정한 인사고과를 실시하여 직원의 성격, 능력, 근무상태 등을 재평가해서 전직, 승진, 강등 등의 이동을 시킬 필요가 있다.

외식산업체의 경우 대부분 소규모의 영업조직 단위로 운영되고 있어 일반기업과는 달리 승진이나 전직의 이동 폭이 그리 넓지 않아 직원의 사기 저하와 이직률이 높은 편으로 이들의 인적능력을 효율적으로 활용하고 직원의 사기앙양과 근무의욕을 고취할 수 있는 다양한 배치계획이 필요하다.

배치방법에는 적성배치와 적정배치가 있다. 적성배치는 직원이 자신의 적성이 맞는 업무를 할 수 있도록 배치하는 것을 말하며, 적정배치는 업무량의 예측에 기초하여 인원배치의 효율성을 목적으로 배치하는 것을 의미한다. 즉 적성배치는 직원의 질적인 관리에 주로 관계된 반면, 적정배치는 합리성과 효율성을 기하기 위한 직원의 배치이다.

(1) 적재적소의 배치원칙

적재적소에 직원을 배치하기 위해서는 직무를 합리적으로 편성하고 이들이 직무수행에 필요한 능력요건의 명확화는 물론 직무수행능력과 적성에 관한 조사분석자료를 가지고 처리해야 한다.

(2) 인재육성의 원칙

일반적으로 신규직원은 초기교육을 받게 되는데, 특히 외식산업체의 고급인력확보와 회사 조직에 정착을 유도하기 위해 지속적인 교육훈련으로 인재를 육성하여 궁극적으로 외식산업의 발전에 이바지할 수 있는 계획을 수립해 나가야 한다.

8) 평가 시스템(Evaluation System)

교육훈련의 마지막 단계는 실시된 프로그램을 평가하는 것으로 직원들의 직무수행능력을 측정평가하고 이를 피드백시키는 과정이 평가시스템이다. 즉, 종합적인 인적자원관리 시스템과 연계성은 물론 교육훈련의 모든 영역에서 실시되어야 한다.

평가과정에서의 핵심은 프로그램의 효과를 측정하는 것이며 이를 위해 평가기준의 결정은 매우 중요한 과제이며 나아가서 임금, 승진, 해고 등을 결정하는 기초자료가 되기 때문에 공정하고 합리적인 평가가 요구된다. 일반적으로 프로그램 효과를 측정하는 평가는 근무태도, 직원의 능력과 실적, 고객서비스, 리더십, 커뮤니케이션 수준, 적응력 등의 평가기준과 항목이 적용된다.

직원으로 채용되어 초기교육을 이수하고 근무에 임했을 때 의욕적으로 일하던 사람이 몇 개월 지나면 의욕이 떨어져 퇴사하는 경우가 있다. 이러한 퇴직의 이유는 여러 가지(인간관계, 직원 간 갈등, 일에 부적응 등)가 있겠으나, 교육기간 중에는 배운 대로 노력하고 도전하면 바로 평가를 받고 그 결과에 대한 피드백이 이루어지지만, 교육을 마치고 근무에 임하게 되면 배운 것에 대한 평가가 아닌 근무성적에 대한 평가가 이루어지며, 이는 즉시 본인에게 피드백 되지 않고 일정 기간이 지난 후에 본인이 알게 되는 경우가 많기 때문에 평가에 대한 기준이 모호하게 되어 근무의욕을 잃을 수 있다.

그러므로 합리적인 평가시스템은 직원의 노력과 성과에 대한 충분한 보상과 동기부여를 제공하는 방법으로 매우 중요하다.

위의 평가시스템의 평가와는 달리, 업무평가의 기준 및 항목은 피 평가자의 신분(임시, 정규사원, 관리, 감독자 등), 외식업소의 주 고객, 입지, 규모, 경영방침 등에 따라 상이하게 구성할 수 있다. 외식업소의 실정에 맞도록 평가표를 작성해 두고 직원들에게도 사전에 알려 주면 효과가 있다. 여기서는 피 평가자의 신분에 따른 평가항목을 제시한다.

우선 시간제 직원의 능력, 실적, 사기 등 세 가지 부분으로 나누어 평가하는데, 능력평가는 서비스에 관한 지식, 기능, 접객 수준, 실적평가는 서비스의 신속성, 정확성, 달성도, 사기평가는 의욕, 근무태도, 협동성을 각기 포함시키는 것이 좋다.

정규직원에 대한 평가는 근무태도, 적극성, 근태, 협동성, 예절, 지속성, 책임감, 정확성, 숙련도, 발전성 등을 포함하며, 감독자에 대한 평가는 QSC에 대한 열의, 상사에 대한 보좌역할, 후배 부하에 대한 감독활동, 탐구심, 자기계발 의욕 등을 추가할 수 있으며, 관리자에 대하여는 관리능력, 성과(매출신장률, 목표달성도), 리더십, 계획성, 부하육성, 창의성 등을 평가한다.

평가방법은 각 항목별로 5점 또는 10점으로 배점하여 합산한 다음 백분율로 환산하거나 A, B, C, D의 등급으로 분류할 수 있으며, 평가기간은 일정한 원칙은 없으나 임금 조정 시기에 맞추면 좋을 것이다. 시간제 직원은 비교적 단기(1~3개월) 평가를 하는 경우가 많고, 정규직원과 감독자는 1년에 1~2회, 관리자는 연간실적을 평가할 수 있는 사업연도 말에 실시하는 것이 보통이다.

9) 상담(Counselling)

앞에서 살펴본 채용, 교육, 평가, 배치에 이어서 사원들의 능력과 의욕을 개발하는 상담은 교육시스템 및 평가시스템과 밀접하게 연관된다. 교육진행에 따른 지도 · 육성 측면의 상담과 평가기준 설명이나 평가결과에 대한 피드백 상담은 공식적인 것이며, 개인적인 근무애로 또는 사적인 곤경에 대한 비공식적 수시 상담도 있다.

교육진행 상담은 교육내용에 대한 학습이해도 및 적용 정도를 파악하여 본인의 성장수준을 검토, 피드백 해줌으로써 앞으로 도전해야 할 부분과 보완 · 분발해야 할 분야를 알게 하는 것이다. 평가 피드백 상담은 평가결과를 본인에게 공개하여 좋은 평가를 받은 항목은 동료나 후배에게 모범이 되도록 더욱 신장시켜 나가며, 낮은 평가를 받은 항목은 향상방법을 함께 논의하여 노력하도록 동기부여하는 것이다.

이러한 상담은 인간과 인간의 진지하고 솔직한 만남으로서 서로를 이해하고 신뢰하는 바탕에서 이루어지는 것이 바람직하다. 그러기 위하여 먼저 피상담자의 어려운 점을 이해하고, 의욕을 가지고 노력하고 있는 데 대한 진심어린 경의가 표해져야 하며, 문제를 함께 해결하여 모두가 향상되는 건설적인 만남이어야 함을 이해하도록 함으로써 불안감 · 열등감 등 심리적 장애를 제거하여야 한다.

상담 중에 개인적인 관심사항(취미, 여가선용, 교우관계, 가정 등), 일에 대한 적응, 장래의 희망 등에 관해서도 대화할 필요가 있으며, 상사 자신도 마음을 열고 자신의 성공경험이나 실패사례, 고통 극복사례, 당면과제 등을 말하고 나아가 가치관 · 인생관 등도 피력하여 인간적인 신뢰를 쌓도록 노력해야 한다.

상담을 위한 면접표를 미리 만들어 두면 도움이 된다. 면접표는 면접기간에 대상이 되는 여러 직원을 한 표에 작성할 수도 있고 개인별로 카드를 만들어 유지할 수도 있다.

10) 동기 부여(Motivation)

외식업소뿐만 아니라 모든 서비스업은 일반적으로 인력관리 면에서 제도적 장치가 확립되어 있지 않거나 미약하여 직원의 이직률이 현저히 높은 것이 현실이다. 이러한 상황은 직원의 수가 많은 대규모 체인기업의 경우도 크게 다르지 않다. 따라서 현재 외식업을 경영하는 '경영자의 고충 1위가 무엇인가?'라고 질문하면 대다수가 이직률로 인한 직원채용문제와 조직의 관리문제라고 대답할 것이다. 즉 고객과 수익성이 많은가 적은가의 고민보다 직원문제로 외식경영을 포기하고 싶다는 것이다. 특히 이러한 현상은 산업 내 규모와 상관없는 공통된 과제라고 할 수 있다.

직원 수가 5명 이하인 업소는 인사 및 조직 관리의 부재, 교육훈련부족 등 열악한 환경과 특히 미래를 보장해줄 동기부여가 부족할 뿐만 아니라 복리후생도 미비하다보니 입사를 하려는 사람들이 턱없이 부족하다. 또한 직원 수가 10명 이상인 업소는 환경적인 부분에서는 조금 나은 편이지만 이직률이 높아 수시로 직원채용에 많은 시간을 할애하고 있다. 이처럼 이직률이 높은 원인에 대하여 직원들이 내세우는 이유를 살펴보면 대체로 다음과 같은 것이 있다.

(1) 급료의 산출근거가 명확하지 않다.

(2) 같은 업종임에도 불구하고 개인기업은 법인형태의 대형업소나 프랜차이즈기업에 비해 복리후생 면에서 격차가 크다.

(3) 경영자, 관리자의 마인드와 사고방식에 찬성할 수 없다.

(4) 오랜 기간 근무해도 자신의 능력을 발휘할 기회가 없다.

(5) 열심히 노력해도 경영자, 관리자가 그것을 제대로 평가해주지 않으므로, 노력한 만큼 결과가 없다.

(6) 비록 저임이지만 참고 열심히 일했는데, 설비투자액의 고액화로 독립의 꿈이 무산되었다.

(7) 회사 자체의 장래성이 없다.

(8) 매일 반복되는 업무가 지겹다.

그러면 어떻게 직원의 정착율을 높이고 또 이를 통해 자사의 전력을 향상시킬 수 있을 것인가. 이를 위해서는 사회 평균수준 이상의 근로조건과 업무환경의 정비를 꾀하는 한편 직원의 인격을 존중하고, 경영자와 직원 상호간의 인간관계(human relations)를 돈독하게 유지해 나가는 것이 무엇보다 중요하다.

이러한 바탕 위에서 직원들이 자신의 일에 보람을 느낄 수 있도록 해주고, 인간적 신뢰를 바탕으로 우수한 인재로 키워나간다는 마음가짐이 필요하다.

직원들이 활기가 넘쳐흐르며, 희망에 차 있는 업소는 외식업소뿐만 아니라 모든 사업에 있어서도 예외 없이 번창한다. 업소 내부의 분위기를 연출하는 기본은 직원들의 의욕적인 접객태도라 할 수 있을 것이다. 이러한 관점에서 볼 때, 직원의 근로의욕을 어떻게 하면 향상시킬 수 있을 것인가 라는 과제가 대두한다.

동기부여에 관한 이론에는 맥그리거(D. Mcgregor)의 X-Y이론, 매슬로우(A. Maslow)의 욕구 5단계설, 앨더퍼(C. P. Alderfer)의 ERG이론, 허즈버그(F. Herzberg)의 2요인이론, 맥클레란드(D. C. Mc Clelland)의 성취동기이론, 브룸(V. Vroom), 포터(L. W. Porter), 로울러(E. E. Lawler) 등의 기대이론, 애덤스(J. S. Adams)의 공정성이론 등이 있다.

동기를 부여하여 직원들의 근로의욕을 향상시키기 위해서는 무엇보다도 먼저 그들의 의욕을 떨어뜨리는 요인이 무엇인지를 정확하게 파악하는 것이 중요하다. 직원들이 경영자에 대하여 갖는 불안과 불만의 원인을 파악하고, 납득할 수 있는 구체적인 대응책을 세우는 것이 직원들의 의욕을 불러일으키는 지름길이며, 나아가 외식업소의 성공적인 경영을 약속하는 방법이 될 것이다.

외식업소 직원들이 흔히 갖는 불만과 불안의 내용을 살펴보면 다음과 같다.

불만의 주요내용
- 급료수준이 사회적 평균수준에 비해 낮다.
- 유급휴가를 얻기 어렵고, 설령 얻더라도 원하는 날짜에 쉬기가 어렵다.
- 자신의 능력이 정당하게 평가받지 못한다.
- 상사 중에 신뢰할 수 있거나 존경할 만한 사람이 없다.
- 채용 당시의 약속과 실제의 근무조건 간에 상당한 차이가 있다.
- 경영내용이 공개되지 않기 때문에 혼란스러운 경우가 많다.
- 입으로만 약속하고 실행에 옮기지 않는다.
- 인간관계가 원만하게 이루어지지 않는다.
- 원하는 일(직무)을 시켜주지 않는다.
- 외식업소 경영에 대해 공부할 기회를 주지 않는다.
- 영업에 도움이 될 아이디어를 제공해도 소중히 다루지 않는다.
- 중요한 의사결정을 할 때, 의논은 일절 하지 않은 채 사후처리만 맡긴다.
- 자유롭게 일을 처리할 수 없다.
- 직원에 대해 일방적으로 요구만 하고 직원의 희망에 대해서는 모른 체한다.
- 일에 변화가 없다.
- 다른 업소에 비해 설비가 나빠 일하기 불편하다.

불안의 주요내용
- 취업조건을 명확히 밝히지 않는다.
- 현 상태로는 자신의 장래에 불안을 느낀다.
- 건강에 대해 불안감을 느낀다.
- 자신의 질병과 상해에 대한 보장 여부에 대해 잘 설명해 주지 않는다.
- 경영자가 업무 이외의 개인용무에 대해서만 열심이기 때문에 불안하다.
- 장래 개업의 꿈을 가지고 있는데, 설비비가 올라 희망이 사라질 위기에 빠졌으나 의논 상대가 없다.
- 외식창업에 도움을 주겠다고 하지만 많은 도움이 되지 않을 것이다.
- 경영상태가 좋지 않아 언제 실직할지 모른다.

이들 불만과 불안 중에는 직원의 자의적인 해석에 따른 아전인수 형태의 내용도 다분히 포함되어 있긴 하지만, 그들의 솔직한 의견과 희망이 적나라하게 나타나 있기도 하다. 따라서 당연히 그런 것이라고 지나칠 것이 아니라 진지한 자세로 검토해 보는 일이 대단히 중요하다.

때때로 직원의 사기정도 등을 조사하여 직원의 불만족도·불안도 등을 파악하고, 그에 대한 대책을 강구함으로써 보다 인재를 효과적으로 활용하는 데에 시간과 노력을 아끼지 말아야 할 것이다.

일반적으로 사기진작책으로 자주 활용되는 것들을 소개하여 보면 다음과 같다.

(1) 급료, 상여, 노동시간, 휴일 등을 업계 전체의 평균수준 이상이 될 수 있도록 체제를 정비한다

전반적으로 경비가 증대되는 경향을 보이고 있음을 감안할 때, 인건비의 인상은 무리라고 생각할지 모르지만, 양질의 직원을 정착시키기 위해서는 기본적인 조건을 갖추어야 한다는 사실을 인식해야 한다. 양질의 직원을 확보하고 정착시킬 수 있다는 것은 고감도시대의 경영경쟁 속에서 승리하는데 관건이기 때문이다. 있다는 것은 고감도시대의 경영경쟁 속에서 승리하는데 관건이기 때문이다.

(2) 불만처리 및 인사상담제도를 실시한다

직원이 지닌 고통과 불평, 불만을 파악하여 제거할 수 있는 제도를 마련한다. 전문적인 것은 컨설턴트 등과 상의하여 종합적인 지도를 받는 것이 효과적이다. 경영자와 직원 간의 상호 이해를 높이고, 신뢰감을 강화하는 데 도움이 된다.

(3) 경영기획에 대한 참여를 유도한다

이벤트의 기획과 업소개장, 신규 업소 개점 등의 기회가 생길 때, 직원의 아이디어를 제안형식으로 수집하고, 좋은 것은 적극적으로 채택하고 표창을 하여 자긍심을 높여 나간다.

(4) 전문직무 분담으로 경영참가의식을 고양시킨다

정해진 직무 이외에도 구매, 마케팅, 원가관리, 회계 등에 대해 목표수립에서부터 관리업무까지 수행하는 책임 있는 일을 직원 각자가 담당할 수 있게 함으로써 모든 직원의 경영참가의식을 고양시킨다. 이렇게 함으로써 직원 개개인의 장점과 적성을 발견할 수 있으며, 또 이를 적극적으로 개발시켜 나갈 수 있다.

(5) 적절한 보상제도를 시행한다

특히 체인업소를 운영하는 기업에서는 개별 업소별로 매출목표와 이익목표를 책정하는 곳이 많은데, 목표의 달성 정도에 따라 포상금을 지급하는 등 성과급제도를 적절하게 활용한다.

(6) 장기 근속자에 대한 표창 및 포상제도를 실시한다

일정한 기준의 연수를 정하여 그 기간동안 근무한 직원에 대하여 표창하고, 가족여행 등의 선물을 통해 정착률을 높이는 한편 근로의욕을 향상시킨다.

(7) 복리후생을 확충해 간다

직원들이 건강하고 쾌적한 기분으로 일할 수 있는 상태를 유지하는 일은 대단히 중요하다. 특히 외식업소는 환기설비가 되어 있어도 먼지 등으로 공기가 좋지 않다. 게다가 외식업소의 일은 장시간 서서 근무하는 중노동인데다 햇빛을 쬘 수 있는 기회가 적어 건강을 해치기 십상이다. 적당한 시기에 건강진단을 실시하거나 정신적인 피로회복을 위해서라도 휴게실 설치, 직원 위로여행 등을 실시하는 것이 바람직하다. 구체적으로 실행하는 과정에서는 경영자가 일방적으로 결정하기보다 직원들이 스스로 자신들 모두가 기쁜 마음으로 참가할 수 있는 매력있는 행사를 기획하도록 배려하는 것이 효과적이다. 독신자가 많은 업소에서는 가능하다면 기숙사를 마련하는 것도 좋은 방안이 될 것이다.

(8) 특별상여금제도를 실시한다

통상적인 상여금 이외에 목표달성률이 대단히 높거나, 이익이 예상외로 많이 발생할 때 또는 연말과 같은 성수기나 자발적으로 업소의 발전에 크게 공헌한 경우 등에 특별상여금을 지급한다.

(9) 이익분배제도를 실시한다

외식기업이 얻을 수 있는 당연한 이익 이상을 얻어 순조롭게 발전하는 경우는 소정의 급료 이외에 스스로 획득할 수 있는 범위를 미리 결정해 두어 직원의 자발적인 의욕을 불러일으키게 한다. 즉 이익목표를 7% 이상 초과 달성한 경우 그 중 몇 퍼센트를 일정한 분배율에 따라 분배하는 방법으로서 자신의 급료를 자신이 획득하는 시스템이다. 그러나 인센티브는 사회 평균수준 이하의 급료를 주고 그 이외는 기준책임량의 형태로

벌어야 하는 식으로 강요하는 것이라면 오히려 역효과를 초래할 수 있다.

(10) 교육훈련제도를 검토한다

협회의 모임이나 각종 세미나에 동행케 하거나, 규모에 따라서는 교육훈련제도를 마련하여 커리큘럼에 따라 계획적으로 실시한다. 직원 주체의 품질관리(QC)활동과 분임활동도 직원의 수가 많은 외식기업에서는 적극적으로 채택하는 사례가 적지 않다.

11) 급여(Wage / Salary)

여러 취업조건에서 대규모 외식업체에 비해 불리한 여건에 있는 중·소규모 외식업체가 유능한 인력을 확보하기 위해 초임 급여를 높이는 방법을 이용하는데, 이는 일류 호텔 레스토랑에서처럼 최고 기술을 배울 수 있는 기회도 제공하기가 어렵기 때문이다.

초임 급여를 높이는 대신에 시간제 직원과 아르바이트 학생의 비율을 높여 상승된 임금을 보완하고 이를 위하여 정규직원의 업무분석을 통해 꼭 필요한 수의 정규직원만을 고용하도록 한다. 총 노동시간수의 60~70%를 시간제 직원이 담당하도록 정규직원의 정원을 정하는 것이 좋다.

또한 업무분석표를 활용하여 정규직원이 아니더라도 할 수 있는 업무, 즉 특별한 기술이나 기능(숙련)을 필요로 하지 않는 업무는 가능한 한 시간제 직원에게 맡긴다. 정규직원은 관리상의 책임 수행, 시간제 직원에 대한 지도 및 감독업무를 숙련업무와 함께 분담시킨다.

표 7-5 **업무분석표**

시간	사원성명	정은선	송미경	오경아	김영미
11 : 00 ~ 11 : 15	5분간				
	5분간				
	5분간				
11 : 15 ~ 11 : 30	5분간				
	5분간				
	5분간				
20 : 45 ~ 21 : 00	5분간				
	5분간				
	5분간				

〈표 7-5〉 업무분석표는 정규직원 각자가 하는 일을 15분 단위(가능하면 매 5분간으로 하는 것이 좋다)로 기록할 수 있는 표의 예이다. 기록은 경영자나 관리자가 하는 것이 바람직 하다. 며칠간의 기록을 토대로 ① 정규직원이 아니더라도 할 수 있는 일과, ② 반드시 그 시간대에 하지 않아도 좋은 일을 체크하여 ①의 일은 시간제 직원에게 맡기고, ②의 일은 업무시간대를 조정하여 한가한 시간에 할 수 있도록 한다. 이렇듯 합리적인 업무관리를 통하 여 정규직원의 수를 최소한으로 줄임으로써 직원의 급여수준을 향상시켜 줄 수 있다.

급여는 기본급과 수당으로 구성되며, 상여금, 복리후생, 퇴직금과 함께 보상체계의 중요한 부분이다. 기본급은 근무평가에 따른 직무급에 가족급이 부가되는 것이 보통이며, 수당에는 직무수당(서비스 수당 포함), 시간외(잔업 및 휴일 특근)수당, 자격 수당 등이 있다. 상여금은 경영성과에 따른 특별보상의 형태이나, 미리 정한 시기에 정해진 금액 또는 비율에 따라 지급된다면 급여의 개념으로 볼 수 있다.

표 7-6 **보상체계의 구성**

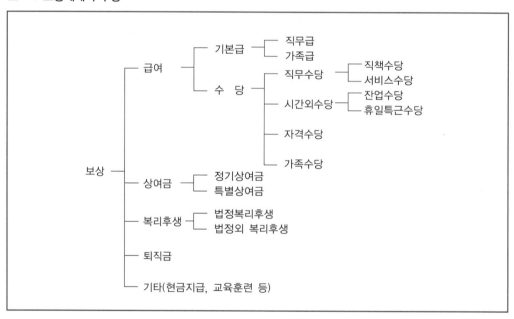

소규모 외식업소의 경우에는 외식 대기업과 같은 급호봉제를 시행하기가 어려우므로 기본 급과 정책수당(직무수당, 시간외수당)을 합한 월정급여를 정하고 근속 매 1년에 일정금액을 가산하는 정도로 체계화하고, 경영성과에 따라 정률 또는 정액으로 상여금을 지급하거나

개인별, 집단 인센티브제를 시행하면 좋을 것이다.

12) 복리후생(Benefit)

종래 외식산업에서는 급여 지급능력이 상대적으로 취약함에 따라 직원들의 복리후생에는 거의 관심을 두지 못했다. 과거에는 직원들의 노동시간이 길어 다른 산업분야의 종사자들에게 시행하는 주5일근무제 및 8시간 노동과 좋은 복리후생은 바라지도 못하고, 그 대신 급여만큼은 확실히 받자는 자세로 일해 왔으며, 경영자 측에서도 이에 맞추어 온 것이 현실이었다. 과거에는 식사할 시간도 없어 정해진 시간에 점심식사를 하기가 어렵고, 휴식도 없이 몇 시간씩이나 일하기도 하였으며, 식사할 장소가 없어 주방 구석이나 카운터에서 일어선 채로 식사하기도 하며 휴게실이 없어 주차장에서 웅크리고 있는 경우도 많았다. 하지만 현재 심각한 이직률에 대응하기 위하여 다양한 복리후생의 필요성을 인지하였고 이에 적절한 대응책을 강구하고 있다. 특히 중형외식업체 이상은 종일반에게 3시부터 교대로 낮잠휴식시간을 제공하며 은행업무 등의 편의도 제공하고 있다. 복리후생을 논하기 전에 일반 외식업소에서는 긴 노동시간, 휴게실의 설치, 식사방법과 시간 등에 관하여 체크해 볼 필요가 있을 것이다.

(1) 급식

아직까지 외식업소에서는 음식을 취급하는 관계로 일하는 직원에게 식사를 제공하는 것은 당연하다는 생각이 일반적이다. 특히 예전과는 달리 양질의 식사를 제공하고 있으며, 식사 지급방법의 예를 실제로 들어보자.

① 식사수당으로 지급하여 급료에서 공제하는 방법이 있다

이 방법은 주로 비교적 큰 기업에서 실행하고 있는 방식으로 하루의 식사수당을 출근일수에 곱해 지급한다. 실제 식사를 제공하는 경우가 많지만, 이것은 식사수당의 총액을 근무일수로 나누어 일일의 예산액을 정한 후 그 범위 내에서 식사를 제공하는 것이다.

② 식사비의 현금지급 없이 따로 직원용 음식을 만들어 제공하는 방법이 있다

내부고객만족이 외부고객만족으로 이어지므로 식사에 불만이 없어야 기초적인 이직률을 예방할 수 있다.

③ 자사 업소의 메뉴 중 선택하게 한다. 이 경우는 어디까지나 회사가 지정한 것 중에 서 선택하게 하는 것이다. 단, 일정가격 이상의 고가 메뉴에 대하여는 기준 초과금 액을 본인이 부담토록 미리 정해둔다. 이 방식은 직원에게 자기 업소 메뉴를 꾸준 히 맛보게 하여 더 나은 품질로 향상시키게 하는 효과가 있다.

(2) 휴게실, 라커, 기숙사 등

이들 항목 중 기숙사에 관하여는 대규모 외식업체에서나 관심을 가졌고, 소규모 외식업소 에서는 출퇴근이 곤란할 경우 업소의 객장이나 접객용 방(특히 한식의 경우)을 숙소로 활용 하는 예가 많았다. 그러나 지방 출신의 독신자를 위해서는 형편이 허락하는 한 외식업소 가까운 곳에 세를 얻어 퇴근 후의 생활을 보람 있게 보낼 수 있도록 배려하여야 한다.

외식업소 내의 시설로 휴게실과 라커시설이 필요하다. 일반외식업소에서는 한 자리라도 객석을 더 많이 확보하려고 직원이 쾌적하게 일할 수 있는 환경 만들기에는 소홀했던 것이 현실이다. 직원이 안심하고 기쁘게 일할 수 있도록 별도로 휴게실을 만들어 여기서 유니폼을 갈아입거나, 식사를 하거나, 휴식시간에 쉴 수 있도록 해야 한다.

객장에서 유니폼 차림으로 의자를 나란히 붙여놓고 누워있다거나 또 휴게실이 없기 때문 에 유니폼 차림으로 객석에 앉아 식사를 함으로써 업소의 이미지를 손상시킬 수 있는 기회를 사전에 예방할 수 있기 때문이다. 또 휴게실 내에 라커를 설치하여 개인의 사물을 정리 및 관리할 수 있도록 하여야 한다. 라커는 도난예방을 위해서 꼭 필요하다.

(3) 여행, 야유회, 체육대회, 취미 모임 등

외식업소는 연중무휴이며 장시간 영업을 하는 경우가 많으므로 전 직원이 함께 여행을 떠난다는 것은 극히 어려운 일이지만, 조금씩 돈을 모으고 회사 측에서도 얼마의 보조를 하여 연 1회 정도는 업무를 떠나 심신의 피로를 푸는 기회를 마련하는 것이 좋다. 이 경우 경영자가 기획준비하는 것보다는 여행위원회를 만들어 간부는 물론 일부 직원과 가능하다면 시간제 직원 중에서도 위원을 지명해 그들이 기획을 하면 훨씬 좋을 것이다.

또 숙소에 도착하면 가능한 한 단시간 동안이라도 회의를 하며 회사의 현황보고와 다음해 의 목표 등을 발표하며 우수사원, 공로자 등 표창을 하는 것도 의미가 있다. 그리고 저녁 식사 후에는 부서 또는 업소별로 숨은 장기자랑을 여는 것도 좋을 것이다. 서로의 기분을 이해하고 동질감을 갖게 함으로써 자신의 업무와 회사에 대해 만족할 수 있도록 하는 것이 여행의 목적이고 의미이다.

또한 체육대회와 야유회가 있다. 1년의 봄, 가을 2회 정도, 휴점일을 만들어 사내 체육대회나 야유회를 갖는 것도 좋다. 이것도 예산을 정하여 계획에서 실시까지를 직원들에게 맡기는 것이 좋을 것이다.

그리고 회사가 커지면 동호회와 같은 취미모임을 만들어 직원 중에서 리더를 뽑아 자율적 운영의 기회를 제공하는 것도 유익할 것이다. 동호회는 각종 스포츠를 비롯해 문화면의 음악, 그림 등 다양한 분야에서 이루어질 수 있다.

(4) 직원지주제도와 체인점 개설우선제도

보다 적극적인 복리후생으로써 직원지주제도와 체인점 개설우선제도가 있다. 직원이 자신의 의견을 당당히 말하며 경영에 참가할 수 있을 때 조직은 활성화되므로 직원에게 스톡옵션 등의 주식을 분배하는 것도 매우 효과적인 방법이다. '나의 회사이고 나의 자본이 들어가 있다'라는 주인의식을 갖게 되면 무엇보다도 경영자 감각을 지닐 수 있게 된다.

외식기업의 규모가 커지면 우리사주조합을 만들어 주식을 운용하는 것이 바람직하다. 소액주주들을 하나로 통합함으로써 안정주주 대책을 세울 수 있고 주주 측에서도 나름의 정당한 발언을 할 수 있는 장점이기 때문이다. 그리고 기업이 작을 경우에는 직원 주주의 명의변경은 경영자 또는 이사회의 승인을 받도록 하여 주주의 안정화를 도모하도록 한다.

체인점 개설우선제도는 장기간 업소관리 경험을 쌓은 관리자로 하여금 자사의 분점을 설치토록 하여 독립할 수 있는 기회를 주는 것을 말한다. 소유형태나 운영방법 및 이익배분방식 등은 경영자의 방침, 관리자의 능력 등에 따라 미리 결정한다. 이러한 체인점에 의한 독립은 본인은 물론 다른 직원에게도 장래에 대한 비전을 갖도록 하는 장점이 있는 반면에 체인점 경영을 잘못할 경우 전체기업의 이미지를 손상시킬 수 있으므로 본점의 경영방침이나 기법을 전수시킴과 아울러 세심한 지도와 적절한 통제를 통하여 실패하지 않도록 하여야 한다.

(5) 기타 복리후생

외식업소의 대부분이 중·소규모로 일반 대기업과는 달리 노동조건도 열악하고 급여 면에서도 넉넉하지 못한 경우가 대부분이다. 직원에 대한 작은 배려가 외식업소의 인재 확보에 큰 도움이 되며, 규모가 작은 만큼 가족적인 따뜻함과 인간적인 정을 나눌 수 있는 장점도 있다.

① 결혼기념일, 생일 축하

가능한 한 메시지를 넣어서 기념품이나 케이크를 보낸다.

② 명절, 크리스마스 선물

가족과 함께 즐거운 시간을 보내야 할 날에 집을 나와 일을 하므로 이런 날에는 경영자 자신이 선물을 보낸다.

③ 가족초대일

연 1회 정도는 가족을 초대한다. 젊은 사원이라면 부모님을, 시간제 직원인 경우에는 아이들을 신규 개점일에 초대를 하거나 야유회, 체육대회 등에 초대를 한다.

④ 우수 직원, 공로자, 개근자 등의 표창

복리후생의 요체는 함께 일하는 직원을 잘 이해하며 애정을 가지고 돌보는 것이다. 이 점을 명심하여 외식산업 경영자는 직원들이 안심하고 기쁨으로 일할 수 있는 환경 만들기에 힘써야 할 것이다.

2. 전략적 인적자원관리활동

1) 개념

① 구성원을 조직의 자산개념
② 구성원을 조직의 투자개념
③ 구성원을 경쟁력 자원개념 등으로 보고 있다.

이러한 개념들은 인간중심적이고 가치중심적인 전략적 인적자원관리에 중요한 영향을 주는 전략적 요인들이다.

그림 7-3 **전략적 인적자원관리의 개념**

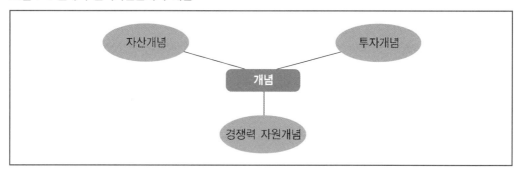

2) 전략수립 및 수행과정

(1) 전략수립과정

전략적 인적자원관리를 위한 활동계획을 수립하기 위해서는 먼저 아래의 환경변화요인을 분석하고 파악하여야 한다.

① 외부요인

    ㉠ 글로벌화와 개방화로 인한 치열한 경쟁

    ㉡ 경쟁기업과의 무한경쟁

    ㉢ 협력업체와의 공동체의식

    ㉣ 경쟁기업과의 기술협력

    ㉤ 사회, 정치, 경제, 기술, 법규 등

위의 외부요인들을 분석하여 기회요인과 위협요인 파악

② 내부요인

    ㉠ 조직문화의 변화-연공보다 능력 중시

    ㉡ 구성원의 다양한 욕구수준 변화

    ㉢ 기술인력(영업관련)의 중요성 인식

    ㉣ 노조와의 상호협력관계

    ㉤ 상품력, 기술력, 자금력, 인적자원관리능력 등

위의 내부요인들을 분석하여 조직의 강점과 약점을 파악한다.

새로운 외·내부 환경변화요인들에 대한 전략적 분석과 대응책 수립 및 경쟁력 강화를 위해 물질적 자원보다는 체계적이고 합리적인 인적자원관리활동의 중요성을 인식하게 되었다.

따라서 외부와 내부 환경의 요인들을 분석한 후 체계적으로 구성원 지향적인 인적자원관리 활동전략계획을 수립하여야 한다.

(2) 전략수행과정

전략수행과정은

① 필요로 하는 인적자원의 자격요건 설정

② 경쟁력제고를 위한 인적자원관리활동

③ 활동에 대한 성과분석 등의 과정으로 이루어진다.

따라서 인적자원관리전략은 크게 전략수립과정과 전략수행과정으로 이루어져 있으며 이는 외·내적 환경변화에 대한 효율적이고 효과적인 대응을 위해 중요한 경쟁력 제고의 수단으로 발전하였다.

이러한 전략수립 및 전략수행과정을 [그림 7-4]로 나타내었다.

그림 7-4 **전략적 인적자원관리활동**

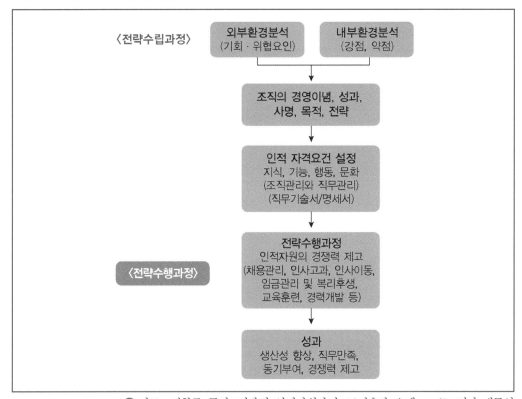

⬀ 자료 : 이학종 공저, 전략적 인적자원관리, 도서출판 오래, p. 49, 저자 재구성

제3절 │ 조직관리(Organization Management)

제1절 외식업소의 인적자원관리와 교육에서 강조했듯이 외식업은 인적사업으로 직원의 근로의욕 고취를 위해 효율적인 조직운영의 필요성에 직면해 있다. 따라서 이 절에서는 어떻게 하면 이상적인 조직을 만들어 움직여 나갈 것인가를 살펴보기로 한다.

1. 조직의 원칙

사람은 사회적 동물로 사회 속에서 타인들과의 공조를 통해 삶을 영위해 나간다. 그러므로 인간이 몸을 담고 있는 곳에는 조직이 존재한다고 할 수 있다. 즉 조직이란 일반적으로 어떤 목적을 달성하기 위해 1인이 해야 할 일을 타인과 협력해서 하는 것이 효율적일 경우에 형성되는데, 구성원 개개인이 따로 행동하는 것보다 조직을 형성했을 때 훨씬 큰 힘을 만들어 내 효율적으로 전체 조직의 목표를 달성해 가며, 그 과정에서 구성원 개인들도 만족을 추구하게 되는 것이다. 이처럼 잠실야구장에 야구경기를 즐기기 위해 수만 명이 모여 있을 경우, 이를 조직이라고 하지 않는 이유도 여기에 있으며 우리는 이들을 단지 군중 또는 관중이라고 부른다.

외식기업의 경영조직에 있어서도 그 규모가 확대됨에 따라 단위조직에서 복합조직으로 성장해 가며 그것은 그 조직을 구성하는 구성원의 직능이 분화되는 것을 의미한다. 직능이 분화되지 않은 상태란 기업규모가 영세하거나 가족경영 형태의 경우이다.

이와 같이 하나의 외식기업조직으로서 음식물과 서비스 제공을 통한 수익의 극대화라는 공동의 목표를 위해 서로 협력하는 사람들이 일정한 틀 속에서 함께 생활하는 외식업체의 조직에 있어서도 경영규모나 영업 형태에 따라 각기 효율적인 조직을 운영하고 있다.

여기에서 말하는 일정한 틀이란 곧 조직의 원리원칙으로 그 내용은 다음과 같다.

1) 조직목표의 명확화

조직은 공동의 목적을 달성하기 위하여 존재하므로 그 조직이 추구하고 있는 목적·목표를 명확히 밝혀야 하며, 이를 모든 구성원들이 공유하여 각기 자신들의 협력으로 달성해야 함을 인식하고 있어야 한다. 외식업소는 사업 특성상 고객과의 밀착의 정도가 높을수록 좋으므로 가능하다면 고객들에게도 공개하여 공유할 수 있도록 하는 것이 좋다.

2) 지시계통의 일원화

지시 통제의 통로가 일원화되어야 한다는 원칙으로 한 구성원이 한 사람의 상사에게 보고하고 지시받아야 업무의 효율을 높일 수 있다는 논리이다. 그러나 긴급시나 상사 부재시, 기밀을 요하는 일처리, 사소하고 경미한 사항, 태스크 포스(task force)나 프로젝트 팀(project team)처럼 사전에 정한 경우 등에는 이 원칙을 고수할 필요없이 신축적인 대응이 요구된다.

표 7-7 **지시계통의 일원화**

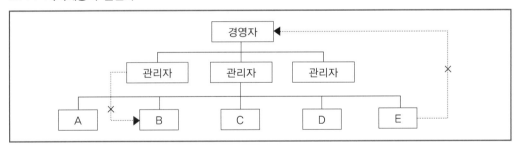

3) 통제의 한계

한 사람의 지휘자 또는 관리자가 관할, 지휘할 수 있는 인원수에는 한계가 있다는 원칙이다. 이 원칙에 따르면 인원규모가 커질수록 계층이 생겨나게 된다. 지휘·통제의 범위는 업무의 성격, 관리자의 능력, 부하의 성숙도(지식, 기능, 태도), 업무표준화의 정도, 분권화 정도, 공간적 배치 등에 따라 적정하게 정해야 하나 사무실 근무의 경우는 대략 7~8명 정도라고 알려져 있다.

4) 직무의 할당

조직은 목표달성에 필요한 여러 활동을 분업의 원리와 업무별 동질성의 기준에 따라 능력있는 구성원에게 할당하도록 되어 있다. 직무를 할당할 때에는 중복이나 누락이 없어야 하고, 개개인에게 구체적이고 명료하게 그리고 개인별 업무량이 균형을 이루도록 할당해야 한다. 여기서 조직이나 경영자는 효율(efficiency)의 원리에 따라 직무를 배분하고 개인에게 그 역할의 수행을 기대하지만 개인이 이를 감정의 차원에서 받아들이는 경우가 있어 역할의 인식과 기대의 차이가 발생하기도 한다. 기대와 인식이 일치되기 위해서는 개인이 자발적으로 직무분담에 참여하는 것이 필요하며, 그렇게 동기부여하는 일이 경영자의 중요한 또 하나의 임무이다.

5) 권한의 위임

권한이란 조직 내에서 실행할 수 있는 권리와 그에 따른 힘으로 일정한 명령이나 지시가 부하직원에 의해 받아들여질 때 비로소 전달된 것으로 볼 수 있다. 업무는 그것을 완수해야 하는 책임과 권한으로 성립된다.

구성원에게 직무를 할당하는 경우, 직무수행 결과에 대한 책임을 지는 조건으로 그에 상응하는 권한(자유재량의 여지)이 뒷받침되어야 한다. 직무를 수행할 수 있는 능력(지식, 기능, 태도)이 있는 구성원에게 책임과 권한을 부여하여 할당된 업무의 수행을 통해 조직목표 달성에 공헌하도록 하여야 한다.

경영자는 유보해야 할 책임과 위임할 권한을 잘 파악하여야 하고(권한을 위임한다고 해도 감독책임은 면할 수 없다), 권한을 위임할 때에는 통제방법도 미리 강구하여야 하며, 위임하였으면 자유재량의 폭을 주어 활용토록 할 뿐 아니라 그 결과에 대하여 상호 확인하여야 한다. 권한위임은 구성원의 창의와 의욕을 불러일으켜 일하는 보람을 줄 수 있다.

이상의 여러 원칙 외에 책임·권한의 명확화, 관리계층의 적정화, 동기부여, 능력개발 등의 원칙도 있다.

2. 외식업소의 조직

외식업소의 대부분이 직원 10인 이하의 영세적이고 가족경영형태의 소규모 경영조직으로 직능의 분화가 주로 되어 있지 않은 편이며, 그 조직도 각 업소의 영업 필요성에 따라 차이가 나타나고 있다.

그러나 현대 외식산업이 급속히 성장하고 규모도 커짐에 따라 기업형 외식업체가 업종별로 속속 진입하였고, 이들의 경영조직도 직능별로 전문화되어 가고 있다.

조직구성에 있어서도 각 업소마다 약간의 차이가 있으나, 조직구성의 기본방향은 대동소이하며 주로 소규모의 업소의 조직은 영업조직의 형태로 이루어져 있고 대규모의 업소와 체인본부의 조직은 합리적인 조직관리를 위해 크게 관리부문의 조직과 영업부문의 조직으로 분화가 되어 있다.

1) 소규모 외식업소의 조직

〈표 7-8〉에서 〈표 7-12〉까지는 외식업소의 규모에 의해 그에 적합한 조직도의 사례이다. 〈표 7-8〉은 한 소규모 외식업소의 예이다. 이 외식업소에서는 경영자, 객장, 주방의 조직구성을 나타내는 전형적인 예이며, 오른쪽의 예는 이 조직 구성원들의 조직도로서 조직목표를 달성하기 위해 구성원 상호간의 역할과 기능을 나타내고 있다. 즉 A가 상사이며, B와 C가 A의 부하 직원이 된다.

표 7-8 **소규모 외식업소 조직의 원형**

① 우선 A가 B와 C에게 구체적인 지시를 한다.

② 다음에 B와 C는 A의 지시를 분담해 실행한다(여기서 B와 C가 A를 신뢰하지 않고 제멋대로 한다면 원하는 성과를 거둘 수가 없다).

③ B와 C가 협력하여 자신에게 주어진 일을 한다(B와 C가 만약 서로 갈등관계로 협력치 않으면 작업성과는 얻을 수가 없다).

이상 ①②③의 균형이 이루어져야 비로소 이 조직은 합리적으로 움직이며, 큰 성과를 거둘 수 있다. ①을 리더십(leadership), ②를 팔로우십(followship), ③을 파트너십(partnership)이라고 하며, 어떤 조직이든지 이 세 가지 힘의 체계에 의해 유지된다.

이 외식업소의 업무를 나누어 볼 때 ① 식자재의 구입, ② 보관, ③ 조리, ④ 제공, ⑤ 접객서비스, ⑥ 계산, ⑦ 매상예금, ⑧ 장부의 손익계산, ⑨ 거래처와 직원에게 지불의 순서로 진행되는 것이 보통이다. 때문에 3명 이상이 모여 외식업소를 경영한다면 A, B, C 세 사람의 관계에서 보았듯이 A는 총괄책임을 맡고 B는 ①②③을, C가 ④⑤⑥을 그리고 A가 ⑦⑧⑨를 분담케 된다.

2) 중규모 외식업소의 조직

〈표 7-9〉는 중규모 외식업소의 조직도로 조리부문과 객장부문에 각각 장의 역할을 정해 두어 그들의 지시대로 주방과 객장 서비스의 업무가 이루어지게 되어 있다. 여기서 경영자가 점장을 겸임하기도 하는데 점장은 업무가 원활하게 흐르는지 항상 살피며, 객장이 바쁘다면 객장을 돕고 주방이 바쁘다면 주방에 들어가 도울 수 있는 유연함이 있어야 하고, 모든 것을 점장 자신이 직접 처리하는 독단을 보이면 곤란하다. 중요한 것은 부하직원을 신뢰하여 권한을 위임하고 윗사람은 항상 권한을 맡긴 부하의 부족한 점을 보완한다는 자세를 취해야 한다. 업소가 2개로 늘어나면 〈표 7-10〉과 같은 조직도가 된다.

표 7-9 **중규모 외식업소 조직도**

3) 대규모 및 프랜차이즈 외식업체의 조직

업소수가 2개로 늘어나면 〈표 7-10〉과 같은 조직도가 된다.

표 7-10 **2~4업소의 외식업체 조직도**

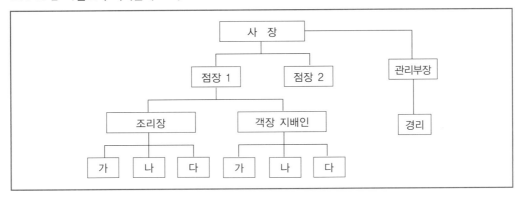

업소수가 5개 이상으로 확대되면 슈퍼바이저라는 새 직종의 중간 간부가 필요하게 되어 〈표 7-11〉과 같은 조직의 모습을 갖게 된다.

표 7-11 **5~10업소의 외식기업 조직도**

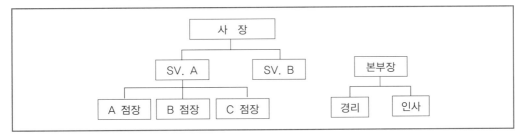

외식업소가 대규모의 체인으로 확대되면 조직이 크게 달라져 〈표 7-12〉와 같은 조직의 모습을 갖게 된다. 외식체인 기업은 영업부문과 관리부문으로 나눈다. 영업부문은 라인(line) 조직으로 외식기업의 목적 달성에 직접적으로 권한을 행사하고 이에 따라 책임을 지는 부서로 직영점을 직접 경영하고 가맹점은 경영지도를 해준다. 관리부문은 스탭(staff)조직으로 외식기업의 목적을 좀 더 효율적으로 이룰 수 있도록 라인조직에 조언과 서비스를 제공하는 부서로 인사·재무·기획 등의 부서가 여기에 속한다.

표 7-12 **외식체인 기업의 조직도**

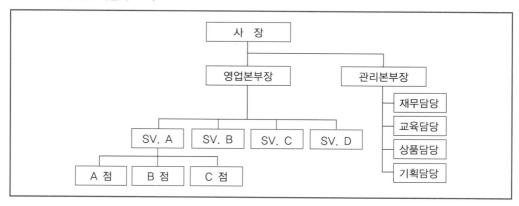

3. 외식업소의 직무분담

앞에서 규모별로 제시하였던 조직도를 바탕으로 누가 어떤 직무를 담당할 것인가를 순서에 따라 다음과 같이 정리할 수 있다.

1) 소규모 외식업소(〈표 7-8〉 참조)

① 주인(경영자, 점장을 겸함)

직능이 분화되어 있지 않아 전반적인 업소의 경영을 책임지고 관리한다. 조리사를 따로 두지 않았을 때 주방을 맡는다.

② 부인

경영전반에 걸쳐 주인과 의논하며 주로 업소의 운영자금을 관리하고 객장 서비스를 맡는다.

이것을 현장의 입장에서 설명해 보면

① 주인(남편)

식자재를 구매하여 준비하며, 조리사를 따로 두지 않았을 때 주로 주방에서 조리를 담당하며 주방청소와 기물들을 관리한다.

② 부인

아침엔 은행업무와 객장 청소를 하고 영업시간이 되면 고객에게 객장 서비스를 제공하고 한가로울 때에는 업소 내 다른 업무를 한다.

2) 중규모 외식업소(〈표 7-9〉 참조)

이 정도의 외식업소면 정확한 조직도로 표시할 수 있다. 사장이 경영 정책과 전략·영업·기획을 담당하고, 부인이 재무와 인사를 담당한다. 그리고 사장이 점장으로서 재무관리, 인사관리, QSC의 현장관리, 경영관리를 행하면서 바쁜 시간에는 현장의 가장 약한 부분을 돕는데 가능한 한 선두에 서서 현장의 QSC를 체크하며 지도해 가는 것이 이상적이다. 그리고 부하직원의 교육, 상담과 고객관리 등의 업무도 점장이 담당한다.

부인은 점장의 직무 가운데 매출관리, 직원의 주요 시간관리 등 객장 서비스부문의 업무를 분담한다. 그리고 시간제 직원 지도를 맡으며, 현장의 웨이트리스로서의 직무도 수행한다. 그리고 한가할 때에는 서비스 수준을 체크하여 대응함과 동시에 객장 내외의 청소관리를 철저히 하며 점장과 상담하면서 업무를 진행시켜 간다.

조리장은 식자재의 주문·수령·저장을 담당한다. 식자재 구입이 가장 중요하고, 부하직원의 조리작업을 지도하며, 바쁜 시간에는 주문을 빨리 제공할 수 있도록 지휘한다. 그리고 한가할 때에는 주방의 정리정돈, 청소, 그릇 체크를 하며 구입물건의 원가관리업무, 부하직원의 교육·훈련을 담당한다.

3) 2~4개 규모의 외식업소를 소유한 기업(〈표 7-10〉 참조)

이 정도가 되면 완전히 가족 및 친척경영으로부터 탈피하는 것이 필요하다. 단적으로 말해서 부인은 가능한 한 현장에 나가지 않는 것이 좋다. 관리담당자가 경리를 담당하여 자금관리, 손익계산을 맡는 것이 현장도 원활히 돌아가고 인재육성도 쉬워진다. 사장은 경영정책과 전략을 수립·수행하며, 현장의 점장, 객장 서비스장, 조리장들이 전술적인 면을 담당하는 형태가 된다.

여기서 가장 문제가 되는 것은 조직도가 완성되어 사장, 사무실 담당자, 점장, 조리장, 객장 서비스장이라는 직무가 정해져도 사장 자신이 모든 것을 하려 하거나 부인이 현장에 와서 다른 사람의 일을 가로채거나 또 점장이 객장 서비스장의 일을 전부 해버려 부하직원에게 일을 맡기지 않는다면 곤란하다는 점이다. 권한위임을 할 수 있는지의 여부가 이 규모의 조직에서는 원활한 운영과 간부육성의 갈림길이다.

4) 5~10개 규모의 외식업소를 소유한 기업(〈표 7-11〉 참조)

이 규모가 되면 새로운 역할이 생겨난다. 슈퍼바이저가 사장을 대신하여 현장상황을 정확히 파악하며, QSC 수준을 확인하고 점장과 직원을 지도하면서 외식업소를 활성화시켜 가는 역할을 분담한다.

2~4업소의 경우 사장이 확실하게 현장의 상황을 파악하여 관리하면 각 업소가 활성화되어 높은 수준을 유지할 수 있으나, 업소가 5개 이상이 되면 그것은 사실상 어려워진다. 이것은 부하 직원의 수가 많아짐에 따라 경영자의 의지가 아래까지 전달되지 않기 때문이다. 자연히 현장의 업소들을 통제할 슈퍼바이저가 필요하게 되며, 이 슈퍼바이저도 한 사람이 3~4개 업소관리가 최적이고 6개 업소를 넘어서면 복수 슈퍼바이저가 필요해지므로 항상 한 사람이 관리할 담당 업소는 6개 이하로 고정시키는 것이 중요하다.

5) 외식업소 10개 이상의 본격 외식체인 기업(〈표 7-12〉 참조)

10개 업소 이상의 체인점으로 되면 그 역할분담은 크게 달라진다. 10업소 이내일 때에는 사장, 슈퍼바이저, 점장, 주임으로 하나의 상하 직접관계로서 직무이행이 가능하지만, 그 이상의 체인점의 경우에는 업소수가 늘어날수록 사장의 의지가 쉽게 체인점에 전해지지 않아 조직이 잘 움직이지 않게 된다.

(1) 체인본부의 역할

현장(line)과 본부(staff)와의 역할을 명확히 구분하여 라인 쪽에서는 최대한 사장과의 단계를 짧게 할 것이 필요하고 현장(line)조직도 사장 – 영업본부장 – 슈퍼바이저 – 점장 – 주임으로 구성한다. 본부(staff) 조직은 사장 – 관리본부장 – 각 담당 형태로 구성해 본부는 현장이 원활하게 영업할 수 있도록 지원하고 기획해야 한다. 체인본부의 구성원과 직무는 다음과 같다.

① 사장

총괄(경영정책 담당), 대외 섭외, 그리고 직접 부하로서는 스탭(staff)의 본부장과 라인 (line)의 영업본부장을 통제한다.

② 영업본부장

라인부문의 모든 것을 맡는다. 그리고 4명의 슈퍼바이저를 총괄 지도한다. 즉, 영업부를 담당한다.

③ 슈퍼바이저

여기서는 4명의 슈퍼바이저가 각각 4업소씩을 맡아 4명의 각 점장을 총괄 지도해 나가면서 각 업소의 영업이 최대효과를 올리도록 한다. 슈퍼바이저의 직접상사는 영업본부장이며 결코 사장이 아니다.

④ 관리본부장

스탭부문을 책임지고 스탭부문 간의 조정역할도 한다.

⑤ 재무부서

예상매출액과 실제 매출액의 확인 작업을 하며 스스로 입안했던 매출계획, 이익계획에서 크게 벗어나지 않는가를 항상 체크하며, 만약 착오가 있다면 직접 본부장에게 보고를 하여 대책을 세워야 한다.

⑥ 교육부서

현장의 QSC 수준을 높게 유지하며 자사가 추구하는 수준이 되려 한다면 자사 매뉴얼의 충분한 이해로 시간제 직원 교육을 비롯해 정규직원의 교육도 담당한다. 그리고 교육에 있어서는 제1절 외식업소의 인사와 교육에서 서술했듯이 정확한 교과과정을 준비하여 그것에 기초하면서 점장, 객장 서비스장, 조리장을 교육시켜야 한다.

⑦ 상품부서

두 개의 큰 직무가 있다. 우선 자사의 상품 만들기이다. 식자재의 가공, 배송, 그리고 조리, 제공까지 흐름 중에서의 상품 만들기이며, 이것이 확립되면 본부의 경리부서에서 작성된 ABC 분석에 기초한 메뉴 만들기가 제2직무이다. 그리고 구입을 전담하는 사람과 상품개발에 주력하는 푸드 디자이너(food designer)로 구성된다.

⑧ 기획부서

기획은 크게 4가지 직무로 나눌 수 있다.

첫째, 장기 경영계획 작성이다.

큰 기업이 되려면 그것을 담당하는 사람을 두어야 한다.

둘째, 조직을 어떻게 수정해 갈 것인가를 생각하는 것이다.

이 담당자를 시스템 기획자라고 한다.

셋째, 판촉기획이다.

연간 판매촉진계획과 개별 업소의 이벤트를 기획 입안한다. 이 담당자를 판촉담
당자라고 한다.

넷째, 입지개발이다.

자사가 바라는 출점 예정장소를 부동산회사를 비롯해 모든 인맥을 통해 입수하
는 것이다. 이 담당자를 부동산개발자라고 한다.

이상과 같이 외식기업이 확충되면 그 나름의 직책이 확립되고 각각 일을 분담하여
완벽히 해나갈 때 조직은 활발히 움직이게 되는 것이다.

⑨ 현장지원 부서

이는 본사가 가맹점에 직접적인 도움을 주기 위한 수단으로 본사와 가맹점간의 단절을
방지하는 데 큰 도움이 된다. 이는 주로 프랜차이저와 프랜차이지 사이의 문제를 해결
한다. 가맹점 경영자가 안고 있는 문제점을 본사의 현장지도 직원(field representative)
이 직접 해결하여 주는 것이다. 현장지도의 내용은 법적 문제, 조리, 마케팅, 인사,
회계 등과 관련된 것이다.

(2) 체인업소의 역할

① 점장

점장은 업소를 맡아 최대의 매출을 올리며, 최대의 이익을 내야 한다. 점장의 직무는
중규모 외식업소 항에서 설명한 대로 매출관리, 인사관리를 비롯해 현장 수준 관리,
부하직원 교육, 그리고 고객관리 등이지만, 체인점의 경우에는 이러한 것을 가능한
한 본부에서 지원하며 관리업무를 단순하게 하도록 해야 한다. 점장의 능력에 따라

매출액의 상하 20%는 좌우된다고 할 수 있을 정도로 현장의 점장의 직무수준은 외식업소에 있어서 성공의 큰 요소인 것이다.

② 조리장

구매, 품질관리(조리), 원가관리, 주방 내의 인사관리, 교육 등 주방의 모든 책임을 맡는다. 조리장은 점장의 보좌역할로 점장을 주방 내에서 도와주는 것이다. 그렇게 하기 위해서는 주방 내의 모든 것을 맡아야 하며, 점장이 조리장에 관해서는 일절 간섭하지 못하도록 하는 것은 곤란하다. 또한 점장도 조리장을 도와주며 그에게서 도움을 받고 있다는 것도 항상 인식해야 한다.

③ 객장지배인

객장의 모든 것을 점장에게서 위임받아 관리한다. 우선 현장의 서비스수준을 높이는 것이 가장 중요하며, 객장 내의 직원 인사관리, 교육, 청결 등이 있고, 금전관리를 담당하는 경우도 있다. 다시 말하면 가능한 한 객장에서 점장의 관리업무를 적게 만드는 지배인이 우수한 객장 지배인이다.

(3) 체인업소의 업태별 조직형태

체인망을 통해 업소망을 확대하고 있는 패스트푸드와 패밀리레스토랑은 그들이 추구하는 영업 형태의 특성에 따라 조직을 구성하여 업무의 효율성을 기하고 있다. 패스트푸드의 조직체계가 단순화되어 있는 반면에 패밀리레스토랑은 이에 비해 좀 더 복잡성을 자지고 있다.

표 7-13 **패스트푸드의 조직**

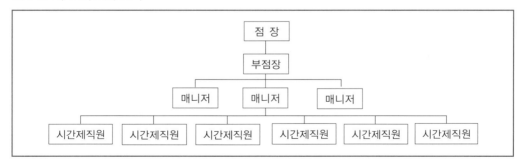

① 패스트푸드의 조직형태

다른 업태와 달리 패스트푸드 업태의 조직체계는 매뉴얼화를 통해 모든 업무를 표준화시켜 매니저(manager) 이상의 직급에만 정규직원을 두고 그 아래의 직급에는 시간제 직원을 활용한 조직구성으로 인건비의 절감을 기하고 있다.

표 7-14 **패밀리레스토랑의 조직**

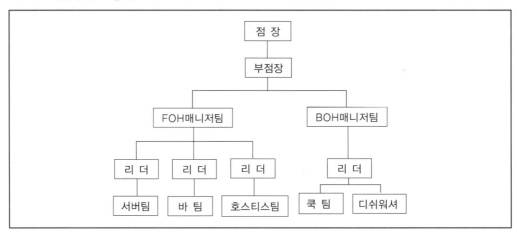

② 패밀리레스토랑의 조직형태

패밀리레스토랑의 조직체계는 일반적으로 호텔의 레스토랑 조직과 유사한 구조로 되어 있으나, 호텔과 달리 조리부문(back of the house)이 서비스 부문(front of the house)과 함께 단위 업소조직인 패밀리레스토랑의 조직에 포함된 구조형태를 가지고 있으며 점장(general manager)에게 통제를 받는다.

4. 외식업소의 조직운영

앞에서 조직의 원리와 외식업소의 조직에 관하여 알아보았으므로 여기서는 어떻게 하면 그 조직을 제대로 움직여 업무를 활성화시키며 경영자가 생각한 대로 효과적으로 운영해갈 수 있는지 알아본다.

1) 권한 이양

대부분의 중소 외식기업을 보면 최고경영자가 힘겹게 노력하여 회사를 키운 경우가 많아 나의 회사, 나의 것이라는 의식으로 일 처리에 있어서도 자신만이 최고라는 생각을 많이 갖고 있으며, 때로는 부하직원에게 일을 맡긴다고 하지만 실제로는 모든 일을 전부 자기가 간섭을 하며 업소를 운영하는 경영자가 아주 많다.

적어도 3~5개 업소를 가지고 있고 그 업소의 성장을 바란다면 어느 정도 권한 이양은 반드시 필요하다. 만약 간부의 능력을 믿을 수 없다면 사전에 외식업소 운영방법, 부하직원 지휘법 등을 교육해 인내심을 가지고 간부가 실행하는 것을 지켜보아 줄 도량이 경영자에게 는 필요하다.

간부가 성장하지 못하는 것에는 본인에게도 원인이 있겠지만 대부분은 경영자 측에 그 책임이 있다고 할 수 있다. 모든 일의 기준을 매뉴얼(manual)에 정해 두고 매뉴얼대로 실행 하려는 노력을 보인다면 권한 이양에 따른 업무차질의 발생가능성을 줄이고 경영자의 불안 감도 많이 줄일 수 있을 것이다.

2) 평가

완전히 맡긴다고 하여 방임해서는 안 된다. 맡긴다는 것과 방임한다는 것은 근본적으로 다르다. 맡긴 후 경영자가 생각한 대로 진행되어 가는지 여부를 일의 과정 중에서 항상 체크 하는 것이 중요하다.

아무리 바빠도 경영자 자신이(큰 기업에서는 상무나 부장이) 일의 진척과정을 살펴 만약 문제가 있다면 가능한 한 빨리 해당 간부에게 바로 가르쳐 수정해 주는 일이야말로 경영자의 역할이라 할 수 있다. 그리고 결과가 바람직한 것이라면 그 성과를 높이 평가하는 것이 중요 하고 이러한 경영자의 정당한 평가는 바로 조직을 바르게 움직여 나가는 원동력이 될 수 있다. 가능하다면 1개월마다 그 평가를 명확히 하며, 최소한 분기에 한번 정도는 업소별 경영성과는 물론 QSC의 수준, 직원의 사기 등에 관해서 평가를 하는 것이 좋다.

3) 계획적인 운영

회사경영에 있어 임기응변적인 대처만으로는 큰 성과를 기대할 수 없다. 회사 본부의 경영 계획을 모든 업소에 공표하여 "회사는 이렇게 움직이고 있다"는 것을 주지시킬 필요가 있다. 실현가능한 계획(plan)을 세워 실행(do)을 하며 그 결과를 평가(see)하는 사이클(cycle)을 지키는 것이 업소관리의 핵심으로, 회사 전체의 조직을 움직여 나가는 것도 업소관리 사이클과 마찬가지로 계획, 실행, 평가(PDS)의 사이클대로 운영되어질 때 효과적이다.

우선 1개월 예정을 명확히 한다. 〈표 7-15〉는 어느 회사의 1개월 예정표이다. 이 예정표에 의하면 본부자체의 회의 미팅 등의 사정에 정해져 전날의 반성, 당일의 실제 진행상황 그리고 내일 예정 확인 등이 확실하게 PDS 사이클에 따라 진행되어야 함을 알 수 있다.

표 7-15 **월간행사 예정표**

년·월·일	관리사항			현장사항			
	행사·보고	회의	교육	상품질	서비스	청결도	판매촉진
①							
②							
③							
④							
⑤							
⑥							
⑦							
⑧							
⑨							
·							
·							
·							

회사의 1개월 예정이 정해지면 그 다음에는 사장, 전무, 상무, 슈퍼바이저 등의 1개월 예정을 정하는 것이다. 〈표 7-16〉은 경영자의 1개월 예정표이고, 〈표 7-17〉은 1주간의 경영자의 예정표이다. 이것은 점장의 일주일 행동관리 예정표와 같은 것으로서 모든 관리자도 이 1주간의 행동 예정표에 기초하여 행동하고 그것이 월간으로 이어지도록 하는 것이 온전한 관리 사이클이며 회사조직을 운영해가는 방법이라고 할 수 있다.

표 7-16 **경영자의 월간 예정표**

년 · 월 · 일	일반행사	본부관리사항	회의사항	현장사항	상 담	기타사항
①						
②						
③						
④						
⑤						
⑥						
⑦						
⑧						
⑨						
·						
·						
·						

표 7-17 **경영자의 주간 예정표**

년 · 월 · 일

시간	월요일		화요일		수요일		목요일		금요일		토요일		일요일	
	사무소	현장	사무소	현장	사무소	현장	사무소	현장	사무소	현장	사무소	현장	사무소	현장

5. 전직원 참여에 의한 조직운영

회사의 형태를 취한 조직으로서 움직이는 한 그 조직의 각 구성원들이 의욕을 가지고 함께 일하는 것이 가장 이상적이다. 경영자나 관리자가 솔선하여 사람들을 이끌며 그 리더십이 완전히 발휘되면 틀림없이 전원이 기쁨으로 따라와 줄 것이다.

외식업소의 경영, 운영에 가능한 한 많은 직원을 참여시키는 것이 바람직하다. 그러기 위해서는 우선 경영상황, 즉 매출, 원자재비, 인건비 그리고 모든 경비 등을 전 직원에게 공개하여야 한다. 이를 공개하지 않고서 직원에게 "매출을 늘리자, 이익을 늘리자"라며 격려해도 경영자 의도대로 움직일 리가 없다. 또 '수입을 공개하면 빚 독촉이 이어지기 때문에 곤란하다'는 경영자가 "원가를 내리자, 인건비를 줄이자"라고 외쳐도 직원들은 움직여 주지 않는다.

모든 경비가 매출의 70% 이내에 안정된다면 외식기업은 건전한 경영을 할 수 있다. 이 계수를 공개하고 자사 경영을 드러내는 것이 모든 직원의 참가의욕을 불러일으켜 적극적으로 목표달성을 위해 노력할 수 있도록 하는 것이다. 그리고 회사가 실시하는 모든 행사나 판매 이벤트에 시간제 직원과 아르바이트 학생도 참가시키는 것이 바람직하다. 정규직원이 가지지 못한 좋은 아이디어가 시간제 직원에게서도 나올 수 있으며, 자신이 참가하는 것에 열의를 가지게 되고 나아가 소속감과 애사심을 싹트게 할 것이다.

참여의 한 수단으로 회의가 있다. 조직활성화에 있어 회의의 중요성은 아주 크다. 그러나 대부분의 외식업소 경영자들은 회의의 운영이 아주 서투르기 때문에 일반적인 회의운영방법을 소개하고자 한다.

회의에는 전달회의, 토의회의, 의사통일회의가 있고, 토의회의는 다시 지도회의, 탐구회의, 문제해결회의로 구분한다(〈표 7-18〉).

표 7-18 **회의의 종류**

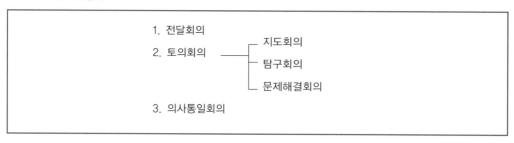

전달회의는 참석자가 모르고 있는 지식이나 정보를 리더가 참석자에게 전달하는 회의이다. 토의회의는 참석자의 지식이나 경험에 의한 생각이나 의견이 적극적으로 교환되는 회의이며, 의사통일회의는 조직목표나 조직을 둘러싼 내외환경에 관한 정보나 견해의 차이를 서로 이야기하고 조정하여 통일할 목적으로 하는 회의이다.

회의를 개최하기 전에 먼저 회의의 의제가 회의 개최에 적합한가를 검토한 후 참석대상자를 선정하고 회의진행계획을 세운다. 의제와 관련된 자료나 참고사항을 정리하여 회의통지서(안내장)와 함께 적어도 회의개최 1주일 전에 미리 보내고 회의장소를 정리한다. 회의통지서에는 회의의 일시, 장소, 의제, 참석대상자 등이 명확히 기입되어야 한다.

회의의 진행요령은 다음과 같다.

① 우선 출석자를 확인한다.

② 의장이 개회선언을 한다. 그리고 전 회의 의사록을 확인한다. 전 회의 기록이 옳은
   지 여부를 의사록 서명자에게 확인을 받아 전원에게 알린다. 만약 이의가 없으면
   전 회의 결정은 효력을 지니며, "함께 결정했으므로 지키자"하고 공표가 된다. 그
   리고 이번 회의의 의사록 서명자를 의장이 지명한다.

③ 우선 보고부터 시작하여 회의에 들어간다. 1주일 전에 전 출석자에게 의제를 통지
   하였음으로 각 점에서 당연히 서로 의논하여 왔을 것이다. 출석자의 의논으로 여
   러 가지 항목을 결정하며 이것이 끝나면 출석자 측에서 연락과 협력을 의뢰한다.

④ 끝으로 다음 회의의 개최 일시와 장소를 정한 뒤 폐회한다. 이와 같은 순서로 회의
   를 진행하면 의장의 독무대가 되지 않고 비교적 평등하게 출석자가 발언하며 부드
   럽게 회의가 진행된다.

회의가 끝나면 리더는 회의준비, 시간 준수, 객관적이고 공평한 토의진행, 결론의 합목적성
등 효율적이고 효과적인 회의진행이 이루어졌는지 스스로 평가하여 다음 회의에 반영하도록
노력하여야 한다.

이 정도면 모든 결정사항이 서류로 남겨져 매뉴얼 등의 수정도 의사록의 기록을 따라하면
정확히 할 수 있고 출석자 전원이 결정하였으므로 결정한 것을 지키며 그것을 실행하는 것이
쉽게 되는 것이다.

제8장

외식사업 마케팅

제1절 │ 마케팅의 개념과 발전과정

1. 마케팅의 개념

1) 마케팅의 개념

마케팅의 개념은 미국에서 1950년대 초에 처음으로 등장하게 되었는데, 1950년대 이전에는 공급이 수요에 미치지 못했기 때문에 판매자, 즉 기업이 주도하는 시장이었으나 1950년대를 전환점으로 하여 공급이 수요를 초과함으로써 구매자, 즉 소비자가 주도하는 시장으로 바뀌게 되었다. 따라서 기업중심의 경영철학이 소비자 중심의 경영철학으로 바뀌게 되면서 마케팅 개념이 생겨나게 된 것이다.

마케팅을 정의하는 데는 일반적으로 두 가지 관점이 있다.

그 하나는 마케팅을 상품이 생산자로부터 소비자에게 이르는 사회적인 유통현상으로 보고 유통기구와 그 기능의 분석·검토를 통하여 이를 개선하고자 하는 관점인데 이를 거시마케팅이라 한다.

또 다른 하나는 유통기능을 실질적으로 담당하는 개별기업의 마케팅활동을 마케팅으로 파악하고 이들 활동의 분석·연구를 통하여 개선하고자 하는 관점인데 이를 미시마케팅이라 한다.

마케팅에 관한 정의는 학자들마다 조금씩 의미를 달리하고 있지만 오늘날 가장 널리 인정되고 있는 것이 코틀러(P. Kotler)의 마케팅 정의이다.

코틀러(P. Kotler)는 마케팅의 정의로 "개인과 집단이 상품과 가치를 창조하고 타인과의 교환을 통하여 그들의 욕구와 욕망을 충족시키는 사회적 또는 관리적 과정"이라고 하였다. 이를 근간으로 하여 미국의 마케팅학회(AMA:American Marketing Association)가 1985년도에 내린 마케팅의 정의는 '개인이나 조직의 목표를 충족시켜 주는 교환을 창조하기 위해 아이니어, 상품, 서비스의 창안, 가격결성, 촉진, 유통을 계획하고 실행하는 과정'이다.

따라서 마케팅이란 개인이나 집단이 상품이나 가치를 창조하여 다른 사람과 교환함으로써 그들이 필요로 하고 원하는 것을 습득하는 하나의 사회적·경영적 과정이라고 정의하고 있다. 외식기업마케팅이란 외식서비스에 대한 잠재고객의 필요와 욕구를 분석하고 목표고객을 확인하고 그들이 만족할 수 있는 서비스상품을 개발·제공하여 지속적으로 목표고객을 유인·창출하기 위한 제반활동을 말한다.개발·제공하여 지속적으로 목표고객을 유인·창출하기 위한 제반활동을 말한다.

2) 외식마케팅의 개념

외식기업은 환대적 서비스를 바탕으로 식음료, 부대시설 등의 상품을 판매하는 기업이다.

거시적으로 보면 외식기업도 일반기업과 비슷한 마케팅 활동을 하고 있다고 할 수 있으나, 미시적으로 보면 외식상품은 유형적 상품과 무형적 상품(서비스)이 결합하여 하나의 상품으로 구성되어진다. 무형적 상품을 고객에게 유형화시켜줌으로서 외식기업에 대한 이미지 형성과 강력한 고객관계 구축을 유도하는데 매우 중요하다. 더불어 차별화된 이미지 형성과 강력한 고객관계 구축을 위해서는 고객의 필요와 욕구를 먼저 이해하고 고객의 필요와 욕구가 충족될 수 있는 차별된 상품을 개발하여 합리적인 가격, 유통, 촉진수단 등의 방법으로 고객에게 제공하여 이로 인한 고객만족은 외식기업의 이익을 창출하는데 중요한 역할을 하고 있다.

2. 마케팅의 발전과정

1) 생산지향시대

생산지향개념(production concept)은 판매자의 지침이 되는 가장 오래된 개념 가운데 하나이다. 기업활동의 초점을 생산활동에 두었던 시기로 대체로 1910년에서 1920년대까지를 말한다. 생산지향개념은 소비자가 입수 가능하고 값이 적절한 상품을 선호할 것이라는 가정 하에 출발하므로 경영관리자는 생산과 유통의 효율을 높이는 데 중점을 두었고, 시설확충, 작업방법 및 대량생산문제에 관심을 쏟았다. 물론 경영관리자가 시장상황을 전혀 고려하지 않았다는 것은 아니고 상대적으로 시장을 적극적으로 확인하고 이를 개발하려는 문제보다는 제조와 관련된 문제를 더욱 중요시하였음을 뜻한다.

이러한 개념이 적용될 수 있는 경우는

첫째, 수요가 공급을 초과하고 있는 경우,

둘째, 상품의 코스트가 너무 높아서 능률적인 생산방식을 통해 원가인하가 특히 요청되는 경우이다.

2) 제품지향시대

1920년부터 1930년대까지 적용되던 개념으로서 생산지향개념과 마찬가지로 제품지향개념(product concept)은 내부지향적이다. 제품지향개념은 소비자가 기존제품과 제품형태를 선호하고 있어서 관리자의 업무는 이러한 제품의 우수한 개량품을 개발하고자 하는 것을 의미하고 있다.

이 개념이 빠뜨리고 있는 점은 소비자의 욕구충족이라는 점이다.

3) 판매지향시대

1930년대부터 1950년 초까지 적용되던 개념으로서 판매지향개념은 기업이 충분한 판매와 판매촉진노력을 기울이지 않으면 소비자는 기업의 제품을 대량으로 구입하지 않을 것이라고 가정하고 있다. 판매활동의 목표는 가능한 한 판매를 달성하여 판매 후의 만족 또는 판매에 따른 수익의 기여에 대하여 염려하지 않는 것이다. 이 시기에는 두 가지의 주요한 기업구조적

변화가 있었는데,

첫째, 광고나 마케팅 조사 등과 같은 제반 마케팅활동이 마케팅관리자의 책임 하에 총괄적으로 통합되는 경향이며,

둘째, 다른 부서에서 시행하던 판매훈련 또는 판매분석 등의 활동들이 판매부서로 이관·통합되는 경향이다.

4) 마케팅지향시대

마케팅지향개념은 1950년대 초부터 나타난 비교적 새로운 경영이념인데, 특히 관광업계에 있어서 급속히 적용되고 있다. 마케팅지향개념이 가정하고 있는 것은 조직목표의 달성이 표적시장의 현재욕구와 잠재욕구를 결정하는데 좌우되고, 경쟁사보다도 효과적이고 또한 효율적으로 바람직한 만족을 제공한다는 것이다.

이러한 마케팅지향개념은 종래 경제이론상으로는 소비자주권(consumer sovereignty)의 개념에 기초하고 있다. 이와 같은 마케팅지향개념은 1950년대 이후 기업에 도입되어 경영활동의 획기적인 변화가 일어났으나, 기업마케팅활동에 대한 사회적 비판이 1960년대 후반 서서히 나타나기 시작하였다. 즉 1960년대 이후에 다시 대두된 소비자보호운동과 소비자의 삶의 질 추구 및 환경보호운동 등으로 마케팅지향개념의 재정립이 요구되었다.

표 8-1 **마케팅 개념과 판매개념의 차이**

마케팅 개념	판매개념
• 소비자 욕구를 강조 • 고객의 욕구와 필요를 파악한 후 이를 충족시킬 제품의 생산방법을 모색 • 대외적·시장지향 • 시장욕구의 강조 • 저압적 판매 • 순환적 판매 • market-in • 장기계획지향	• 제품을 강조 • 먼저 제품을 만든 후 판매기법을 모색 • 대내적 기업지향 • 기업욕구의 강조 • 고압적 판매 • 직선적 판매 • product-out • 단기계획지향

➲ 자료 : 서성한·최덕철·이신모, 관광마케팅론, 법경사, 1997, p.33

5) 사회지향적 마케팅 개념

사회지향적 마케팅은 1970년대에 들어 환경파괴, 자원부족, 인구폭발, 세계적인 기아, 빈곤, 물질문명 팽배, 소비자의식의 전환과 같은 시대적 여건 하에서 기존의 마케팅 개념으로는 기업이 존속·성장할 수 없는 상황이 도래하게 되었다. 그 결과 소비자불만, 환경문제에의 관심고조, 정치적·법률적 요인과 같은 외부의 압력이 외식기업의 마케팅활동에 큰 영향을 미치게 되었다.

6) 고속정보망지향 마케팅 개념

2000년대부터 현재에도 더욱 중요한 마케팅 개념으로서 이 개념은 개인이나 조직이 인터넷을 이용하여 양방향 의사교환을 바탕으로 마케팅활동을 하는 것을 말하며 더불어 기본적인 마케팅 개념과 사회지향적 마케팅 개념이 고속정보망으로 대표되는 정보통신기술과의 접목으로 형성된 마케팅관리개념이다. 예를 들면, 점포의 자동화와 무인 점포화, POS시스템의 구축, 데이터베이스마케팅의 확산, 일대일 마케팅, 상호작용마케팅, 홈쇼핑, 관계마케팅, 텔레마케팅, PC마케팅, 5G 등을 포함한다.

표 8-2 **마케팅 개념의 발전과정**

개념	배경	초점	수단	목표
생산지향	수요 〉 공급	제품	대량 생산	판매량 증대에 의한 이윤추구
제품지향	수요 = 공급	제품	제품의 질 향상	〃
판매지향	수요 〈 공급	제품	판매증진	〃
마케팅 지향	소비자 욕구 다양화	소비자 욕구	마케팅 믹스	소비자 욕구충족에 의한 이윤추구
사회지향적 마케팅	지나친 상업주의	소비자와 공공복지	마케팅 믹스/ 그린마케팅	소비자 욕구충족에 의한 이윤추구와 공공복리증진
고속정보망 지향 마케팅	고속정보망 의 발전	개별고객화	마케팅믹스 일대일 마케팅 데이터베이스마케팅 인터넷마케팅	고속정보망을 통한 대량 개별고객화

이상과 같이 마케팅의 발전과정에 대해서 살펴보았으나 간과해서는 안 될 것이 이런 개념적 변천과정과 현재의 위치는 국가와 외식기업에 따라 다르게 나타날 수도 있다는 것이다. 또한 이러한 변천과정의 구분은 주로 학문적 관심사 또는 연구경향의 강도에 영향받은 바가 많으므로 반드시 현실을 정확하게 반영한 것으로 단정할 수 없다는 것이다.

3. 에어리어 마케팅(Area Marketing)

1) 의의

에어리어 마케팅이란 지역상권개발 마케팅의 다른 말로 우리나라에서는 아직까지 널리 알려져 있지 않은 생소한 개념이지만 유통산업이 발달한 일본이나 미국에서는 널리 사용되고 있는 개념이다. 일반적으로 상품의 판매는 외식업소라는 지정된 장소에서 발생하기 때문에 에어리어 마케팅은 소비자들이 상품을 구매하러 올 수 있는 한정지역을 대상으로 하는 마케팅을 의미한다.

과거에는 소비자들의 의식수준이 낮았고 물자가 부족하였기 때문에 상품판매에 문제가 없었으나 최근에는 교통의 발달과 많은 경쟁업소들의 출현으로 선택의 폭이 넓어진 소비자들이 비교구매를 하고 있기 때문에 다른 외식업소와의 경쟁에서 살아남기 위해서는 보다 경쟁력있는 지역대응 마케팅전략이 필요하게 되었다.

에어리어 마케팅은 앞서 언급했듯이 전국에 걸친 획일적인 전략이 아니고 지역적 특성을 파악하여 지역에 따라 차별전략을 전개하는 것이기 때문에 이것의 사용을 위해서는 각 지역의 특성을 파악해야 한다. 일반적으로 모든 지역은 주민들의 생활방법, 유통조건, 경쟁조건 등의 차이에 따라 그 특성을 구분할 수 있다.

이와 같이 에어리어 마케팅은 지역 간 특성의 차이를 감안한 마케팅전략으로 다음과 같다.

첫째, 외식업소는 마케팅전략단위를 축소하여 시장을 개발한다.

새로운 시장에서 외식업소의 판매위치를 다른 업소보다 강화하여 새로운 지역에서 독점적인 마케팅기반을 구축하기 위해 시도하는 것이다.

둘째, 저성장시대에 적합하고 경쟁력있는 판매전략으로 다음의 3가지 마케팅전략을 고려해야한다

(1) 시장점유율 확대전략(Market Share Strategy)

시장우위성의 확보와 상품영역의 확대를 목표로 하는 기본적 시장전략이고,

(2) 시장세분화 전략(Market Segmentation Strategy)

다양화시대의 대응전략으로 전체외식시장을 세분화하여 세분화된 개별외식시장에 맞는 전략을 세우는 것을 말한다.

(3) 시장중심전략(Market Centering Strategy)

전략의 발생기반을 시장에 두는 것으로 과거의 상품중심전략과 대조되는 개념이다.

셋째, 환경변화에 대한 외식업소의 전략적 대응이 필요하다. 에어리어 마케팅전략은 단순한 지역세분화 전략이 아니라 새로운 경영감각으로 신축적인 대응을 필요로 하는 전략이다.

2) 에어리어 마케팅과 외식사업

에어리어 마케팅(area marketing)의 관점에서 살펴본 외식사업의 산업적 특성은 간단히 지역적 외식산업으로 요약할 수 있다. 외식사업은 일정지역에서 상권내의 고객들을 대상으로 하는 사업이기 때문에 그 지역에 거주하는 특정 고객들의 필요와 욕구를 이해함으로써 그들이 원하는 메뉴를 적정가격(reasonable price)과 적합한 서비스 수준으로 제공하는 사업이다. 따라서 전국규모를 대상으로 하는 일반적 마케팅의 개념 및 전략을 외식산업에 도입하는 경우 영업능력을 벗어난 시장으로까지 마케팅활동이 미치게 되어 투자에 비해 상대적으로 적은 성과와 비용과 시간의 낭비만을 초래하게 되는 것이다. 이것이 바로 외식사업에 있어 에어리어 마케팅이 필요한 이유이다.

하나의 특정 상권과 입지에 속한 개별적인 외식업소의 기본적인 에어리어 마케팅의 단계를 중요도에 따라 구분하면 다음과 같다.

첫째, 차별화된 Q(quality) S(service) C(cleanliness)를 창출·유지하는 것이다.

외식업소의 뛰어난 품질(맛, 신선도, 위생 등), 표준화된 또는 개별화된 서비스와 청결의 3요소는 고객가치 창출을 위해 외식업소경영의 중요한 역할을 하고 있으며, 모든 마케팅 활동의 기초이며, 고객만족의 핵심이다. 따라서 QSC가 외식업소의 기본이 되지 않고서는 어떠한 마케팅 활동도 무의미하며 고객만족 및 재방문을 기대하기 어렵다.

둘째, 외식업소의 가시성(visibility)이다.

가시성은 크게 두 가지 측면에서 살펴볼 수 있는데

먼저 외부적인 가시성이다. 입지 내에서 다른 업소들보다 눈에 잘 띄는지, 업소의 가시성을 방해하는 요소는 없는지를 확인해야 하고 가시성을 높일 수 있는 기회가 있는지를 살펴보아야 한다. 인테리어 설계단계부터 주변의 다른 외식업소들보다 눈에 잘 띌 수 있도록 독특하고 차별적인 외관이 필요하다. 즉 외부에 테라스를 두는 것도 가시성을 증가시킬 수 있는 하나의 방법이 될 수 있다.

다른 하나는 내부적인 가시성으로 지나가는 고객들이 외식업소의 내부를 보는 데 방해가 되는 창문 선팅 또는 포스터 등을 확인하고 선팅은 제거하던지 아니면 옅은 색으로 처리하는 것이 좋으며 포스터 등은 최소한의 부착과 위치 조정이 필요하다. 불필요한 부착물 등으로 인해 내부 인테리어를 외부에서 볼 수 없게 만드는 것은 그 외식업소의 광고효과를 저해하는 대표적인 요소가 될 수 있다.

셋째, 상권분석을 실시해야 한다.

자신 및 경쟁업소의 강점과 약점, 마케팅 활동의 비교를 통해 강약점을 분석·확인하여 새로운 기회를 발굴해야 한다. 외식업소 경영자는 항상 상권의 변화에 주목하고 있어야 하며, 특히 경쟁업소의 QSC와 마케팅 활동 등에 주의를 기울여 경쟁업소보다 뛰어난 가치를 창출할 수 있어야 한다.

넷째, 지역사회에 적극적으로 참여해야 한다.

외식업소가 속한 에어리어의 통행을 유발하는 학교, 기업 등의 주요 단체와 긴밀한 관계를 유지해야 한다. 예를 들면 학교에 정기적인 장학금 지급, 봉사활동 등을 통해 외식업소에 대한 이미지 향상 및 호의적인 평판을 얻을 수 있도록 해야 한다. 외식업소가 지역사회에 좋은 일을 많이 하고 있음을 적극적으로 커뮤니케이션하여 직·간접적으로 관련이 있는 여러 유형의 집단들과 좋은 관계를 유지하여 목표시장의 고객들로부터 긍정적인 이미지와 평판을 획득할 수 있도록 노력해야 한다.

다섯째, 외식업소 자체의 촉진활동(promotion)을 전개해야 한다.

그림 8-1 **외식업소 에어리어 마케팅 단계**

여기서 주의해야 할 것은 앞에서 언급했듯이 반드시 뛰어난 QSC가 기본이 되어 있는
상태에서 촉진활동을 펼쳐야 한다는 것이다. 예를 들면 표적시장의 고객들로부터 그 외식업
소의 QSC에 대한 불만족 소문이 퍼진 상태에서는 많은 돈을 들여 촉진활동을 수행하더라도
목표시장의 고객들로부터 외면당할 수밖에 없다. 예컨대 QSC가 뛰어나지 않은 외식업소에
서 쿠폰을 배포했을 경우, 고객들은 큰 관심을 보이지 않을 뿐만 아니라 그 외식업소를 방문
하여 구매할 확률은 떨어질 것이다. 외식업소의 촉진활동과 관련된 내용은 마케팅믹스 부분
의 판매촉진에서 자세히 다루기로 한다.

4. 서비스 마케팅(Service Marketing)

1) 서비스의 특성

제조업과 달리 외식사업에서는 상품뿐만 아니라 동시에 고객에게 접점서비스를 제공한다
는 점에서 이 산업에 종사하는 직원은 단순히 서비스를 제공하는 사람이 아닌 서비스 판매자
이다. 더욱이 고객이 중심이 되고 있는 시장 환경 속에서 서비스를 핵심 상품으로 제공하는
외식업소에서의 서비스 품질은 고객만족과 경영성과에 큰 영향을 미치게 됨에 따라 타 외식
업소와 차별할 수 있는 요소로 고객서비스를 강조하고 있다.

표 8-3 **재화와 서비스의 차이점**

재화	서비스	관리적 의미
유형	무형	• 서비스는 저장할 수 없다. • 서비스는 특허를 낼 수 없다. • 서비스는 쉽게 전시되거나 전달할 수도 없다. • 가격정책이 어렵다.
표준	이질	• 서비스제공과 고객만족은 직원행위에 달려 있다. • 서비스 품질은 많은 통제불가능한 요인에 달려 있다. • 제공된 서비스 계획된 것과 일치성을 확인하기 어렵다.
생산과 소비의 분리	생산과 소비의 동시성	• 고객이 거래에 참여하고 영향을 미친다. • 고객은 서로에게 영향을 미친다. • 직원이 서비스 결과에 영향을 미친다. • 분권화가 필수적이다. • 대량생산이 어렵다.
비소멸	소멸	• 수요와 공급을 맞추기가 어렵다. • 서비스는 반품될 수 없다.

⊃ 자료 : Valarie A. Zeithaml, A. Parasuraman, and Leonard L. Berry, Problems and Strategies in Service Marketing, Journal of Marketing 49(Spring 1985): pp.33~46.

이러한 측면에서 서비스 마케팅은 과거 제조업에서의 마케팅과 달리 새로운 개념과 접근법을 제시하고 있다. 그래서 〈표 8-3〉에서와 같이 서비스 마케팅의 이해는 재화와 서비스의 차이점과 이와 관련된 관리적 의미를 인식하는 것으로써 외식사업 경영에 있어 많은 마케팅 시사점을 제공하고 있다.[1]

(1) 무형성(Intangibility)

재화와 서비스의 차이 중 가장 기본적으로 알려지고 있는 특징이 무형성이다. 서비스는 행위이고 결과이기 때문에 유형적 상품과는 달리 보거나 느끼거나 맛보거나 만질 수 없으며 그 서비스를 제공받기 전에는 상상하기 어렵다. 왜냐하면 서비스 상품의 진열이 불가능하기 때문에 서비스상품에 대한 커뮤니케이션이 어렵다. 외식업소 직원이 음식을 주문받고 제공하는 서비스 행위들은 무형적인 요소들이다.

---

1) Valarie A. Zeithaml, Mary Jo Bitner, *Service Marketing*, McGraw-Hill Book Co., 1999, pp.21~27.

(2) 이질성(Heterogeneity)

서비스는 대부분 인간의 행위에 의해 생산되는 결과이기 때문에 정확히 똑같은 서비스를 고객에게 제공하기 어렵다. 하지만 고객들은 공정하게 대우받기를 원하며 다른 사람들이 받은 것과 동일한 서비스를 기대하고 있다. 또한 외식업소는 동일한 서비스를 제공하기 위해 노력하지만 고객의 욕구가 다양하기 때문에 고객마다 느끼는 서비스 경험은 사람과 장소에 따라 다를 수밖에 없다. 이러한 서비스의 이질성 때문에 외식업소는 고객들이 동일한 서비스를 받는다는 느낌을 가지도록 여러가지 노력을 기울여야 한다. 예를 들면 한 외식업소를 방문하는 단골고객이 제공받는 서비스가 각 직원마다 현격히 차이가 난다고 느낀다면 무척 당황해하고 신뢰하기 어려울 것이다. 따라서 외식업소에서는 서비스 매뉴얼을 만들어 직원을 교육시킴으로써 이러한 문제점을 해결할 수 있는데 대표적인 것이 서비스 표준화라 할 수 있다. 기계가 아닌 사람이 하는 일을 표준화하는 것이 가능한가라는 의문점이 생길 수 있지만, 서비스 매뉴얼에 따라 직원에 대한 반복적인 교육과 피드백을 통해 서비스를 일정 수준 이상으로 유지할 수 있다.

(3) 생산과 소비의 동시성(Simultaneous Production and Consumption)

대부분의 재화는 먼저 생산된 후 유통과정을 통하여 소비자에게 소비되므로 생산과 소비가 명확히 분리되는 특징을 갖는다. 그러나 외식업소에서 생산되는 음식은 주방에서 생산됨과 동시에 고객에 의해 바로 소비되므로 생산과 소비가 분리되지 않는 동시성을 갖게 된다. 이러한 특징으로 고객이 생산되는 과정을 눈으로 직접 볼 수도 있고 심지어는 생산과정에 참여할 수도 있다. 따라서 생산과 서비스의 동시성으로 인해 서비스 제공자의 서비스 품질과 고객만족은 고객과 직원의 접점이 이루어지는 순간에 많은 영향을 받게 된다. 이러한 서비스의 생산과 소비의 동시성을 극복하기 위해서

첫째, 고객과 접촉하는 서비스 직원의 신중한 채용과 철저한 교육이 요구되며,

둘째, 고객에게 동일한 경험을 제공할 수 있도록 서비스 시스템의 표준화를 위한 노력들이 필요하다.

(4) 소멸성(Perishability)

소멸성이란 비저장성으로 서비스는 저장하거나, 재판매하거나, 되돌려 받을 수 없다는 사실을 말하는 것으로 외식업소에서 고객에게 제공하기 위한 음식이나 영업시간 내에 비어있는 테이블좌석 등이 이에 해당된다. 또한 서비스에 대한 고객 수요는 단기적으로 매우 주기적인 행동을 보이며 점심시간과 저녁시간, 휴가철, 어린이날 및 크리스마스와 같은 휴일과 같이 가장 바쁜 시간과 한가한 시간 간의 수요 차이가 크기 때문에 서비스 능력의 활용은 외식업소 경영자에게 도전적 과제가 된다. 따라서 외식업소 경영자는 수요예측능력이 필요하고, 수용력에 대한 활용방안들이 계획되어야 한다. 구체적으로 다음과 같은 방법들이 시간 소멸성을 극복하기 위한 방법이 될 수 있다.

첫째, 예약을 통한 수요 분산, 피크시간 전 후로 고객을 유도하여 가격인센티브를 제공하는 등 수요를 완화시키거나 분산시키는 방안들이다. 예를 들면, 어떤 외식업소는 점심시간 11시 30분 이전과 1시 30분 이후에 방문하는 고객들에게는 50% 할인을 해주어 점심시간에 집중되는 고객을 분산시켜 서비스 능력을 최대한 이끌어내기도 한다.

둘째, 서비스 능력을 조정하는 것이다. 피크시간에 임시직원을 활용하여 서비스 시간을 단축한다든지, 직원에게 여러 직무를 수행할 수 있는 능력을 배양하고 고객의 셀프 서비스 확대 등을 통해 외식업소의 서비스 능력을 최대화하는 것이다.

셋째, 수동적인 방법이긴 하지만 고객의 수요 분산 및 완화 정책이 힘들 경우에는 고객을 기다리게 하는 방법도 하나의 대안이 될 수 있다. 고객을 기다리게 하는 경우에는 고객이 지루하지 않도록 간단한 음료, 잡지 등을 제공할 수도 있으며 번호표를 발급하여 고객에게 자신의 순서를 인지시켜 곧 서비스를 받을 수 있다는 느낌을 주어야 한다. 외식업소에서 어느 정도 비용을 감당할 수 있다면, 추후에 이용할 수 있는 무료쿠폰을 발급하는 것도 고객들에게 인상적인 서비스를 제공하는 방법이 될 수 있다.

2) 서비스 마케팅 삼각형

서비스 마케팅 삼각형은 서비스 조직이 생존하기 위해 반드시 성공적으로 수행해야 하는 마케팅의 세 가지 유형을 나타내고 있는 것으로 경영자(외식기업), 직원, 고객의 관계를 보여주고 있다. 또한 이러한 관계가 외식산업의 서비스 조직에 적용될 때 경영자와 직원이 고객에게 어떻게 약속을 하고 이 약속을 어떻게 지키는 지에 대해 상세히 알 수 있다.

(1) 외부마케팅(External Marketing)

경영자(기업)가 고객의 기대를 형성할 수 있도록 약속을 한다. 즉, 서비스 제공 이전에 고객과 커뮤니케이션하는 것으로 광고(advertising), 판매촉진(sales promotion), 판촉직원에 의한 판매(personal selling), 홍보(public relation)와 같은 전통적인 프로모션 믹스 (promotion mix) 외에 인적자원과 물적 설비 등이 여기에 해당된다.

(2) 내부마케팅(Internal Marketing)

내부마케팅은 경영자가 직원들에게 동기를 부여하여 주인의식을 가지게 함으로써 고객에게 훌륭한 서비스를 제공하도록 하는 것이다. 이를 위해 경영자는 지속적인 서비스교육실시, 동기부여 제공, 적절한 보상 등을 통해 직원들이 만족하고 주인의식을 갖도록 노력한다. 이는 직원만족이 고객만족과 밀접하게 연결되어 있음을 암시한다.

그림 8-2 **서비스마케팅 삼각형**

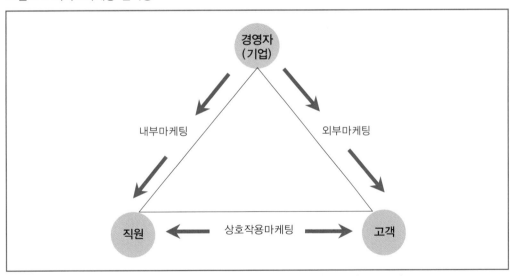

● 자료 : Prentice-Hall, Englewood Cliffs, N.J., based on Philip Kotler, *Marketing Management : Analysis, Planning, Implementation, and Control*, 9th ed.

(3) 상호작용마케팅(Interactive Marketing)

접점마케팅이라고도 부르며 서비스 제공이 이루어질 때 고객과 직원이 직접적으로 상호작용하는 것을 의미하며, 이 시점은 외식업소가 고객에게 한 약속을 직원이 제공할 때이다. 외부마케팅을 통해 한 약속이 상호작용마케팅 시점에서 잘 지켜지느냐에 따라 고객의 만족 정도는 달라진다.

이와 같이 외식사업 경영자들은 이 모델을 바탕으로 서비스마케팅 삼각형의 세 가지 면이 모두 외식사업 마케팅의 핵심적인 요소로서 얼마나 중요한 역할을 수행하는지 인식하여야 한다.

5. 관계마케팅(Relationship Marketing)

관계마케팅은 신규 고객의 창출보다는 기존 고객에 대한 유지와 관계향상에 초점을 두는 전략적 마케팅으로 새로운 고객을 유인하는 것도 중요하지만, 기존 고객과의 관계를 지속적으로 잘 유지하려는 것으로 이러한 관계마케팅의 목표는 "조직에 이로운 고객기반을 구축하고 유지하는 것"을 전제로 하며, 이 목표의 달성을 위해 외식업소는 장기적인 관계를 유지하기 위한 고객유인과 고객관계를 구축할 만한 최상의 목표시장을 확인하기 위해서는 시장세분화를 통해 가능하다.[2]

관계구축은 기존 고객의 변화하는 욕구를 이해하여 끊임없는 상품과 서비스의 질적 향상을 통해서만 이루어질 수 있고 여기에 소요되는 비용은 오히려 신규고객을 유인하기 위한 비용보다 훨씬 저렴하다. 고객의 관점에서 볼 때 서비스제공자가 그들의 욕구에 맞는 서비스를 제공할 때에는 쉽게 서비스제공자를 바꾸려 하지 않는다.

이와 같이 외식기업 경영자는 고객지향적인 마음가짐으로 단골고객(repeat guest)의 관리에 힘써야 할 것이며, 현재 이들과의 지속적인 관계를 유지하고 발전시키기 위해 포인트마일리지 마케팅(point mileage marketing)을 실시하는 업소들이 늘어가고 있다. 특히 이러한 관계구축은 기존의 고객이 또 다른 고객에게 긍정적인 구전을 제공해 신규고객을 유인하는 비용을 감소시키는 역할도 수행한다.

---

2) Leonard L. Berry, *Relationship Marketing in Emerging Perspectives on Services Marketing*, eds., Leonard L. Berry, G. Lynnshostack, and Gregory D. Upah(Chicago : AMA, 1983), pp.25~28.

제2절 마케팅전략

1. 개념

일종의 고객 창조활동이라고 할 수 있는 마케팅전략은 끊임없이 변화하고 예측하기 힘든 시장여건에서 고객확대와 유지를 통해 외식업소의 성장·발전을 꾀하는 통합적이고도 장기적인 경영기법이라고 할 수 있다. 적절한 정보 수집을 통해 시장기회(market opportunity)를 평가하고, 그 평가를 바탕으로 목표시장을 설정한 후 마케팅 믹스(marketing mix)를 시장공략의 수단으로 선택하는 전체과정에 있어 절대적인 원칙이 있을 수는 없지만 전략을 세워나가는 데 있어 지침이 될 수 있는 기본적인 사고는 존재할 수 있다. 본 절에서 설명하고자 하는 내용으로는 목표, 시장세분화(market segmentation), 목표시장(target market), 마케팅전략(marketing strategy)이고 마케팅 믹스(marketing mix)는 그 중요성으로 보아 따로 분리해서 설명하고자 한다.

2. 목표설정

어떤 상품의 판매가 행해지기 전에 반드시 그 상품에 대한 나름대로의 마케팅 전략목표가 설정되는 것이 보통이다. 이것은 목표가 무엇이냐에 따라 그 상품의 전체적인 마케팅전략이 달라질 수 있기 때문이다. 따라서 구체적인 전략설정단계에 들어가기에 앞서 반드시 전략목표를 세워 마케팅활동의 방향을 설정한다.

마케팅 전략에서의 목표는 특정한 시간 내에 달성하려는 구체적으로 수치화할 수 있는 사항을 가리키는데, 전략의 시간적 범위는 3~5년의 중장기일 수도 있고, 1년 정도의 단기일 수도 있다.

일반적으로 마케팅전략의 목표는 매출액, 시장점유율, 수익 등을 기준으로 정해지는 것이 보통이지만 이는 외식업소의 여건에 따라 얼마든지 다를 수 있고 또 정해진 목표들 중에서도 관심을 받는 정도에 따라 일차적인 목표와 이차적인 목표로 나누어질 수 있다.

목표설정에 있어서도 전략적 선택이 매우 중요하다. 예를 들면 수익성을 강조할 것인지 또는 점유율을 우선할 것인지 결정해야 한다는 것이다. 이러한 선택은 각 외식기업의 여건과 시장상황, 상품 수명주기(product life cycle) 등을 고려하여 행해져야 합리적인 선택이 될 수 있다.

3. 시장세분화(Market Segmentation)

1) 개념

마케팅에서 말하는 시장이란 바로 고객집단을 가리키는 것으로 특정지역을 염두에 둔 유형의 시장개념과는 구별된다. 마케팅활동은 모든 잠재고객을 대상으로 행해지는 것이 아니고, 미리 목표시장(target market)으로 설정된 고객집단을 대상으로 전개되는 것이므로 시장을 포괄적으로 파악하지 말고 여러 기준에 의해 분리 또는 재편성하여 그 목표시장에 맞는 적합한 상품을 가지고 고객에게 접근해야 한다. 이렇듯 목표시장의 설정은 마케팅목표와 정책에 따라 특정한 시장집단을 설정하여, 그 시장의 잠재력과 고객행동을 분석하여 업소가 주력해야 할 시장을 정하는 것이다.

시장세분화는 목표시장(target market)을 선별하고 그에 적합한 마케팅 믹스(marketing mix)의 투입을 위한 선행단계로서, 시장을 고객의 상이한 욕구나 특성에 의해 분화하는 것을 말한다. 극단적으로 나가면 세분화는 고객의 수만큼까지 나눌 수도 있으나 경제성의 측면을 고려해야 하기 때문에 적절한 특징을 찾아내어 알맞은 규모의 그룹으로 나누어 목표시장을 결정해야 한다.

외식산업의 경우 일정지역에 몰려 있는 경쟁업소들의 밀집도가 다른 업계에 비해 유난히 높기 때문에 자기외식업소를 뚜렷이 구분시킬 수 있는 마케팅전략의 필요성이 매우 절실한 것이 사실이다. 따라서 시장세분화를 통한 합리적인 목표시장의 선정과 적합한 마케팅 믹스의 선택으로 갈수록 심화되고 있는 경쟁 속에서 성장·발전할 수 있도록 노력해야 한다.

2) 세분화의 기준

시장세분화의 기준은 매우 다양하지만 이들 중 어떤 기준을 사용하느냐 하는 문제는 외식업소의 상품특성에 따라 결정해야 한다. 다음은 대표적인 세분화 기준들이다.

(1) 지리적 세분화

고객의 요구와 반응이 지역에 따라 다를 수 있다는 가정 하에서 시장을 구·동과 같이 측정 가능한 규모로 세분하는 것이 지리적 세분화이다. 햄버거와 같은 서양식 메뉴에 대해 서울의 강남구와 구로구에 거주고객들 간의 반응은 다를 수 있다. 이는 각 지역의 소득이나 식습관의 차이에서 나타날 수 있는 서로 다른 반응이다. 그러므로 외식업소는 자신이 참여하려고 하는 지역고객의 요구와 특성을 조사하여 이에 맞는 마케팅전략을 세워야 한다.

(2) 인구통계적 세분화

인구통계적 변수는 고객시장을 세분하는데 가장 많이 사용되는 변수이다. 이것은 소비자 욕구, 선호성향 및 내점률 등과 밀접한 관련이 있기 때문에 널리 이용되어 왔으며 구체적 변수로는 연령, 주거형태, 성별, 소득수준, 직업 등은 물론 몇몇의 변수들을 조합하는 다변수 세분화 등이 있고 이러한 변수에 따라 선호하는 음식이나 서비스 방법 등이 다를 수 있다.

(3) 심리도식적 세분화

심리도식적 세분화는 고객의 상품 및 업소 선호행동을 사회계층, 생활양식(lifestyle), 개성 등의 분석에 의거해 목표시장을 분류해 내는 방법이다.

(4) 행동적 세분화

이는 업소와 직접 관련된 세분화작업으로 해당업소에 대해 소비자가 가진 지식, 태도, 용도, 반응에 따라 고객을 세분화하는 것이다. 분석관련 요소로는 내점계기, 내점혜택, 업소이용횟수, 애호도 등으로 나누어 볼 수 있다.

4. 목표시장 선정과 전략(Target Marketing & Strategies)

이미 언급했듯이 시장세분화는 기존의 드러나지 않았던 시장기회를 파악하고 그에 맞는 새로운 목표시장을 결정하거나 기존시장의 가치를 확인하는 작업이다. 시장세분화와 관련된 목표시장 결정과 그에 따른 마케팅전략은 크게 비차별적·차별적·집중적 전략으로 나눌 수 있고 그 내용은 다음과 같다.

1) 비차별적 전략

흔히 대중적 전략이라고도 불리는 이 전략은 시장을 여러 세분시장의 집합으로 보지 않고, 전체시장을 하나의 시장으로 파악해 그들의 공통적 욕구를 발견하여 이에 부응할 수 있는 상품과 마케팅 프로그램으로 공략하는 것을 말한다. 이 전략의 장점은 표준상품의 대량생산으로 원가, 재고비, 운송비, 마케팅조사비용 등에서 절감할 수 있어, 차별적 마케팅전략에 비해 전체비용이 적게 든다는 것에 있다.

2) 차별적 전략

이 전략은 고객욕구의 다양화에 발맞춰 고객시장을 공통적인 속성을 갖는 여러 세분시장으로 분류하고, 각 세분시장계층에 적합한 상품들을 개발하여 마케팅활동을 전개하는 합리적이고 소비자지향적인 전략이다.

차별적 전략으로 전체매출액은 증대시킬 수도 있지만 생산비, 관리비, 재고비, 촉진비 등 여러 가지 비용의 증대를 동시에 초래하기 때문에 비차별적 마케팅에 비해 반드시 우월하다고 할 수 없으므로 자기외식업소의 재정 및 시장여건에 맞는 전략을 선택해야 한다.

3) 집중적 전략

한 개 혹은 소수의 상품을 세분화된 시장 중에서 하나의 목표시장을 선정하여 집중적으로 선정된 목표시장에 투입함으로써 그 시장 내에서 높은 시장점유율을 확보하고자 하는 마케팅전략으로 이는 시장의 여러 부분에 얇게 침투하기보다는 적은 부분이지만 깊게 침투하고자 하는 것이다. 목표시장 선정이 합리적으로 이루어지면 목표시장 내의 명확한 욕구파악으로 시장지위를 강화하고 운영활동의 집중화로 비용경제성의 장점을 살림으로써 높은 투자수익률을 얻을 수 있게 되는 것이다. 단점으로는 다른 전략에 비해 상대적으로 위험성이 높다는 것을 꼽을 수 있다. 한정적인 시장에 업소의 미래를 전적으로 의존하기 때문에 목표시장 내의 기호나 수요에 변화가 있거나 새로운 경쟁업소가 목표시장에 뛰어들 경우 존립 및 성장 위험성이 증폭되기 때문이다.

위의 세 가지 또는 그 이상의 전략을 선택활용하기 위해서는 다음과 같은 여러 가지 요소들을 고려하여 신중한 전략선택을 해야 한다.

(1) 자원

외식기업이 가진 자원은 전략선택에 직접적 영향을 미치는 요소로서 활용가능한 자원이 제한적이어서 모든 시장을 커버할 수 없으면 집중적 마케팅전략을 선택하는 것이 좋다. 비차별적 전략과 차별적 전략은 사실 많은 자원을 필요로 하기 때문이다.

(2) 상품동질성

과일이나 쌀처럼 취급하는 상품에는 업소 간의 차이가 별로 없는 경우 고객은 상품 간의 차이를 느끼지 않으므로 이때에는 비차별적 전략을 선택하고, 업소의 메뉴처럼 원료와 기술, 정성에 따라 맛, 모양, 가격이 다른 상품인 경우에는 차별적 혹은 집중적 전략을 적용해야 한다.

(3) 상품 수명 주기상의 단계

신상품이 개발되어 도입기에 있을 때에는 일차적 수요를 창조하기 위해 비차별적 또는 집중적 전략이 적합하지만, 성장기에 접어들어 경쟁자가 나타나면 차별적 전략으로 이차적 수요창출을 모색해야 한다.

음식물은 고객의 입맛 변화에 따라 상품으로서 수명에 영향을 받으므로 새로운 메뉴를 제공하기에 앞서 그 상품의 수명주기 상의 단계를 주목해 결정해야 한다.

(4) 시장동질성

시장동질성이란 고객의 욕구나 선호 내지 특성이 비슷한 정도를 나타내는 것인데, 일반적으로 말하여 동질적인 시장에는 비차별적 전략, 이질적인 시장에는 차별적 내지 집중적 마케팅이 유리하다.

(5) 경쟁업소의 마케팅전략

경쟁업소의 마케팅전략에 따라 대응전략을 세우는 경우를 말한다. 만약 경쟁업소가 적극적으로 시장세분화전략을 쓰고 있을 때, 해당업소가 비차별적 전략으로 나갈 경우에는 전략 실패로 인한 실패는 자명해진다. 이렇듯 주어진 경쟁 환경에 맞는 전략선택은 사업성공의 필수이다.

5. 차별적 우위(핵심전략)

목표시장이 확정되면 경쟁업소와는 다른 차별화된 위치를 그 시장 내에서 차지하기 위하여 무엇인가 유리한 점을 확보할 필요가 있을 것이다. 이렇게 경쟁업소와 다른 차별적 우위를 갖기 위한 노력을 핵심전략이라고 부르는데 마케팅 핵심전략상의 차별적 우위는 다시 세 가지 정도로 분류할 수 있다.

첫째, 경쟁업소를 능가하는 또는 그들이 만들지 못하는 상품을 시장에 내어놓을 수 있는 상품기술이다.

이 우위는 노력여하에 따라 자체 내의 신상품개발이나 외부로부터 기술도입을 통해 확보가능한 부문이다. 외식산업에 있어 같은 메뉴를 제공하는 업소들 간의 기술적 우위는 그 메뉴품목들의 맛, 질 그리고 모양을 좌우함으로써 해당업소에게 결국 유리한 경쟁우위를 제공하게 되는 것이다.

둘째, 기술 이외의 변수에 의한 차별화 능력이다.

상품자체는 경쟁업소에 비해서 큰 차이가 없더라도 광고나 서비스 등의 다른 마케팅 믹스 변수를 통해서 성공적으로 경쟁업소 상품과 차별화할 수 있다. 미국의 햄버거 회사인 맥도날드사는 햄버거 판매에 있어서 맛이나 질 또는 양으로 다른 햄버거 회사와 경쟁하기보다는 대대적인 지역 및 전국광고와 모든 업소의 시식 및 서비스 환경의 개선으로 세계시장에서 군림하고 있는 대표적인 예이다.

셋째, 원가 면에서의 우위이다.

식자재 확보나 인건비 면에서 유리한 원가구성을 가질 수도 있고 또는 같은 식자재비나 인건비 조건이라 하더라도 규모의 경제 등을 활용한 생산성 면에서 원가상의 유리한 고지를 점할 수 있다. 규모가 큰 단독 또는 체인 외식기업일수록 대량생산으로 인해 원가 면에서 유리한 위치에 있을 수 있다. 물론 재고관리비나 유통비, 인건비 등의 부분적 증가로 생산량에 대비한 비례적 원가절감은 있을 수 없지만, 판매량이 늘어날수록 절감의 부분이 커질 수 있다는 것이다.

제3절 │ 서비스 마케팅 믹스(Service Marketing Mix)

마케팅 믹스(marketing mix)란 외식업소가 목표시장에서 마케팅목표를 추구하는데 사용하는 도구의 집합을 말한다. 마케팅 믹스요소는 업소의 여건에 따라 매우 다양하지만 전통적으로 미국의 McCarthy교수가 정의한 4P's가 가장 광범위한 인정을 받아왔다. 그러나 최근 마케팅 믹스를 서비스에 맞게 창조적으로 확장한 서비스마케팅에서는 우선 4P's 개념 이외에도 서비스에 적용되는 3P's을 추가한 확장된 마케팅 믹스라는 새로운 개념으로 직원(people), 물리적 증거(physical evidence), 과정(process) 등을 포함하고 있다.

1. 상품(Product)

외식업소는 고객에게 상품을 제시·판매하는 곳으로 업소의 핵심은 상품이다. 아무리 운영시스템이 잘되어 있고 서비스가 좋아도 고객이 원하는 적절한 품질과 가격의 상품을 제공할 수 없다면 판매는 이루어지지 않는다.

상품은 교환의 대상이 되는 재화로서 고객의 욕구를 충족시킬 수 있는 경제적 가치를 가진 것으로 효용, 가치, 품질, 가격에 따라 그 상품력이 달라진다. 이외에도 상표의 지명도, 업소 이미지, 고객서비스 등에 의해서도 상품력이 달라질 수 있다는 것 또한 주목해야 한다. 따라서 상품력은 양질성, 차별성, 저가성으로 요약될 수 있다.

목표시장을 공략하기 위해 시장성 있는 상품을 개발하는 것은 성공을 향한 첫걸음으로 무기 없는 전쟁은 생각할 수 없듯이 업소경영에 있어 상품도 무기와 같은 역할을 한다. 사실 상품은 4Ps'중의 하나에 불과하지만 잠재고객이 그 상품을 어떻게 생각하느냐에 따라 다른 3가지 마케팅 믹스 요소들의 방향이 결정되기 때문에 가장 먼저 고려되어야 할 부분인 것이다.

외식산업에 있어 상품이란 메뉴와 서비스로 고객의 생리적·심리적·사회적 필요와 욕구를 충족시킴으로써 그들의 생활을 유지·향상시키는 필수생활자원이라고 할 수 있다. 고객의 이러한 상품에 대한 욕구는 다양하며 상황(situation)에 따라 달라질 수도 있기 때문에 목표시장 고객의 기호와 욕망에 맞는 상품의 개념을 파악하여 개발해야 하고, 상품의 종류도 판매액과 이익기여도에 따라 주력상품, 보조상품, 항시상품, 계절상품, 전략상품 등으로 세분화함으로써 보다 효과적으로 판매할 수 있도록 해야 한다.

구체적으로 포함되어야 할 상품의 내용을 보면 품질(quality), 양(portion), 특징(characteristic), 스타일(style), 서비스(service), 선택권(option), 포장 등이 있다.

2. 가격(Price)

가격이란 판매한 상품이나 서비스의 대가로 고객이 외식업소에게 지불하는 금전적 가치를 말한다. 이러한 가치에 의해 외식업소는 판매가를 결정하고 원가를 보상하며 영업경비를 줄여줌으로써 이익을 창출하지만, 고객 입장에서 가치는 그 상품이나 서비스의 구매가 유리한지 아닌지를 결정하여 주는 절대적인 조건이다.

가격설정 시 고객과 외식업소 간의 상품가치에 대한 인식의 차이로 적정가격에 대해 서로 다른 생각을 가질 수 있다는 것을 고려해야 한다. 일반적으로 구매하는 고객은 가능하면 낮은 가격에 구매하고, 판매하는 사람은 되도록이면 높은 가격에 팔기를 바라지만 객관적으로 보아 상품의 가격이 생산과 분배의 비용 이하에서 결정될 수 없으며 그렇다고 고객의 지불능력이나 의사를 초월한 수준에서 책정되어서도 안 된다. 다시 말하면 가격은 쌍방이 수용할 수 있는 수준에서 결정되어야 한다는 것이다.

또한 경쟁업소 가격과의 상대성에 의해 판매량이 좌우되기도 하기 때문에 가격을 결정할 때 경쟁업소의 가격구조를 충분히 고려해야 한다. 그러나 낮은 가격이 언제나 많은 수요를 창출하는 것은 아니고 경우에 따라서는 오히려 높은 가격의 상품들이 선호되기도 하므로 목표시장의 필요 및 욕구에 대한 정확한 분석에 근거해 가격을 책정해야 한다.

기억해야 할 또 하나의 중요한 점으로는 외식업소의 전반적인 가격수준이 외식업소 이미지에 부합해야 한다는 것이다. 이것은 가격과 외식업소 이미지가 맞지 않을 경우 고객이 당황할 수 있기 때문이다. 예를 들면, 업소의 외부장식이 주는 이미지는 캐주얼 레스토랑(casual restaurant)인데 내점해서 본 상품의 가격대는 고급 전문음식점(fine dining restaurant)의 높은 가격대였다면 고객이 당황하는 것을 당연히 예상할 수 있는 일이다.

3. 입지(Place)

입지란 외식업소라는 물리적 시설이 위치하게 될 지표 상의 공간적 범위를 말하는 것으로 엄밀히는 외식업소가 위치하게 될 지역을 의미한다. 입지는 외식사업 성패의 반 이상을 좌우하는 중요한 요인으로 교통사정, 도로계획, 인구이동 및 경쟁업소와 각종 상업시설의 신규진출 등에 의해 그 조건이 계속 변화한다.

외식사업은 입지 사업으로 외식업소 입지는 업소성공에 중요한 전략적 결정요인이다. 외식업소 매출은 고객의 내점률에 의해 결정되고 이 내점률은 바로 업소의 접근성과 가시성의 정도에 따라 좌우되는 정도가 크다는 점을 고려한다면 업소의 성패에 미치는 입지의 영향력을 짐작할 수 있을 것이다. 뿐만 아니라 입지조건에 따라 상품(메뉴와 서비스 종류 및 수준)의 개발 및 관리, 가격(저, 중, 고) 책정, 판매 촉진 활동의 필요 정도 여부도 많은 영향을 받기 때문에 입지선정은 신중히 결정되어야 한다. 또한 입지는 장기적·고정적인 성격을 갖기 때문에 일단 결정을 하면 변경이 어렵고 투자비도 막대하므로, 선정되는 입지는 최대한의 투자수익을 보장할 수 있는 곳이어야 한다.

입지선정 시 고려해야 할 구체적 요인으로는 보행량, 차량 통행량, 대중 교통수단 이용의 용이성, 업소면적, 주차면적, 점유조건, 인접상권 등이 있다.

4. 촉진(Promotion)

업소의 입지나 건물 및 내장이나 전시·진열 등과 같은 구매환경, 상품화, 가격설정 활동 등이 합리적으로 수행되었다 하더라도 내점률이 낮으면 업소의 판매목표는 달성될 수 없다. 지역상권 내의 거주자와 통근·통학자 등의 내점률을 높이고 이들을 실제적인 구매고객으로 하기 위해서는 사전판매(pre-selling)활동인 정보제공이 이루어지지 않으면 안 된다. 이와 같이 업소가 목표고객을 대상으로 특정 상품이 특정장소에서 특정가격에 판매되고 있다는 정보제공활동을 하는 것을 바로 촉진(promotion)이라고 한다. 촉진활동의 수단(promotion mix)은 인적판매(personal selling), 광고(advertising), PR(public relation), 판매촉진(sales promotion) 등으로 구성된다.

1) 인적판매(Personal Selling)

판매를 하려는 목적으로 하나 또는 그 이상의 예상고객과 대화과정에서 구두로 제시하는 개인적 커뮤니케이션으로 대면성 때문에 다른 마케팅의 수단과는 다르다고 할 수 있다. 이것은 만족할만한 상품을 고객이 구매할 수 있게끔 직원이 직접 도와주는 활동으로 식당에서 고객의 메뉴선택을 돕기 위해 서비스직원이 하는 구두적인 설명도 인적판매의 좋은 예라고 할 수 있다. 인적판매는 고객들의 메뉴에 대한 선호도를 높이고 구매에 대한 확신을 갖게 하는 중요한 촉진방법 중 하나이다. 따라서 외식업소의 직원은 판매하는 상품에 대한 폭넓은 지식을 가지고 있어야 하며 이러한 지식을 바탕으로 고객들의 구매행동을 유도할 수 있어야 한다. 인적판매는 직원과 고객 사이의 개인적인 커뮤니케이션이기 때문에 고객의 욕구를 직접적으로 파악할 수 있으며 기존 상품 및 신상품에 대한 고객들의 반응을 관찰할 수 있다는 장점이 있다.

2) 광고(Advertising)

잠재고객에게 직접 상품을 판매하는 중소규모의 외식업소가 하는 지역광고를 말하는 것으로 대규모 전국광고와 차이점을 들자면 지역적 요구나 관습 및 선호에 적응하기 쉽고 즉각적이며 광고비용이 상대적으로 저렴해질 수 있다는 것 등이다. 전국광고의 예로는 맥도날드사의 미국 내의 대규모 햄버거 광고를 들 수 있고, 지역광고로는 인쇄매체를 이용한 전단지 배포와 같은 것도 있다.

3) PR(Public Relation)

PR란 광고주가 대가를 지불하지 않고 상품이나 업소에 대해 영업상 의미가 있다고 생각되는 매체(간행물, 라디오, TV 등)에 게재·제시함으로써 상품에 대한 수요나 이미지 형성을 자극하려는 사람을 통하지 않는 마케팅활동으로 광고에 비해 통제력은 적으나 객관적 매체가 전달하는 데서 생기는 대중이 갖는 신뢰성과 신속성 때문에 주로 광고와 보완적으로 이용된다. PR은 뉴스, 기사, 스토리텔링 등을 활용하기 때문에 고객들은 PR을 광고로 인식하지 않고 일종의 정보라고 판단한다. 따라서 광고보다 신뢰성이 높다는 특징을 가지고 있다. 예컨대 일간신문에 어느 외식업소의 성공스토리, 자선 및 봉사 등의 사회적 책임활동과 같은 기사가 게재된다면 그 외식업소 입장에서는 큰 비용을 들이지 않고 고객들에게서 자연스러운 광고효과를 얻을 수 있게 된다.

4) 판매촉진(Sales Promotion)

인적판매, 광고 및 홍보를 제외한 예컨대 진열, 쇼(show), 전시회, 실연(demonstration), 가격할인, 무료시식쿠폰 및 기타 여러 가지 특별히 계획된 마케팅활동으로서 고객의 구매 및 내점률을 자극하려는 활동을 말한다. 이러한 촉진활동은 보통 단기적 판매의 증대나 고객의 충성도 유지 그리고 다른 촉진수단의 보안을 위한 목적으로 사용된다. 외식업소 경영자는 신규고객에게 시험구매를 유도하고 단골고객에게는 적절한 보상을 제공하면서 고객과의 관계를 강화시키고 그리고 충성도가 높지 않은 빈번한 전환행동을 보이는 고객들에게는 재방문을 유도하기 위해 판매촉진을 사용할 수 있다. 고객들에 대한 판촉수단으로는 시음회, 쿠폰 제공, 판촉물 제공, 애호도 향상 프로그램, 경품추첨, 구매시점(POP : Point of Purchase) 광고 등을 들 수 있다.

① 시음회

주로 신상품을 출시할 경우, 고객들에게 홍보를 하기 위해 실시하며 고객들의 반응과 호응도를 파악할 수 있는 수단으로서 외식업소를 방문한 고객들을 대상으로 하는 경우와 매장 외부에서 지나가는 고객들을 대상으로 시음회를 실시할 수도 있다.

② 판촉물 제공

외식업소의 이름이 들어간 선물을 고객에게 증정하는 방법으로서 주로 사용되는 물품으로는 포스트잇세트, 펜, 컵 등이 있다. 예를 들어 어떤 외식업소는 오픈 기념으로 외식업소의 이름과 로고가 들어가 있는 판촉물을 제공하여 고객들의 관심과 광고효과를 동시에 누리기도 한다.

③ 애호도 향상 프로그램

외식업소의 상품을 구매한 금액이나 횟수에 따라 고객들에게 보상을 해주거나 다른 혜택을 제공하는 것을 의미한다. 패스트푸드, 베이커리, 아이스크림 전문점 등 오늘날 대부분의 외식업소는 구매금액만큼 일정 금액을 포인트로 적립해 일정 금액 이상이 되면 고객들이 현금처럼 사용할 수 있게 해준다. 이러한 촉진활동은 경쟁업소로 고객들의 전환행동을 막고 애호고객을 창출하기 위해서 실시하고 있다.

④ 경품 추첨

외식업소를 방문하여 구매한 고객을 대상으로 상금이나 상품을 탈 기회를 주는 촉진방법으로 월드컵이나 올림픽처럼 대규모 국제적인 이벤트가 있을 시 경기관람권을 제공하는 것이 하나의 사례로 볼 수 있다. 경품은 목표시장을 구성하는 주 고객층이 누구인지를 면밀히 파악하여 목표시장 고객들의 호응도를 이끌어 낼 수 있는 상품을 구성하는 것이 효과적일 수 있다.

⑤ 구매시점 광고

고객이 메뉴를 선택하는 시점에 맞추어 수행하는 방법으로 메뉴판 위에 이익이 많은 제품을 강조한다든지 아니면 신제품 판매를 강화할 목적으로 사용될 수 있다. 또한 POS 위나 테이블 등에 POP를 배치하여 추가적인 구매나 특정 제품의 판매를 증가시킬 수 있는 유용한 도구가 될 수 있다.

⑥ 쿠폰

외식업소에서 가장 보편적으로 수행하는 판매촉진방법의 하나로 소비자에게 가격할인이나 제품의 무상제공 등의 명시된 가치를 제공하는 증명물로 정의할 수 있다.

쿠폰은 배포 방법에 따라 매체쿠폰과 포장쿠폰으로 나눌 수 있다.

매체쿠폰은 신문 및 잡지쿠폰, 직접 우편쿠폰, 간지쿠폰, 인터넷쿠폰, 모바일쿠폰 등이 있으며,

포장쿠폰은 주로 피자나 배달을 전문으로 하는 외식업소에서 많이 사용하는 방법이다. 이러한 쿠폰은 재 구매를 통한 애호고객을 창출할 수 있으며, 경쟁 외식업소의 애호고객을 유인하고 자사의 외식업소를 한번도 방문하지 않은 잠재고객을 유인하여 신규고객을 창출할 수 있는 유용한 수단이 되고 있다.

고객들이 느끼는 쿠폰의 편익은 크게 두 가지로 금전적 절약을 통해 혜택을 보고 있다는 경제적 편익과 쿠폰의 수집 및 보관 후 상품 구입 시 이용하는 것 자체에서 오는 즐거움 등의 심리적 편익이다.

쿠폰의 발행은 상당한 비용을 발생시키기 때문에 외식업소 경영자는 쿠폰을 제작할 때 상환율에 가장 큰 관심을 기울여야 한다. 어느 정도 비용이 발생하는 부분을 감안한다 하더라도 쿠폰의 상환율과 매출은 밀접한 관계가 있기 때문에 쿠폰의 상환율을 어떻게 하면 증가시킬 수 있을지 고민해야 한다.

이러한 쿠폰 상환율에 영향을 미치는 요인을 크게 세 가지로 나누어 살펴볼 수 있다. 즉 외식업소 경영자는 쿠폰을 제작할 때 다음과 같은 요소를 고려해야 한다.

첫째, 고객들이 느끼는 쿠폰의 가치를 결정해야 한다.

할인의 정도와 무료상품의 유형 등에 따라 고객들은 쿠폰을 받았을 때 관심을 기울이고 이용할 의도를 생성하게 되는데, 할인 폭이 너무 적다든지 무료상품이 고객의 호응도를 이끌어 내기 힘든 다면 쿠폰의 상환율은 떨어질 수밖에 없다.

둘째, 쿠폰 제작 시 유효기간을 어느 정도 할 것인지를 결정해야 한다.

쿠폰의 유효기간이 너무 짧으면 고객들이 이용하는데 거부감을 유발할 수 있으며, 너무 장기인 경우에는 당장의 매출 증대 효과를 보기 어렵기 때문에 적정 유효기간을 설정하는 것이 바람직하다.

셋째, 쿠폰 사이즈를 고려해야 한다.

너무 작으면 보관하면서 분실의 위험이 존재하고, 너무 큰 경우에는 보관하기 어려워 고객들이 불편해할 수 있다. 따라서 지갑 크기를 벗어나지 않는 범위 내에서 쿠폰 사이즈를 결정하는 것이 바람직하다.

하지만 외식업소 경영자가 명심해야 할 것은 이러한 판촉의 수단이 단기적인 매출을 증대시키는 하나의 방편일 뿐 지속적인 매출 증대의 수단이 될 수는 없다는 점이다.

왜냐하면 판매촉진은 어느 정도의 비용을 발생시킬 뿐만 아니라 가격할인과 같은 촉진수단은 외식업소의 이익과 직결되는 부분이기 때문이다. 또한 가격할인 후 정상 가격으로 환원했을 때 고객들이 거부 반응을 일으킬 수 있다는 점에서 판매촉진을 신중하게 결정하고 실행해야만 한다.

5. 직원(People)

서비스 제공에 참여하는 행위자로 직원을 말하며 이들의 패션, 외모, 태도, 행동 등이 고객의 서비스지각에 영향을 미친다. 외식산업의 특성상 상품의 판매력이란 메뉴와 부수적인 인적 및 물적 서비스의 결합을 통해 얻어질 수 있는데, 이러한 요소들의 질적 향상을 통해 매출 증대를 성취할 수 있고 이러한 판매믹스를 통한 외식업소 이미지관리가 현실적으로 더욱 중요한 차별화 전략이 되고 있다. 외식업소의 서비스 제공에서 직원이 중요한 이유는 그들 자체가 하나의 서비스가 될 수 있고, 그들은 고객의 눈에 비치는 조직 그 자체로서 외식업소의 이미지를 형성하는데 결정적인 역할을 할 수 있다. 그리고 직원들은 마케팅 활동을 직접 수행하거나 그 외식업소의 마케터로서 빅 마우스의 역할을 수행하기도 한다.

외식업소 경영자들은 직원의 욕구를 파악하고 충족시켜 동기를 부여할 때 직원들이 서비스 접점에서 뛰어난 서비스를 제공할 수 있게 하는 원동력이 될 수 있다. 이러한 생각은 내부마케팅으로 표현되기도 하며 내부마케팅은 직원을 최초의 고객으로 보고 그들에게 서비스 마인드나 고객 지향적 사고를 심어주며 더 좋은 성과를 낼 수 있도록 동기 부여하는 활동으로 정의할 수 있다. 따라서 외식업소 경영자는 직원의 만족은 고품질의 서비스로 이어지게 되고 고품질의 서비스는 고객만족에 직접적인 영향을 미치게 된다는 사실을 알아야 하고, 만족한 고객들은 재방문을 통해 그 외식업소의 매출과 이익 증대에 결정적인 역할을 하게 된다는 점을 명심해야 한다. 이러한 점을 감안해 볼 때 내부마케팅의 성공은 직원의 역할과 중요성을 인식하는 것에서부터 시작하며 직원을 만족시키기 위해 작업 환경, 인센티브 제공 등 내부마케팅 상품을 개발하는 것도 중요하다.

외식업소 경영자가 수행할 수 있는 구체적인 내부마케팅의 실천 방안으로는,

첫째, 성취감, 직무만족도, 승진, 공정성 등과 같은 직원에게 동기를 부여하는 환경을 구축하고 서비스 성과에 대한 객관적인 평가와 강력한 보상을 통해 최고의 직원을 보유 및 유지해야 한다.

둘째, 정기적인 교육과 훈련을 통해 업무 능력을 향상시키고 다양한 업무를 배울 수 있는 기회를 부여해야 한다. 이렇게 함으로써 직원은 스스로 인정받고 있다는 느낌과 자신이 발전하고 있다는 자부심을 가지게 될 것이다.

셋째, 내부 커뮤니케이션을 강화해야 한다. 직원에 대한 관심 및 적극적인 격려, 계획 및

의사결정에 직원의 참여, 개방적이고 지원적인 내부 분위기의 형성을 통해 직원과의 의사소통 채널이 항상 개방되어 있도록 해야 한다.

넷째, 직원이 상황에 따라 의사결정을 할 수 있도록 일정 부분 권한을 부여해야 한다. 권한이 부여된 직원은 본인의 업무에 대해 주인의식과 책임감을 가지고 수행하게 될 것이다.

6. 물리적 증거(Physical Evidence)

물리적 증거는 서비스와 관련된 모든 유형적인 요소인 메뉴판, 명함, 장비 등과 서비스가 제공되는 물리적 공간설비를 뜻하며, 이러한 요소들도 고객이 서비스의 품질을 평가할 때에 있어서 중요한 역할을 한다. 따라서 외식산업에 있어서 자사의 경영콘셉트의 본질에 따라 물리적 증거들이 일관성을 가질 때 고객들을 유인할 수 있는 강력한 메시지를 제공해 줄 수 있다.

물리적 증거를 크게 세 가지 부분으로 나누어 보면,

1) 실내 환경(Ambient Conditions)

외식업소의 실내 환경은 내부의 온도, 공기상태, 소음, 음악, 향기 등과 관련된 것을 말한다. 적정한 온도, 콘셉트에 맞는 음악, 인테리어 색감 등과 같은 실내 환경은 고객의 오감에 영향을 주게 되어 머무는 시간, 총지출 비용에 영향을 주게 된다. 예를 들면 한여름 날 에어컨을 켜지 않고 영업을 하는 외식업소는 고객들이 회피하게 되는 원리와 같다.

2) 공간 및 기능성(Space & Function)

테이블 및 의자의 편안함, 이동의 용이 등 공간성, 화장실 및 쓰레기통의 위치 등과 관련된 기능성 등 외식업소 내부의 공간 및 기능성은 서비스 전달을 위한 가시적이고 기능적인 공간을 제공하는 것으로 이러한 공간을 통해 고객과 직원은 질서와 효율, 혼돈을 감지할 수 있다. 예를 들면, 주방시설의 효율적인 배치를 통한 직원 동선의 최소화를 이끌어내 서비스 시간을 단축할 수 있으며, 셀프 서비스 환경에서 기능성과 설비 이용의 편리함은 고객들로 하여금 스스로 행동할 수 있게 도와주는 중요한 요소가 될 수 있다. 잘못된 배치는 고객과 직원 모두에게 불필요한 짜증을 유발할 수 있으며, 특히 직원으로 하여금 비생산적인 작업을 하도록 하여 시간낭비를 초래할 수 있다.

3) 사인 / 상징물 / 조형물(Signs, Symbols & Artifacts)

외부 간판, 로고, 캐릭터, 장식물, 벽과 바닥의 색상, 내부 스타일 등과 관련된 환경이다. 사인과 상징 및 조형물은 고객의 행동을 묵시적 또는 명시적으로 알려주는 시그널의 역할(예 : 금연, 재활용 및 분리수거, 셀프서비스)을 수행하거나 마감재, 인테리어 소품, 청소상태 등은 고객에게 심미적인 인상을 형성하게 하고 직원에게는 쾌적하고 유쾌한 근무여건을 제공할 수 있다. 예를 들어 고급레스토랑의 저명인사 사인, 도자기/골동품 등은 고객들의 행동을 알려주는 역할을 하게 된다.

물리적 증거는 고객들이 외식업소를 방문하는 순간 고객의 머리속에 인지하게 되며 인지된 물리적 증거는 고객의 태도에 영향을 미쳐 고객을 유인하거나 회피하려는 고객행동에 결정적인 영향을 미치게 된다. 물리적 증거는 다음과 같은 고객의 행동에 영향을 줄 수 있다.

첫째, 고객들의 구매결정에 영향을 주게 된다.

외식업소의 전반적인 분위기(atmosphere)와 매장의 음악, 향기, 인테리어, 상품력은 상품 그 자체보다 구매결정에 더 큰 영향을 미치고 고객의 태도와 이미지 형성에 직접적으로 영향을 줄 수 있으며,

둘째, 서비스나 그 품질에 대한 정보적 단서를 고객들에게 제공해주는 커뮤니케이션 역할을 통해 서비스의 무형성을 극복하는 데 도움을 주며,

셋째, 고객의 감정 형성을 통해 외식업소의 긍정적/부정적 이미지를 형성하는 데 영향을 준다.

7. 과정(Process)

서비스가 제공되는 실제적인 절차로서 서비스제공 및 운영시스템을 말하며, 외식업소를 방문한 고객은 서비스운영 흐름인 실제 제공과정을 통해 서비스의 품질을 평가한다. 즉 고객이 외식업소에 내점해서 음식을 먹고 업소를 나올 때까지 서비스의 흐름이 얼마나 원활히

이루어져 있는지를 말하며 또한 그 과정이 얼마나 표준화되어 있는지 고객화되어 있는지의 여부를 나타낸다. 이러한 원활한 흐름은 결국 고객의 만족과 재 구매의사결정에 영향을 미쳐 업소의 매출증대에 기여하게 된다.

서비스 프로세스는 서비스가 전달되는 절차나 활동들의 흐름을 의미하는데 외식업소의 프로세스는 서비스 상품 그 자체와 서비스 전달과정으로서 유통의 성격을 동시에 지니고 있다 할 수 있다. 패스트푸드는 낮은 가격과 간단한 서비스를 통해 서비스 프로세스를 일관되게 제공하려고 하는 서비스 시스템의 표준화를 추구하고 있다. 반면 고급외식업소는 직원 개개인에게 자유재량과 권한부여를 통해 표준화된 서비스보다는 개별화된 서비스를 제공하기 노력하는 것을 볼 수 있다.

오늘날 대부분의 외식업소에서 서비스를 표준화하기 위해 노력하고 있는데 이는 서비스 표준화에 따른 몇 가지 이점이 존재하기 때문이다.

첫째, 효율성이다.

효율성은 절차의 간소화, 속도, 제품과 서비스의 단순화, 고객에게 일시키기 등을 통해 주어진 목적을 위해 최적의 수단을 선택하는 것을 말한다.

둘째, 계산가능성이다.

표준화가 이루어지면 외식업소 경영자는 상품과 생산과정의 예측이 용이하고 때와 장소에 상관없이 일정량의 식자재나 시간이 소요되는 것을 의미한다. 그리고 햄버거 만드는 시간, 고객이 주문한 이후 고객이 상품을 받기까지의 시간 등 생산 및 서비스 과정의 수량화를 통해 서비스 수용 능력을 어느 정도 계산할 수 있다.

셋째, 예측가능성이다.

직원이 고객을 대할 때 지켜야 할 일련의 규칙 등 각본에 의한 고객과의 상호작용은 세계 또는 전국 어느 매장을 가더라도 고객들은 동일한 경험을 할 수 있다고 믿게 된다. 또한 외식업소가 제공하는 획일적인 상품을 통해 고객들은 자신이 주문한 상품이 얼마의 시간이 걸려서 어떠한 맛의 상품이 생산되어 나올 것인가 하는 생산과정을 어느 정도 예측할 수 있다. 이를 통해 고객은 위험을 낮추게 되고 안도감을 갖게 되는 것이다. 고객들이 맥도날드를 방문할 때 이미 고객의 머릿속에는 자신이 받을 상품이 어떠할 것인가라는 예측가능성을 기대하고 요구하게 되며 실패의 위험성을 기의 생각하지 않게 된다고 볼 수 있다.

넷째, 통제이다.

외식업소 경영자는 누구나 따라 할 수 있는 몇 가지 간단한 절차를 표준화하여 직원에 대한 통제를 통하여 고객들에게 동일한 경험을 제공하려고 하며 그리고 직원 통제를 위한 다양한 기계를 활용하여 직원이 서비스 프로세스에 개입할 수 있는 여지를 제거하려고 한다. 커피전문점에서 아메리카노 버튼만 누르면 조작된 일정량만큼 나오게 되어 고객들은 항상 동일한 양을 제공받게 되고 경영자 입장에서는 원가를 통제할 수 있게 된다. 하지만 아직도 일부 기계화를 통한 통제가 이루어지지 못하고 있는 부분도 존재하고 있다. 예를 들면, 고객들이 아이스크림을 구매할 때 직원들은 적정량이 제공되었는지 저울에 달고 교육받은 대로 적정량을 제공하려고 하며, 패스트푸드의 햄버거 위에 들어가는 야채 등도 직원의 손으로 이루어지기 때문에 메뉴 사진과 실제 상품 간의 불일치로 인해 고객들의 불만을 초래하는 경우도 발생하고 있다. 이러한 통제는 고객에게도 해당한다. 표준화가 이루어진 외식업소를 방문할 때 고객은 어떤 행동의 암시를 받거나 여러 가지 구조가 고객을 일정한 방식으로 행동하도록 제한하는 경우이다. 고객이 패스트푸드업소를 방문했을 때 자신이 주문한 상품을 스스로 테이블로 가져가고 식사를 끝낸 후에는 스스로 쓰레기통에 버리게 하는 이러한 일련의 규정을 당연한 것으로 인정하고 받아들이고 있다.

잠깐 쉬어가기!

■ 스타벅스 매장이 가장 많은 나라는 어디일까?(2023년 10월 기준)

전 세계에는 38,027개의 스타벅스 매장이 있다. 그 중, 단연 스타벅스의 본고장인 미국이 16,346개 매장을 갖고 있다. 그리고 중국(6,804개), 한국(1,870개), 일본(1,733개), 캐나다 (1,458개), 영국(1,266개), 튀르키예(676개), 인도네시아(581개), 대만(563개), 태국(474개), 필리핀(447개), 라틴 아메리카(1,649개) 순으로 많았다.

전 세계 스타벅스 매장 수 순위

순위	국가	합계
1	미국	16,346
2	중국	6,804
3	대한민국	1,870
4	일본	1,733
5	캐나다	1,458
6	영국	1,266
7	터키	676
8	인도네시아	581
9	대만	563
10	태국	474
11	필리핀	447
12	라틴 아메리카	1,649
N/A	기타 국가	4,160
합계		38,027

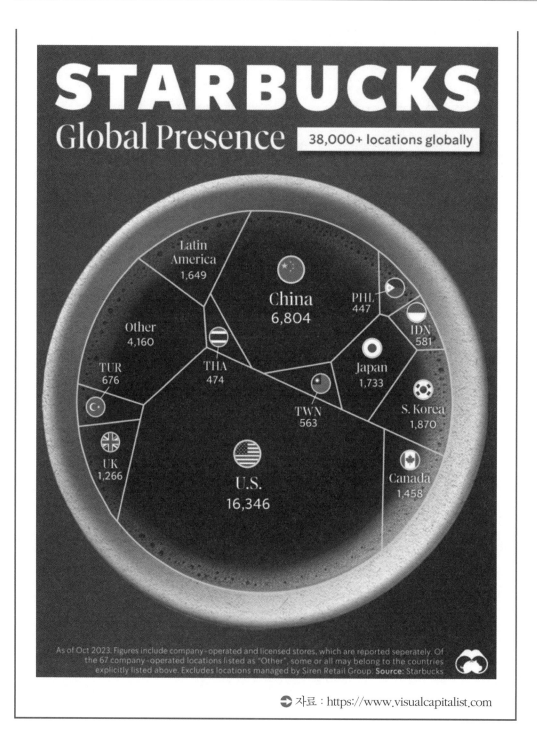

제9장
외식사업 주방관리

제1절 | 주방의 개념

1. 주방의 개념

1) 주방의 정의

외식업소는 고객에게 음식물을 제공하기 위한 공간으로 크게 객장과 주방으로 구성된다. 주방은 실질적으로 눈에 쉽게 띄지는 않지만 그 기능과 중요성은 업소를 운영하는 데 있어 기능적인 중추 역할을 하는 중요한 공간이며 식당의 종류에 따라 주방공간이 차지하는 비율의 차이는 있지만 일반적으로 전체공간의 약 1/3 정도를 차지하게 된다.

즉, 주방이란 각종 조리기구와 저장설비를 사용하여 기능적이고 위생적인 조리작업으로 음식물을 생산하고 고객에게 서비스하는 시설을 갖춘 작업공간을 말한다. 주방설계자인 플람버트(Richard Flambert)는 "주방이란 창고, 공장, 분배장소, 가공장소, 실험실, 예술가들의 스튜디오, 위생업장, 쓰레기장, 그리고 때로는 소매장, 저장소, 다양한 기술과 거래의 장소 그리고 깨진 그릇과 꿈이 있는 장소"라고 주방을 묘사하였으며 또한 그는 "주방은 매일매일

상품을 구매해서 인수하고, 저장하고, 가공해서 서비스하고, 소비하는 유일한 장소"라고도 말하였다.[1] 이렇듯 외식업소의 주방은 음식물을 생산하는 작업장으로서 조리기능, 판매기능, 그리고 음식의 목적에 맞는 분위기 등의 효율적인 운영에 가장 큰 영향을 미치고 있다.

2) 주방의 중요성

주방은 고객과의 직접적인 접촉은 없지만 외식사업에 있어서 매우 중요한 기능을 담당하는 곳이다. 즉, 주방은 단순한 조리를 위한 기능적인 부분만 담당하는 곳이 아니라 식당별 콘셉트를 결정하고 운영의 기초가 되는 곳이고 또한 외식사업에서 가장 기본적이고 중요한 역할을 담당하고 있는 곳이다. 이러한 중요성을 바탕으로 하여 최근에는 외식사업의 기업화와 대형화됨에 따라 시스템화된 대형주방과 더불어 부분적으로 가공된 식재료를 공급받아 간단한 조리과정을 거쳐 고객에게 메뉴를 제공하는 센트럴 키친(central kitchen) 형태로 발전하고 있다.

또한 주방의 형태는 메뉴와 업소운영방법에 따라 다양하게 설계될 수 있으나 주방에 대한 고객의 인식변화로 폐쇄적인 공간에서 개방적인 공간으로 설계하여 조리과정을 고객에게 보여줌으로서 고객의 신뢰를 창조할 수 있는 공간으로서의 역할을 담당하고 있다.

3) 주방의 역할

주방은 여러 가지 역할을 복합적으로 수행하고 있는 작업공간으로서

첫째는 조리하는 기능,

둘째는 식자재와 물품보관기능,

셋째는 음식의 전달기능,

넷째는 기물의 세척 및 보관기능

등의 역할을 담당하는 곳이다.

---

1) 정경훈·박호래, **호텔 경영론**, 형설출판사, 1994, p.167.

이러한 역할을 고려하여 주방공간설계에 고려해야 할 내용으로는

첫째는 동선과 작업영역의 조절,

둘째는 객장으로의 전달과 연결성,

셋째는 식재료의 저장용이성,

넷째는 위생과 안전,

다섯째는 효율적인 레이아웃, 마감재(바닥, 벽, 천장)의 관리

등을 들 수 있다.

↘ 제2절 │ 주방의 유형

주방의 유형은 제공되어야 할 메뉴의 종류, 주방에서의 작업인원 및 작업동선, 식자재의 종류 및 보관방법, 서비스 형태, 음식가격, 음식제공에 필요한 시간 등에 의하여 결정되는데 크게 5가지 유형으로 전통형, 주문형, 중앙집중형, 중앙배급형, 인스턴트형 등이 있다.

1) 전통형 주방

식자재입고부터 메뉴별 조리과정을 거쳐 고객에게 제공되는 과정까지 하나의 공간에서 이루어지는 형태의 주방으로서, 대부분의 식당들이 이러한 형태를 가지고 있다.

2) 주문형 주방

음식이 고객의 주문 전에 일부 가공 또는 준비되어 냉장 보관되어 있다가 고객의 주문과 동시에 즉시 조리가 가능하도록 되어 있는 형태의 주방으로서, 단순한 메뉴종류를 제공하는 업소와 단시간 내에 고객이 집중하는 현상을 해소하기 위한 방법을 추구하는 업소에서 선호 하는 형태의 주방이다.

3) 중앙집중형 주방

동시에 많은 사람에게 음식을 제공해야 하는 경우에 적합한 형태의 주방으로서, 대기업체의 구내식당, 학교, 병원 등에서 주로 사용하고 있는 형태의 주방이다.

4) 중앙배급형 주방

중앙주방(central kitchen)에서 일부분만 조리되어 각 업소에 배달되어 각 업소에서 2차적 인 조리 또는 약간의 조리만을 하여 고객에게 제공하는 형태의 주방으로서, 이러한 주방의 장점으로는 조리시간의 단축과 음식맛과 질의 유지가 가능하기 때문에 체인업소에서 많이 사용되고 있는 형태의 주방이다.

5) 인스턴트형 주방

　모든 음식이 미리 조리되어 있는 상태로 끓는 물만 있으면 조리가 가능하도록 이루어진 형태를 말한다. 즉 이러한 형태의 주방은 음식의 냉장, 냉동보관기술이 요구되며, 빠른 시간 내에 음식을 제공해야 하는 고속도로 휴게소, 패스트푸드점 및 편의점 등에서 사용하는 형태이다.

제3절 │ 주방의 설계

1. 주방의 설계

주방의 설계는 업소의 운영에 매우 중요한 부분으로 일반적인 주방의 기능뿐만 아니라 업소의 개성적인 분위기 창출을 위해서도 그 의미가 크다.

주방의 설계는 정해진 조건 아래에서 식자재 입고부터 음식물의 생산, 고객으로의 서비스까지 모든 과정을 고려하여 음식물의 질과 주방의 효율성을 증대시키기 위한 일련의 계획이라고 말할 수 있다. 업소의 현재 조건과 상황에 따라 많은 변동이 있겠으나, 오늘날의 주방설계는 무엇보다도 표준화, 능률화, 간소화의 기준에 맞추어 설계되고 있다.

주방설계 시의 일반적인 고려사항은 다음과 같다.

- 주방부대시설(물품반입공간, 창고 : 건재창고, 냉장고, 냉동고)
- 적절한 조리공간(전체 조명과 작업조명, 원재료의 냉장, 냉동고 쓰레기 처리, 환기, 청결유지 등)
- 작업동선을 감안한 레이아웃(layout)
- 조리방법에 따른 작업대의 분리(준비대, 조리대, 세척대)
- 에너지 절약을 위한 자동화설비
- 쾌적하고 위생적인 작업공간
- 식자재 반입의 용이성

또한 건축법, 소방법, 보건위생법 등의 지도지침에는 외식업소의 주방과 관련한 여러 가지 사항이 명시되어 있다.

- 주방 쓰레기 반출구의 여부
- 차량의 출입구
- 주방의 한쪽 면이 외부에 붙어 있을 것
- 환기·배연 등의 설비가 가능한 곳
- 식당의 객장과 인접해 있을 것

- 충분한 에너지원의 확보
- 관련법의 규제를 충족시키는 위치와 구조

주방을 설계할 때 위와 같은 조건들이 유기적인 관계로 잘 연결되어 있어야 주방의 본질적인 기능이 제대로 발휘되고 고객에 대한 서비스 역시 원활하게 이루어질 수 있다.

1) 주방의 면적과 위치

(1) 주방의 면적

일반적으로 주방의 면적은 주방기기, 제공 음식의 종류와 유형에 따라 다양해지며 규모의 경제가 적용된다. 주방의 면적(크기)은 여유 공간의 확보를 위해서 또는 보다 많은 좌석수의 확보를 위해서 축소되는 경향이 있는데 수익의 창출이라는 관점에서는 수긍이 가는 일면도 있지만, 주방면적의 축소가 반드시 식당의 매출증대를 가져오는 것은 아니므로 주방면적은 생산성을 향상시킬 수 있는 범위 내에서 계획되어야 하고, 직원들에게 맞는 작업환경이 되도록 설계되어야 한다. 협소한 주방은 서비스 시간의 지연과 혼선을 가져오고 결국 고객의 수를 감소시키게 된다.

이러한 중요성에도 불구하고 지금까지의 흐름은 주방의 크기를 축소하는 쪽으로 진행되어 왔는데 그 배경은 다음과 같다.

- 사전조리식품의 사용량 증가
- 기계화 설비의 사용량 증가
- 새로운 설비로 인한 생산성 증대
- 메뉴의 축소(단순화/전문화)
- 주방 작업환경의 개선

주방과 객장의 이상적인 면적비율은 없다. 제공하는 메뉴품목수가 많을수록, 덜 가공된 식자재를 많이 쓸수록 주방의 면적은 넓어야 한다.

(2) 주방의 위치

외식업소 내에서의 주방의 위치는 업소의 운영에 매우 큰 영향을 미친다. 새 건물의 경우

자칫 주방의 위치에 대하여 충분한 고려를 하지 못하는 경우가 있는데 음식을 만들어서 손님에게 제공할 때까지의 합리적인 주방의 흐름을 위해 위치는 매우 중요한 것이다. 주방은 음식의 배달과 쓰레기의 반출 및 청소에 적합한 창구가 필요하며 이것들은 고객의 출입구와는 구분되어야 한다. 직원용 창구, 식자재 분출 창구, 쓰레기 및 찌꺼기 처리 창구, 서빙 창구 등이 갖추어져 있으면 최선이지만, 사실상 이렇게 완전한 구조는 불가능하며 나름대로의 융통성이 발휘되어야 한다.

주방으로 통하는 출입구의 중요성은 안전성에 있고 저장창고와 주방은 북쪽 혹은 북동쪽을 향하는 업소의 가장 서늘한 부분이 적당한 입지이며 적당한 햇볕이 드는 장소여야 한다. 창문은 반드시 있어야 하며 눈부심이나 집열 창문은 피해야 한다. 주방과 객장과의 거리는 세심한 고려가 요구되는 부분으로 음식의 질과 서비스의 속도가 바로 이 두 곳의 원활한 의사소통과 움직임에 따라 달라진다. 리프트(lift)의 이용 등으로 층이 다른 주방과 홀의 문제점들을 얼마간 해결할 수도 있지만 리프트의 사용은 가능한 배제하는 것이 바람직하다.[2]

2) 주방의 내부설계

주방내부를 설계하기 위해서 고려해야 할 중요한 사항으로 주방바닥, 주방벽면, 주방 천장, 창문과 출입문, 조명과 환풍과 배연 장치 등을 들 수 있다.

(1) 주방바닥

주방 내에서 가장 중요한 만큼 시공하기 힘들고 복잡한 것이 바로 주방바닥이다. 바닥에는 배수관과 가스전기 등의 배관이 묻혀 있고 또한 여러 가지 주방기구를 설치해야 하므로 내하중이 튼튼한 것으로 시공되어야 한다.

바닥재는 주방의 안전과 위생에 있어 가장 중요하다. 바닥재의 종류는 매우 다양하며 각 재질마다 장·단점이 있다.

바닥재 선택에 있어 가장 먼저 고려해야 할 점이 재질의 유공성이다. 유공성이란 얼마나 수분을 흡수할 수 있는가 하는 것이다. 바닥재로 수분이 흡수되면 바닥재 자체에 손상이 올 뿐만 아니라 미생물과 세균 번식의 온상이 되고 그것들을 제거하기가 힘들어진다. 따라서

---

2) John Fuller & David Kirk, *Kitchen Planning and Management*(Butter Worth Heine Mann, 1991), p.180.

주방과 창고의 바닥재는 반드시 유공성이 적은 재질을 써야 한다.

그다음으로 고려해야 할 점은 바닥재의 탄성이다. 탄성은 충격에 견디는 정도를 의미한다. 유공성이 적어 흡습성이 낮은 재질은 대리석, 테라조 타일, 자연석 타일, 아스팔트가 있다. 탄성이 좋은 바닥재료는 리노륨, 아스팔트, 비닐계통, 목재류이다. 탄성이 거의 없는 재질로는 콘크리트, 테라조 타일, 대리석, 자연석 타일 등이다. 근래에는 유공성이 적고 탄성이 좋은 에폭시가 바닥재로 개발되어 이용되고 있다. 이는 다른 재질에 비해 비용이 매우 저렴하고 흡습성이 적어 위생적이며 탄성이 좋아 잘 견디고 미끄럼을 방지하여 안전사고도 줄일 수 있다.

바닥과 벽 사이의 연결 틈새는 정기적으로 보수되는 것이 바람직하다. 페인트칠만으로는 충분히 틈새를 없앨 수 없으므로 타일 조각 등으로 완전히 바르는 것이 좋다. 벌어진 틈새에 세균과 해충이 서식할 가능성이 매우 높기 때문이다.

(2) 주방 벽

바닥재와 마찬가지로 벽도 장식성뿐만 아니라 위생에 만전을 기할 수 있는 재질이어야 하고 유공성이 적고 흡습성이 낮아야 하며 탄성이 좋아야 한다.

벽은 쉽게 청소할 수 있어야 하고 소음을 최대한 흡수해야 한다. 색깔 또한 중요한데 특히 주방 내부 벽은 가능한 한 밝은 색이어서 조명을 일정하게 퍼지게 하고 때와 먼지를 잘 보이게 해야 한다.

세라믹 타일은 가장 인기있는 벽재료로서 표면이 매끄럽고 방수가 되어야 하며 각 타일 사이를 꼼꼼이 메꾸어 틈새가 벌어지지 않은 상태라야 한다. 타일 사이에 구멍이나 틈새가 있으면 때와 먼지가 끼고 세균과 해충이 번식하기 때문이다.

스테인레스 스틸재는 수분에 강하고 내구력이 뛰어나서 조리대 주변과 같이 습도가 높고 더러움이 쉽게 타는 곳에 사용하기에 훌륭한 재료이다.

페인트칠은 주로 습도가 낮은 곳에 사용할 만한 벽 마감재이다. 그러나 조리대 주변 등의 조리지역에는 권장할 만하지 못하다. 납성분이 들어있는 유해성 페인트는 외식업소 내부에 절대 사용을 금한다. 유독성 페인트뿐만 아니라 납이 들어 있지 않는 페인트라 할지라도 쉽게 벗겨서 각질이 일어나는 페인트는 음식물에 들어가서 음식물을 오염시키는 물리적 위험의 소지가 있으므로 사용하지 않는다.

(3) 주방 천장

주방의 천장은 기름 종류의 증기와 조명기구 등이 부착되어 화재의 위험성이 높으므로 석면계통의 재료를 쓰며 비닐계의 도장 마무리를 한다. 천장의 고도는 너무 높을 필요가 없는데 이는 환기장치 등을 통해서 충분히 통기성을 유지할 수가 있기 때문이다. 그러나 너무 낮은 천장은 피한다. 이는 공기순환과 심리적 관점에서 좋지 않기 때문이다.

식품위생법에는 천장에 대하여 다음과 같이 규정하고 있다.
① 바닥면에서 2.5m 이상의 높이로 한다.
② 이중천장 구조로 평평하여 청소하기 용이하게 한다.
③ 밝은 색채로 도색을 한다.

(4) 주방 창문과 출입구

창문과 출입구는 다른 부분과의 상호연락이 용이하도록 설치한다.
식품위생법에는 창문과 출입구에 대하여 다음과 같이 규정하고 있다.

① 조리장과 객실은 화장실과 격리시키고, 출입구에는 자동개폐문을 설치하는 것이 좋다.
② 문의 사용여부에 따라 방충망 설치여부, 크기, 모양, 문여는 방법 등을 고려한다. 창문의 위치는 건물 외관상의 디자인을 참고하여 크기, 높이, 위치 등을 결정한다. 가능하면 자연광을 이용하는 것이 이상적이다.

(5) 주방 조명

조명은 보다 효율적인 서비스 제공의 보조역할을 하며 청결함을 더욱 돋보이게 하고 작업 능률을 향상시킨다. 조도뿐만 아니라 조명의 방향(눈부심 방지), 조명의 색깔(음식의 원래색상 유지) 또한 중요하다. 일정하게 배열한 형광등의 설치로 전기비용을 줄이고 그림자도 최소화하고 통일된 분위기를 만든다.

주방은 습기가 많은 곳이므로 조명기구의 설치는 천장이나 벽에 매입형으로 하고 뚜껑을 설치한다.

식품위생법에는 조명에 대하여 다음과 같이 규정하고 있다.

① 작업대 위의 모든 면이 조도 40룩스(lux), 창문 면적이 바닥 면적의 1/4 이상, 자연광을 충분히 받아들일 수 있는 구조일 것.

② 식자재의 보관 장소 안은 신문활자를 읽을 수 있는 정도의 조도로 하고 바닥면에서 1m 정도의 높이에 50룩스 이상되는 조명장치를 설치할 것.

(6) 주방 환풍과 배연장치

환풍이란 주방과 객장내의 조리 과정 중 발생한 증기, 기름기, 열 등을 외부로 배출하는 것을 말한다. 이렇게 안의 공기를 밖으로 배출함으로써 내부 공기를 고객과 직원 모두를 안전하고 건강하게 한다.

환풍 장치는 다음의 다섯 가지 기능을 한다.

① 축적된 기름때로 인한 화재를 예방한다.

② 천장이나 벽에 붙어있는 응축물이나 공기중에 포함되어 있는 오염물질 등을 제거한다.

③ 조리시설 내에 먼지가 쌓이는 것을 방지한다.

④ 조리기구로 인해 발생하는 가스나 음식 냄새를 줄인다.

⑤ 습기를 제거함으로써 곰팡이가 서식하는 것을 방지한다.

창문이나 문을 열어 놓는 것만으로는 충분히 위의 기능을 적절히 수행한다고 할 수 없다. 오히려 문을 열어 둠으로써 외부의 해충이나 먼지가 들어올 수 있기 때문이다. 음식물을 가열하거나 튀기고 볶는 모든 조리기구 주변에는 특히 환풍과 배연시설이 잘 갖추어져 있어야 한다.

환기량은 일정 시간 동안 공기가 교체되는 비율로 측정되는데 이때 공기가 빠져나가는 속도, 기압, 사용되는 조리기구 등에 따라 그 비율이 결정된다. 배출구를 통해서 일시에 많은 공기가 빠져나가기 때문에 그만큼의 새로운 공기가 외부로부터 보충되는 데 있어 먼지를 끌어들이거나 내부에 바람을 일으키지 않도록 기계적으로 내부와 외부의 공기를 교환시키는 자동공기교환기도 있다.

3) 주방기기의 레이아웃(Layout)

주방기기의 레이아웃은 주방지역을 파악한 후 식자재를 입하하여 생산과 서비스까지의 동선을 고려한다.

다음과 같은 사항을 참고하여 결정해야 한다.

- 식자재의 반입구와 주방과의 관계
- 각종의 배선방향과 주방과의 관계
- 저장고, 냉장고 등과 주방과의 관계
- 작업동선과 주방과의 관계

4) 주방기기

정해진 시간 안에 다량의 음식을 조리하고 또 양질의 음식을 제공한다는 것은 좋은 여건 하에서도 힘든 작업이다. 따라서 주방기기를 정확하게 선택함으로써 물리적인 부분뿐 아니라 그 외의 많은 부분에서도 효율성을 기대할 수 있게 되는데 주방기기가 적절히 구비된 양호한 주방환경은 기능의 숙달, 품질관리 및 원가관리에 많은 도움을 준다. 메뉴분석을 통하여 필요한 조리기구의 형식과 용량을 결정하는 것도 한 방법이다.

새로운 주방에서는 처음부터 너무 많은 주방기기를 배치하지 않는 것이 좋다. 이상적인 것은 최소의 기구들로 최대의 효율을 발휘하도록 하는 것인데, 이것이 가능할 때 투자비와 운영비를 줄일 수 있다. 최신의 주방설비가 비록 비싸기는 하나 그것들을 적절히 사용하여 효율적인 작업을 할 수 있다면 투자비용은 충분히 만회할 수 있다. 전통적인 시스템의 주방설비에 신형 주방기기들을 임의로 혼합해서 사용하게 된다면 자본(비용)과 공간의 비 효율화를 초래할 수 있다는 것도 명심해야 한다.

조리작업을 하기 위한 동선(動線)은 짧을수록 좋으며 주방기기 또한 동선 외에 아래와 같이 여러 가지 요소에 따라 선택해야 한다.

- 식자재와의 관련성
- 시각적 관점
- 작업습관
- 전기 및 용수 등에 관한 경제적 관계
- 작업자의 신체적 특징

제4절 ┃ 주방의 보수관리

1. 주방기기 사용방법

주방의 기능을 높이고 유지시키기 위해서는 안전과 위생 그리고 보수관리가 철저히 지켜져야 한다. 주방직원은 주방기기업자로부터 각 주방기기의 기능 및 특성, 작동 방법, 보수관리방법 등에 대한 정확한 설명을 알고 있어야 한다.

2. 주방기기 주변환경

주방기기의 올바른 사용은 주방의 환경과 밀접한 관계를 맺고 있다. 주방 안의 조리사가 작업하기 편리한 환경일 때만이 주방기기의 기능과 안전성이 보장된다. 그러기 위해서는 무엇보다도 주방의 내장과 설비, 주방기기의 올바른 배치 등이 유기적으로 잘 연결되어 있어야 주방의 기능이 최대한 발휘될 수 있다. 또한 주방이 너무 젖어 있으면 높은 습도로 주방직원의 작업능률이 저하되고 건강에도 좋지 않으므로 항시 주방 내부를 건조시키도록 숙련된 주방직원을 확보하고 훈련시켜, 주방기기를 사용하는 데 있어 그 효율성을 높여 보다 훌륭한 서비스를 고객에게 제공할 수 있도록 해야 한다.

제10장
외식사업 위생관리

제1절 │ 위생과 식중독

1. 위생의 의의

오늘날 현대인들은 즐기기 위해서나 편리함 때문에 밖에서 식사를 한다. 외식을 하고자하는 고객들은 안전하고 깨끗한 환경 속에서 좋은 음식과 기분좋은 서비스를 찾게 되고 이러한 고객들의 음식에 대한 기대를 충족시켜 주는 것이 바로 외식업소 경영자나 지배인 및 그외 직원 모두의 주된 임무인 것을 생각한다면 음식의 안전성과 건전성을 유지하는 것은 외식업소 종사자 모두의 과제이다.

위생이란 건강한 상태를 조성하고 유지하는 것을 말하는 것으로 위생을 뜻하는 'sanitation'의 어원은 라틴어의 'sanitas' 즉 건강이란 말에서 기원되었다. 세계보건기구(WHO)는 식품위생에 대하여 "식품위생이란 식품의 생육, 생산 또는 제조로부터 최종적으로 사람이 섭취할 때까지에 이르는 모든 단계에서 식품의 안전성, 건전성 및 오염방지를 확보하기 위한 모든 수단을 말한다"고 정의하였다.

우리나라 식품위생법에서는 식품위생을 "식품, 첨가물, 기구 및 용기와 포장을 대상으로 하는 음식물에 관한 위생"이라고 정의하였으며 그 목적은 식품으로 인한 각종 위해를 방지하고 식품영양의 질적 향상을 꾀하기 위해 식품 그 자체의 변질, 오염, 유해, 유독, 물질의 혼입 등을 방지함은 물론 식품의 제조, 가공, 저장, 유통과 소비에 이르기까지의 전 과정을 위생적으로 확보하기 위하여 음식물과 관련이 있는 첨가물, 기구, 용기와 포장에 대해서도 비위생적인 요소를 제거하는 데 있다.[1)]

식품위생법에서는 안전한 식품에 대하여 다음과 같이 설명하고 있다.

(1) 부패 또는 변질되지 않은 것

(2) 유독 또는 유해물질이 함유되어 있지 않은 것

(3) 병원 미생물에 오염되어 있지 않은 것

(4) 불결한 것이나 이물 등이 존재하지 않는 것

결론적으로 식품위생이란 그 식품의 생산, 제조, 유통 및 소비에 이르기까지 일관해서 위생성을 확보하여 음식물에 의하여 발생하는 병해 즉 식품오염으로 인한 각종 질병을 방지하기 위한 지식과 기술이라 할 수 있다.

위생이란 말과 비슷한 의미로써 청결이란 말이 있는데, 청결(cleanliness)과 위생(sanitation)에는 분명한 차이점이 있다. 식기류의 표면이 반짝반짝 잘 닦여져 있고 음식물이 깨끗하고 맛있게 보인다고 해서 그것이 위생적이라고 단언할 수 없다. 청결한 표면과는 반대로 음식물 속에 질병을 유발시키는 미생물이 안전수치를 넘어서 위험수준에까지 이를 수 있기 때문이다.

음식물 위생관리의 원천은 다음의 세 가지 부류로 나누어진다.

• 음식물 – 식자재의 위생과 안전성, 보존과 처리, 조리 및 서비스

• 사람 – 조리와 서비스에 관련된 직원 및 고객

• 시설물 – 주방의 설비와 시설 및 조리기구

---

1) 문범수, **식품위생학**, 수학사, 1993, p.11.

제2절 │ 식중독과 원인

음식물에 기인하는 질병 중 가장 흔하고 여러 종류의 원인으로부터 기인하는 질병이 식중독이다. 식중독은 인체에 섭취된 식품에 내재한 유해 세균이나 유독물질 등에 의해 발생하는 질병으로서 대개의 경우 급격히 발병하는 수가 많다. 식중독의 원인균이나 독소 가운데는 치사율이 매우 높은 복어의 독인 테트로도톡신(tetrodotoxin)이나 부패한 소시지 등에 기인하는 보툴리누스 균(botulius), 비소 중독 등과 같은 경우도 있으나, 많은 경우 급성 위장염과 두드러기 등의 증상을 주로 나타내며 치료 후 점차로 증상이 가라앉게 된다. 외식업소 경영에서 식중독에 대한 자세한 지식과 그에 대한 경각심을 가져야 하는 이유는 식중독은 일시에 대량의 환자를 발생시킬 뿐 아니라 매우 위험한 사태를 일으킬 수 있고 결국 문제가 발생된 외식업소는 평판과 신용을 크게 잃어, 경우에 따라서는 일시에 업소의 존립 자체에도 위협을 받게 될 수 있기 때문이다. 외식업소 경영자는 발생 가능한 식품오염과 질병의 발생을 사전에 예방하는 중요한 역할을 담당해야 한다.

1. 식중독의 분류

1) 세균성 식중독(Bacterial Food Poisoning)

(1) 감염형 식중독(Food Infection)

살모넬라(salmonella)나 비브리오(vibrio)균 등에 의한 식중독처럼 병원균이 대량으로 증식되어 있는 음식물을 섭취하여 장의 점막에 감염을 일으켜서 발생되는 식중독이다. 감염형 식중독에서는 균이 증식하는 데 시간이 걸리므로 비교적 잠복기가 길며(보통 12~24시간), 환자의 발생도 비교적 장기간에 걸쳐 일어나는 것이 보통이다.

(2) 독소형 식중독(Food Intoxication)

포도상 구균이나 보툴리누스균에 의한 식중독과 같이 음식물 중에서 균이 증식할 때 생산된 균체외 독소를 음식물과 함께 섭취하여 일어나는 식중독이다. 잠복기가 일반적으로 짧아서 2~3시간인 경우가 많으며 환자의 발생이 급격하게 일제히 일어나고 빨리 끝나는 것이 보통이다.

(3) 알레르기성 식중독

부패로 인해서 생긴 유독 아민(amine), 특히 히스타민(histamine)이 축적된 식품을 섭취함으로써 알레르기 증상을 나타내는 식중독이다.

2) 화학적 식중독(Chemical Food Poisoning)

과실이나 우연히 유해 화학물질이 혼입된 음식물을 섭취하여 일어나는 식중독이다. 화학물질의 독성은 그 종류에 따라서 다양하게 나타나는데 보통 급성중독과 오랜 기간 축적되어서 일어나는 만성중독으로 구분된다. 이러한 식중독은 대개 예측할 수 없는 사고로서 발생되는 것이기에 예방대책이 곤란한 경우가 많다.

3) 자연독 식중독(Natural Food Poisoning)

동식물이 그 생활과정에서 생성한 독물을 잘못해서 경구섭취하여 일어나는 식중독이다.

(1) 동물성 자연독(Zootoxin)에 의한 것

복어나 유독화된 조개류 등을 잘못 조리해서 먹거나 오식하여 식중독을 일으킨다.

(2) 식물성 자연독(Phytotoxin)에 의한 것

독버섯이나 독초를 잘못 알고 섭취하거나 감자같이 일시적으로 유독화한 식용식물을 섭취하여 일어나는 식중독이다.

(3) 미코톡신(Mycotoxin)에 의한 것

황변미독, 아플라톡신(aflatoxin), 맥각균 등 곰팡이류에 의해서 생산되는 독물에 의해서 일어난다.

2. 식품오염의 원인

식품오염은 크게 생물학적 원인, 화학적 원인, 물리적 원인의 세 가지 원인에 기인한다.

1) 생물학적 원인

생물학적 요인이 식품오염의 가장 빈번한 주원인이 된다. 특히 생물학적 원인은 육안으로 볼 수 없는 살아있는 미생물에 기인하는 경우가 대부분이기 때문에 외식업소 경영자에게는 여타의 원인보다 더욱 큰 위협이 될 수 있다.

외식업소 경영자의 기본적인 책임과 의무는 고객에게 안전한 음식을 제공하는데 있음은 아무리 강조해도 지나치지 않는다. 이와 같은 목표를 달성하는데 지장을 주는 것이 식품오염의 문제로 그 가운데서도 외식업소 경영자의 최대의 적은 박테리아, 바이러스, 각종 기생충과 곰팡이류 등 생물학적 원인의 독이다. 그 가운데서도 가장 위험한 것이 박테리아라고 할 수 있겠다.

(1) 박테리아

미생물의 존재는 1693년 덴마크의 광학 제조업자였던 안톤 반 루벤호크(Anton Van Leeuwenhoek)에 의해 발견이 되었고, 이보다 200년쯤 후에 프랑스 과학자인 파스퇴르 (Louis Pasteur)는 인체에서 발생하는 질병의 원인이 눈에 보이지 않는 극소의 생물체라고 생각했다. 결국은 수차례의 실험과 연구를 거쳐 질병과 오염된 음식 및 물의 관계를 밝혀내게 되었다.

박테리아는 인간보다 더 광범위한 환경조건에서 생장할 수 있으나 대체로 인간활동의 최적 온도에서 가장 왕성하게 번식한다. 따라서 고열로 대개의 박테리아를 박멸할 수 있으며, 건조한 저온상태에서는 박테리아의 생장이 저하된다. 적절한 온도와 시간이 박테리아 번식을 조절하는 주요 요인들이다.

박테리아는 살아있는 세포이며 다른 모든 세포들과 같이 외부로부터 영양물질을 필요로 한다.

박테리아는 두 가지 양상으로 질병을 유발한다.

첫째, 일부 박테리아는 본질적으로 병원균이어서 잠재적으로 오염의 위험성 있는 음식물로부터 영양물질을 공급받아 매우 빠른 속도로 증식한다.

둘째, 일부 박테리아는 그 자체적으로는 병원균이 아니나 음식물 속에서 증식하는 과정에서 독소를 방출하여 그 음식물을 섭취하는 인체에 질병을 유발한다.

적절한 환경이 주어지면 박테리아는 매우 단순한 방법으로 증식을 시작한다. 단일 세포가 자라서 둘로 나뉘고 둘이 다시 각각 둘씩 넷으로 나뉘며, 이와 같은 방법으로 단시간 내에 기하급수적으로 증식하게 된다. 증식을 위한 환경은 시간과 온도, 음식물, 습도, PH조건의 다섯 가지 환경조건이 박테리아의 생존과 증식에 매우 중요하다.

박테리아의 생장조건으로는 다음과 같은 조건들이 필요하다.

① 시간과 온도

　　대부분의 박테리아는 15.6℃~43.3℃에서 매우 잘 자란다. 이 온도는 실내상온과 인간의 체온과 유사한 범위라고 볼 수 있겠다. 그러나 어떤 박테리아 종류는 43.3℃~54.4℃에서 더욱 잘 증식하기도 한다. 일부 종류의 박테리아는 0℃~7.2℃에서 가장 잘 번식하고 심지어 −7℃ 이하에서도 자랄 수 있기는 하나 거의 모든 종류의 박테리아는 7.2℃~60℃의 범위 내에서 가장 잘 생육한다. 습도와 충분한 시간이 주어지면 박테리아는 이 범위 내에서 가장 급속히 증식한다. 냉동함으로써 모든 박테리아를 박멸할 수 없으나 대부분의 박테리아는 저온에서 현저히 생장이 저하된다. 한편 온도를 43.3℃ 이상으로 높이면 대부분의 박테리아가 죽기 시작하며 60℃로 온도를 높이면 대부분이 죽게 된다.

② 음식물과 온도

　　박테리아는 생장하기 위해 수분과 영양물질을 필요로 한다. 박테리아는 음식물을 단단한 형태로 흡수할 수 없기 때문에 수분의 도움을 얻어 영양물질을 섭취하게 된다. 수분의 이용도를 수분활성도(water activity)라고 하며 이를 기호로 A로 표시한다. 대부분의 신선한 음식물은 미생물의 최적 수분활성도인 0.97~0.99A를 유지한다. 박테리아의 병원균이 활동할 수 있는 최하의 수분활성도는 0.85A이다. 따라서 0.85A 이상의 수분활성도를 가진 모든 음식물은 잠재적인 위험을 내포하고 있다고 볼 수 있다. A를 최적 수준에서 충분히 낮춤으로써 박테리아와 기타 미생물의 생장을 억제시킬 수 있다. 음식물 안에서 박테리아의 생장을 억제하기 위해서 음식물을 냉동시키거나 건조시킴으로써 A를 낮춘다. 수분함량이 적은 음식물에서는 확실히 박테리아의 활동이 저하되나 죽지는 않는다. 계속해서 수분이 낮은 상태로 보관된다면 음식물이 오염될 확률은 매우 낮다. 그러나 일단 마른 쌀이나 콩 등에 수분이 가해지면 잠재적으로 오염위험이 있는 음식물이 된다.

③ PH조건

박테리아는 PH 7.0의 중성 내지 약산성 상태에서 가장 왕성한 번식을 보인다. 강한 산성에서는 박테리아의 활동이 거의 통제되며 따라서 식초절임, 장아찌류, 신선한 과일 특히 오렌지, 귤, 자몽 등의 감귤류 과일에는 박테리아의 해가 거의 없다. 대부분의 박테리아는 PH 4.6 이하에서는 생장과 증식이 어렵다. 대부분의 미생물들이 PH 6.6에서 7.5 사이에서 잘 번식한다.

④ 산소

박테리아는 그 종류에 따라 산소에 대한 반응의 차이를 보인다. 어떤 종류의 박테리아는 산소가 충분해야만 하나, 일부 종류는 무산소 상태를 선호한다. 전자를 호기성박테리아라 하고, 후자를 혐기성박테리아라 한다. 혐기성박테리아는 주로 밀폐된 깡통, 진공포장용기, 뚜껑 덮인 유리병이나 항아리 속에서 증식한다. 식중독을 일으키는 대부분의 박테리아는 혐기성도 호기성도 아닌 산소의 유무에 상관없이 번식하는 성질의 박테리아이다.

⑤ 박테리아의 성장유형

위에 언급된 음식물, PH, 온도와 시간, 산소, 수분 등의 조건이 만족되면 박테리아의 세포는 2분열법에 의해 급속도로 증식한다. 박테리아는 독특한 생장패턴을 가지고 있는데 손가락으로 햄이나 소시지의 표면을 만지기만 해도 그 햄이나 소시지의 표면에 수천 개의 박테리아를 이식할 수가 있다. 이들 중 일부는 환경의 변화를 극복하지 못하고 죽고 만다. 이식된 박테리아가 환경의 변화에 적응하는 기간을 잠복기(lag phase)라 하고, 한두 시간 또는 경우에 따라서 수일이 지난 후 박테리아는 매우 빠르게 증식을 시작하게 되는데 이렇게 증식이 가속화되는 기간을 성장기(log phase)라고 한다. 성장기 동안 무수히 증식한 박테리아는 영양물질과 장소를 위한 상호간의 경쟁을 벌이므로 포화상태가 되면 일부가 죽기 시작하여 더 이상 그 수가 늘지 않는다. 이를 안정기

(stationary phase)라 한다. 마지막 단계는 쇠퇴기(decline phase)로서 영양물질이 공급되지 않거나 박테리아 세포에서 배출되는 물질 등으로 인해서 세포들이 죽기 시작한다. 따라서 박테리아의 잠복기에서 생장조건을 차단함으로써 생장을 억제하는 것이 박테리아로 인한 식품오염 예방의 첩경이며 최선의 억제방법이다.

⑥ 톡신(Toxin)

살아있는 인간의 세포와 마찬가지로 박테리아의 세포도 화학적 변화를 일으킨다. 인간이나 동물들과 같이 박테리아도 분비물을 배출하며 세포가 죽으면 부패된다. 배출된 분비물과 죽은 세포의 부패물을 톡신이라 하는데 이는 인체에 매우 해로운 독소이다. 톡신은 그 자체만으로도 식중독을 일으킨다. 따라서 질병의 원인이 되는 박테리아가 박멸된 후라도 톡신이 잔존해서 인체에 식중독과 각종 질병을 유발한다.

⑦ 박테리아의 이동성

박테리아는 물, 바람, 음식물, 곤충, 쥐나 기타 동물 또는 인체에 의해 이동될 수 있다. 특히 박테리아는 인체에 쉽게 옮아올 수 있는데 머리카락, 피부 또는 의복에 발생하며 또한 구강 내, 금속, 목구멍, 장내에도 무수한 박테리아가 살고 있다. 특히 화농이나 피부염, 상처 등에 더욱 잘 번식하여 상처가 있는 손으로 음식물을 다루면 쉽게 타인에게 옮겨지므로 조리직원이나 서비스 직원은 외상이 생긴 즉시 적절한 처치를 해야 하고 상처가 완치될 때까지는 음식물을 다루지 않는 것이 안전하다.

(2) 바이러스(Virus)

한편 미생물 중 가장 작은 바이러스는 살아있는 세포 내에서만 증식한다. 이때 음식물은 인체에 병균을 전달하는 주요 매개체가 된다. 바이러스(virus)라는 말은 본래 라틴어의 독(poison)이라는 뜻이다. 박테리아와는 대조적으로 완전한 세포를 구성하지 못한다. 바이러스는 단백질로 싸여 있는 유전물질이다. 원시적 조직형태로 인하여 바이러스는 반드시 살아있는 타 동식물의 세포 속에서만 증식할 수 있다. 이종의 바이러스는 이종의 숙주(宿主)를 취하며, 그 숙주로는 박테리아로부터 식물, 곤충, 동물과 인체에 이르기까지 다양하다. 바이러스는 열과 온도에 반응하는 것이 그 종류에 따라 다르다. 어떤 종류의 바이러스는 섭씨 80℃ 이상에서도 죽지 않으며 냉장상태에서 1년 이상 활동할 수 있다. 바이러스는 생존하기 위해 음식물로부터 영양물질을 취하지 않으며 또한 음식물 내에 있는 동안에는 증식하지 않는다. 음식물은 바이러스의 이동을 촉진하는 매개체일 뿐이고 그 매개체로 인해 침투한 다른 생물의 몸속으로 들어가서 급속도로 증식을 시작한다. 인체에 침투한 바이러스는 자체적으로 질병을 유발할 수 있다. 따라서 박테리아와 마찬가지로 음식물을 매개로 인체에 침투하지 못하도록 사전 위생에 만전을 기해야 한다. 음식물이나 식수에 의한 바이러스 감염은 대개의 경우 불결한 생활습관 또는 식수 오염에 기인한다. 특히 여름철에 식수에서 종종 바이러스가 발견되는데, 이는 식수의 처리과정에 문제가 있거나 오염물질이 흡수된 때문이다. 바닷물에서 채취한 굴, 조개, 홍합 등을 생것으로 먹거나 덜 익은 상태로 섭취함으로써 바이러스에 감염되는 경우도 있는데 바로 바닷물 자체가 오염되었기 때문이다.

(3) 기생충

기생충은 매우 작거나 또는 육안으로 보이지 않을 정도의 작은 크기의 생물로서 생존하기 위해서 숙주생물(宿主生物)을 필요로 한다. 나선형의 섬모충은 가장 빈번히 식중독을 유발하는 대표적 기생충이다. 선모충은 특히 포유류동물을 숙주로 취하며 인체나, 돼지, 쥐, 야생동물의 몸속에 기생한다. 이것의 유충은 트리키노시스(trichinosis)를 일으킨다. 한편 생선을 날로 먹음으로 감염될 수 있는 생선을 숙주로 하는 아니사키스(anisakis) 기생충도 식중독을 일으키는 대표적 기생충이다.

(4) 균(菌)류

균류는 그 종류에 따라 현미경으로 관찰해야 할만큼 작은 단세포에서부터 거대한 버섯에 이르기까지 다양하며 먼지나 흙, 공기, 식물, 동물, 음식 등 우리 생활주변에 매우 널리 퍼져 있다. 음식물에 잘 발생하는 대표적인 균류로는 곰팡이가 있다.

곰팡이 하나하나는 육안으로 관찰되지 않으나 수많은 군집 곰팡이로 증식하여 눈으로 관찰할 수 있을 만큼 수북하게 자라난다. 한때는 곰팡이가 인체에 위험하다고 생각지 않았으나, 오늘날 일부 곰팡이는 발암성 독소인 아플라톡신(aflatoxin)을 방출하여 암을 유발하는 것으로 보고되었다. 대부분의 곰팡이는 음식물의 탈색, 악취 등을 유발하며 맛의 변질 등 질을 저하시킨다. 곰팡이는 거의 모든 종류의 음식물에 발생하며 습도, 온도, PH, 염도, 당도 등의 환경조건에 영향을 받지 않는다. 가장 흔히 곰팡이가 발생하는 음식물은 과실류와 야채, 냉장육, 공기에 노출된 치즈 등이며, 양념, 호두나 땅콩 등의 건조한 음식물에도 자주 발생하는데 이는 곰팡이가 낮은 수분활성도에서도 생장할 수 있기 때문이다.

곰팡이의 세포와 포자는 60℃ 이상의 온도에서 10분간 노출되면 죽지만 곰팡이에서 배출되는 독신은 열에 의해 쉽게 박멸되지 않으므로 일반적으로 조리과정에 의해서 제거되지 않는다. 음식물의 냉동은 곰팡이의 성장을 멈추게 할 수는 있지만 이미 음식물 속에 존재하는 곰팡이를 죽이지는 못한다. 따라서 곰팡이가 생긴 음식물 중 메주와 치즈와 같이 곰팡이가 음식물의 자연스러운 일부분이 아닌 경우 폐기하는 것이 바람직하다.

2) 화학적 원인

세제, 소독제, 금속, 식품첨가제 등의 유해한 화학물질이 식품오염의 원인이 되어 식중독과 식이성질병을 야기한다. 화학적 물질의 특성은 그 종류에 따라 다양하게 나타나는데 급성 중독증과 오랜 기간 신체에 축적되어 나타나는 만성 중독증으로 크게 나뉜다. 화학물질에 의한 식품오염은 크게 다섯 가지 원인에 기인한다.

(1) 농약

식품오염을 유발하는 화학물질 중 가장 흔한 것이 농약이다. 그러나 최근 관계기관의 강력한 단속과 제재로 농약사용량이 엄격히 제한되어 있어 과도하거나 무분별한 사용이 자제되어 왔다. 그러나 표준을 준수하지 않은 농약의 사용은 대량으로 다수의 희생자를 낼 수 있는 매우 위험한 물질이므로 사용에 신중을 기해야 하며, 외식사업자로서 취할 수 있는 최선의 대비책은 양심적인 납품업자로부터 식자재를 구매할 것과 모든 과일과 채소를 흐르는 물에 충분히 헹군 후 사용하는 것이다.

(2) 세제, 소독제 등의 화학약품

일부 세척제, 은제품 광택제, 부식제 등 외식업소에서 흔히 사용되는 이러한 화학약품 등은 인체에 해롭다. 이러한 화학약품들은 절대 음식물과 접촉되어서는 안 되며, 사용은 물론 용기 표면에 반드시 약품명을 기입하는 등 보관에도 세심한 주의를 기울여야 한다. 이외에도 하수도 청소제나 소독제 등이 부주의로 인해 음식물에 섞여 들어가서 식품오염을 유발할 수가 있다.

(3) 식품첨가물과 방부제의 과도한 사용

첨가제와 방부제의 사용은 인체에 해롭다. 예를 들어 대표적인 화학조미료인 MSG의 과도한 사용은 예민한 사람에게 얼굴이 붉어지고 현기증을 일으키며 두통과 목의 통증, 현기증 등을 유발한다. MSG는 대부분의 가공식품에 사용되므로 조리 시 추가적으로 MSG를 사용하면 허용된 사용량을 넘어 고객의 건강을 해칠 수 있으므로 사용을 금한다. 향료나 염료 또한 식품오염과 관계가 있으며 특히 방부제로 많이 쓰이는 아황산염(sulfite)은 식품의 신선도와 야채와 과일의 색깔, 냉동감자의 표백 등을 위해 사용되나 과도한 사용은 인체에 알레르기 반응을 일으킨다. 증상으로는 설사, 구토, 기관지염, 심지어는 의식불명이 나타날 수 있다. 육류의 유해 박테리아의 증식을 억제할 목적으로 사용되는 아질산염(nitrite)은 육류의 맛을 돋우는 효과도 낸다. 그러나 최근의 연구결과 아질산염처리가 된 육류를 태우면 암의 유발물질인 니트로사민(nitrosamine)이 형성되면서 인체에 흡수되어 암을 유발하게 된다고 보고되었다. 따라서 고객이 고기를 과도하게 익힐 것을 요구하기 전에는 될 수 있는 한 육류를 오래 굽거나 태우지 않는 것이 바람직하다.

(4) 금속

금속은 그 성격에 따라 산성과 결합하면 화학적 오염물질을 생성하기도 한다. 납 성분이 함유된 에나멜이나 아연코팅 용기, 안티몬 코팅 용기에 강산성을 띤 주스나 과일 등의 음식물을 보관하면 음식물이 변질된다. 철, 아연, 구리 등은 식사 중에 섭취되어야 할 무기물이나 그 양이 지나치면 인체의 중독증상을 일으킨다. 예를 들어 구리줄을 댄 컵에 탄산음료를 담으면 화학중독 증상을 일으킬 수 있다. 구리중독 증상은 급격한 구토증이 특징이다. 육류를 뚜껑을 덮지 않고 냉장고에 보관할 때 카드뮴 성분이 들어있는 냉장고 선반에 부주의하게 닿으면 육류가 오염된다. 따라서 금속재질의 냉장고용 선반의 사용은 피하고 음식은 반드시 랩(wrap)으로 싸거나 뚜껑있는 용기에 보관한다. 주방이나 저장실 등 음식물이 직·간접으로 노출되는 곳에는 이러한 금속의 사용을 피한다.

3) 물리학적 원인

식품오염의 물리학적 원인은 음식물내의 부자연한 이물질의 삽입에 기인한다. 깨어진 유리조각이나 에나멜 접시조각이 음식물에 섞여 들어가는 일이 바로 그것이다. 유리컵으로 얼음통의 얼음을 떠내는 일은 매우 위험하므로 절대적으로 피한다. 경영자나 지배인은 구매 식자재 속에 고의든 우연이든 이물질이 섞여 있지 않는지를 면밀히 조사하고 만일 못, 유리조각, 쇠 조각 기타 이물질이 발견되면 즉각적으로 납품업체에 통보해야 한다.

3. 식품 취급상의 부주의

다음의 여덟 항목들은 외식업소에서 가장 빈번히 식중독의 원인을 제공하는 식품 취급상의 부주의이다.

- 음식물을 적정의 온도로 냉동하지 않은 경우
- 음식물을 적절히 데우거나 충분히 익히지 않는 경우
- 위생관념이 부족하여 불결한 생활습관을 가지고 있는 조리직원이 원인제공원이 되는 경우
- 서브될 시점보다 너무 일찍 조리가 완료되어 서브시점까지 부적절하게 보관되는 경우
- 이미 조리가 완료된 음식물과 신선한 재료를 혼합하여 사용하고 재 조리하지 않는 경우
- 음식물을 미생물 배양에 적절한 온도에 방치해 두는 경우
- 미생물을 박멸할 정도의 온도로 음식물을 데우지 못한 경우
- 조리된 음식물이 생것에 의해 오염되거나, 비위생적인 조리기구와 장비에 의한 음식물의 오염

표 10-1 대표적인 식이성 질병

박테리아 명칭	증상	증상발생 시기	원인
보틀리늄	두통, 복통, 현기증, 마비, 시각장애 그리고 심장마비나 호흡기 마비에 따른 치사 가능성	2~72시간	불완전하게 멸균 처리되거나 용기가 손상된 가공식품, 흙이나 오물
페프린젠	복통, 설사, 오한, 고열	8~24시간	요리된 뒤 뒤늦게 냉장보관된 고기가 다음날 제공됨. 사람의 손이나 오염된 토양이 병균을 옮김
포도상구균	복통, 구토, 설사	1~11시간	불결한 설겆이, 균에 오염된 파이껍질이나 고기, 샐러드, 카스타드, 소스, 남긴 음식 등을 만진 손
살모넬라	두통, 구토, 고열, 복통, 설사	6~72시간	쇠고기, 돼지고기, 닭고기, 생선, 계란, 유제품 기타 단백질, 오물, 손, 파리, 도구에 의해 전염됨
연쇄구균	인두염, 설사, 구역질	2~24시간	불결한 손, 음식주위에서의 기침, 불결한 테이블 보
이질	설사, 고열, 구역질, 복통	1~7일	불결한 손, 식수오염, 파리, 먼지
전염성간염	황달, 구역질, 복통, 고열	10~30일	불결한 손, 오물, 오염된 조개류, 씻지 않은 과일
선모충	구토, 설사	2~30일	멸균되지 않은 포크사용

표 10-2 음식물 내의 박테리아 발생을 방지하거나 줄이는 방법

요소	방법	효과
가열	요리, 저온 살균법	질병을 유발하는 미생물을 죽인다.
냉장	냉동, 냉장	박테리아의 발생을 지연시킨다.
건조	가열건조, 냉동건조	수분을 제거하여 박테리아의 발생을 방지한다.
훈제, 화학물	훈제고기, 소금에 절이기, 질산염 처리, 곰팡이 억제제 사용, 기타 화학물질에 의한 보존방법	수분을 제거한다(훈제향은 방부효과제가 아님). 박테리아 발생을 지연시킨다.
자연방부제	발효	고농도의 알코올은 박테리아 및 효소의 발생을 억제한다.

표 10-3 **해충에 의한 감염**

명칭	위험	습성	관리
파리	음식 위에 액체 분비물을 배설. 발로 박테리아 전파. 파리 한 마리가 3천만 개의 박테리아 전파	음식 찌꺼기에 알을 낳음. 한 마리가 2~3주 동안 1,500개의 알 낳음	출구마다 모기장, 칸막이 설치, 수령소 및 쓰레기장 청소, 뚜껑으로 덮음
바퀴벌레	살모넬라균, 포도상구균, 기타 질병 전파	몸체와 배설물로 음식오염, 저장고, 조리실에 박테리아 전파	저장소, 조리실에 대한 정기적인 방제. 바닥과 벽의 청결유지. 노후장비, 용품, 오래된 음식 버릴 것
쥐, 생쥐	여러가지 질병을 사람과 가축에 전파. 쥐는 종종 화재의 원인. 오염된 구역에서 쥐가 먹다만 음식은 발열을 일으킴.	벽이나 바닥에 서식. 사람과 같은 음식 먹음. 밤에 음식을 뒤짐. 1년에 새끼 60마리. 수명은 4~5년	쥐약, 방제회사 이용, 쓰레기통에 뚜껑, 튼튼한 용기에 음식보관
개미, 날파리	단 음식과 과일 오염	주로 불결한 곳에 알을 까고 번식	청결유지, 약 뿌리고 틈새 밀폐. 단, 음식이나 과일은 덮거나 냉장보관
조류 (주로 비둘기, 찌르레기, 참새)	새똥으로 불결하게 함. 질병 전파	건물이나 다락에 둥지 틀고 서식	둥지 제거, 음식 찌꺼기 제거, 칸막이 설치

제3절 │ 외식업소 경영자의 책임과 역할

음식물의 안전성과 질은 본질적으로 음식물을 제공하는 외식사업에서 가장 중요한 요소들이다. 식품의 위생적인 처리와 관리는 음식물의 안전성과 품질의 근본 바탕으로 식자재의 구매와 보관, 조리 등 모든 처리절차에서 위생이 결여된다면 음식물의 상업적 가치의 기본요소인 안전성, 외관, 화학적 성격, 조직, 영양가 및 풍취 등의 품질을 유지할 수 없다.

외식업소 경영의 책임을 맡은 경영주나 지배인의 기본역할은 직원들을 지속적으로 교육하여 고객에게 항상 최상의 음식을 제공하는 데 있다. 구체적으로 이러한 기본 역할을 수행하기 위하여 다음의 주요 목표들을 달성해야 한다.

- 전 직원들을 대상으로 한 위생수준과 그 지침을 설정한다.
- 전 직원들로 하여금 고객에게 안전하고 질 높은 음식을 제공하도록 지속적으로 교육하고 동기를 유발하며 관리 감독을 한다.
- 위생지침이 지켜지고 있는가를 정기적으로 점검한다.
- 보건당국의 지침 이상을 유지할 수 있도록 교육하고 당국의 관리자들 협조를 얻는다.

제4절 | 구매 및 저장상의 위생관리

　외식업소의 위생관리에 있어 그 첫 번째 단계는 안전하고 위생적인 식자재의 구매로부터 시작된다. 정부나 보건당국에서 지정한 육류, 생선류, 어패류, 가금류, 알류, 가공식품 등에 대한 지침은 있으나 업소에서 안전한 식자재를 사용할 책임은 외식업소 경영자에게 있는 것이다.

　우선 구입하는 모든 식자재에 대한 완전한 검사가 있어야 하고 이를 수행하기 위해서는 배달시간과 시기를 적절히 조절하도록 사전에 충분한 계획이 서야 한다. 무엇보다도 믿을 수 있는 납품업자로부터 품질에 대한 확신을 받아야 한다.

　완전한 위생 구매를 위해서는 검수 시 온도계를 사용하는 것이 매우 권장할 만하다. 온도계는 식자재의 오염과 그로 인한 식중독과 각종 전염병을 사전에 방지하기 위해서 사용되는 외식업소의 필수장비이다. 온도계 사용 시 주의점은 사용전후 철저히 소독해야 한다는 것이다.

　구매와 검수 시 특히 유의해야 할 대상과 내용은 다음과 같다. 미생물 번식의 위험이 높은 육류, 알류, 생선류, 어패류 등은 철저히 검수해야 한다. 육류, 가금류, 생선류는 표면의 색깔로써 일단 그 선도를 체크하고, 조직의 탄력도와 온도 등을 배달 즉시로 검사해야 한다. 갑각류나 살아 있는 연체류를 구매할 경우 반드시 살아있는가를 살펴보고 만일 냉동된 상태로 구입할 경우에는 제대로 냉동되었는가를 살펴야 한다. 우유와 계란 또는 기타 유제품은 온도를 측정하고 선도를 점검한다. 냉동식품은 온도를 재고 해동된 흔적이 있는가를 점검한다. 통조림 식품은 포장에 흠집이나 녹이 있는가를 살펴보고, 건조식품류는 건조한 포장물에 안전히 포장되어 있는가를 확인한다.

　검수 담당직원은 들여오는 식자재들을 조사할 책임이 있으므로 흠이 있거나 상한 것 또는 오염된 식자재를 판별해 낼 능력을 가지고 있어야 하며, 그러한 식자재가 발견될 때에는 업소 방침에 따라서 식자재들의 반입을 거절할 수 있어야 한다. 지배인과 경영자는 관련 직원들이 검수과정에서나 조리과정에 이르기까지 오염의 의심이 가는 음식물은 즉시 폐기처분하도록 지침을 세우고 이를 교육시킨다.

　저장은 미생물의 번식과 오염을 방지하는 방법으로 음식물을 저장하는 기간이 길수록 품질은 떨어지게 된다. 또한 적절하지 않은 저장의 위생관리는 식중독 등 심각한 문제를 발생시킬 수도 있다. 예를 들어, 건조한 물품의 저장에 있어서 저장방법이 나쁠 경우 해충으로 인하여 음식물이 오염되어 큰 손해를 볼 수가 있다. 그러므로 위생적인 저장관리를 위해 모든 물품은 청결하게 보관해야 한다. 즉, 포장에 손상이 없이 보관하며 창고는 항시 깨끗하고 건조해야 하고 음식물을 운반하는 기구는 청결해야 한다.

제5절 | 시설과 설비의 위생관리

외식업소의 조리기구와 모든 설비 및 시설은 우선 무엇보다 청소에 용이해야 한다. 아무리 좋은 시설이라도 청소하기가 어려우면 세균과 오염의 온상이 된다. 부적절하게 디자인된 주방설비란 청소와 소독을 어렵게 하는 설비를 말한다.

시설의 위생관리에 있어 청소의 용이성(availability) 다음으로 중요한 요소는 각 시설물과 설비의 배치, 즉 레이아웃(layout)이다. 설비와 기구들의 배치는 작업동선을 최대한 짧게 하고 효율적으로 배치해야 함은 물론 위생관리에 적합하게 배치하여서 조리 중의 음식물이 설거지통의 오물이나 먹다 남은 음식물 찌꺼기에 의해 오염되어서는 안 된다.

1. 시설 및 설비의 위생관리

수도, 전기 그리고 화장실 등의 설비 및 시설물들은 외식업소 운영에 있어 필수불가결한 요소들이다. 이러한 것들의 위생기준은 다음의 두 가지로 목표를 달성해야 하는데,

첫째, 수도나 가스, 전기, 화장실 등이 오염의 원인이 되어서는 안 되며,

둘째, 업소의 수요에 그 용량이 충분히 맞아야만 한다.

1) 용수

용수를 어떠한 원천으로부터 공급받든 간에 사람이 마실 수 있는 물이어야 한다. 만일 시에서 공급하는 수돗물이 아닌 개인이 판 우물이나 기타의 원천으로부터 물을 공급받는 외식업소라면 관할 보건소에 의뢰해 수시로 수질을 점검해야 한다.

통에 든 정수를 공급받는 경우에도 보건당국이 인가한 물이어야 하며 반드시 용기에 든 상태에서 사용한다.

2) 하수도

외식업소는 영업으로 인해 발생한 모든 하수를 충분히 배출시킬 수 있을 만큼의 하수도 시설을 갖추어야 한다. 하수도는 오물이 넘치지 않고 바닥에 물이 고이지 않도록 잘 빠져야 한다. 하수도 물은 세균과 먼지, 유해한 화학물 등의 불순물이 많이 섞여 있어 음식물이나 집기류와 철저히 분리해야 한다. 하수도관과 하수도 주변은 적어도 1주일에 한번 솔로 잘 닦고 암모니아나 염소계 소독제로 소독해야 한다.

3) 화장실

화장실과 변기 등의 시설과 숫자는 건축법규나 보건법 등의 관련 법규상에 의거하나 대개 업소의 규모나 수준에 따른다. 화장실의 위치는 접근이 용이해야 하고 일반인뿐만 아니라 노약자나 장애자도 손쉽게 사용할 수 있도록 기능적이어야 하며, 손님과 직원용 화장실을 별도로 분리하는 것이 바람직하다. 어떠한 경우에라도 손님이 화장실을 가기 위해 조리구역을 통과하는 일이 있어서는 절대로 안 된다. 통행하는 손님으로부터 음식물이나 식기류에 나쁜 균이 전염될 수 있기 때문이다.

화장실의 시설은 편리하고 위생적이며 충분한 화장지와 1회용 손수건 및 휴지통이 반드시 구비되어야 한다. 뜨거운 바람을 이용한 핸드 드라이어가 최소 한대 정도 구비되어 있으면 1회용 손수건이 떨어졌을 때 발생 가능한 식품오염을 예방할 수 있다.

일반 수건의 사용은 금한다. 이것이야말로 여러 사람들이 함께 사용함으로써 전염성이 있는 세균으로 오염될 수 있기 때문이다. 잡아당겨 사용하는 롤러 타월은 방치해 두면 일반 수건과 마찬가지로 오염의 소지가 높으므로 수시로 점검하고 교체한다.

2. 오물처리

1) 음식물 찌꺼기 처리

외식업소에서 대량으로 배출되는 음식물 찌꺼기는 세균 번식의 온상이 되기 쉬워 식기류나 기구 또는 직접적으로 음식물을 오염시킬 위험성이 높다. 음식물 찌꺼기를 다루는데 기본적인 수칙은 다음과 같다.

(1) 쓰레기통은 물기가 새지 않아야 하고 방수가 되는 소재로 청소가 용이해야 하며 견고해야 한다. 아연도금물이나 플라스틱 제품이 가장 추천할 만하고 쓰레기통의 내부에는 비닐 주머니 또는 물에 잘 찢어지지 않는 종이 주머니를 사용한다.

(2) 쓰레기통은 시멘트와 같이 흡습성이 적은 재질의 바닥에 평평히 놓는다.

(3) 쓰레기 하치장은 주방과 객장으로부터 떨어져 있는 넓은 곳이어야 하며 쉽게 청소할 수 있도록 설치되어야 한다.

(4) 주방에서 발생되는 오물과 쓰레기는 가급적 재빨리 제거하여 악취와 세균이 발생하지 못하도록 해야 한다. 쓰레기를 옮길 때에는 조리지역 위로 또는 옆으로 지나서는 안 되며 쓰레기통은 항상 꼭 맞는 뚜껑으로 덮어둔다.

(5) 쓰레기통이 실내에 있든지, 외부에 있든지 간에 쓰레기통의 안과 밖을 깨끗이 자주 닦는다.

(6) 쓰레기 하치장에는 뜨거운 물과 찬물을 쉽게 공급할 수 있는 시설이 되어 있어야 하고, 바닥에는 오물이 빠져나갈 수 있도록 하수구가 설치되어야 한다.

2) 쓰레기 처리

요즈음 심각하게 대두되고 있는 환경오염문제로 인해 외식업소의 1회용 용기의 사용이 크게 제재를 받고 있다. 실제로 많은 외식업소에서 배출되는 1회용 수저, 접시, 컵들이 쾌적한 환경을 해치는 주범으로 지적을 받은 지 이미 오래이다. 대개 1회용 쓰레기는 부피가 크고 양이 많아 처리가 쉽지 않으나, 외식업소에서 사용할만한 건 폐기물 분쇄기 등 처리용 기계가 있으므로 이들을 사용하면 쉽게 처리할 수 있다. 건 폐기물 분쇄기는 펄프소재의 1회용제품을 물에 불려서 분쇄한 후 부피가 줄어든 펄프찌꺼기를 물과 분리해 처리한다. 그러나 무엇보다 중요한 것은 어떻게 쓰레기를 처리하느냐보다 근원적으로 쓰레기를 덜 배출할 방법을 모색해야 한다.

제6절 | 청소와 소독

음식물 오염과 식중독의 발생을 막는 최선의 방법은 청결과 예방이다. 특히나 국민건강을 책임져야 하는 외식사업체에서의 청결과 위생은 일반가정에서보다 더욱 철저히 지켜지지 않으면 대량의 식중독 사고 등 예측할 수 없는 사고가 발생할 뿐 아니라 이는 결국 그 외식사업체의 존속을 불가능하게 하는 재난이 될 수 있기 때문이다. 외식업 종사자 및 모든 직원들은 평소 개인위생에 만전을 기해야 하며 업소 내·외부의 청결을 유지하기 위한 노력을 아끼지 말아야 한다. 외식업소에서 주의해야 할 위생 대상물은 음식 자체뿐만 아니라 음식을 담는 식기와 조리기구 또한 매우 중요한 대상이다.

여기서는 음식물 오염과 직접 관련이 있는 식기류의 세척과 소독방법을 살펴보면, 세척 (cleaning)은 물리적으로 표면의 오염을 제거하는 것이고 소독(santizing)은 박테리아 등의 유해 세균을 살균하는 과정을 말한다. 세척과 소독의 절차와 내용은 상이하다. 중요한 것은 음식물과 직·간접으로 접촉이 있는 모든 식기류는 반드시 세척, 헹굼, 소독과정을 철저히 거쳐야 한다.

1. 세척

세척과정에 영향을 미치는 요소들을 잘 고려해야만 위생적으로 효과적이고 능률적인 세척 작업을 수행할 수 있다.

1) 오염의 상태와 종류

오염과 얼룩은 피와 계란 등의 단백질류, 지방때 또는 수용성의 밀가루, 전분, 음료의 찌꺼기 또는 산성이나 알칼리성의 차, 과일, 주스류 등으로 크게 분류된다. 또한 오염의 상태도 세척과정에 영향을 미치는 요인이 된다.

2) 물의 종류

물에는 크게 단물과 센물로 나뉘는데, 센물에는 철, 마그네슘, 칼슘 등의 무기물이 많이 녹아 있으며 경성이 강한 물을 말한다. 센물에서는 세제가 잘 풀어지지 않아 세척이 어려우며 헹군 후에도 식기의 표면에 비늘이 지는 경우도 있다.

3) 물의 온도

일반적으로 물의 온도가 높을수록 세제의 용해가 빠르고 화학작용이 빨리 효율적으로 진행된다. 손세척 시 물의 최상 온도는 49℃이다.

4) 식기표면의 재질

알루미늄 식기를 강 알칼리성 세제로 세척하면 색이 시커멓게 변하고, 테프론 코팅이 된 프라이팬이나 냄비 등은 부드러운 스펀지로 클로린 성분이 들어있지 않은 세제로 닦아내야 한다.

5) 세제의 종류

식기 오염의 종류와 식기의 재질에 따라 다른 세제를 사용해야 한다. 예를 들어 약 알칼리성 세제는 페인트칠한 벽의 오염을 닦는 데 적합하고 강 알칼리성 세제는 식기 세척기를 세척하는 데 적합하다. 한편 산성계 세제는 스팀 테이블을 세척하는 데 효과적이다.

6) 물리적 힘

세척 시 가해지는 물리적 힘, 즉 문지르고, 긁고, 솔로 닦고 하는 등의 작용은 세척 결과에 큰 영향을 미친다. 기계 세척 시 강한 스프레이로 물을 뿜는 등의 물리작용도 오염 제거에 작용을 미친다.

7) 세척시간

여타의 조건이 같은 상황에서라면 세척효과는 세척시간과 비례한다.

2. 세제

여기서 세제는 식품 오염물과 무기물을 제거할 목적의 화학 합성물을 말한다. 세제는 대체로 다음의 4가지 종류로 분류된다.

1) 합성세제

모든 합성세제는 표면활성제를 포함하고 있다. 이것의 작용은 세제가 오염 표면에 남을 때의 긴장을 완화시키고 쉽게 오염물 속으로 세제의 화학성분이 스며들도록 하는 것이다. 외식업소에서 사용하는 대부분의 합성세제는 알칼리성인데 음식물 찌꺼기들이 알칼리 세제에 잘 제거되기 때문이다. 다용도 세제는 약 알칼리성이며 조리기구나 바닥, 천장, 벽 등의 오염물을 제거하는 데 효과적이다. 세척력이 강한 세제는 강 알칼리성이며 왁스, 오래된 기름때, 눌거나 탄 음식은 찌꺼기 등을 효율적으로 제거한다.

2) 솔벤트 용제

오븐이나 그릴 등 오염 정도가 심한 조리기구를 닦는 데는 솔벤트 용제가 매우 효과적이다. 특히 솔벤트 용제는 기름때 제거에 탁월한 효과를 보이는데 이것은 부틸에테르 성분이 들어 있기 때문이다.

3) 산성계 세척제

오염물 중 어떤 것들은 알칼리계 세제에 용해되지 않는 것도 있다. 식기 세척기 안에 끼인 물때, 철로 된 집기에 쓴 녹, 구리나 청동의 때 등은 산성계 세척제에 잘 닦인다. 세제의 종류와 강도는 세제의 사용목적에 따라 다르다. 강도가 세든 약하든 간에 산성세제를 선택할 때에는 주의를 기울여야 사용자의 건강을 해치거나 기물을 훼손시키는 사고가 없다.

4) 스크러브용 세제

오염물이 딱딱하게 굳어 있어서 알칼리계와 산소계 세제로 오염제거에 실패한 경우에 스크러브제가 함유되어 있는 세제를 사용해 보는 것이 바람직하다. 특히 오염이 심한 부엌 바닥이나 객장의 바닥에 사용하면 효과적으로 때를 제거할 수 있다. 스크러브용 세제 사용 시 식기나 기구의 표면을 얽게 하여 훼손시킬 수 있으므로 주의하여 사용한다. 특히 플라스틱 류나 플렉시 유리(plexiglas) 등의 기구와 용기의 세척에는 사용하지 않는다.

3. 소독

식기류 등의 안팎의 표면이 깨끗이 닦여지고 헹군 다음 반드시 소독한다. 특히 음식물과 직접 접촉된 그릇 등에 주의를 기울여 소독한다. 소독은 세척의 대체작업이 아니다. 깨끗이 세척이 완료된 후에야 소독의 효과가 커진다. 소독은 세척후의 잔여 박테리아에 대한 보다 적극적인 대책이다.

소독은 일반적으로 다음의 두 가지 방식으로 행해진다.

첫째 방법은 최소 77℃ 이상의 물에 식기나 용기를 완전히 잠기게 하는 자불소독법이며,

둘째 방법은 화학 소독법이다. 중요한 점은 반드시 먼저 식기를 깨끗이 씻고 헹군 후에 소독한다는 점이다.

1) 자불소독법

대부분의 위험한 세균들은 72℃~74℃에서 죽는다. 식기 표면에 붙어있는 세균들이 뜨거운 물속에 잠기게 되면 죽는데, 기계를 사용하지 않고 손으로 소독하는 경우 최상의 방법은 물체를 완전히 물속에 잠기게 하여 물의 온도를 최소 77℃ 이상, 90℃ 이하에서 최소한 30초 이상을 담아두는 것이다.

외식업소에서 사용할 수 있는 가장 좋은 자불소독법은 82℃ 이상의 고온 식기세척기를

사용하는 것이다. 식기세척기에 들어가지 않는 커다란 용기나 기구는 뜨거운 증기로 소독하는 것이 좋다.

2) 화학소독법

화학물로 자불소독과 같은 소독효과를 얻을 수 있다. 에너지 절감의 효과와 사용이 간편하여 외식업소에서 가장 흔히 사용하는 소독법이기도 하다.

화학소독법은 대개 2가지 방법으로 행해진다. 화학물 희석액 속에 1분간 넣었다 빼는 방법과 화학물을 묻힌 행주로 훔처내거나 스프레이로 뿌리는 방법이 그것이다. 화학소독의 주목표는 살균하는 것이므로 수시로 화학용액의 살균력을 시험해야만 한다.

화학소독제는 24~49℃ 사이에 가장 소독력이 좋으며 이 범위 내에서 온도가 낮을수록 용액의 생명이 길다. 가장 널리 쓰이는 화학 소독제는 크게 세 종류인데, 차아염소산염 (hypo-chrorite)의 클로린(chlorine), 요오드(iokine), 4기 암모니아이다. 각 용제의 특징은 〈표 10-4〉를 참고한다.

다음은 화학소독제의 특징들이다.

- 이들 용제들을 적절한 방법으로 사용할 경우 대부분의 박테리아를 죽일 수 있다.
- 세제의 알칼리 성분이 남아있는 상태에서는 효과를 덜 발휘한다.
- 지시된 용량을 준수할 경우 비교적 피부에 손상을 주지 않는다.
- 염소계 소독제는 알루미늄, 주석, 은, 스테인레스 스틸 등의 용기를 녹슬게 손상을 입힐 수 있다.
- 염소계 소독제는 희석 농도가 너무 높으면 그 냄새를 남기는 수 가 있다.
- 요오드계 소독제는 제조회사에 의한 특별 지시사항이 없는 한 PH 5.0 이하의 용매에 사용해야 한다.

표 10-4 **소독 약품**

구분	염소 제재	요오드 제재	암모늄 제재
최저 농도 • 완전히 담그는 경우 • 분무기로 분사하는 경우	50ppm 50ppm	12.5ppm 12.5ppm	200ppm 200ppm
용액의 온도	23.9℃	23.9~48.9℃	23.9℃
소독시간 • 완전히 담그는 경우 • 분무기로 분사하는 경우	1분 제조자의 지시를 따를 것	1분 좌동	1분(제품에 따라) 1분을 초과하는 경우 가 있으므로 용기의 지시를 따를 것
PH농도(세제잔여물이 남지 않도록 충분히 헹군 후 사용	PH 10 이하	PH 5.5 이하	PH 7에서 최상의 효과
부식력	용기에 따라 부식 정도 차이	부식력 없음	부식력 없음
수중 유기오염물에 대한 반응	즉시 소독력 상실	소독력 약화	영향받지 않음
센물에 대한 반응	반응 없음.	반응 없음.	제재에 따라 차이 물 의 경도가 500ppm 이상인 경우 효력 약화

잠깐 쉬어가기!

■ 스타벅스 커피가 가장 비싼 나라는 어디일까?(2023년 10월 기준)

오늘날 스타벅스는 80개국에 걸쳐 32,000개의 매장을 보유하고 있으며, 맥도날드에 이어 두 번째로 많은 패스트푸드점이다. 세이빙스팟(SavingSpot)에서 조사한 '톨 라떼 지수(Tall Latte Index)' 연구 결과에 따르면 세계에서 가장 비싼 톨 라떼(12oz)는 스위스의 $7.17로 나타났다.

전 세계 스타벅스 카페라떼 가격 순위

순위	국가	합계
1	스위스	$7.17
2	덴마크	$6.55
3	핀란드	$5.67
4	홍콩/마카오	$5.52
5	룩셈브루크	$5.51
6	프랑스	$5.36
7	영국	$5.31
8	노르웨이	$5.08
9	칠레	$4.95
10	싱가포르	$4.90

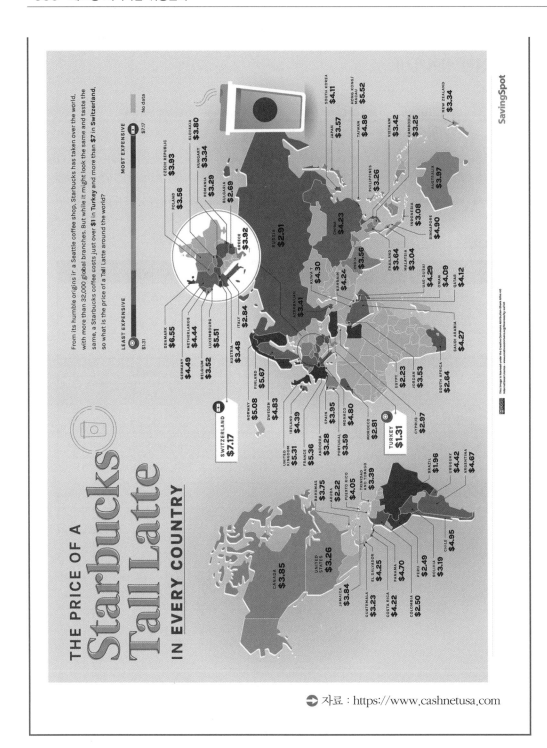

자료 : https://www.cashnetusa.com

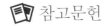 참고문헌

강승래 · 한상호 · 배소혜 · 윤여현(2024), 서빙로봇이 레스토랑 이용고객의 태도 및 행동의도에 미치는 영향, 한국프랜차이즈경영연구, 15(2), 56-74.

김기영 외(2001), **외식산업연회기획관리**, 현학사

김원수(1991), **소매기업경영론**

김의근 외(2007), **외식창업론**, 현학사

김의근 외(2013), **호텔경영학원론**, 백산출판사

김충호(1986), **호텔인사관리**, 형설출판사

김철원(2023), **외식산업의 이해**, 한국방송통신대학교출판문화원

나정기(1998), **메뉴관리론**, 백산출판사

나정기(1998), **외식산업의 이해**, 백산출판사

남상오(1993), **회계원리**, 다산출판사

농림축산식품부 및 한국농수산식품유통공사(2024), **2023 국내외 외식 트렌드**

문범수(1993), **식품위생학**, 수학사

백홍근(1989), **우리식문화의 전통음식 산업화 방향**, 신한종합연구소

변명식(2006), **유통과 프랜차이즈**, 학문사

손일락(1993), **미래의 식당경영**, 형설출판사

신재영 외(1999), **외식산업개론**, 대왕사

오세조(1997), **유통관리**, 박영사

원융희(1997), **외식산업론**, 대왕사

이명식(1999), **서비스마케팅**, 형설출판사

이와부지 비지오(1996), **외식산업론**

이정실 외(2007), **외식기업경영론**, 기문사

이정자(1995), **메뉴관리**, 기문사

임재석 외(2004), **프랜차이즈 창업실무**, 무역경영사

정경훈 외(1994), **호텔경영론**, 형설출판사

정봉원(2000), **외식사업과 창업론**, 형설출판사

도이 토시오(1990), **외식**, 일본경제신문사

Barkoff(2004), *Fundamentals of Franchising*, ABA Publishing

Charles L. Vaughn(1982), *Franchising, 2nd*, USA: Lexington

John Fuller & David Kirk(1991), *Kitchen Planning and Management*, Butter Worth Heine Mann

Lendal H. Kotchevar(1987), *Management by Menu*, John Wiley & Sons Inc.

Leonard L. Berry(1983), *Relationship Marketing in Emerging Perspectives on Service Marketing*, Chicago: AMA.

Philip Kotler and Gary Armstrong(1993), *Marketing: An Introduction*, Prentice Hall

Philip Kotler(1983), *Principles of Marketing, 2nd ed.*, Englewood Cliff: Prentice Hall

Valarie A. Zeithaml, Mary Jo Bitter(1999), *Service Marketing*, Mcgraw-Hill Book Co.

참고 웹사이트

https://interbrand.com/best-global-brands/
https://news.heraldcorp.com/view.php?ud=20240730050379
https://news.kbs.co.kr/news/pc/view/view.do?ncd=3113448
https://www.bizhankook.com/bk/article/27775
https://www.korea.kr/news/policyNewsView.do?newsId=148925530&call_from=naver_news
https://www.mkhealth.co.kr/news/articleView.html?idxno=68275
https://www.newsfreezone.co.kr/news/articleView.html?idxno=581994

저자 소개

김의근 ─┐
• Florida International University
  호텔 · 외식경영학 석사
• 아주대학교 경영학 박사
• 전) 동아대학교 국제관광학과 교수

안희정 ─┐
• 부산보건대학교 항공관광과 교수
• 동아대학교 관광경영학과 박사
• 전) 대한항공 객실승무원

이철우 ─┐
• 부산여자대학교 겸임교수
• 동아대학교 관광경영학 석사
• 동아대학교 관광경영학 박사
  e-mail : lcwoo1026@hanmail.net

배금연 ─┐
• 서민금융진흥원 등 창업/경영 컨설턴트
• 동아대학교 관광경영학 박사
• 전) 소상공인시장진흥공단 부산중부센터장

추승우 ─┐
• 동의대학교 스마트호스피탈리티학과 학과장
• 동의대학교 호텔컨벤션학과 교수
• 동아대학교 관광경영학 박사

배소혜 ─┐
• 동의대학교 호텔 · 관광 · 외식경영학과 석사
• 부산대학교 관광컨벤션학과 박사 수료

저자와의
합의하에
인지첩부
생략

외식사업경영론

2013년 9월 10일 초 판 1쇄 발행
2024년 9월 10일 제3판 1쇄 발행

지은이 김의근 · 배금연 · 안희정
　　　　추승우 · 이철우 · 배소혜
펴낸이 진욱상
펴낸곳 백산출판사
교　정 성인숙
본문디자인 오행복
표지디자인 오정은

등　록 1974년 1월 9일 제406-1974-000001호
주　소 경기도 파주시 회동길 370(백산빌딩 3층)
전　화 02-914-1621(代)
팩　스 031-955-9911
이메일 edit@ibaeksan.kr
홈페이지 www.ibaeksan.kr

ISBN 979-11-6639-478-2　93320
값 28,000원